주당들의
명정 酩酊과
풍류

남태우 저

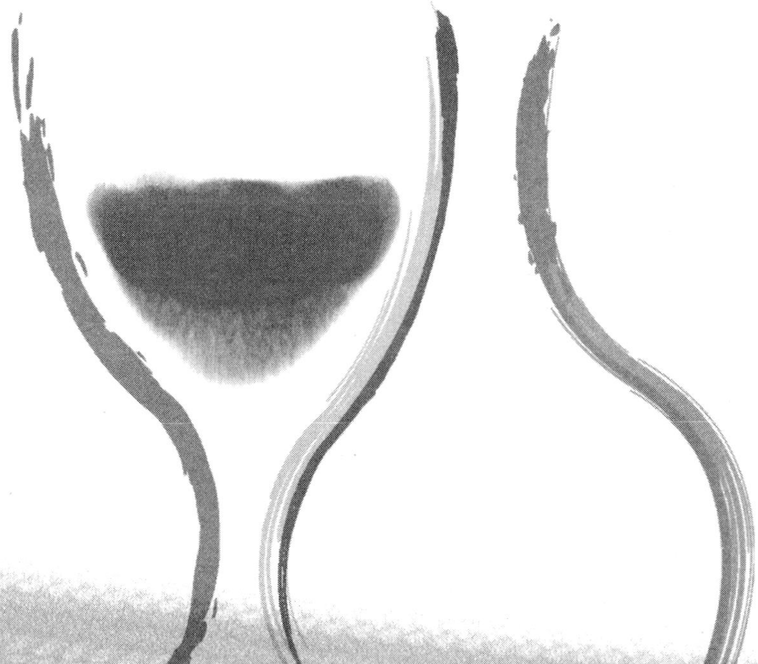

도서출판 태일사

◘ 저자소개 ◘

남 태 우(南台佑)

중앙대학교 문헌정보학과 교수(현)
중앙대학교 문과대학장(현)
대통령 소속 도서관·정보정책위원회 위원(현)
중앙대학교 중앙도서관장
중앙대학교 교무처장

(저 서)
흔들리는 술잔 휘청거리는 술꾼 이야기(1998)
주당별곡(1999)
술술술 주당들의 풍류세계(2001)
알코올의 야누스적 문화(2002)
음주의 유혹 금주의 미혹(2005)

주당들의 酩酊[명정]과 풍류

2007년 7월 25일 인쇄
2007년 7월 30일 발행
저 자 남 태 우
펴낸이 김 선 태
발행처 도서출판 태일사
주 소
대구광역시 중구 남산1동 893
(우) 700-803
전화 (053) 255-3602
팩스 (053) 255-4374
등록 1991년 10월 10일 제6-37호

값 **15,000** 원

 ISBN 978-89-89023-96-8

서 문

술에도 정신의 세계가 있다

술의 재료인 주'정'(酒'精')과 '정'신('精'神)의 한자 표기에 모두 '정(精)'자가 들어 있는 데 술의 역사와 근본정신을 읽을 수 있다. 술의 표기가 동양권에서만 '정신'과 연결되어 있는 것만은 아니다. 영어에서 스피릿(spirit)이 '정신 精神'과 '주정 酒精'을 함께 뜻한다. 즉, 강렬한 술을 'spirits'라고 하고, 프랑스어에서도 도수가 높은 술을 'soiritueux'라고 한다.

술을 일종의 물질로 알고 있지만, 술은 물질로만 보는 사람은 그 일면만을 인식한 근시안적인 시각을 지닌 자라고 할 수 있다. 그것은 술은 '정신'이기 때문이다. 일반적으로 인간들은 유물론자들이어서 술의 정신만을 강조하는 것은 다만 우리의 심령에 날개를 높이 날게 하려는 것뿐이며, 날다가 피곤하면 우리는 다시 내려와 오래된 종이 무더기에서 술의 기원을 찾곤한다. 이것은 미묘한 운치가 넘치는 한(恨)의 작업이다.

술의 정신과 관련된 "인 비노 베리타스(In vino veritas: In wine there is truth)"라는 라틴어 속담도 있다. 곧 술 속에 진리가 있다는 뜻으로 즉, '취중진담(醉中眞談)'이라는 얘기이다. 알코올을 마시며 격의 없게 허심탄회하게 얘기를 나눌 때 또는 술의 힘을 빌어 평소에 하기 어려운 말을 용기있게 할 때 흔히 이 말을 쓴다. 이 말은 로마시대의 과학자 플리니우스가 쓴 『박물지 *Historia maturalis*』에서 유래된 말이다.

알코올을 수사학적으로 표현한다면 '술은 불타는 물이다.' 불타는 물은 정신세계에서만 존재하는 추상성 표현이다. '불타는 물'의 신비는 물의 형상을 하고 있는데, 불 탈 수 있는 것은 사실 기름이 술보다 먼저이다. 그런데 기름이 불이 탄다는 것은, 그래서 그 안에 불을 지니고 있다는 것은 너무 냉냉한 이야기이다. 그러나 술은 성질이 좀 다르다. 술은 사람과 관련되는 물건이다. 술이 아니라 알코올로 본다면 그것도 열료(熱料)나 연료(燃料)임에 틀림이 없다. 그러나 밖에서 탄다는 점에서 기름과 다를 것이 없다. 물의 형태로 마시지만 몸 안에 들어가 작용을 하면 열이 난다. 기름은 서서히 영양으로 화하기 때문에 우리는 그 열량을 불이라고 하지 않는다. 그러나 술은 단번에 열이 올라 번열(煩熱)을 앓게 된다. 그리고 술은 사람의 성정을 완전히 바꿔 놓기도 한다. 인간을 악마로 전환하기도 한다. 그런가 하면 사람과 천지가 하나가 되는 체험을 가능하게 하기도 한다.

그런데 '물[水]'과 '알코올[火]' 사이에는 서로 상극인 성질을 가지고 있다. 일반적으로 '물'과 '불'은 상극이라고 하여 공존할 수 없는 것으로 인식하고 있다. 이것은 '물은 차고' '불은 뜨거우며', '불은 물을 데우며', '물은 불을 끄기 때문이다'. 그래서 물은 차갑기 때문에 냉철한 '이성'을 대변하고, 반면에 불은 열정적인 뜨거운 '감성'을 대변한다. 술은 물의 형태를 취하고 있으나, 이를 마시는 사람의 마음과 몸속에서 불과 같이 타오른다. 그 결과 술은 소극적인 사람을 적극적으로 만들어 주기도 한다. 그러나 이성보다는 본능적 감성의 지배를 받게 되어 스스로의 통제력을 잃게 되기도 한다. 그래서 술의 본래의 정신을 강조하는 것이 아닌가 생각된다. 즉 이성을 강조하면서도 감성을 자극하는 야누스적 음료이다.

음양오행으로는 수극화(水克火)라 하여 '물은 불을 제압한다'고 한다. 물은 정적이므로 고여 있고, 단지 높은 곳에서 낮은 곳으로 언제나 흘러갈 뿐이다. 그러나 불은 동적으로 위로 올라가며, 타고 발산되는 것이다. 정적인 것과 동적인 것, 그리고 아래로 내려가는 기운과 위로 올라가는 기운이 접점된 것이 술이다. 알코올은 곧바로 휘발(揮發)되는 기(氣)와 같은 것이다. 그리고 사람 몸에 들어가 몸을 따뜻하게 하고 신진대사를 왕성하게 한다. 이러한 상극적인 성질이 합해져서 술이 되는 것이다. 즉, '정적인 물'에 '동적인 것'을 더하면 '술'이 되는 것이다.

술은 모든 제사 양식과 의식에 오르는 것이다. 지상에서 나는 가장 고양된 음식이 술이라고 한다. 술을 마시면 신바람이 생긴다. 신바람을 따라서 신(神)은 찾아온다. 그래서 종교 양식과 제사 양식은 신에게 술을 바치는 인간의 의식이다. 의식은 어떤 것이든지 고도의 정신세계의 행위이다. 이 행위에 술이 없다면 공자도 강조했듯이 모든 제례에 술이 없다면 신이 흠향하지 않는다고.

13세기 프랑스 몽펠리 대학의 교수였던 빌뇌브는 술의 주요 성분인 알코올의 정체를 밝혀내고 '아쿠아비테, 즉 만병통치의 생명수'(Aqua-vitae)라는 이름을 붙였다. 빌뇌브는 알코올에 대해 "이것은 실로 불후 불멸의 좋은 물이기 때문에 생명수라는 이름이 아주 적절하다. 이 물은 생명을 연장시켜주고 모든 불쾌감을 깨끗이 제거하며 마음을 소생시키고 젊음을 지켜준다"고 말했다. 전 유럽에서 생명수가 각광을 받은 것은 당연한 일이었다. 의사들이 솔선해서 환자에게 술을 마시도록 권장하고 '모든 의약의 여왕'이라고까지 극찬했다. 동양권의 한방에서 술을 백약의 으뜸(酒百藥之長也)으로 친 것과 맥을 같이 한다. 그래서 술은 동서고금을 막론하고 인간정신과 함께 한 산 증인일 뿐 만 아니라, 의료적인 측면에서도 생명에 대한 고귀한 정신을 갖고 있음은 주지의 사실이다. 데모스테네스는 『기사전』에서 니키우스에게 다음과 같이 말하고 있다.

> 그대는 감히 술이 정신을 흐르게 한다고 비난하려 드는가
> 술보다 더 큰 이익을 가져다주는 것이 있다면 내게 말해보라.
> 똑똑히 보라.
> 술을 마시는 이는 부자요, 만사에 성공하고, 모든 재판에서 이긴다.
> 그는 행복하며 친구를 돕는 사람이다.
> 자, 어서 내게 영혼을 듬뿍 적셔줄 술병을 가져오라.
> 내가 그것으로써 지혜를 구할 수 있도록.

고대 중국에서는 군주가 신하를 술자리에 부를 때는 상 맨 위에 물이 든 통을 갖다놓았다고 한다. 또한 중국의 상류사회에서는 주연을 베풀 때 반드시 냉수부터 마셨다고 전해지고 있다. 이 냉수를 일컬어 '현주(玄酒 물 술)'라고 칭한다. '현주'라 불리는 이 맹물은 물처럼 마시되 취하지 않도록 마음을 가다듬고 술의 고마움을 알고 마시라는 의미를 내포하고 있다. 이러한 주법은 황실에서 비롯된 것이다. 황제가 신하에게 만찬을 베

풀 때 먼저 내리는 것이 현주였기 때문이다. 현주는 언뜻 술이라고 생각하기 십상인데, 실은 청수(淸水), 즉 맑은 물을 뜻하는 말이다. 현주는 술의 근원이 물임을 강조한 데서 연유한 것이다.

황제가 연회에서 현주부터 마시게 한 까닭은 두 가지로 풀이된다. 첫째는 황제 앞에서 술에 취해 실수하지 않도록 술 깸을 미리 다짐하는 것이고, 둘째는 술의 근원이 물임을 일깨우는 뜻으로 술의 본 정신을 잃지 말라는 것이다. 특히 후자의 풀이는 '음수사원(飮水思源)'의 철학을 주법에 적용한 것이다. 음수사원이란 물을 마실 때 근원을 생각하라는 뜻의 사자성구다. 황제가 음수사원을 강조하면서 현주를 내리는 본심은 다름 아닌 '충성'에 있음을 은밀하게 말하는 셈이다. 남북조(南北朝)시대, 북주(北周)에 유신(分信)이라는 문인(文人)이 있었다. 유자산집(分子山集) 7권의 징주곡(徵周曲)에서 다음과 같이 읊고 있다. "과일을 먹을 때는 그 열매를 맺은 나무를 생각하고(落其實者思其樹), 물을 마실 때는 그 물의 근원을 생각하네(飮其流者懷其源)." 이렇다면 술의 근본이 청수인데 맑음과 통한다. 그렇다면 음주는 정신을 흐리게 하기위해 마시는 게 아니라 반대로 맑게 하기위해 마시는 음료가 된다. 음주가 명정(酩酊)에 뜻이 있는 것이 아니라 명정(明淨)에 의미가 있다고 한다면 주정(酒酲)급인가.

술 마신 뒤에 버릇으로 하는 못된 언행을 '주사(酒邪)'라고 하며, '술에 취하여 정신없이 말하거나 행동하는 짓을 일컬음이다. 또는 그런 말이나 행동을 '주정(酒酊)'이라고 한다. 영어로는 Disorderly conduct under the influence of alcohol 또는 Delirium tremens 이라 한다. 주사가 있는 사람을 A vicious drinker 나 A quarrelsome drinker라 부른다. 술을 마시면 정신이 몸 밖으로 나와 말에 나래를 타고 횡설수설하게 된다.

일반적으로 술에 잔뜩 취한 것은 '만취(漫醉/滿醉)'나 '명정(酩酊)'이라고 한다. 고주망태 또는 곤드레만드레를 수사학적으로 명정(酩酊)이라고 한다. 명정(drunkeness or alcohol intoxication)이란 주취로 술을 많이 마셔서 일어나는 인체의 일시적 반응을 의미한다. 명정(酩酊)의 명(酩)은 '술 취할 명(酩)이고, 정(酊) 또한 '술 취할 정(酊)'이다. 명정은 정신을 차리지 못할 정도로 대취한다는 뜻이지만, 주신들에게야 명정은 스스로 신의 경지에 오르는 '명정(明淨)'일 것이다. 명정에는 '병적명정(酩酊)'이라 하여 의식장애와 정신운동성의 흥분을 나타내게 하고, 나중에는 건망증을 일으키게도 한다. 명정과 유사한 말로 만취(滿醉), 대취(大醉), 이취(泥醉), 극치(極醉), 난취(爛醉)등이 쓰인다.

명정을 중국식으로 표현하면 호리건곤(壺裏乾坤)으로 항상 술에 취해 있는 상태를 말한다. 건곤은 해와 달 곧 늘, 밤낮의 뜻이다. 후한(後漢) 때 호공(壺公)이라는 선인(仙人)이 항아리 하나를 집으로 삼고 술을 즐기며 속세를 잊었다는 일에서 온 말이다.

'주사(酒邪)'란 술을 통해서 삿된 기운이 들어가서 사람을 이상하게 만드는 경우에 나타나는 현상인데, 대개 술에 취하기만 하면 그런 버릇이 나타나기 때문에 함께 술을 마시는 사람이 곤욕을 당하게 된다. 술만 마시면 엉엉 우는 사람, 칼부림이나 주먹질 같은 행패를 부리는 사람, 세상을 제 것으로 착각하는 사람, 아무데서나 실례를 하는 사람 등 평소라면 엄두도 내지 못할 행위를 하는 사람이 바로 주사가 심한 사람이다.

술에 취한 사람에게서 그래도 귀여운 데를 발견할 수 있는 경우가 주정을 부리는 경우이다. '주정(酒酊)'은 술에 취하여 하는 난잡한 언동을 가리키는데 주사에 비해서는 애교가 섞인 행동이다. 길거리에서 비틀거리며 가다가 지나가는 여자에게 수작을 걸거나 호통을 치는 모습, 아무 가게에 들어가서 무어라고 한 마디 하고 나오는 모습, 전봇대 앞에서 실례를 하려다가 지나가는 사람이 호통을 치면 씩 웃고 다시 바지춤을 올리는 모습, 그 가운데에서 가장 압권은 수주 변영로 선생의 '명정사십년(酩酊四十年)'이란 수필집에 나오는 '가두진출 무소득'에 기록된 주정일 것이다.

대개의 경우, 주사(酒邪)를 부리는 사람은 자기가 그렇게 하는 줄을 모르는 경우가 흔하다. 하지만 대개는 인식을 가지고 있다. 연신 육두문자 욕지거리를 내뱉는 사람, 했던 말을 하고 또 하여 몇 번이고 되풀이 하는 사람, 옆 앞뒤 가릴 것 없이 싸움질을 걸어대는 사람, 고성방가는 예사고 덮어놓고 술잔을 돌려대는 사람, 안마시거나 못 마시는 사람을 등신취급하는 사람 등으로 주사를 일별해 볼 수 있다.

그러나 주사(酒邪)에도 품격이 있다. 술은 주정뱅이가 마시면 주사로 변신하고, 이태백이 마시면 멋진 시를 빚어낸다. 즉 명정상태이다. 명정(酩酊)으로 부터 명정(明淨)해지는 것을 '나만의 명정(酩酊)'으로 삼는 것이 예술인들의 공통적인 술자리의 일탈이라고 할 수 있다. 죽은 나무에서 꽃이 핀다는 것은 오직 상상 속에서만 가능하며, 그것은 인위적인 개념화를 거부한다는 점에서 술 취한 명정(酩酊)의 상태와 유사하다.

동서고금을 막론하고 수많은 명사들은 술을 지극히도 사랑했다. 어떤 이는 자신의 예술세계에 술을 용해하여 창작의 샘으로 승화시켜 성공하기도 했고, 이상과 현실의 괴리에서 오는 좌절감을 폭음으로 달래다가 자신의 예술혼과 생명을 단축시킨 사람도 많았다.

동양권에서는 중국의 이백을 단연코 주당의 으뜸으로 꼽는다. 하늘에서 귀양살이 왔다는 주신 이태백, 그와 함께 쌍벽을 이루었던 시성이자 주당인 두보, 도연명, 백낙천, 소동파가 있으며, 한국의 근대사에서도 이런 인물들은 많다. 『명정 40년』의 저자 수주 변영로의 이야기에 나오는 대낮에 술에 취해서 벌거벗은 채 황소를 따고 서울 명륜동 거리에 나타난 당시 최고의 애주가로 손꼽히던 오상순, 염상섭, 이관구 세 분의 명정세계는 주당들에게는 회자되고 있으며, 그렇다고 주정이 찬미의 대상이라는 말은 아니다. 술의 명인으로 불리는 일찍이 10세부터 술에 도통했던 무애 양주동, 주도유단을 불주에서부터 열반주에 이르기까지 18단계로 설정하여 분류한 조지훈 시인, 술 주전자를 천장에 메달아 놓고 필요할 때마다 당기어 마셨던 폭음가인 김관식 시인, 술에 취해 길을 걷다가 교통사고로 비명에 간 김수영 시인, 고문 후유증으로 스스로 무너져 간 박정만 시인의 연거푸 술, 처마밑 호롱불에 눈이 시리다며 술만 마시면 꺼어억 꺼어억 울던 박용래 시인, 술만 마시면 동료와 후배들을 줄줄이 달고 유성 뚝길을 내내 오다가 운명을 달리한 한성기 시인, 예술인들의 주중풍경을 쓰겠다고 술깨나 마시던 '관철동 시대'의 작가 강홍규씨 등은 거리낌없이 이 시대를 휘젓고 다니다 술에 절고, 가난에 곯고, 세상이 버거워서 휘청거리다 못해 운명을 달리한 우리나라 근대 예술의 주역들이다.

이렇듯 동양권에서는 중국의 이백이 있다면, 우리 나라에서는 김삿갓이 있고, 일본의 바쇼가 있으며, 서양권에서는 그리스의 소크라테스, 미국의 헤밍웨이, 러시아의 톨스토이 등 당대에서는 내노라하는 석학이요, 주당들이었다.

세계적인 대주호로 일컬어지는 서양철학의 시조이자 그리스 철학자인 소크라테스는 작가 아가돈과 아리스토파네스 등과 어울려 술을 즐기며 학문과 사상의 차원을 높여 나갔으나 결국 사형을 언도 받고 독배를 들었다. 죽으면서까지 독이 들기는 하였지만 술을 마시면서 죽는 행복한 순간을 맞이하였다. 정치와 예술의 꽃을 피웠던 철옹성 로마를 술에 취한체 불살라 버린 폭군 네로 황제, 저 빙하의 설원에서 손을 호호불며 보드카를 즐겨 마셨던 톨스토이, 밤 10시부터 새벽까지 글을 쓰고는 오전 내내 술을 마시며 지냈던 미국의 작가 헤밍웨이, 당대 최고의 폭음가로 '위대한 개츠비'를 쓴 작가 피츠제럴드 외에 시저, 괴테, 세나카토, 알프레드 텔러, 헨델 등 수많은 정치가와 예술가들이 술을 사랑하다 요절하거나 자살, 지병 등으로 죽어갔다.

필자는 술을 사랑한다. 사랑한 만큼만 음주를 한다. 그 음주과정에서 명정의 세계를 기다린다. 주사나 주정은 친구를 잃게 되고 명정은 삶을 풍요롭게 해주는 동인으로 인식하기 때문이다. 이런 심정을 이태백의 『월하독작』에 실어 보내는 것으로 저자의 변으로 삼고자 한다. 여기에 사족을 달면 '주사', '주정'이 되고 시조가락으로 읊어대기만 하면 '명정'이라고 할 수 있다.

天若不愛酒/ 하늘이 만일 술을 즐기지 않았다면
酒星不在天/ 어찌 하늘에 술별이 있으며
地若不愛酒/ 땅이 또한 술을 즐기지 않으면
地應無酒泉/ 어찌 술샘이 있으리요
天地旣愛酒/ 천지가 마냥 술을 즐기었거늘
愛酒不愧天/ 술을 좋아함을 어찌 부끄러워 하리.
已聞淸比聖/ 맑은 술은 聖人에 비하고
復道濁如賢/ 탁한 술은 또한 賢人에 비하였으니
聖賢旣已飮/ 성현도 이미 마셨던 것을
河必求神仙/ 헛되이 신선을 구하는가
三盃通大道/ 석잔 술은 대도에 통하고
一斗合自然/ 한말 술은 자연에 합하거니
俱得醉中趣/ 취중에 얻은 아취를
物謂醒者傳/ 깨어 있는 자에게는 전하지 말지어다.

차 례

3 소주나라 실록 • 83

4 주당들 명정 이야기 • 105

5 명정의 세계에서 풍류 • 173

1. 알코올의 정신과 의식행위

음주문화를 시작하는 첫 장에서는 술이 지니고 있는 근본정신을 알아보고 알코올과 제례의식과의 연관성을 중심으로 살펴보고자 하였다. 인류가 태고적 기억 속에서부터 음주를 위해 발전시킨 의식들은 '위협성을 무력화 시킨다'는 의미를 지니고 있다. 사람들이 무리를 지어서 함께 술을 마시는데 그럼으로써 상대방 앞에서 스스로 안전하다고 느끼고 서로를 점검한다. 어떤 음료이든 독극물이 들어있는지 시험해 보아야 하는 왕의 시음자는 이 단체 음주자의 한 형태인데 여기서 이 점검 동기가 가장 분명하게 보인다.

술집에서 음주에 동반되는 규칙들과 의식들은 아주 머나먼 과거의 시간 속에 기원을 둔 잔해들인데, 이 잔해들은 여전히 우리들의 근대 문명 속에까지 생명력을 유지하고 있다. 실제로 술집은 삶의 다른 영역에서는 대부분 거의 다 사라져버린 고전적 행동 양식이 생생하게 유지되고 있는 일종의 보호구역과 같은 곳이라고 할 수 있다. 우리는 아주 오래된 행동 양식, 메커니즘 그리고 그것들의 사회적인 기능을 머리에 떠올릴 때만이 음주 의식의 의미를 제대로 이해할 수 있다.

1.1 알코올의 근본정신

물질적인 것을 속물로 정신적인 것을 제일로 여기는 종교에서는 알코올의 속성에 대해 각기 다른 견해들을 보이고 있다. 이슬람의 최고 권력자를 뜻하는 술탄에게는 이슬람교의 교리에 따라 술이라는 게 철저하게 금욕의 대상이 된다. 또한 불교에서는 술에 대한 원한으로 충만해 있으며, 또한 술이 모든 악의 근원 즉 '백독지장(百毒之長)'으로 인식하고 있다.

그러나 기독교에서는 술을 '예수의 피'로 인식하며, 예수가 사람들의 정신을 구해주었다는 증표로 여기고 있다. 술을 마시면 곧 하나님과 마음이 통하고 호흡이 통한다고 생각한 것이다. 이처럼 종교에서는 술을 일종의 '정신'으로 일치된 의견을 보이는데 음주의 끝은 정신을 파탄시키는 원흉으로 보고 있다.

술을 일종의 물질로 알고 있지만, 술은 물질로만 보는 사람은 그 일면만을 인식한 근시안적인 시각을 지닌 자라고 할 수 있다. 그것은 술은 '정신(精神)'이기 때문이다. 적잖은 민족의 언어에서 아직도 이런 흔적이 보존되어 있다. 영어에서는 강렬한 술을 'spirits'라고 하고 프랑스어에서도 도수가 높은 술을 'soiritueux'라고 한다. 이런 단어들은 모두 '정신'이라는 의미와 상통된다.

spirit는 활력, 독주(毒酒), 기운을 복 돋우다, 알코올, 신령, 신이라는 의미이다. 음력 3월3일 봄에 불계의식(佛戒儀式)에 술을 계음(戒飮)한 것을 영어 단어로 설명해보면 생명이 솟아나고 있는 시기인 봄에게 활력과 기운을 복돋워 주기 위해 땅에도 술을 뿌리고 사람도 마신 것으로 보인다.

lush는 luck 행운, (고어) 술잔 등의 행운을 가져오는 물건 → lush 풍요 → lustrate 깨끗이 하다이다. 여기에서도 술은 신이 내려주신 복(福)이고 부정(不淨)을 없애주기 까지 한다.

drink는 drift 떠내려 보내다 → drive 몰다, drivel 침을 흘리다 → thrive 번영하다이다. 흐르는 물은 번영의 상징이고 포석정의 물위에 떠내려가는 술잔도 번영의 상징이다.

flow 흐르다는 flume 수로, 홈통, 시내 → flexuous 구불구불한 → fluctuate 파동하다 → flush 싹트다, 붉어지다, 활기를 띠게 하다, 싹을 나오게 하다, 번식기를 맞아 먹이를 늘려 주다, 한창 때, (미국속어) 부자, 물로 씻어 버림이 된다.

일반적으로 인간들은 유물론자들이어서 술의 정신만을 강조하는 것은 다만 우리의 심령에 날개를 높이 날게 하려는 것뿐이며, 날다가 피곤하면 우리는 다시 내려와 오래된 종이 무더기에서 술의 기원을 찾곤한다. 이것은 미묘한 운치가 넘치는 한의 작업이다.

한자권에서도 '정신(精神)'과 '주정(酒精)'에서 사용하고 있는 '정(精)'자가 동일 글자임을 보아도 술이 지닌 정신이라는 의미성을 알 수가 있다. 찧을 정(精)자는 뜻을 나타내는 쌀 미(米)자에 [푸를 청(靑)]자가 합쳐진 글자이다. 쌀을 곱게 찧어 정미(精米)한다는 의미이다. 쌀을 찧는 방앗간을 정미소(精米所)라고 하며, 정밀(精密)은 가늘고 촘촘함을 의미한다. 반대의 의미를 가진 거칠 조(粗)자는 뜻을 나타내는 쌀 미(米)자와 [도마 조(且)]자가 합쳐진 글자이다. 쌀을 정미(精米)하지 않아 거칠거나 조잡(粗雜)하다는 뜻이다.

옛날 중국 사람들은 정령(精靈)이 쌀에서 나온다고 생각했다. 그래서 찧을 정(精)자는 정령 정(精)자도 된다. 정령은 생명력의 근원이 되는 정신이고, 정신은 인간의 마음이다. 특히 술이란 물질적인 요소가 주류를 이루는데 그것에 형이상학적 요소를 가미한 것은 선현들의 지혜를 엿볼 수 있다. 그러나 그 정신은 정신을 어떻게 사용하느냐에 따라 '백독지장(百毒之長)' 또는 '백약지장(百藥之長)'의 야누스로 변하기 십상이다.

『설문해자 說文解字』에 의하면 '酒'를 다음과 같이 풀이하고 있다. "酒就也. 所以就人性之善惡. 從水酉. 一日造也. 吉凶所起也. 古者儀狄作酒醪. 禹嘗之而美. 遂疏儀狄. 杜康作秫酒"라 하여 술이라는 '주'(酒)자는 나아간다는 뜻의 '취'(就)와 그리고 만든다는 뜻의 '조'(造)를 뜻한 것으로 해석하고 있다. 즉, 술은 인성을 선한 쪽(吉)으로 가게도 하고, 악(凶)한 쪽으로 가게도 한다는 것이다. 여기에서 흉은 바로 '백독지장'이며, 길은 곧 '백약지장'이 되는 것이다. 이러한 이중의 속성을 지니고 있기 때문에 백독지장에 대해 경계를 늦추지 않고 있다.

술 주(酒)자의 훈칭은 '익을 酉', '성숙할 酉'이다. 결국 술이란 항아리 속에서 오랫동안 익힌 액체이므로 水字와 酉字를 합하여 물이 항아리에서 익은 술 酒자가 형성된 된 것이다. 재료에 따라 독특한 향내와 함께 그 맛이 쓰다. 醫字와 酒字에 공통적으로 쓰여진 酉字는 항아리 모양으로 '약병'이라고도 하고 '술병'이라고도 한다. 그래서 '백약지장'의 사자성어는 헛튼 말은 아니다. 또한 酉字는 십이지간에서는 열 번 째 순서이고 酉時는 해가 서산으로 넘어가고 하루가 마감되는 오후 5시에서 7시까지인 것이다. 따라서 술은 저녁에 마셔야 한다는 의미이기도 하다.

의(醫)라는 글자의 윗변 글자는 『설문해자 說文解字』에 의하면 巫의 추한 모습을 묘사하는 상형(象形)이다. 그리고 밑변은 술(酒)이다. 醫는 곧 술 마시고 춤추며 병을 고치는 무당의 모습이다. 술이란 원래는 사람의 병을 고치는 약이다.

1.1.1 술 항아리의 상형 술 유(酉)

술 유(酉)는 술을 빚어 담은 술병의 모양을 본 따 만든 글자이다. 술 주(酒)자의 옛 글자는 酉로, 배가 불룩 나오고 입이 좁은 용기의 모양을 본뜬 글자이다. 입이 좁은 것은 술이 증발하는 것을 방지하기 위해서이다. 술은 알코올 성분을 가져 빨리 증발되므로, 술을 담는 그릇은 항상 입구를 좁게 만든다. 고대 중국인들도 이런 사실을 알았던 것 같다. 닭 유(酉)자로 더 잘 알려진 이 글자는 간지(干支)로 사용되면서, 십이지의 하나인 닭과 짝을 이루어 닭 유(酉)자가 되었을 뿐, 닭의 모습과는 전혀 상관없다. 그런데 밑이 뾰족한 가강금지(佳江金之)는 침전물을 밑바닥으로 모으기 편리하다고 말하였다. 酉자는 '닭', '별', '서쪽', '익는다' 등의 뜻으로도 쓰이게 되고, 유(酉)에다 물수변(水)을 붙여 술을 가리키게 되었다.

옛 글자에서는 그림처럼 물수변이 오른쪽에 붙어 있는 것이 주목된다. 그리하여 유를 가진 글자는 대개 술 또는 발효물과 관계가 있는데 취(醉), 초(酢), 례(醴), 장(醬) 등이 그 예이다. 오늘날 술과 관계가 없는 것처럼 보이는 글자 가운데서도 유자가 들어있는 글자들 중에는 애초에는 술과 관련되었던 글자가 많다. 술을 뜻하는 유(酉)가 변으로 들어간 모든 한자는 발효(醱酵)에 관한 광범위한 식품명이다. 술에 관련되는 글자는 다음과 같은 것들이 있다.

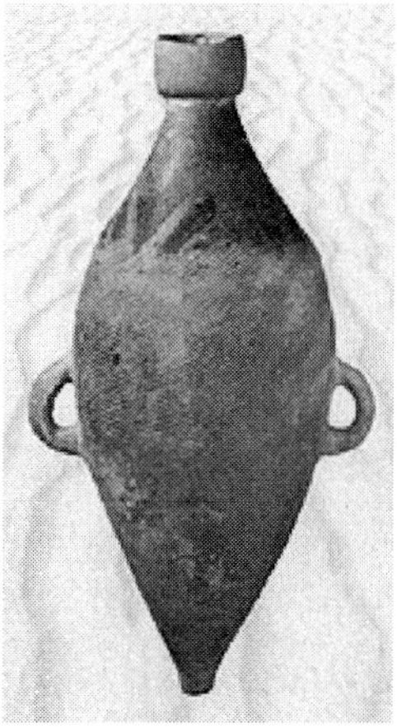

〈酉의 상형〉

주류명으로는 주(酎: 세 번 빚은 술 주), 료(醪: 막걸리 료)가 있고, 술을 빚을 때 일어나는 현상을 말하는 글자로는 발(醱: 술 필 발), 효(酵: 술 필 효), 양(釀: 술 빚을 양)이 있다. 추상어로는 취(醉: 술 취할 취), 명(酩: 술 취할 명), 정(酊: 술 취할 정), 수(酬: 잔 돌릴 수), 작(酌: 잔질 할 작) 등이 있다. 친구들이 술을 마시기 위해 추렴하는 데서 갹(醵: 술추렴할 갹)이라는 글자가 나왔는데 지금은 기부금 거두는 것을 갹출(醵出)이라 하고 있다.

술 주(酒)자에서, 술을 빚어 담은 술병의 모습인 유(酉)자가 술을 의미하는 글자이지만, 뜻을 분명히 하기 위해 물 수(氵)자가 나중에 추가되었다. 주지육림(酒池肉林)은 술이 못을 이루고 고기가 숲을 이루었다는 뜻으로, 중국 하(夏)나라의 폭군으로 알려진 걸왕(桀王)이 굉장히 많은 술과 고기로 호화롭게 잘 차린 술잔치를 해서 나라를 돌보지 않았다는 데에서 유래한다.

더러울 추(醜)자는 귀신(鬼)의 모습에 술(酉)까지 취해 추악(醜惡)하다는 데에서 유래한다.

따를 작(酌)자는 술 유(酉)자에 [잔 작(勺)]자가 합쳐진 글자이다. 술(酉)을 잔(勺)에 따른다는 의미이다. 술집에서 손님을 접대하며 술을 따라 주는 여자를 작부(酌婦)라고 한다.

의원 의(醫)자는, 화살에 맞아 몸 속(匸)에 화살(矢)이 있거나, 몽둥이로 맞았을(殳) 때 술(酉)로 소독하고 마취를 시킨 데서 유래한다. 고대 중국인들은 술이 병도 치료한다고 믿었다. 또 다른 해석에서는 상자(匸) 속에 수술 칼로 사용되는 화살촉(矢)과 수술 도구를 들고 있는 손(殳), 치료제인 술(酉)로 형상화 한 것이라고 한다. 의원(醫員)은 옛날의 의사(醫師)이다.

침을 탁탁 뱉아 흙을 이겨서 소경 눈에 발러주고 실로암 못에 가서 씻으라고 말하는 예수(요한 9:6-7)의 모습은 바로 이 무의(巫醫)의 모습이다. 이러한 무치(巫治, faith-healling)는 예수시대의 팔레스틴의 예수류의 무의에게서나 중국의 상고(尙古)시대의 무속이나 오늘날 말씽을 빚고 있는 우리나라의 기도원이나 보스톤 한복판에 자리잡고 있는 미쎄스 에디(Mary Baker Eddy, 1821-1910)의 크리스챤 싸이언스에게서 공통적으로 발견되는 인류문화의 주요 패턴 중의 하나이다.

술은 발효(醱酵)를 해서 만들므로, 낙농(酪農), 식초(食醋), 간장(醬) 등 발효에 관계되는 글자에도 모두 들어간다. 식초 초(醋)자는 술 유(酉)자와 옛 석(昔)자가 합쳐진 글자로 옛날(昔)에 담근 오래된 술(酉)은 발효되어 식초가 된다는 의미이다.

술이 익어 술병(酉)에서 냄새가 나는 모습(八)을 본 따 만든 술익을 추(酋)자도 역시 술이란 의미로 사용된다.

높을 존(尊)자는 제사 지낼 때 손(寸)으로 익은 술(酋)을 높이 올린다는 데에서 유래한다. 존중(尊重)은 존경하고 중히 여긴다는 의미이다.

제사지낼 전(奠)자의 상형문자를 보면, 큰 대(大)자는 제사상의 모습으로 제사상(大)에 익은 술(酋)을 올려놓고 제사를 지내는 모습이다.

성씨로 많이 사용되는 나라 이름 정(鄭)자는 제사를 잘 지내는(奠) 고을(阝)이라는 뜻이다. 그 밖의 술과 관련된 글자를 보면 다음과 같은 것들이 있다.

- 酌 : (술을)따를 작, 술 유(酉) + [잔 작(勺)] / 작부(酌婦)
- 醉 : 술 취할 취, 술 유(酉) + [군사 졸(卒) → 취] / 취중진담(醉中眞談)

- 醒 : 술깰 성, 술 유(酉) + [별 성(星)] / 각성(覺醒)
- 酷 : (술이) 독할 혹, 술 유(酉) + [알릴 고(告) → 혹] / 혹독(酷毒)
- 醱 : 술될 발, 술 유(酉) + [쏠 발(發)] / 발효(醱酵)
- 酵 : 술밑 효, 술 유(酉) + [효도 효(孝)] / 효모균(酵母菌)
- 釀 : 술 빚을 양, 술 유(酉) + [도울 양(襄)] / 양조장(釀造場)
- 醋 : 잔돌릴 작, 식초 초, 술 유(酉) + [옛 석(昔) → 적 → 작] / 식초(食醋)
- 酪 : 유즙 낙, 술 유(酉) + [각각 각(各) → 락] / 낙농(酪農)
- 醬 : 간장 장, 술 유(酉) + [장수 장(將)] / 염장(鹽醬)

중국의 아주 오래된 갑골문자에도 죽은 이는 대갑(大甲)인데 정(丁)이 술을 올린다는 의미의 글자가 있다. 갑골문자 중에는 또 '창(鬯)'이라는 글자가 있는데 한반고(漢班固)는 『백호통의 白虎通義』에서 이렇게 해석하고 있다. "창이란 백가지 풀의 향기와 금의 향기를 화합해서 만든 것이다." 그러므로 이 글자는 미주(美酒)를 의미한다. 창이란 글자에는 창(暢)이라는 뜻도 있는데 통쾌하고 행동하고 싶은 대로 다 하며, 장애를 받지 않으며, 정체되지 않으며, 명확하게 뜻이 통하며, 통쾌하고 시원하며(暢快), 하고 싶은 말을 시원하게 다 말하며(暢所欲言), 막힘없이 잘 통하며(暢通無阻), 자유로이 상상을 하며(暢想), 유쾌하게 술을 마신다(暢飮)…. 술을 마심은 바로 이렇게 자유로운 경지에 든다는 것이다.

술의 정신과 관련된 "인 비노 베리타스(In vino veritas: In wine there is truth)"라는 라틴어 속담도 있다. 곧 술 속에 진리가 있다는 뜻으로 즉, '취중진담(醉中眞談)'이라는 얘기이다. 알코올을 마시며 격의 없게 허심탄회하게 얘기를 나눌 때 또는 술의 힘을 빌어 평소에 하기 어려운 말을 용기있게 할 때 흔히 이 말을 쓴다. 이 말은 로마시대의 과학자 플리니우스가 쓴 『박물지 Historia maturalis』에서 유래된 말이다. 또한 『채근담 採根談』에서는 "술은 비와 같다. 비는 진흙에 내리면 진흙을 더럽히지만 옥토에 내리면 꽃을 피우지 않는가?" 채근담 후편에 "꽃은 반만 핀 것이 좋고 술은 조금 취하도록 마시면 이 가운데 무한한 가취(佳趣)가 있다고 하였다." 이와 마찬가지로 술은 좋은 분위기에 적당히 마시면 삶을 더없이 풍요롭게 한다.

그런데 '물[水]'과 '알코올[火]' 사이에는 서로 상극(相剋)인 성질을 가지고 있다. 음양오행으로는 수극화(水克火)라 하여 '물은 불을 제압한다'고 한다. 물은 정적이므로 고여 있고 단지 높은 곳에서 낮은 곳으로 언제나 흘러갈 뿐이다. 그러나 불은 동적으로 위로 올라가며 타고 발산되는 것이다. 정적인 것과 동적인 것, 그리고 아래로 내려가는 기운과 위로 올라가는 기운 등이 함유된 것이 술이다.

알코올은 곧바로 휘발(揮發)되는 기(氣)와 같은 것이다. 그리고 사람 몸에 들어가 몸을 따뜻하게 하고 신진대사를 왕성하게 한다. 이러한 상극적인 성질이 합해져서 술이 되는 것이다. '정적인 물'에 '동적인 주정'을 더하면 '술'이 되는 것이다. 술은 모든 제사 양식과 의식에 오르는 것이다. 지상에서 나는 가장 고양된 음식이 술이라고 한다. 술을 마시면 신바람이 생긴다. 신바람을 따라서 신(神)은 찾아온다. 그래서 종교 양식과 제사 양식은 신에게 술을 바치는 인간의 의식이다.

알코올은 물과 불의 이중적 속성을 공유하고 있는 음료이다. 일반적으로 '물'과 '불'은 상극이라고 하여 공존할 수 없는 것으로 인식하고 있다. 이것은 '물은 차고' '불은 뜨거우며', '불은 물을 데우며', '물은 불을 끄기 때문이다'. 그래서 물은 차갑기 때문에 냉철한 '이성'을 대변하고, 반면에 불은 열정적인 뜨거운 '감성'을 대변한다. 술은 물의 형태를 취하고 있으나, 이를 마시는 사람의 마음과 몸속에서 불과 같이 타오른다. 그 결과 술은 소극적인 사람을 적극적으로 만들어 주기도 한다. 그러나 이성보다는 본능적 감성의 지배를 받게 되어 스스로의 통제력을 잃게 되기도 한다. 그래서 술의 본래의 정신을 강조하는 것이 아닌가 생각된다. 즉 이성을 강조하면서도 감성을 자극하는 야누스적 음료이다.

고대 중국에서는 군주가 신하를 술자리에 부를 때는 상 맨 위에 물이 든 통을 갖다놓았다고 한다. 또한 중국의 상류사회에서는 주연을 베풀 때 반드시 냉수부터 마셨다고 전해지고 있다. 이 냉수를 일컬어 '현주(玄酒 · 무술)'라고 칭한다. '현주'라 불리는 이 맹물은 물처럼 마시되 취하지 않도록 마음을 가다듬고 술의 고마움을 알고 마시라는 의미를 내포하고 있다.

만약 주빈이 손님에게 먼저 냉수 한 잔을 권하지 않는다면, 그것은 큰 모욕을 주는 것이나 진배없는 것으로 여겼을 정도였다. 기록에 보면 야인(野人)에게는 술부터 권했다고 한다. 여기서 말하는 야인이란 우리말로 '상것' 또는 '오랑캐'를 일컫는다. 즉 정사를 함께 논할 수 없는 하잘 것 없는 야인으로 취급받는 것이다. 이러한 주법은 황실에서 비롯된 것이다. 황제가 신하에게 만찬을 베풀 때 먼저 내리는 것이 현주였기 때문이다. 현주는 언뜻 술이라고 생각하기 십상인데, 실은 청수(淸水), 즉 맑은 물을 뜻하는 말이다. 현주는 술의 근원이 물임을 강조한 데서 연유한 것이다.

황제가 연회에서 물, 즉 현주부터 마시게 한 까닭은 두 가지로 풀이된다. 첫째는 황제 앞에서 술에 취해 실수하지 않도록 술 깸을 미리 다짐하는 것이고, 둘째는 술의 근원이 물임을 일깨우는 뜻으로 술의 본 정신을 잃지 말라는 것이다. 특히 후자의 풀이는 '음수사원(飮水思源)'의 철학을 주법에 적용한 것이라고 설명되기도 한다. 음수사원이란 물을 마실 때 근원을 생각하라는 뜻의 사자성구다. 황제가 음수사원을 강조하면서 현주를 내리는 본심은 다름아닌 '충성'에 있음을 은밀하게 말하는 셈이다. 아무튼 술의 근원이 물이라는 생각의 틀은 동서와 고금에 변함이 없다. 물맛에 따라 술맛이 좌우되는 이치는 술과 물의 관계를 웅변해 주고도 남는다. 물맛에 따라 맛이 좌우되는 이치는 술뿐만이 아니다. 차 맛도 그렇다고 아니할 수 없다. 어떤 의미에서 차 맛은 술 보다 훨씬 더 물맛의 영향을 받는다.

인류에게 술은 인간관계를 부드럽게 해주고 대화를 부드럽게 만드는 '사교의 명약'으로 인정받아 왔다. '술이 떨어질 무렵 친구도 떨어진다'는 말은 이를 가장 절묘하게 표현한 러시아의 속담이다. 혼자서 술을 마시는 모습은 세상에서 가장 처량한 장면중의 하나이다. 자고로 동서양을 막론하고 술이란 여럿이 함께 해야 맛과 멋이 나는 것으로 여긴다. 그렇지 않다면 권주사가 필요없다.

술은 마시면 인심을 길러 그 공험이 많으므로 약 중에 첫째간다는 말 "술은 백약의 장"은 애주가들에게는 실로 고마운 말이 아닐 수 없다. 이 출처는 『한서 漢書』의 「식화지(食貨志)」로서 왕망이 내린 조서 첫머리의 일구 "소금은 식효(食肴)의 장(將)이고, 술은 백약의 장이고…(夫塩食

肴之將, 酒百藥之長)"에서 나온 말이다. 영어로 같은 의미의 "Good wine makes good blood"가 있다. 그래서 마시는 정도에 따라 취하는 상태가 다른 것은 술이 가지고 있는 최대의 매력이며, 알면서도, 사람에 따라서는 천국의 세계에 푹 빠질 정도로 마시고 다음날 눈을 떴을 때는 머리 숙여 반성하게 된다.

전한과 후한 사이에 14년간 계속된 신(新)이란 나라가 있다. 이 조서는 신의 황제 왕망이 경제정책의 철저를 기한 것으로서 그 발단은 역시 술과 기이한 인연이 있다. 그러나 다소 피비린내가 난다. 전한의 원수(元壽) 2년, 애제가 죽자, 외척인 까닭에 조정에서 쫓겨나 있던 왕망이 다시 대사마로 복귀하여 어린 평제를 세웠다. 당시 "백성에게 칠망(七亡)이 있고 일득(一得)도 없다. 백성에게 칠사(七死)가 있고 일생(一生)도 없다"고 할 만큼, 사회는 궁핍해 있었다. 왕망은 이윽고 자기 딸을 평제의 후(後)로 삼았는데, 불로장생의 약주인 초주(木叔酒)를 올려 12세인 평제를 독살시키자 조종하기 쉬운 두 살 밖에 안 된 어린 임금을 세우고 스스로가 황제라 칭하니 드디어 야망을 달성 황제가 된 것이다.

그는 유교의 성인인 주공(周公)을 이상으로 삼아 『주례 周禮』에 기본을 둔 제도를 그대로 실행하고자 했다. 그리하여 물가 통제와 융자를 실시하고 화폐를 주조하고 산림이나 하소(河沼)를 관리하고 또 소금 · 철 · 술을 정부 사업으로 했다. 이것을 오균육간(五均六幹)이라 하고서 감독관을 두었다. 그런데 군현의 관리들은 낙양 등 대도시의 대상인과 짜고 이 제도를 악용하여 돈벌이를 꾀했기 때문에 군현의 관리와 짜고서 이중장부를 만들고 물건을 빼돌려 백성들은 더욱 괴로웠다.

그리하여 왕망은 백성들의 괴로움을 알고 다시 전기한 조서를 내려, 오균육간은 백성들의 소득을 고르게 하며 유무를 통해 백성들의 쓰임에 대비하는 것이라는 취지로 철저를 꾀했다. 하나 백성들의 생활은 더욱 더 악화되고 '적미(赤眉)', '녹림(綠林)'의 난이 일어나 마침내 지황(地皇) 4년 유명한 곤양의 싸움에서 실각 당하게 된다. 그 때 그는 역시 술만 마시고 『주례』나 공자의 말을 되씹으면서 그 덕택으로 재난을 면하는 기적이 나타나기를 고대했으나 결국은 전신 난도질을 당한 채 죽었다.

1.2 생명수로서 알코올의 발견

술(酒)을 영어로 리쿼(Liquor)라 하고, 술의 주정(酒精)을 알코올(Alcohol)이라 하는데, 알코올은 아랍어의 알쿨(alkuhl)에서 온 말로 알려져 있으며, 이는 곧 한글의 앓다, 얼큰하다, 얼근, 얼결, 얼떨결, 얼다(취하다)의 어원과 상통한다. 한글에서의 술(酒)은 이슬(露), 서리(霜)와 같은 어원으로 그 원뜻이 '김이 서리다'와 같은 뜻의 증류된 정제액을 말하며, 증류하기위한 시루는 극동에서 처음으로 나왔다. 탁주인 막걸리는 맑아지다, 묽다, 도토리묵과 같은 어원으로 진한 쌀 국을 물에 타서 묽게 만든 것을 뜻한다.

그리고 불(火)을 뜻하는 영어인 파이어(fire)는 그리스・로마의 피로(pyro), 퓨로(puro)에서 온 말로, 원래는 그 출처를 모르는 푸르(pur)에서 온 것으로 전래되고 있다. 푸르는 곧 한글의 부르[bur], 불[bul]과 상통하며 '불 화(火)[hwa]'자와도 상통하는데, 화를 중국어로는 후오[huo], 일본어로는 가[ga], 또는 비[bi]라고 발음한다. 또한 점화하다, 불꽃이 일다라는 뜻의 영어인 이그나이트(ignite)는 한글에서 익은[ign], 익다, 일그러지다, 이글거리다와 상통하며, 그 어원을 구리(銅), 구리다(臭), 구르다, 고리(環), 굽다(折), 굽다(燒)와 같다고 볼 수 있다.

다른 한편으로 영어에서 무지(無知)라는 뜻의 이그노런스(ignorance)는 희랍어의 그노시스(gnosis), 그리고 크노소스(Cnossos), 크노우쓰(Knowth), 크녹나래(Knocknarea)와 같은 어원으로 보고 있으며, 영어권에서 '크노'의 '크'자는 뺀 채로 발음하는 것이 보통이다. 과음하면 무지해 진다는 것이다.

오랫동안 인간은 주로 세 가지 술, 즉 벌꿀 술, 맥주, 포도주를 마음껏 즐겨 왔다. 이것들은 알코올 함량이 약하여 취하기까지는 다량으로 마셔야만 했다. 그러나 8세기에 제버(Geber)로 더 알려진 재빌 이븐 하얀(Jabir ibon Hayyan)이라는 어느 아랍인은 보다 강한 주정 제조 과정을 고안해 냈다. 그는 중세에 유행했던 연금술사로 의술, 화술 등 여러 기술을 연구하여 많은 실험을 하던 중 증류법을 발견해 냈다.

제버는 천연적 발효 과정 중 포도주 안에서 생기는 불순물을 태워 버리고 그 정수액을 분리시켰다. 그리하여 원래의 포도주보다 더 강한 응집물을 얻었는데, 제버는 이것을 'al kulhul'이라고 불렀다. 이 'al kulhul'이라는 말은 원래 아랍 여인들이 그들의 속눈썹을 더욱 길고 윤기있게 보이게 하기 위해 이용했던 일종의 화장분을 가리키는 말이었다. 과학자들은 제버가 당시에 기초 화장품에 든 안티몬과 포도주의 정수인 알코올과의 유사성을 알았었는지는 의심하고 있다. 여하튼 제버는 최초의 알코올 발견자였다.

제버 이후 500년이 지나 13세기에 이르자 프랑스 몽펠리에(Montpellier) 대학교 의학교수였던 빌뇌브(Villeneure) 교수는 다시 제버가 발견한 것을 극적으로 발견해 냈다. 이 당시의 연금술사들도 값싼 금속을 금으로 바꾸려는 생각에 사로잡혔던 한편 의사들은 만병통치약만을 찾기에 급급해 하고 있었는데 빌뇌브는 그러한 것을 알코올 속에서 발견해 냈다고 확신하였다. 그래서 그는 알코올을 만병통치약이라 하여 "생명수(aquevitae)"라고 명명하였다. 그는 알코올에 대하여 "이것은 실로 불후 불변의 물이기 때문에 '생명수'라는 이름이 아주 적절하다. 이 술은 생명을 연장시켜 주고 모든 불쾌감을 깨끗이 제거시키며 마음을 소생시켜 주고 젊음을 지켜준다"라고 썼다. 그러자 얼마 되지 않아 '생명수'는 전 유럽에서 막대한 양으로 소모되었다.

알코올의 정체가 밝혀진 13C 이후 유럽에서는 의사들이 솔선하여 술을 약품으로 권장하며 '모든 의약의 여왕'이라고 극찬하기에 이른다. 동양의 한방에서 술을 '백약의 으뜸(百藥之長)'이라고 한 것과 일맥 상통하는 이야기이다. 실제로 혈중 농도 0.02-0.04%일 경우 기분이 상쾌해지고 피로감이 없어지며 머리가 오히려 산뜻해진다. 이 정도는 혈관이 열리고 혈압도 저하 경향을 보이며 혈중 콜레스테롤 중에서 유익한 콜레스테롤이 상승하며 간장에 부담을 주지 않는다.

일반적으로 건강에 도움을 주는 술은 포도주와 맥주, 청주 등을 드는데 여기에 주석산 등의 유기산을 비롯한 생체에 꼭 필요한 각종 미네랄과 비타민류가 파괴되지 않은 채 풍부하게 들어 있기 때문이다. 일례로 빈혈에는 철분이 풍부한 포도주가 제일이며, 맥주는 담석증을 치료하는 이뇨제로 널리 쓰이고 있다. 한편 술의 알코올 성분은 뇌의 반사작용을 일으켜 오래 전부터 실신하거나 의식이 몽롱한 사람을 깨우는 응급처치로 위스키나 와인이 사용되었다. 최근 미국에서는 비만 조절에 백포도주를 이용하고 있다. 또, 맥주로 목욕을 하거나 세안을 하면 피부가 고와진다는 속설이 있는데 각종 미용 요법을 행했던 것으로 유명한 클레오파트라도 맥주 목욕을 했다는 기록이 있다.

결국 제버의 'al kulhul'은 빌뇌브의 'ague vitae'로 둔갑되었고, 마침내 'brandywin(brandwijn: 네덜란드어로 불에 탄 포도주라는 뜻)'으로 알려지게 되었는데, 이것이 줄어서 오늘날의 '브랜디(brandy)'가 된 것이다. 오늘날도 브랜디는 전 세계에 널리 보급되었지만 이것은 빌뇌브의 브랜디 포도주를 세밀히 혼합, 향료와 색채를 가하여 목제통에 저장시켜 보다 정순하게 만든 술이다.

브랜디의 일종으로 가장 유명한 것은 프랑스의 꼬냑(Cognac) 지방 근처에서만 자라는 특별한 포도 열매로 만든 이른바 '꼬냑'인데, 이는 17세기가 되어서야 개발되었고, 그 외의 것은 프랑스 다른 지방에서 만든 브랜디로 복숭아, 딸기, 사과 등의 과일로도 만들어진다. 여하간 '생명수'의 발명이 유럽인에게 알려지자 전 유럽의 의사들은 사람들에게 될 수 있는 한 많은 생명수를 가능한 한 자주 먹고 마시기를 적극 권장했다.

15세기 독일의 저명한 의사였던 브룬쉬비히(Hieronymus Brunschwing)도 이 생명수를 '모든 의약이 여왕'이라고 극찬하며 이것은 감기, 심장병, 머리의 상처, 탈모증, 혼수병, 무기력 심지어는 귀가 먹은 증세도 치료된다고 자기 논문에서 발표하였다.

1650년 홀란드 라이덴(Leyden)대학교 의학교수인 실비우스(Franciscus Sylvius)는 맥주 양조용으로 발효된 밀을 증류하는 실험을 하다가 특수한 증류액을 얻기에 이르렀는데, 그 맛이 너무 고약하여 여기에 노간주나무 열매를 가미하여 새로운 술을 만들었다. 이 생명수의 상호는 노간주나무를 뜻하는 네덜란드 어 '유네퍼(junever)'인데 영국에서는 '진(gin)'으로 알려졌다. 이 진이 러시아로 들어가 '보드카(vodka)'가 된 것이다. 그리하여 진과 브랜디는 당시 가장 널리 보급, 애용된 생명수인데 이것들만이 전부는 아니었다.

스칸디나비아 사람들에게는 자기네들이 감자를 발효시켜 만든 '아크바빗(akvavit)'이 있고, 아일랜드 사람들과 스코틀랜드 사람들은 게일(Gael) 말로 '생명수'라는 뜻인 '우스퀴보(usquebaugh)'를 즐겨 마신다. 이 우스퀴보는 영어로 '위스키(whisky)'라고 불리우는데, 스코틀랜드와 미국에서는 보통 'whiskey'라고 쓴다. '스카치 위스키(Scotch whisky)'와 '아일리시 위스키(Irish whisky)'는 그 생산 공정이 같으나 맛에는 결정적인 차이가 있다. 스카치는 이탄 불로 맥아 가마를 건조시킨 것으로 우스퀴보에 그을린 맛을 강하게 한 것이다. 그 후 코피(Aneas Coffey)가 증류 속도를 빨리했다든가 우쉬(Andreu-Usher)가 위스키에 '진' 맛이 나도록 변조하여 스코틀랜드의 주요 수출품목이 되었다.

미국인들은 자기들이 만든 위스키를 매우 좋아하는데, 이에는 미국, 캐나다에서 호밀을 원료로 생산되는 '라이(rye) 위스키'와 원산지 켄터키 주의 버번 군에서 이름을 따와, 옥수수를 원료로 만든 '버번(Bourbon) 위스키'가 있다. 이 두 가지 위스키는 18세기 말에 개발되었는데, 그 이후에는 이렇다 할 새로운 종류의 알코올 음료가 발견되지 못하였다.

그리스의 의성 히포크라테스가 2700여 년 전에 "술(포도주)은 음료로서 가장 가치가 있고, 약으로서 가장 맛이 있으며, 음식 중에서 가장 즐겁게 해주는 것이다."라고 한 것은 아주 유명한 말이다. 히포크라테스가 사망한 다음 400여 년 후에 플루타르크가 저술한 『영웅전』에 이 말이 인용되어 있다. 또한 지금으로부터 2,000여 년 전인 중국의 한나라 시대에 왕망이 저술한 『식화지 食貨志』에는 "소금은 식효(食肴)의 장(蔣)이며, 술은 백약(百藥)의 장(長)" 이라고 기록돼 있다. 이처럼 동서양을 막론하고 옛부터 술은 양약으로 여겨졌다.

심장근육에 산소와 영양을 공급하는 관상동맥이 막히는 심근경색 즉 심장마비의 원인은 크게 세 가지이다. 첫째가 콜레스테롤, 둘째가 흡연,

셋째가 고혈압이다. 프랑스 사람들은 육류를 많이 섭취해도 심장병 사망률이 낮다. 그렇다고 혈압과 흡연율이 프랑스가 낮은 것은 아니다. 이와 같이 프랑스인들에게서 나타나는 현상을 사람들은 흔히 '프렌치 패러독스(French Paradox)'라고 부른다. 이것이 다른 나라와 다른 점이다.

'프렌치 패러독스(French Paradox)'의 메커니즘을 규명해 보면 다음과 같다. 포도주를 즐기는 프랑스인들은 높은 지방섭취에도 불구하고 심장질환 사망률이 다른 유럽인들에 비해 상대적으로 낮은 것으로 알려져 있다. 전문가들은 이를 '프렌치 패러독스'로 불렀고, 그 동안 포도주의 심장보호 효과에 대한 부단한 연구가 있었지만, 과연 어떤 이유로 심장이나 혈관에 이로운지에 대해서는 명확하게 밝혀지지 않았다. 다만 일반적으로 포도주에 함유되어 있는 '폴리페놀'이라는 물질계통이 토코페롤이나 베타카로틴 같은 항산화제가 발암이나 노화에 관여하는 생체 내 슈퍼 옥사이드를 제거하는 역할을 할 것이라는 막연한 추측을 해왔었지만, 구체적인 메커니즘이 규명되지 않았기 때문에, 전문적인 치료에까지 적용하기에는 어려웠다.

그러나 지난 2000년 10월 프랑스 루이스 파스퇴르대학 약학대에 유학한 벤처 제약회사인 양지화학연구소의 옥민호 연구원이 '프렌치 패러독스'의 메커니즘을 세계 최초로 규명해 냈다. 옥 연구원은 포도주 추출물이 혈관에 어떠한 영향을 주는지 알려고 관찰하던 중 신생혈관의 생성을 저해하는 현상을 발견했다. 이를 기초로 혈관이 생성되는 과정 중 어느 곳에 작용하는지를 검토하기 시작하였으며, 최종적으로 '혈관 내 근육세포에 존재하는 성장인자인 VEGF(Vascular Endothelial Growth Factor)'라는 단백질과의 상호 연관관계가 있음을 밝혀냈다. VEGF는 암과 동맥경화 시에 발생한 초기 세포덩어리가 성장을 위한 영양소 등을 공급받으려고 새로운 혈관을 생성(Angiogenesis)할 때 가장 강력하게 특이적으로 유도되어 작용하는 단백질이다.

결과적으로 '프렌치 패러독스'는 포도주에 함유된 폴리페놀이 혈관 내 근육세포에서 성장인자에 의한 VEGF의 발현과 분비를 억제, 신생혈관의 형성을 억제하고, 억제하는 과정은 MAP Kinase라는 단백질의 인산화를 저해하여 그 효과를 나타낸다. 신생혈관 억제제의 개발은 최근에 새로운 암 치료제의 개발을 위해 많은 과학자들이 연구하고 있는 분야이며, 암 및 동맥경화는 초기 생성 된 세포덩어리가 증식을 하려는 새로운 혈관의 생성시에 VEGF가 관여한다. VEGF를 특이적으로 저해할 수 있다는 것은 이러한 신생혈관의 생성을 억제할 수 있는 가능성이 있는 것이며, 궁극에는 암 및 동맥경화 세포들의 증식을 저해하여 괴사시킬 수 있는 신약개발의 실마리를 제공한다고 볼 수 있다.

프랑스인들도 자기 모습이 일관되지 않다는 것을 기꺼이 인정한다. 프랑스에는 '수수하기를 원하는 사람'과 '위대한 사상'을 꿈꾸는 사람들이 공존하며, 중세 이후부터 '농부적 기질(근검 절약, 땅과 고향에 집착, 현실적이고도 궂은 날을 대비함)'을 가진 사람들과 '불의를 보면 참지 못하는 영웅적, 기사도적 기질(혁명적, 진보적, 국가가 존망의 위기에 처했을 때 언제든지 봉기할 준비가 되어있음)'을 가진 사람들이 같이 존재함을 인정한다. 또 프랑스인들은 '파리지엥'과 '지방사람'으로 차별화되는 모습도 받아들인다.

다시 말해 파리사람들은 조급하고 성마르며, 재치가 번뜩이며 항상 투덜대고, 타인의 말에 즉각적인 반응을 보인다. 대신 세계의 모든 문제에 관심이 많으며, 전 세계의 갈등에 기꺼이 동참할 준비가 되어있다. '국경없는 기자단', '국경없는 의사들', '세계의 의사들' 등 각종 인도주의적 단체들이 프랑스에서 시작된 것은 우연의 결과가 아니다. 그들은 보헤미안적 기질을 가지고 여행하기를 좋아하며, 전 세계를 제집 드나드듯이 한다. 오늘날 프랑스 외교가 세계 최고의 수준을 자랑하는 것도 바로 세상을 그만큼 잘 알기 때문이다. 사막에서부터 아마존 오지에 이르기까지, 아이슬란드부터 남미 끝 쪽의 '불의 땅'에 이르기까지 그들의 발길이 닿지 않는 곳이 없다.

반면 프랑스 지방 사람의 모습은 더없이 낙천적이다. 그들은 좋은 포도주와 맛있는 요리 등 식도락을 즐기고, 삶의 여유와 멋을 추구할 줄 안다. 마르셀 파뇰의 작품을 영화화한 『마농의 샘』, 『마르셀의 추억』, 『마르셀의 여름』 등은 바로 이러한 '부드러운 프랑스(douce France)'에 대한 노스탤지어를 반영한 것들이다. 이 경우 프랑스의 모습은 라벤더 향기로 충만한 남불(南佛)의 프로방스, 『남과 여』로 유명한 도빌 바닷가, 혹은 영화 『쉘부르의 우산』이 보여주듯, 사랑이 음악, 혹은 문화와 결코 분리되지 않는 행복한 땅으로서의 프랑스이다. 지중해적인 명증성은 예지(叡智)와 역사에 대한 성찰과 뒤섞이고 있으며, 그 성찰은 두 차례나 세계대전을 낳은 유럽, 굴종과 예속의 대륙인 아시아, 간디의 소금 행진, 말로의 행동주의에 대한 생각으로 발전한다.

분명한 사실은 이러한 패러독스가 갈등과 분란을 조장하기는커녕 오히려 프랑스 사회를 풍요롭게 만들고 있다는 사실이다. '프랑스식 역설'은 자연스럽게 관용(톨레랑스), 박애 등의 개념과 합류하고 있다. 그것은 인간이 근본적으로 갈등적 존재라는 것을, 이성과 합리로 무장한 인간사회가 정글과 다를 바 없다는 인식을, 지고한 인간의 투쟁이 가장 비열한 가치들과 어깨를 나란히 할 수밖에 없음을 순순히 인정하고 있는 모습이기도 하다.

1.3 향음주례의 정신

1.3.1 예기속의 향음주의

『예기 禮記』의 마지막 편 제43편은 '향음주의(鄕飮酒義)'로 향인들이 모여서 어진이를 존경하며 노인을 존경하는 일을 기리며 담론하며 음주하는 예와 그 뜻을 풀이한다. 그 전문을 옮기면 다음과 같다.

향음주의 뜻은 주인이 상문(庠門) 밖에서 절을 하고 손님은 세 번 사양한 후에 오르는 것은 존양하기 때문이다. 손을 씻고 잔을 드는 것은 청결하게 하기 위함이다. 배지(拜至: 손님이 당에 오르면 주인은 조계 위에서 북면하여 하는 인사) · 배세(拜洗: 주인이 잔을 씻으면 손님이 서계에서 절하는 것) · 배수(拜受: 손님이 서계에서 잔을 받을 때 하는 인사) · 배송(拜送: 주인이 조계에서 잔을 보내며 하는 인사)하는 것은 공경한다는 뜻이다. 존양하고 결경(絜敬)하는 것은 향대부가 서로 만나기 때문이다. 서로 존양하면 다투지 않으며 결경하면 거만하지 않는다. 거만하지 않고 다투지 않으면 폭란

(暴亂)의 화가 없으니 향대부가 사람의 화를 면하려고 하기 때문이다.

그러므로 성인이 이것을 도(道)로 제정하였다. 향리의 인사와 군자들이 술잔의 설치를 방호(房戶)사이에 둔 것은 주인과 손님이 이것을 같이 쓴다는 뜻이요, 또 술통에 현주(玄酒)가 있는 것은 그 품질을 귀중하게 여기기 때문이며, 음식들이 동쪽으로부터 내오는 것은 손님을 주인과 동등하게 예우하기 때문이다. 씻는 곳을 동쪽에 둔 것은 주인의 위치가 동쪽이므로 청결하게 하여 손님을 섬기기 위함이다.

손님은 하늘을 본받으니 이는 존중하기 때문이며, 주인은 땅을 본받으니 이는 기르는 때문이요. 개선(介僎: 손님을 도우는 자와 주인을 도우는 자)은 음양이 천지를 돕는 것을 본받음이요. 삼빈(三賓)은 삼광(三光: 日, 月, 星)이 하늘을 돕는 것을 본 받음이다.

사양하는 것을 세 번 하는 것은 달이 3일로서 백(魄: 백은 달의 형체만 있고 빛이 없는 곳을 말함)을 이루는 것에서 본받는 것이다.

4면의 자리는 4시를 본받은 것이다.

천지의 엄응(嚴凝)한 기움은 서남에서 시작하여 서북에서 왕성하니 이 것이 천지의 존엄한 기운이며 천지의 의로운 기운이다.

천지의 온후한 기운은 동북에서 시작하여 동남에서 왕성하니, 이 천지의 성한 덕의 기운이며 천지의 어진 기운이다.

주인은 손님을 존중하므로 손님을 서북에 앉게 하며, 개(介)를 서남에 앉게 하여 보필하게 한다.

손님은 사람에게 의로 접하는 사람이므로 서북에 앉게하고, 주인은 사람을 접하는데 동남에 앉고 선(僎)을 동북에 앉게하여 주인을 돕게 한다.

인과 의로 대하는 것은 주인은 인으로 대하고 손님은 의로 대하는데 주인은 손님에게 후덕하게 베풀어 인을 베풀고 손님은 사양하니 이것이 의이다. 손님과 주인이 서로 접할 때는 射 · 禮 · 樂을 익히기도 하고, 조두(俎豆: 도마와 접시)의 수에 맞추어 있는 것을 성(聖)이라 불러 성이 일어서서 거느리는데 이를 공경하는 것을 예라 하며 장유를 본받는 것을 덕이라 한다. 덕은 몸으로 체득하는 것이므로 예전에 향음주의 예를 배우는 사람은 이것을 체득하려 한 것이다. 그러므로 성인이 이를 힘썼다.

향음주의 예에서 60된 자는 당(堂) 위에 앉고 50된 자는 당 아래에 서서 정치와 역사의 얘기를 듣는 것은 어른을 존중하는 것을 밝히기 위함이다.

60된 자에게는 3두(豆)를, 70된 자에게는, 4두를, 80된 자에게는 5두를, 90된 자에게는 6두를 주는 것은 늙은이를 봉양하는 것을 밝히기 위함이다.

백성들이 어른을 존중하고 늙은이를 봉양하는 것을 안 이후에야 능히 들어가서 효제(孝弟)를 행하게 된다. 백성이 들어가서 효제가 있은 다음에야 나와서 어른을 존중하며 노인을 봉양하고 그런 다음에야 가르침을 이룰 수 있으며, 가르침이 이루어져야 국가가 편안하게 될 것이다.

군자가 말하는 소위 효는 집에 가서 날마다 이것을 보여주는 것이 아니라 이것을 향사(鄕射)와 함께 향음주의 예로서 가르쳐서 효제의 행실을 세우는 것이다.

공자가 말하기를 "내가 시골에서 보고서 왕도의 다스림을 알았다. 주인이 친히 손님과 개(介)를 부르고 무리와 손님은 이에 따라서 문밖에 이르면 주인이 손님과 개에게 절을 하고 그러면 무리와 손님이 스스로 들어가는 것은 귀천의 의를 분별하는 것이다"

문안에 들어오면 주인과 손님이 세 번 읍하고 사양한 후에 주인은 조계에 오르고 손님은 서쪽 뜰로부터 오른다. 당 위에서 주인이 손님이 올라오는 것을 보고 절하여 헌수하며 사양하는 절차가 번거롭다.

개(介)에 이르러서는 생략하고 중빈(衆賓)들은 올라와서 받으며 앉아서 제사하고 서서 마시며 작(술잔)은 먹지 않고 내려온다. 높은 사람에게는 예우가 높고 낮은 사람에게는 예우가 감소한다는 뜻을 분별하는 것이다.

악공이 들어와서 당에 오르고 노래를 세 곡조 끝내면 주인이 술을 주고 생황(笙簧)을 부는 사람이 들어와서 당 아래에서 세 곡을 끝내면 주인이 술을 준다. 당 위와 당 아래가 서로 어울려서 돌려가면서 부르는 세 곡이 끝나고 당의 상하가 함께 세 곡을 끝내면 악공은 음악이 끝난 것을 알리고 데리고 나온다. 주인을 돕는 사람이 잔을 들고 한 사람을 택해서 사정을 삼는데 그가 화락하여 그 절도를 잃는 일이 없음을 알기 때문이다.

손은 주인과 수작하고 주인은 개에게 수작하고 개는 중빈에게 수작하며 젊음과 어른을 나이로 따져 옥세자(沃洗者)에 이르러서야 끝나니 어른을 공경함이 질서가 있음을 알 것이다.

내려가서 신을 벗고 올라와서 앉아서 잔을 주고 받는 수가 무수하다. 음주의 절도는 아침에는 조정의 일을 폐하지 않으며 저녁에는 집의 사사로운 일을 폐하지 않는 것이다. 손님이 나가면 주인이 인사하여 보내고서야 예절이 끝나니 연락을 편안하게 하고 음란하지 않음을 능히 알 수 있는 것이다.

귀함과 천한 것을 밝히고 존귀함과 비천함을 분별하여 평화롭고 안락함을 어지럽히지 않으며 어른을 존경하는 데 머뭇거리지 않으며 관계의 연락을 편안하게 하여 문란하지 않으며 이 5행(五行)이 나라를 안전하게 하고 편안하게 함께 부족함이 없다. 그러므로 내가 향에서 보고 왕도의 다스림을 알았다.

향음주의 뜻은 손님을 세워서 하늘을 본받음이요, 주인을 세워서 땅을 본받음이요, 개선(介僎)을 세워서 일월을 본받음이요, 삼빈을 세워서 3광을 본받으니 이것은 옛날에 만든 예이다. 천지에서 본받는 것이 예의 경(經)이며, 일월에서 본받는 것이 예의 기(紀)이며, 3광에서 본받는 것이 삼이니 이는 다스리고 가르치는 바의 근본이다.

개를 삶는 것을 동쪽에서 하는 것은 양기가 동쪽에서 일어나기 때문이며 씻는 곳이 동편 계단에 있고 또 씻는 물이 씻는 곳의 동편에 있는 것은 천지가 바다의 왼편에 있는 것을 본받는 것이다.

준(尊)의 현주가 있는 것은 백성들에게 근본을 잊지 않도록 가르치기 위함이다.

손님이 반드시 남향을 하는 것은 동쪽은 봄이니 봄을 말한 것은 태동을 뜻하는 것이고 만물을 낳는 자는 성이다.

남방은 여름이니 여름을 말한 것은 가(假)이다. 이것을 기르고 자라게 하고 크게 하는 것은 인이다.

서방은 가을이니 가을을 말한 것은 가을은 수(愁)다. 때를 가려 염려하고 살피는 것은 의를 지키는 것이다.

북방은 겨울이다. 겨울을 말한 것은 중(中)이니 중은 감추는 것이다.

그러므로 천자가 서려면 성(聖)을 좌로 하여 인을 향하고 의를 우로 하고 장(藏)을 등진다.

개가 반드시 동쪽을 향하는 것은 주인과 손님 사이에 앉아서 돕기 위한 것이다. 주인은 반드시 동방에 거한다. 동방은 봄이고 봄을 말 한 것은 충이며 만물을 낳는 것이다. 주인은 이를 지으며 만물을 낳는 것이다.

달은 3(三)일로 하여 백(魄)을 이루고 3월로 해서 시(時)를 이룬다. 그러므로 예에 세 번 사양하는 것이다. 나라를 세우는데 삼경(三卿)을 세운다. 3백은 정교의 대삼(大參)이다.

1.3.2 향음의 정신

술 한 잔 마시고 밥 한 그릇 먹는 데도 차례가 있고, 남자와 여자가 만나는데도 분별이 있는바 만사에 질서를 지킴이 예(禮)요, 만물에 조화를 이룸이 낙(樂)이다. 그러므로 선비는 공경하지 않는 일이 없고, 생각에 사악함이 없게 하는바 유도(儒道)는 치국평천하의 큰일로부터 음식남녀의 작은 일에 이르기까지 한결같이 예악을 갖추어서 의리를 세우는 것이다.

옛날 의적이 술을 처음으로 만들었을 때 우 임금은 술로 인해 나라와 자기 자신을 망칠 것을 우려하여 금지시켰지만 후세들은 이에 아랑곳 않고 술을 마신 것으로 기록되어 있다. 이에 이를 안타깝게 여긴 주공이란 사람이 술 마시는 예의를 적어 향음주례(鄕飮酒禮)를 만들었다. 향음주례는 원래 중국에서 건너와 우리나라에서 행해진 음주예절의 경전과 같은 것으로 무절제한 음주, 즉 폭음의 폐해를 막고 올바른 음주 예절을 갖게 하기위한 것이다.

술을 마실 때의 예의를 일컬어 '주도(酒道)' 혹은 '주례(酒禮)'라고 한다. 이것은 술을 마시는 사람의 마음씨이며 우리가 지켜 나가야 할 예의범절 중 하나이다. 때문에 주도에 맞게 술을 마시면 사람들간의 정을 두텁게 해줄 수 있지만, 예의를 모르고 마시면 상대방의 기분과 술자리를 엉망으로 만든다. 그만큼 술자리 행동은 사람의 인격을 말해주기 때문에 술에 약한 사람과는 술자리를 같이 해도 주도를 모르고 술버릇이 나쁜 사람과는 술자리를 같이 하고 싶지 않은 게 인간의 심리이다.

그래서 예부터 우리 조상들은 주도라 하여 술자리의 예절에 대해서 엄격했으며 어른에게서 술을 배울 것을 말해 왔다. 우리 조상들의 음주 예절은 '향음주례'와 '군음(群飮)'으로 구분 할 수 있다. 군음은 모여서 마시고 노래하고 즐기기 위한 술자리로 일정한 형식이나 절차가 없이 자유롭게 즐기는 자리였기 때문에 그 예절을 크게 논하지 않았지만, 향음주례는 육례 중의 하나로 절차와 예법을 매우 중시 여겼다. 하지만 이렇게 엄격한 가운데서도 악공으로 하여금 음악을 연주케 하여 흥을 돋구고 술을 마시기전에는 『시경』 '소아편'에 나오는 '녹명장'을 읊어 풍류의 멋을 잃지 않았다.

술은 적당히 먹으면 기분을 돋구어 힘을 내게 하지만 지나치게 마시면 이성을 마비시켜 자제력을 잃게 하므로 옛사람들은 20세가 되어 관례(冠禮)를 한 성인에게는 술을 권하였지만, 미성년자에게는 절대로 술을 마시지 못하게 하였다. 이것은 자제력이 있는 사람이나 체력이 강건한 사람만이 술을 마실 자격이 있는 것임을 뜻한다. 따라서 체력이 나약한 미성년과 지각이 흐린 정신박약자에게 술을 주는 것은 아주 부도덕한 행위로 규정하여 사회적 규탄을 받아야 했다. 남으로부터 술을 대접받음은 정신적으로나 육체적으로 성숙한 인격자임을 뜻하게 되어 한 몸의 영광이었다. 이러한 음주 전통은 곧 술을 대단히 고귀한 음식으로 승격시켰다.

향음주례란 향촌의 선비, 유생(儒生)들이 향교나 서원에 모여서 예(禮)로써 주연(酒宴)을 함께 즐기는 향촌의례(鄕村儀禮)이다. 향음주례는 그 고을 관아의 수령이 주인이 되고, 학덕과 연륜이 높은 이를 큰 손님으로, 그 밖의 유생들을 손님으로 모시고 이루어졌다. 주연을 마치면 사회자가 마을사람들 앞에서 부모에게 효도하고, 형제간의 화목하며, 이웃간에 서로 잘 어울리기를 권장하는 글을 읽었다. 향음주례의 목적은 주인과 손님 사이의 예절바른 주연을 통하여 연장자를 존중하고, 유덕자를 높이며, 예법과 같은 풍속을 일으키는 데 있었다.

오경의 하나인 『예기』는 하늘이 낸 술과 음식을 함부로 다루지 말 것과 아름다운 모임을 흐뭇하고 절도 있게 즐기도록 향음주례를 적고 있다. 유가의 여섯 가지 예에 속하는 예절인 향음주례는 중국의 것이지만, 구한말까지 전국 360개 향교에서 1년에 한 차례씩 치러졌다. 향음주례는 의관을 갖춘 주인이 손님의 집을 미리 찾아가 초청하는 것으로 시작한다.

당일 손님을 대문에서 맞은 주인은 손님들에게 먼저 잔을 권하고, 이어 그들이 따라주는 술을 받는다. 주인은 반드시 술잔 하나로 술을 돌려가며 권하지만, 잔이 바뀔 때마다 잔을 물에 씻는다. 이렇게 엄격한 가운데서도 음악연주로 흥을 돋우길 빼놓지 않는다.

대체로 이러한 향음주례는 한 해를 마무리하는 늦가을이나 겨울철에 개최하였던 것이니 한 해의 농사일을 끝내고 그 동안 소원했던 사람에게 한 해가 가기 전에 따뜻한 자리를 만들어 정을 나누는 성의를 표하고자 함이었다. 이러한 행사는 학교나 관청 및 마을에서 거행했는데 반드시 공개된 광장에서 거행하여 그리하여 주최측이 주인이 되고 초청받은 사람이 손님이 되어서 서로 공경하고 사양하고 감사하는 예절을 모든 사람이 보고 배울 수 있게 하였다.

『국조오례의 國朝五禮儀』에 의하면, 해마다 맹동(孟冬)의 길진(吉辰)을 택하여 한성부와 모든 도(道), 주(州), 부(府), 현(縣)의 학당에서 향음주례를 행하도록 기록하고 있는데, 이와 같이 해마다 한차례씩 향사례(鄕謝禮)와 함께 향음주례를 행한 곳도 있었지만, 대부분은 향교의 큰 공역이 마무리되었을 때, 향촌의 유림을 모아서 향음주례를 베풀었다. 그래서 향음주례는 주로 향교에서 행해지기 마련이었지만, 시기와 지역에 따라서는 향사당(鄕舍堂), 관아(官衙), 서원(書院) 등에서도 행하여졌다.

옛 조상들의 주법의 기본은 첫째, 의복을 단정히 입고 끝까지 자세를 흐트러뜨리지 말 것, 둘째, 음식을 정갈하게 요리하고 그릇을 깨끗이 할 것, 셋째, 행동이 분명하여 활발하게 걷고 의젓하게 서고 조용히 침묵하는 절도가 있을 것, 넷째, 존경하거나 사양하거나 감사 할 때마다 즉시 행동으로 표현하여 절을 하거나 말을 할 것 등이 있다. 향음주례는 다음과 같이 구성된다.

1) 헌빈례(獻賓禮): 주인이 초대한 손님에게 술을 대접하는 예
2) 악빈례(樂賓禮): 초대한 분에게 음악을 들려드리므로 흥취를 더했던 예법
3) 여수례(旅酬禮): 상차림을 준비했던 사람들에게 노고를 위로하고 손님을 배웅하는 예를 갖춤, 여럿이 차례로 잔을 돌리는 예

우리나라의 향음주례는 세종대왕이 주(周)나라 예법을 바탕으로 그 절도를 가다듬어 각 향교나 서원에서 학생들에게 교과 과목으로 가르치게 했던 6례(六禮), 즉 관(冠)·혼(婚)·상(喪)·제(祭)·상견(相見)·향음주(鄕飮酒) 가운데 하나로, 선비에게는 어른을 공경하고 노인을 공양하는 의리가 있음을 밝히고, 음식은 정결하게 갖추고 감사하게 먹어야 하는 도리를 깨우치는 예절이다.

향례(饗禮)에서 맨 처음에 주인이 큰손님에게 첫 술잔을 드리는 것을 헌(獻)이라 하고 다음에 손님이 그 술을 마시고 잔을 씻어서 주인에게 드리는 것을 작(酢)이라고 하며, 연례(燕禮)에서 주인이 먼저 마시고 여러 손님에게 술을 권하는 것을 수(酬)라고 한다.

이와 같이 술을 마심에 있어서 경건하고도 신중하였던 것은 예절의 엄숙함으로 인해 술자리에서 자기의 인격을 갖출 수 있기 때문이다. 말로 의사를 표현할 때에는 예로부터 세 번을 권하여 요청하고, 세 번을 사양하여 피하는 법이 있는 바, 처음 요청하는 것을 예청(禮請)이라고 하고, 이에 대하여 처음 사양하는 것을 예사(禮辭)라고 하며, 거듭 다시 청하는 것을 고청(固請)이라고 하는 바 이에 대하여 거듭 사양하는 것을 고사(固辭)라고 하며, 마지막으로 세 번째 청하는 것을 강청(强請)이라고 하는 바 이에 대하여 끝까지 사양하는 것을 종사(終辭)라고 하여, 여기에 이르면 더 이상 권하거나 요청하지 않는 것이 예법이다.

우리나라에서는 고려 인종 때인 1136년에 과거제를 정비하면서 여러 주의 공사(貢士)를 중앙에 보낼 때 향음주례를 행하도록 규정한 일이 있었다. 조선시대에는 일찍부터 향음주례를 시행하려 했다. 정도전의 『조선경국전』에 의하면, 정표(旌表)가 절의(節義)를 장려하는 것이라면 향음주는 예손(禮遜)을 가르치는 것이라 했다. 집현전에서 세종의 명을 받고 명나라의 제도를 참고하여 상정(詳定)해서, 1474년(성종 5)에 편찬했던 『국조오례의』에 수록했다.

기록에 의하면, 향음주의는 가례의 하나로 매년 10월에 한성부와 각 도 그리고 모든 주·부·군·현에서 길일을 택해 치렀다. 그 고을의 수령이 주인이 되어 나이가 많고 덕이 있으며 재주와 행실이 갖추어진 사람을 주빈(主賓)으로 삼고, 그밖의 유생을 빈으로 하여 서로 모여 읍양(揖讓)하는 예절을 지키며 주연을 함께 하고 계(戒)를 고했다. 또 주인과 손님 사이에 절도 있게 헌수하여 연장자를 존중하고 유덕자를 높이며, 예법과 사양의 풍속을 일으키도록 했다. 이러한 향음주례는 나이 많고 덕행자를 내세우는 것에서 알 수 있듯이 사족 상호간의 관계를 강조하는 것이었다.

중국의 경우에는 후한시대인 30년(건무 6)에 이충수(李忠守)가 단양에서 봄·가을로 향음주례를 행했고, 59년(영평 2)에는 여러 나라(國), 현(縣), 도(道)에서 향음주례를 행했다. 또한 당나라 때인 677년(정관 6)에는 『향음례』를 반포하여 매년 주현의 장관에게 명해 어른과 젊은이를 거느리고 의례에 따라 행하게 했다. 명나라 태조 때는 향음주례 조직을 상세히 규정하여 유사가 학관과 더불어 나이 많은 사대부를 거느리고 학교에서 행했다. 민간의 이사(里社)에서도 100호를 단위로 모여 이장이 주관했으며, 100호 내에서 최 연장자를 정빈(正賓)으로 하고 나머지는 나이 순서로 자리를 정해 계절마다 이(里)에서 행했다.

1) 군음(群飮)

향음 주례에 반해 군음은 오직 떼 지어 모여서 부지런히 마시고 노래하고 즐기기 위한 술 마심이다. 따라서 군음에는 일정한 형식도 절차도 없이 자유롭게 거리낌 없이 즐기는 것이니 애당초 그 예절을 논할 것이 없는 것이다. 술자리에서 가장 경계할 일은 이기지도 못하는 술을 많이 마시고 실수를 하는 것인즉 말이 많아 떠들고 다투거나 몸을 가누지 못하여 비틀비틀 술자리를 어지럽히는 행위인데 이러한 화근을 미연에 방지하기 위하여 우리나라는 조선왕조시대에 향음주례를 보급하여 떼 지어 마시는 군음(群飮)의 습속을 바꾸려고 노력했다.

군음은 모여서 술과 음식을 질펀하게 먹는 행위이니 애당초 의식절차도 없고 멋대로 취하여 아무런 거리낌이 없으므로 논할 것도 없지만 향음주례는 주공(周公)이 제정한 최고의 음주예절로 특정인에게만 술자리를 마련하여 대접하는 향례(饗禮 또는 享禮)와 참석자 전원이 함께 마시는 연례(燕禮 또는 宴會)로 나눈다.

향례(饗禮)에서는 술이나 음식을 먹는 의미보다는 존경과 찬양의 뜻이 크기 때문에 술 한 잔 먹는 예법에 절이 백 번이고 연례(燕禮)에서도 음식은 고루 나누어 먹어야 되고, 서로의 인격을 존중하는 모임의 가치를 찾기 위하여 종일 마셔도 취하지 않도록 활쏘기와 투호놀이를 곁들여 술자리를 교제의 자리로 승화시켰다.

연례(燕禮)는 대체적으로 민간에서 시행하는 향음주례의 마을 잔치와 순서나 격식이 동일하고, 활을 쏘고 행하는 대사례(大射禮)와도 유사한 점이 있다. 다만, 임금과 신하의 높고 낮음을 엄격히 구별하는 것이 다를 뿐이다. 고대에는 연회(宴會)를 연회(燕會), 또는 연례(燕禮)라고도 했다. 술과 고기로 손님을 극진히 접대하는 회식 이벤트로, 요순(堯舜)시대에는 1년에 7차례씩 노인을 모시는 의식을 거행, 많은 사람들이 자리를 깔고 앉아 권커니 잣커니 하며 맛있는 음식을 먹곤 했다.

문헌에 나타난 연례의 행사를 보면 그 행사를 시행하는 경우가 세 가지로 구분된다. 나라에 큰 제사나 큰 상사(喪事)가 있을 때, 국빈을 맞이할 때, 큰 경사 등 대사가 있을 때 행해지며, 왕세자의 입학 · 책봉 · 대리청정 등이 있을 때와 일선 군대의 사열과 친위대의 점검 후에 행하는 것이 정례로 되어 있다.

특히, 연례는 임금과 신하의 신분의 구별을 엄격하게 하기 위해 행해지는 예이므로 신분의 구분이 분명하며, 이 엄격한 구분에 의해 예의 절차를 표시하고자 하는 의식이다. 품계에 따라 좌석이 정해지고 술의 순배도 품계에 따라 행해진다. 서로 친한 사람이 있어도 품계를 넘어 말하지 못하고 또 타인에게 술을 권할 수도 없다. 지정된 순배에 의해 담화가 없는 엄숙한 분위기에서 이루어지며, 오직 왕의 치하나 위로의 말이 있을 뿐이다.

수(隋), 당(唐) 이전에는 탁상과 의자를 사용하지 않았다. 이들은 방바닥에 거칠게 짠 편직물 앤(筵 거적)을 깐 다음 여기에 정교하게 짠 규격이 비교적 작은 시(席 돗자리)를 폈다. 나중에 탁상과 의자를 사용하게 되자 연회는 지면에서 상으로 '승진'되었고, 명청(明淸)시대에는 '팔선상(八仙桌)', '둥근 상(大圓桌)'도 모습을 나타냈다. 연회형식은 꾸준히 바뀌었지만 사람들은 습관대로 옌시(宴席)는 앤시(筵席)로, 좌석도 '시위이(席

位)'로 불렀으며, 연석(筵席)과 주석을 같은 뜻의 단어로 취급했다.

1.4 공동체 의식의 행위로서 음주

알코올을 마신다는 것은 예로부터 공동체를 형성한다는 것을 의미한다. 가장 오래된 음주의식은 음주자들의 결합을 구체적으로 증명해 준다. 손님에게 베푸는 환영 술자리에서 이 손님은 상징적으로 주인의 가족 공동체로 받아들여진다. 건강을 기원하는 술, 건배, 우애의 술, 순배 등은 여기에 참여하는 사람들 모두를 술 마시는 동안만이라도 단단하게 묶어두게 하는 일종의 공동체로서의 의식행위이다.

가장 오래되고 중요한 음주의식은 '건배'이다. 원래는 신에게 바친 신주(神酒)로 건배하고, 죽은 사람에 대하여 행하는 종교적 의례였으나, 그 후 서로를 축복하는 뜻으로 변하였다. 술잔을 단숨에 비우는 것은 옛날에는 뿔잔을 사용하였기 때문이며, 술잔의 술을 상대방의 진심으로 생각하여 단숨에 받아들이기 위한 것이다. 술잔을 맞대어 소리를 내는 것은 서로의 마음이 통한다는 뜻이고, 주객이 동시에 술을 따라 건배하는 것은 독주가 아닌 것을 입증하기 위한 것이라는 등 여러 설이 있다.

건배라는 단어는 그리스어 '프로피네인(*Propinein*, 혹은 라틴어로는 *propinare*)'에서 유래되는데, 이것은 주연이 베풀어지는 동시에 서로 관계를 맺고 있는 두 사람의 음주자 사이에서 벌어지는 과정을 가리킨다. 건배에서 음주자들은 서로간의 우정을, 그리고 그들의 호의와 좋은 의도를 보장한다. 동시에 오랜 전통속에서 내려오는 문구들이 언급된다. 11세기에 기원을 둔 영국 술꾼들의 건배내용은 다음과 같다.

> "잔들이여 오라. 그리고 건강을 위해 마셔라. 나를 따라서 마시고 나에게 건배하라. 전부 비워라. 그리고 나는 너에게 건배하리"라는 의미로 사용되었다. 13세기에 기원을 둔 다른 문구는 이렇다. "나는 너희들에게 건배하리. 내가 마시는 만큼 너희들도 마셔라".

이와 같은 어귀들로 인해 술도 신성한 것으로 마치 동양권에서 술잔을 받을 때마다 매번 100번의 절을 하는 것처럼 선언된다. 이로써 더 이상 위협적인 것은 없어지게 된다.

반대로 술은 술에 의해서 결속되는 사람들의 공동체, 우정, 형제애를 보장하는 상징이 된다. 고대 사회에서 건배란 오늘날에는 전혀 상상할 수 없는 정도였다. 16세기까지만 해도 모든 술판은 반드시 술판을 만든 참석자들 전원이 만취해야만 끝이 났고, 누구든 먼저 혼자서 끝을 내버리면 그것은 음주 관습을 해친 것으로 간주하였다. 술을 권할 때 받지 않고 다시 권하는 것은 음주시 꼭 피해야 할 중대한 금기였다.

두세 사람이 모여 축배를 들 때 컵을 부딪쳐 쨍강 울리는 행위(clinking glasses)는 옛날 사발의 불투명성에서 유래한다. 원래는 서로 잔을 부딪쳐 소리내는 것이 아니라, 신에게 드리는 헌납의 의미로 머그잔이나 주발을 높이 치켜드는 일종의 예의를 표하는 예식행위였다. 과거에는 잔, 주발, 뿔잔 등의 불투명성으로 인해 다른 사람이 안에 들어있는 내용물을 볼 수가 없었다. 그래서 건배할 때 서로의 잔을 들어 올리는 행위는 자신이 진짜로 마신다는 것을 상대방에게 보여주는 행위였다. 그러나 이러한 행위는 후일 일종의 기분풀이로 성행하게 되었다.

미국인들은 잔을 비우길 권하며 '보텀스 업(bottoms up)'을 외친다. 한국과 중국, 일본인들의 '건배(乾杯)'와 같은 풍습이다. 술맛을 내려고 큰 유리잔 안에 토스트 한 조각을 넣었던 데서 유래한 '토스트(toast)'나 '치어스(cheers)'도 건배로 많이 쓰인다. 프랑스인들은 '당신의 건강을 위해'라는 뜻으로 '아보트르 샹테'라고 한다. 바이킹의 후손인 북구에서는 '스콜'(건강)이라고 외친다. 하지만 상대가 친구이건 윗사람이건 술자리에서 잊지 말아야 할 격언이 있다. 바로 '지나침은 미치지 못함과 같다(過猶不及)'는 옛말이다. 원래 술은 술을 부르는 성질(酒呑酒)을 가지고 있어 이를 이기지 못하면 술에 사람이 먹히고 만다(酒呑人).

공동체적 음주는 이미 예시된 바와 같이, 기묘한 양면성을 나타낸다. 그것은 한편으로는 음주자들의 형제애적 결속을 다진다. 그러나 동시에 이 관계를 인간들 사이에서는 결코 친절한 것으로는 생각될 수 없는 서로간의 통제, 의무 그리고 경쟁에 의해서도 특징지어진다. 그래서 이 결속은 주요 규칙이 지켜지지 않으면 전혀 반대의 상황으로 돌변할 수 있다. 누구든 노동자 술집에서 잔을 권했을 때 거절하게 되면 싸움판에 쉽게 휘말릴 수 있다. 권한 잔에 응답하지 않는다는 것은 있을 수 없는 일이다. 순배에 참석한 사람은 자기 마음대로 그만둘 수 없다.

이 규칙들이 한 번도 문서상으로 성문화된 적은 없지만, 그것이 얼마나 엄격한 것이었던가는 미국의 행동 사회학자인 셰리 케번이 경험적 관찰을 통해 다음과 같이 요약했다. "순배가 시작된다고 선언되면, 그 자리에 참석한 사람들은 좋든 싫은 순배에 참여해야 한다. 이 상황 속에서 자기가 먹은 술값만을 내겠다고 주장할 수는 없다. 순배에 참여한 무리 중 한 명이 첫 번째 순배 후에 술집을 떠나려면, 그는 보통 다음 순배에 참여할 수 없으니 자기가 먼저 첫 순배를 내겠다고 선언한다. 술집을 먼저 나서야 하는 사람은 자신이 마실 수 있는 것보다 더 많은 술값을 치러야 하기 때문에, 이것이 그에게는 확실히 불공평하기는 하지만 그 무리는 그의 제안을 받아들일 것이다. 또는 다른 순배 참여자가 술집을 바로 나서야 하는 사람 대신에 첫 순배를 떠맡고 그에게 선물로서 한잔을 사겠다고 선언하게 된다.

다시 말해서 먼저 그만두어야 할 순배 참여자가 첫 순배를 내려고 하면 보통 다른 한 사람이 "아냐, 내가 첫 순배를 맡고 너에게 한 잔 선물하지."라고 대답하기 마련이다. 순배가 한번 시작되면 모든 참석자는 최소한 한 순배를 떠맡게 되어 있다. 즉, 한 무리가 네 명의 참석자로 되어 있으면, 최소한 네 번 순배가 돌아야 한다는 뜻이다. 그 다음에 새로운 순배가 다시 시작되든지, 아니면, 참석자들은 자기 돈을 내고 계속 마신다. 순배가 시작되면 원래의 무리는 보통 모든 사람이 자기 순배를 낼 때까지 같이 모여 있다. 가끔씩 참석자 중 한 명이 자기 순배를 낸 다음에 자리로 옮길 때도 있지만, 그렇다고 순배를 아직 치러야 할 다른 참석자들이 그를 순배의 회원으로서 간주하지 않거나 대접하지 않는 것은 아니다. 반대로 그는 무리가 그에게 권하는 모든 잔들을 멀리서 제스처를 통해 확인하고 그리고 이런 방법으로 순배가 끝날 때까지 결속을 유지한다.

한 음주자 집단 내부에서의 결속이 무의식의 영역 속에서 얼마나 넓게 그리고 얼마나 깊이 뻗어 있는지는 '대중관찰'이라는 연구가 확인한 바 있다. "우리들이 모두 관찰한 바에 따르면 술집 손님 중 대다수가, 그들이 무리를 지어서 마시면, 그들은 잔을 거의 동시에 비운다는 것을 보여주고 있다. 한 무리가 마시는 술잔에서 가끔씩 차이가 나더라도 그것은 술잔 높이의 1cm보다 많지는 않다. 가장 차이가 클 때의 술잔의 차이는 한 무리가 술잔을 반절 이상 비웠을 때이다. 그들을 똑같이 시작하고, 대부분의 경우에 그들을 술잔을 동시에 비우거나 또는 거의 동시에 비운다."

이와 같은 거의 텔레파시적 공통성에 대한 인상 깊은 예를 한 명의 장님을 포함하여 모두 네 명의 참석자로 구성된 술 마시는 사람들에 관한 상황 보고서에서도 찾아볼 수 있다.

"장님과 다른 세 사람이 한 식탁에 앉아 있고 맥주를 주문한다. 잔들이 놓이자 그들은 잔을 입술에 대고 대략 4초 동안 마신다. 그리고 나서 잔들을 내려놓는다. 그들은 짧게 한 모금씩 마시는데, 가끔은 장님이 먼저 마시기도 하고, 가끔은 다른 세 사람이 먼저 마시기도 하지만, 여기서 특별히 식별될 수 있는 체계는 없어 보인다. 그럼에도 불구하고 그들이 잔을 비우기까지 맥주잔의 높이는 1cm나 0.5cm의 차이 밖에 나지 않는다."

음주의식 속에 생생하게 유지되고 있는 고대적인 과정을 인류학에서는 포틀래치(potlatch: 미국 북서안 인디언들이 부와 권력의 과시로 행하는 겨울 축제의 선물 분배 행사)라고 부른다. 포틀래치는 원래 제물의 한 종류인데, 그것을 받는 자는 신들이 아니라 인간들이다. 포틀래치에서는 값진 물건들을 다른 부족의 구성원들이 보는 앞에서 파괴해 버리거나(이를 파괴 포틀래치라 부른다), 또는 선물하는 것이다(선물 포틀래치라 부른다). 이 과정은 근대적, 합리주의적 관념에 비추면 어이없는 일이지만, 프랑스의 인류학자이자 사회학자인 마르셀 모스(Marcel Mauss)가 밝혀냈듯이, 원시 사회에서는 전적으로 중심적인 사회적 의미를 지니고 있었다.

"이 과장된 선물과 무분별한 소비, 이 어이없는 손실과 재산 파괴의 동기는 전혀 자신의 이익을 돌보지 않는 것은 아니다. 족장들과 가신들과 종자(從者)들 사이에는 이러한 선물을 매개로 하여 위계가 형성된다. 선물을 준다는 것은 그의 우월함을 증명하고, 그가 더 중요하고 지위가 높다는 것을 보여 주는 것이다. 갚지 못하거나 더 많이 돌려주지 못하고 받기만 하는 것은 예속된다는 것, 자세를 낮춘다는 것을 의미한다."

포틀래치는 하나의 깨지기 쉬운 사회적 평형을 만들어 낸다. 많은 선물을 서로 주고받는 부족들과 족장들은 동등한 자격을 가진 친구로서 만나고, 그들의 선물은 그들의 우정을 입증해 준다. 그럼에도 불구하고 실제로는 선물을 매개로 한 경주가, 즉 선물 경기가 벌어진다. 누구든 맨 마지막에 선물의 답례를 하지 않으면, 혹은 답례할 수 없으면 위기에 처한다. 다시 한번 모스를 인용하자.

"답례하지 않으면, 또는 거기에 버금가는 귀중품을 파손하지 않으면, 그는 영원히 '체면'을 잃어버린다. 답례의 의무를 이행하지 못한 것에 대한 처벌은 채무 노예라는 형태로 나타난다. 빚을 갚지 못하거나 포틀래치를 되갚을 수 없는 자는 그의 지위와 심지어는 자유로운 남성의 신분도 잃게 된다."

선물이 지닌 이러한 원래의 의미는 암시적이기는 하지만 오늘날에도 남아 있다. 선물을 주는 사람, 거부하는 사람, 초대하는 사람은 우월한 사람이며, 더 힘있는 사람이다. 선물을 받는 사람은 돈으로 사지 않고도 귀한 것을 얻을 수 있는 이로움이 있다.

그러나 다른 한편으로는 수동적인 사람으로서 그리고 도움을 받은 사람의 처지에 놓여 있다. 우리 사회에서 힘없고 수동적인 인간들인 어린 아이들과 여성들은 바로 이런 이유 때문에 선물을 가장 많이 받는다. 하나의 선물에 대하여 상대방이 다른 선물로 답례하는 것을 '복수한다'고 표현하는데, 바로 여기에 모든 선물은 기본적으로 받은 자의 자율성을 공격한다는 의미가 담겨 있다는 것을 가장 명쾌하게 상기시켜 준다.

아름다운 겉모습의 신비를 사정없이 제거해 버린 니체(Nietzche)가 사의(謝意)를 복수의 한 형태로 불렀던 것도 같은 맥락이다. 고마운 행위나

하나의 선물을 받은 후 감사의 뜻을 표시하는 것은 동시에 비물질적인 답례의 선물인데, 이 형식은 선물을 받은 사람이 선물의 진정한 의미인 자신의 존재에 대한 공격을 무력화시키거나 또는 정말 그것을 복수하려고 시도하는 것이다.

그러나 이러한 것들은 모두 단지 선물하고 선물을 받는 것, 선물의 교환이 언젠가 한번 가졌던 과거 의미의 흔적들일 뿐이다. 자본주의적 교환 원칙이 지배하게 된 이래 일상생활 속에서의 이 메커니즘은 점차 그 힘을 잃어 버렸다. 이 메커니즘은 오직 알코올 음료를 마시는 상황 속에서만 변함없는 활력으로 존속되고 있다. 술집은 이러한 의미에서 철저한 고대적 장소이다. 여기에서 일어나는 것들은 과거에 존재했던 것의 단순한 유물이나 암시 또는 승화가 아니다. 모든 것 자체가 생생한 것들이다.

술 순배의 참여자는 포틀래치에 참여하는 사람이다. 그들은 술을 권하고 답례하는 데 있어서의 규칙과 의식이 원래 어떻게 시작되었는지를 전혀 알지 못하지만, 마치 철새들이 가지고 있는 확실한 육감처럼 규칙과 의식들을 따르고 있는 것이다. 그 순간에 그들은 결국 모든 것의 중심에 있는 알코올의 도움을 받는다. 알코올은 의식의 문명화된 새 지칭을 씻어내 버리고 저 고대기의 지층을 발굴하는데, 여기에서는 도취, 형제애 그리고 경쟁의 상태들이 5백년, 1천년, 또는 3천 년 전의 술자리에서와 같이 아주 당연한 것처럼 서로 얽히게 되는 것이다.

미애나폴리스 해군사관학교 박물관의 한 진열장에 '일심단선(一心團煽)' 이라는 원형의 한국 부채가 하나 전시되어 있다. 이는 1871년 신미년 강화도 광성포대에서 있었던 한 · 미 전쟁 때 노획해간 전리품 가운데 하나다. 이 부채살 줄기마다 조그맣게 이름들이 적혀 있는데 전투에 임하기 전 부대 단위로 이 일심단선에 각자의 이름을 적고 일심사생(一心死生)을 맹약하는 의식을 이 부채에 기록으로 남긴 것이다.

그리고 나선 일심배(一心杯)라는 커다란 술잔에 술을 담아 순배(巡杯)로 돌려 마시고 또 일심반(一心飯)이라 하여 이날만은 밥그릇 없이 한솥밥을 나눠 먹음으로써 일심동체의 맹약을 다지고 확인했다. 이 일심선,

일심배, 일심반의 정신적 구속 때문인지 미 해군측 기록에 의하면 그 전투에서 구현된 공생공사의 우리 병사들 정신이 생생하게 드러나 있다. 한 사람의 패주 없이 전원이 포대에서 옥쇄(玉碎)하였고, 부상당하여 몸을 움직이지 못하는 병사를 제외하고는 한 사람의 예외 없이 강물에 투신하여 자결한 것으로 알려지고 있다.

부상당한 병사 가운데도 미군의 총부리를 끌어 가슴에 대고 쏘아 죽여 달라고 애원했다는 눈물겨운 종군 기록도 남아 있다. 이처럼 한국인의 집단을 일심동체로 구심(求心)시켰던 것은 한잔 술에 더불어 입을 대는 순배를 하고 한솥밥을 더불어 먹었던 공동의식에 있었다. 곧 나눠 마시는 한잔 술이 한국인에게 술 이상의 뜻이 있듯이 나눠 먹는 한솥밥도 밥 이상의 의미가 있었다. 순배에 해당되는 영어로는 circle 원, 패, 동아리와 round 둥근, 원형의, (사람의) 일단 둘러앉은 사람들, (술 따위의) 한 순배(巡杯)의 양, 윤무(輪舞), 윤창(輪唱)에 해당된다.

유교 제사의 음복(飮福)과 기독교의 성찬(聖餐)의 목적이 사람 사이의 유대를 강화하기 위한 것이라는 점과 위의 영어 단어들의 뜻에서 원형이 동아리를 의미한다는 점에서 포석정의 형태가 둥그런 원형을 하고 있는 이유를 알 수 있다. 따라서 유교의 제사의식으로 추정하면 포석정에서 술을 마시는 이유는 술은 신이 내린 복(福)이었으며 이 복을 여러 사람이 나누기 위해 원형과 심하게 굴곡진(좁게 찌부러진) 형태로 모여 술을 마신 것이며, 흐르는 물은 복이 넘쳐흘러 다른 사람에게까지 복이 흘러 나가는 것을 의미했다는 것을 알 수 있다.

마음이란 빛깔도 없고, 냄새도 없고, 형체도 없으며, 따라서 보이지도 않고, 잡혀지지도 않는다. 분명히 없으면서도 엄연하게 있는 마음을 같이 하거나, 주고받거나, 약속하거나 할 때 어떤 형태로든지 그 '무(無)'를 '유(有)'로 구상화하고 싶은 것이 인간이다. 그것이 한솥밥 더불어 먹고 한잔술을 더불어 마시는 공식(共食) 공음(共飮)이다.

그래서 신라 시대에는 군신일체를 다지는 의식으로 포석정(鮑石亭)에 나가 한 잔술 물에 띄워 돌려가며 공음하는 것으로 한마음을 다졌던 것이다. 근세까지도 각 관아(官衙)에서는 한말들이 큰 술잔에 술을 담아 상하 가림 없이 돌려 마시는 동심례(同心禮)를 베풀었고, 마을의 약속인 향약(鄕約) 집회가 있을 때도 향음례(鄕飮禮)라 하여 공음 절차가 꼭 따라 일심동체를 다졌던 것이다.

1.5 신과 인간과의 일체화로서 음복론

음복(飮福)이란 신이 내리는 복을 받는다는 뜻이다. 초창기에는 제주(祭酒)를 마시는 것만을 음복이라 하였으나, 후에 와서 모든 제물을 나누어 먹는 준(餕)의 의식을 가리키는 것으로 발전되었다. 『주자가례 朱子家禮』에 의하면 이 절차는 다음과 같다. 사신(辭神)과 철상(撤床)이 끝나면 주인이 제조(蠐螬: 제사 고기)와 술을 나누어 그 일부를 글과 함께 친우에게 보낸다.

그 후 남녀에 따라 자리를 나누어 앉는데, 높은 항렬의 웃어른이 남쪽을 향하여 한 줄로 자리하고, 그 앞에 두 줄로 동과 서로 나누어 앉는다. 웃어른이 앉은 후 같은 세대 한 항렬(行列) 씩 그 앞에 마주 하고 서서 웃어른에게 재배하고, 헌자(獻者)가 축관(祝官)의 축사와 함께 술을 올린다. 웃어른이 술을 마신 후 일항(一行)이 재배한다. 그 후 웃어른이 그들에게 술을 내리면 다들 마시고 재배한다. 그런 뒤 육식을 먹고 면식(麵食) · 미식(米食: 떡)을 먹으며, 술과 제찬(祭饌)을 같이 먹는다. 먹는 것이 끝나면 집사자들과 하인들에게까지 골고루 제찬을 나누어 주고, 받은 사람들은 재배한다. 이로써 음복례 즉 준의 절차가 모두 끝난다.

음복에서 '복(福)'은 제사 때 바치는 술과 음식이란 이중의 뜻이 있다. '복(福)'이란 한자의 어원은 '시(示)'와 '복(畐)'의 회의문자(會意文字)이다. '시'는 하늘이 사람에게 내려서 나타낸다는 신의(神意)의 상형문자이고, '복'은 복부가 불러 오른 항아리를 나타내는 상형문자라 하는데, 이 두 문자가 결합한 의미를 함축해 생각해 보면 나름대로의 해석이 가능하리라 생각된다. 복(福)은 한국인의 밑바닥에 끈끈하게 자리잡은 신앙의 일종으로 볼 수 있다.

법도 있는 집안에서는 손님이 왔을 때 한솥밥을 내느냐 딴솥 밥을 내느냐의 한계가 정해져 있었다. 가문에 따라 다르나 한솥밥을 공식하는 범위는 친계로 8촌, 외계로 4촌, 처계로 2촌이 상식이었다. 그 범위를 넘는 손님, 이를테면 처삼촌이 와도 딴솥 밥에다 밥을 지어냈을 만큼 한솥밥 공식의 의미를 크게 부여했던 것이다. 일심동체를 다지는 공식 공음은 살아 있는 사람 사이뿐 아니라 신명(神明)이나 죽고 없는 조상과의 사이에도 이루어졌다. 동제(洞祭)나 기제(忌祭)와 차례(茶禮)를 지내고 나면 제상에 올랐던 제주와 제수(祭需)를 나누어 먹는 음복(飮福) 절차가 바로 신인(神人)과 조손(祖孫)을 잇는 결속 수단인 것이다.

마을의 안태(安泰)를 비는 동제(洞祭)를 지내면 대추 단 한쪽이라도 온 마을 사람이 나누어 먹음으로써 그 신우(神佑)의 혜택을 분배하는 게 관례였는데, 그 음복용 음식을 나누어주던 현장이 복덕방(福德房)이다. 한국인에게 있어서 '복'이란 삶 그 밑바닥에 끈끈히 자리잡고 있는 신앙과도 같은 존재로서, 대부분의 사람들은 복을 받으면서 태어나 복을 비는 마음속에서 자라고, 복을 받고자 하는 마음으로 살다가 다시 복을 기원하는 경건한 마음으로 죽어간다고 할 수 있다. 사람이 모이다 보니 각종 중개역할까지 하게 되었음직하다.

한국말로서의 '복'은 '복이 있다', '복스럽게 생겼다', '복을 타고 난다', '복이 달아난다' 등 숱한 말들이 쓰여 지는데, 예전에는 작명을 하는데 있어서도 '복동', '복수', '만복', '복실', '복순' 등 복 자를 넣어 지음으로서 자손들이 다복한 생활을 영위함과 아울러 부귀영화를 누리도록 갈구하기도 했다. 복이 하늘에서 내려진다는 천정론(天定論)을 잘 나타내준 고전의 한 대목으로는 홍부전에서 홍부 마누라가 슬피 울며 읊는 '박복타령'을 꼽을 수 있다.

> 애고 애고 설운지고. 복이라 하는 것은 칠성님이 마련하시는가. 산신령이 점지하시는가. 생년월일시 팔에 매였는가. 이목구비 관상에서 솟아나는가. 좌청룡 우백호 풍수 타고나는가.

불사(佛寺)의 의례를 적은 백장청규(百丈淸規)에 보면 불교에 있어 부처님과 중생, 스님과 중생, 스님과 스님 사이의 마음을 결속시키는 의례 절차가 다례(茶禮)이고, 가톨릭에 있어 신과 인간을 결속시키는 의례가 성체(聖體) 배령이다. 이러한 의식은 음복과 동일한 행위로 볼 수 있다.

무속에서는 주신(酒神)을 '조라가망'이라 한다. '조라'는 술에 해당하는 말이고, '가망'은 신의 뜻을 지닌 말이나, 조라의 본뜻은 물이다. 술과 인간과의 관계를 심상찮게 이어주고 있다. 더욱이 술 주(酒)자는 물 수변(氵)에 닭유(酉)자로 구성된다. 닭은 울음으로써 새벽을 알리는, 빛의 도래를 예고하는 존재이다. 또한 닭유(酉)자는 무(巫)자와 상통한다. 『주자어류 朱子語類』에서 무(舞)의 의미를 춤추며 신이 되는 것을 뜻하며, 무(巫)자는 공(工)자의 인인(人人: 두 사람)이 춤추는 형상에서 나왔다고 하였다.

그러므로 술은 혼례에서 신랑 신부 두 사람이 서로 교환하여 마시는 술을 합환주(合歡酒)라 하듯이, 사람과 사람 사이를, 사람과 신을 화합시키는 매개물임에 틀림없다. 술은 어쩌면 말의 발생보다 더 일찍 발생한 것일지도 모른다. 이 술에 의해 작위적으로 감정이 고조되고 그래서 소리치고 몸부림치는 것이 규범화, 형식화 되어 음악이나 무용으로 정착되었다고 보아야 할 것이다. 따라서 술은 하늘과 땅과 인간의 삶의 세계를 연결하는 매개물이었던 것이다.

1.6 종교의식과 알코올

종교 의례와 알코올의 관계도 매우 오랜 역사를 갖고 있다. 예를 들어 이집트, 그리스, 인도, 중국 등의 고대 문헌에는 술은 종교 의식과 결부되어 나온다. 고고학에서도 술은 신석기시대에 이미 있었다고 전해지고 있다. 문헌에 관한 한 적어도 기원전 5000년경부터 술이 나오고 있다. 그리고 상용 음료수라기보다는 종교의례에 빠져서는 안 되는 의례용 또는 제례용으로도 나온다.

술을 신의 선물로 생각하여 사원 안에서 종교의식의 하나로 이 술을 빚었는데, 이들은 모두 여사제들이었다. 그래서 초기에 술을 주조하고 관리하는 것은 모두 여자라는 기원도 여기에서부터이다. 바빌로니아인들은 술을 신의 선물로 생각하여 종교의식에 따라 사원 안에서 엄격하게 술을 빚었다. 이때 술을 빚는 이들은 여사제로만 구성되었다. 당시 '기쁨의 집'

이라고 일컫던 술집이 있었으며, 이 술집을 운영하는 사람들을 '차비투'라고 하여 이들만이 맥주를 판매할 수 있는 자격이 있었다. 바빌로니아 사람들은 맥주를 차비투의 수호여신인 니다바(Nidaba: 수메르 저술의 여신(the goddess of writings)이며, 에두바(edubba)의 수호신)의 화신으로 여겼다.

역사적 기록을 가진 최초의 알코올성 음료는 맥주인데, 옛 바빌로니아 지방에서 출토된 토제 분판을 보면 그들도 이미 맥주를 즐겼음을 알 수 있어, 맥주의 역사는 BC. 4000년경까지 올라간다. 서양 고대 세계에서 술을 가장 많이 즐긴 사람들은 이집트 사람들로서, 이들은 바빌로니아 사람들과 마찬가지로 술 빚는 일을 자연의 여신 '이시스(Isis)'가 내려준 신비로운 선물로 간주했다. 이집트의 왕 파라오들은 많은 양의 맥주를 이시스 여신에게 봉납한 후 노동자와 농민들에게 나누어 주었는데, 평균 할당량은 하루에 2단지씩 이었다고 한다. 이 당시에 양조 감독관이 있어 맥주 양조자들은 가장 정순하고 질 좋은 술만을 제조해야 했다.

헤크(hek)라고 불리우는 이집트 맥주는 밀빵을 단지에다 부숴넣은 뒤 물을 섞어 발효시킨 것인데, 그 액을 걸러서 마셨다. 먼 거리로 사막 여행을 떠날 때 이들은 빵가루만을 가지고 다니다가 오아시스에 이르면 이에 물을 가하여 즉석 맥주를 만들어 마셨다.

역사상 한때는 북구 민족의 조상들도 술을 빚었는데 이곳도 종교의식과 연관되어 있다. 게르만의 한 부족인 알레마니(Allemanni)족은 사제의 감독 아래 술을 제조하였는데, 마시기 전에 반드시 신에게 감사를 드렸다. 또 바이킹들은 맥주를 경음(鯨飮: 술 따위를 썩 많이 마심)했을 뿐만 아니라, 이들은 결국 전사들의 영혼은 밸핼라(Velhalla)에서 열리는 오딘(Odin)신의 성대한 향연에 초대되어 신의 시녀들의 시중을 받으며 밤마다 풍성한 에일(ale) 맥주를 즐기게 된다고 믿었다. 그리스와 로마 사람들은 맥주를 '야만인의 술'이라고 멸시하였으며, 로마의 역사가인 타시투스가 BC. 1세기에 보리로 만든 술을 처음으로 언급한 것이 있을 뿐이다.

16세기 멕시코를 정복했던 스페인 사람들이 그곳 원주민, 인디언들이 옥수수를 원료로 만든 '치차(chicha)'라는 일종의 맥주를 마시고 있음을 알았고, 영국 항해사 제임스 쿡도 남양제도 사람들이 후추와 식물을 발효시켜 만든 '카바(kava)'라는 술을 즐기고 있음을 발견했다. 그러나 인류 최초의 알코올성 음료는 아마 '벌꿀 술'일 것이라는 주장도 있다.

어원학자들의 연구에 의하면 이 벌꿀 술을 지칭하는 '미드(mead)'라는 말은 음주나 명정(酩酊)이라는 말들과 더불어 그리스어와 산스크리트어에서 나오는 가장 오래된 말로서 석기시대의 혈거인들도 이 술을 마셨을 것이라고 한다. 그리하여 이 말은 18세기까지 세계 전역에서 쓰여졌는데, 그 후 점차 사라지고 포도주라는 말로 대체 되었다.

인도에서 제일 오래된 종교 문헌이면서 문학 작품인 『베다 Veda』에서 '소마(soma)'라는 알코올 음료가 나오며 조로아스터교의 성전인 『아베스타 Avesta』에 '하오마'(haoma)라는 제사에 사용하는 술 이름이 기록되어 있다. 시리아인들의 『구약성서』에서도 여러 차례 '시큼한 술'과 '달콤한 술'이 언급되고 있다.

양조술은 인간이 농경을 시작한 직후부터 발달되었다고 하는데, 생산된 곡물로 빵을 만드는 중 발효된 것으로 맥주를 만들었다. 물론 곡물보다 포도가 더 많이 산출되는 지방에서의 기호음료는 포도주였다. 바티칸궁 시스티나 대성당의 천장에 그려진 미켈란젤로의 프레스크화 손에는 포도주에 대취하여 벌거벗은 채로 큰 술통 옆에 쓰러져 있는 노아의 어지러운 모습이 담겨 있다. 역사의 여명이 비치기 시작했던 오랜 옛날, 사탄의 꽤임을 받아 포도나무를 심었던 노아는 양과 사자, 원숭이, 돼지를 한 마리씩 잡아 그 피를 포도나무에 뿌렸다. 이 때문에, 사람들이 음주량에 따라 나타내는 반응을 이 동물들에 비유하는 우화가 생겨났다.

즉 술을 약간 마시면 양처럼 그대로 온순한 모습을 지니지만, 더 마시면 사자처럼 용기가 생겨 떠들썩해지고, 다시 더 마시면 원숭이처럼 익살을 부리거나 어릿광대짓을 하며, 마지막으로 흠뻑 취하면 돼지처럼 전혀 분수를 모르고 마구 날뛴다는 것이다. 포도 농사를 지은 노아는 그 자신이 포도주에 만취하여 분수를 잃고 자식들의 손가락질을 받았던 최초의 인물이다. 구약성서가 전한 인류 최초의 명정인 셈이다.

성경은 세상의 모든 것을 다 하나님이 만드셨고, "하나님의 보시기에 좋았다"(창 1:4)고 적고 있고, 또 "하나님의 지으신 모든 것이 선하매, 감사함으로 받으면 버릴 것이 없다"(딤전4:4)고 하였다. 그래서 우리는 하나님께서 만드시고 인간에게 주신 것들에는 나쁜 것이 없다고 결론을 내릴 수 있다. 비록 그것이 술과 담배 또는 마약이라 할지라도 말이다. 그런데 문제가 되는 것은 술이나 담배 또는 약물이 아니라, 타락한 인간이란 점이다. 술이나 담배 또는 약물은 무생물이다. 스스로 결정하거나 움직일 수 있는 생명체가 아니다. 그것들을 활용하는 것은 이성을 가진 인간들이다.

그런데 인간의 이성은 죄로 타락한 상태에 있어서 하나님께서 주신 것들을 잘 활용하기도 하지만 악용하는 경향이 많다. 그래서 바울은 고린도전서 10장 23절에서 "모든 것이 가하나 모든 것이 유익한 것이 아니요, 모든 것이 가하나 모든 것이 덕을 세우는 것이 아니다."고 했다. 그러므로 하나님이 주신 것이니 모든 것이 가하다는 세상도 잘못 된 것이요, 모든 것이 나쁘다는 생각도 잘못된 것이다. 중요한 것은 인간들의 긍정적인 사고의 습관과 행동 즉 창조적인 믿음과 성숙한 행동이다.

세계의 3대 종교라 하면 기독교, 불교, 이슬람교 (회교)를 들지만 술에 대한 접근 방식은 대단히 상이하다. 기독교에서는 와인은 피이고 의식에도 와인이 사용되고 있고, 구약성서 창세기에 나오는 노아의 방주의 이야기에도 신은 노아에게 포도 재배 방법과 와인의 제조 방법을 가르쳤고 노아는 이 방법으로 와인을 만든다. 또 가톨릭 교회의 성체 배령식에는 적색 와인이 필요했기 때문에 로마시대부터 포도밭의 관리는 성직자가 맡아서 했고 언제나 양질의 포도원은 수도사와 교회영지의 왕들의 조수에 의해서 유지되었다.

기독교(종파에 따라서 예외도 있지만)는 술에 대해서는 어느 쪽인가 하면 긍정파이다. 불교에서는 단종 등의 절문에 '불허훈주입산문(不許薰酒入山門)', 즉 냄새 나는 음식과 술을 산문에 들이지 못한다는 뜻의 석비에 새겨진 형벌로 시작해서, 일단은 술에 대해서 부정적인 것처럼 보이면서 실제로는 반야(실상을 달관하기 위한 지혜)라고 칭하여 술을 마시고 승려들도 술을 마셔 취하는 것을 모르는 술잔치가 있다.

강법대사의 '유고'에서도 염주(소금을 고기로 술을 마시는 것)를, "술은 이것의 병을 치유하는 데에 진주이고, 풍요로움을 나누는 옥이다. 병을 고치는 데에는 염주를 허락한다."고 되어 있었고, 이후 타카노산 등에서는 술 속에 소금과 우메보시 등을 넣어 술을 마시는 습관이 있었기 때문에 불교도 술을 적극적으로 권장했던 것은 아니지만 또한 완전히 부정하지도 않았다. 그러기 때문에 크리스트교 국가나 불교 국가의 거의 대부분의 나라에서 술을 마실 수가 있고 소수민족에 의해 숭배되어지고 있는 다수의 종교에서도 술을 완전히 부정하는 일은 적었다.

한편 오늘날의 이란을 중심으로 중동 지역에 넓게 신자들을 가지고 있는 이슬람교(회교)와 인도의 힌두교에서는 술을 마시는 것을 허락하지 않았다. 특히 신도들이 3-4억 정도라고 하는 이슬람교는 엄격한 형률에 의해 술을 마실 수 가 없었고, 이러한 교의를 위배한 자는 큰 죄를 저지른 죄로 여겨져 이슬람교의 성법에 의해 80회의 무라우치형에 놓여진다. 중동 지방 아랍 국가의 대다수는 이슬람교를 국교로서 지정하고 있었기 때문에 이 형률의 엄격함에 정도의 차이는 있고 국가 권력의 힘으로 단속이 행해지고 있다.

힌두교에서도 옛날부터 술을 나쁜 것으로 보아 왔고 그 성전 『리구베타』(기원 4-5세기)에는 "술은 빠른 노화를 부른다"라고 기록되어 있고, 술을 반사회적인 죄로서 경고하고 있다. 또 인도에서는 1975년에 인도 독립의 아버지로 경건한 힌두교 간디의 생일 16주년을 기념해서 당시의 인디라 간디 수상이 음주 제한령을 내놓았다. 이 제한령은 레스토랑과 호텔에서의 음주 금지, 학교와 사원 가까이에서의 술 판매의 금지, 언행에 의한 술의 광고 금지 등 12항목으로 되어 있었는데, 각 주에서는 주세 수입상의 이유 등으로 난색을 나타냈고 오늘날에도 통일된 행동을 취하고 있지는 않다고 한다.

신화 속에도 이집트의 오시리스(오시리스 신앙은 농경의례(農耕儀禮)와 결부되어 성행하였다)라든지 그리스의 박카스, 일본의 대국주명(大國主命; 일본 신 중에서 여러 가지 도움을 주는 신으로 유명하다. 시마네현 출운대사의 제신, 유명한 신화 '이나바의 흰 토끼'의 주인공. 그리고 다이코쿠라고 발음되는 것이 칠복신의 다이코쿠텐과 연결되어 농업의 신에서 복을 주는 신으로 많은 사람들이 믿게 되었다) 등 술을 관장하는 신들이 나온다. 그리고 그들은 밀접하게 농경의 신들과 결부되어 있는 것에서 술은 농경문화와 깊은 관계가 있는 것을 짐작할 수 있다.

술은 신과 인간과의 매개물로서, 그리고 신들의 앞에서 사람과 사람을 연결하는 것과 같은 역할을 갖고 있다. 일본에서도 고대부터 신주(神酒)를 비롯해 관혼상제, 그 밖의 모든 의례에는 반드시 술이 나온다. 그리고 그러한 의식에 계속되는 중요한 부분으로서 주연(酒宴)이 있고 술을 모두가 함께 마신다는 습관이 있다. 삼삼구도의 잔(일본 결혼식에는 신젠식(神前式), 교회식(혹은 크리스트교식), 진젠식(人前式), 불교식 등이 있다. 신젠식 결혼식은 일본 무로마치시대(室町時代)의 무가에서 행해지던 것으로 339도의 잔을 교환해서 부부의 맹세를 올리게 된 것은 메이지 33년부터이다. 신젠마에 결혼식에서 가장 중요하다고 여겨지는 것이 339도의 잔을 교환하는 것이다. 신랑에게 술을 따라주면 신랑은 3번에 나눠 마셔야 한다. 삼삼구도의 잔 교환은 몇 번이고 술잔을 교환함으로써 신랑과 신부의 인연이 맺어진다는 것을 의미한다고 한다.)은 당사자와 다른 사람을 짝 지우고, 그것에 계속되는 주연은 그 당사자와 다른 사람을 잇는 친류연자(親類緣者)를 연결한다.

가톨릭교에 의한 성체배령(聖體拜領)은 그리스도의 피와 살을 상징하는 포도주와 빵을 통해서 그리스도의 은용으로 몸을 씻어낸다는 사고방식이다. 또 조로아스터교에서는 술 자체가 신성한 것으로 그 술을 마시는 것만으로도 성스러워진다고 생각되었다. 혹은 조상숭배가 발달한 중국에서는 조상의 혼령에게 제사를 지낼 때에는 반드시 술을 제공했다는 기록이 굉장히 오랜 옛날부터 나타나고 있다.

오늘날에도 배의 진수식에 샴페인을 흔들거나, 우리들 주변을 생각해봐도 의례와 술의 관계는 좀처럼 떨어지지 않는다. 이처럼 술이 의례의 일부로서 중요한 역할을 갖고 있는 사회에서는 술이 제3, 제4의 역할로도 널리 이용되고 있는 것이 보통이다. 그 후, 인류는 의·식·주에 많은 지혜를 익혀 생활상의 필요성과 동료의식에서 점차 콜로니에 모여 생활하게 되어 원시적인 국가가 형성되며, 이 집단생활이 점차 조직화되자 모든 부족 모두 신과 왕이라는 절대적인 심볼을 중심에 두어 결속을 도모할 필요성이 생겨났다.

그리고 술을 마시게 됨에 따라 일어난 도취감은 다른 많은 현상을 초월할 만큼의 신비로움으로 점차 '신－종교적 의례－술'이라는 관계가 맺어지기도 했다. 특히, 이 관계에서 흥미로운 점은 수렵시대에 신사의례에서는 산 재물과 피를 바치는 풍습이 있었으며, 농경 시대에 들어서면서부터는 피에 의한 의식을 버리고 술을 바치는 것으로 바뀌었던 것이다. 따라서 술을 가진 모든 국가에서 주신은 농업과 수확의 신이며, 또한 술과 신이 일체가 된 수확의 신도 많이 볼 수 있다.

이처럼 술의 시초에 관해서는 많은 신화와 전설에 의해 전해진다. 실제로 이집트에서는 피라미드의 부장품에서 술의 성분이 나오기도 하며, 나쿠트 분묘의 벽면에는 포도 재배로 수확, 포도주를 빚어 짜내는 모습이 생생히 그려져 있으며, 기원전 4000-5000년 전 옛날에는 이미 포도주가 주조되었다는 것은 정설이 되고 있다. 그리고 포도주는 인류의 귀중한 문화의 하나로 발전, 이집트에서 처음 발생한 이 술은 그리스, 로마로부터 유럽 각지로 확대된 것이다.

기독교인 개신교에서 인정하는 성례전(聖禮典)은 세례(洗禮)와 성찬(聖餐)의 두 개의 예식인데, 세례는 물 속에 몸을 담그고 그리스도 안에서 다시 태어난다는 의미이며 성찬은 예수의 살과 피인 음식과 술을 신도들이 나누어 마시며, 신과 인간 사이 또는 인간 사이에 결속이 생기는 것으로 유교의 제사에서 목욕재계(沐浴齋戒)와 술을 음복(飮福)하여 이웃과 함께 복을 나누는 것과 유사하다. 또한 불계(佛戒)의식의 계욕과 계음과도 대응되므로 중국 고대의 불계의식이 유교, 기독교의 제사와 거의 유사함을 알 수 있다.

주님은 포도주 잔을 사랑하는 제자들에게 주시면서 말씀하셨다. 이것은 너희를 위하여 흘리는 내 피다. 너희와 나 사이에 맺어진 새 언약의 피다.(마태복음 26:27) 아버지께서 주신 잔을 내가 마시지 아니하겠느냐?(요한복음 18.11) 여호와는 목자시니 내가 부족함이 없으리로다. 내 잔이 넘치나이다. 그가 나를 푸른 초장에 누이시며 쉴만한 물가로 인도하시는도다.(시편23) 이러한 성경 구절들은 술잔이 신의 축복과 심판을 상징하고 있다. 유교에서도 술은 신이 내리는 복이라고 하는 점에서 동일하다. 또한 술잔의 술과 복이 넘쳐서 시냇물이 되어 흐르고 이 물가에서 쉬는 사람들은 포석정의 풍경과 유사하다.

2. 막 걸러서 마신다는 막걸리론

막걸리는 삼국시대 때부터 우리민족의 흥망성쇠를 함께 했던 대표적인 알코올 음료라고 할 수 있다. 또한 최근에는 북한의 김정일 위원장이 남한에서 정주영회장이 들고 간 막걸리를 마셔보고 맛을 칭찬하고 앞으로 많이 가져올 것을 희망했다하니 막걸리는 남북 장벽에 작은 물꼬를 트는 '통일주(統一酒)'라는 또 하나의 이름을 얻게 될 판이다.

막걸리에는 오덕(五德)이 있다고 칭송되어 오고 있는데, 그것이 한국적 풍토나 생업 그리고 한국인의 생태에 걸맞음을 알 수 있다. 5덕이라고 함은 허기를 면해주는 것이 1덕이요. 취기가 심하지 않은 것이 2덕이고, 추위를 덜어주는 것이 3덕이며, 일하기 좋게 기운을 돋워주는 것이 4덕이고, 옛날 관가나 향촌에서 큰 한잔 막걸리를 돌려 마심으로써 품었던 크고 작은 감정을 풀었던 향음(鄕飮)이 다섯 번째 덕일 것이다.

또 다른 측면에서는 첫 번째 덕목은 독주에 비해서 취하되 인사불성에 이르지 않는다는 점이며, 두 번째 덕목은 힘이 소진되었을 때 마시면 기운을 돋운다는 것이며, 세 번째 덕목은 새참에 마시면 요기가 된다는 것이며, 네 번째 덕목은 성사되지 않는 일도 막걸리를 마시고 넌지시 웃으면서 함께 길을 찾으면 이루어진다는 것이며, 다섯 번째 덕목은 응어리진 사람이 더불어 마시면 시원스럽게 풀린다는 것이다. 그리고 막걸리를 걸러내고 꼭 짜면 쌀과 누룩이 엉킨 '술지게미'라고 하는 것이 최종 남게 되는데 이것에 당원을 넣고 김치를 잘게 썰어 넣고 볶아서 먹으면 한 끼를 때우는 양식이 되기도 하였지만, 어린시절 '술지게미'를 먹고 알딸딸하게 취하여 하늘이 기우뚱! 땅이 솟아오르는 기분을 처음 경험케 한 것도 막걸리이다. 술지게미로 알딸딸한 맛을 느낀 어릴적 추억을 6덕이라 칭할 만하다. 이렇듯 막걸리의 덕이 많으니 북한에서 좋아하지 않을 수 있었겠는가?

이와는 반대로 막걸리에는 오덕과는 달리 삼반주의(三反主義)가 있는데, 첫째로 막걸리는 '근로지향(勤勞指向)의 반유한적(反有閑的)'인 술이라는 이라는 사실이다. 다시 말하면 놀고 먹는 사람이 막걸리를 마시면 속이 끓고 트림만 나며, 숙취를 불러일으키기 때문에 무위도식하는 사람을 위한 술이 아니라는 의미이다. 둘째로 '서민지향의 반귀족적(反貴族的)'인 술이라는 사실이다. 원래 막걸리는 서민으로 살다가 임금이 된 조선의 철종(哲宗)이 궁궐 내의 미주(美酒)를 마다하고 토막의 토방에서 멍석 옷 입힌 오지항아리에서 빚은 막걸리만 찾으셨던 것처럼 귀족적이지 않고 서민 지향적인 술이라는 얘기이다. 셋째로 '평등지향의 반계급적(反階級的)'인 술이다. 그것은 군관민이 함께 하는 제사나 큰 일에서 합심주(合心酒)로 막걸리를 돌려 마셨던 관계로 지위의 높고 낮음을 초월한 반 계급적 철학을 지향하는 술이라는 뜻이다. 이처럼 5덕과 3반주의를 지닌 막걸리에 대한 모든 것을 술의 이름으로 밝혀보고자 한다.

2.1 술에 관한 우리말 시리즈

우선 누룩을 섞어 버무린 것을 '술밑'이라 한다. 즉 술의 원료이다.

또 술밑으로 쓰려고 찹쌀이나 멥쌀을 불려 시루에 찐 밥을 '지에밥'이라 하고,

술을 담글 때에 쓰는 지에밥은 '술밥'이라고 한다.

술을 따를 때, 술을 부어 잔을 채우는 것을 '치다'라고 하고,

술잔이 잔에서 넘치도록 많이 따르는 것을 '안다미로'라고 한다.
앞의 것의 품사는 동사고, 뒤의 것은 부사이다.

술을 마실 때,
맛도 모르면서 마시는 술은 '풋술'이라 하고,
술 많이 마시는 내기는 '주전(酒戰)'이라고 하고,
안주 없이 마시는 술은 '강(깡)술'이라고 하며,
미친 듯이 정신없이 술을 마시는 것은 '광음(狂飮)'이라 한다.
풋술 · 주전 · 강술 · 광음은 모두 명사이다.

술기운이 차츰 얼굴에 나타나는 모습은 '우럭우럭'이라고 하며,
술에 취해 거슴츠레 눈시울이 가늘게 처진 모습은 '간잔지런하다'고 하고,
술에 취해서 눈에 정기가 흐려지는 것을 '개개풀어지다'고 한다.
얼굴빛이 술기운을 띠거나 혈기가 좋아 불그레한 상태는 '불콰하다'고 하며,
술기운이 몸에 돌기 시작해 딱 알맞게 취한 상태를 '거나하다'고 한다.
술이 거나하여 정신이 흐릿한 상태는 '건드레하다'고 하며,
비슷한 상태인, 몹시 취하여 정신이 어렴풋한 상태를 '얼큰하다'나 '얼근하다'고 한다.
'알딸딸하다'도 비슷한 상태를 나타낸다.
술을 지나치게 많이 마셔서 정신이 없는 것을 '주전(酒癲/酒顚)'이라고도 한다.
소주를 너무 많이 마신 탓에 코와 입에서 나오는 독한 술기운은 '소줏불'이라 한다.
술을 한량없이 마시는 모양, 또는 그런 상태를 '억병'이라고 한다.

술에 취한 모습을 나타내는 우리말에는 먼저 '해닥사그리하다'라는 말도 있다.
이는 술이 얼근하게 취하여 거나한 상태를 말한다.
'해닥사그리한' 단계를 지나 정신을 못 차릴 정도로 취한 상태를 '곤드레만드레'라고 하고,

술에 몹시 취하여 정신을 가누지 못하는 상태나 또는 그런 사람을 '고주망태'라고 한다.

술에 먹힌 다음 정신없이 쓰러져 자는 것은 '곤드라졌다'고 한다.

'곯아떨어지다'와 같은 말이다.

술에 취하여 정신없이 푹 쓰러져 자는 것을 '군드러지다'고도 한다.

트로트계 신형 엔진 박현빈이 1집 앨범 『곤드레만드레』를 발표하였다. 곤드레만드레는 우리가 흔히 알고 있듯이 술이나 잠에 취하여 정신을 차리지 못하고 몸을 못 가누는 모양을 나타내는 부사어이다. 하지만 박현빈이 부른 『곤드레만드레』는 여자의 사랑과 향기에 곤드레 만드레 취해버렸다는 한 남자의 사랑이야기를 담은 곡으로 재치있고 재미있는 노랫말이 돋보이는 노래이다. 가사를 보면 이러하다.

곤드레 만드레
나는 취해버렸어
너의 사랑에 향기 속에 빠져버렸어
가진것은 없다지만 사랑으로 감싸줄게
진심어린 마음하나 나는 너를 사랑해
비오는 날 흐린 날도 햇살처럼 안아줄게
너의 흔들리는 사랑을 꽃으로 피워줘
다시는 너를 울리지 않을꺼야
나의 여자로 만들꺼야
내게 언제나 너뿐이야
웃으며 내게 돌아와 줘

술에 취하여 자질구레한 말을 늘어놓음, 또는 그 말을 '잔주'라고 하고,

술 마신 뒤에 버릇으로 하는 못된 언행은 '주사(酒邪)'라고 하며,

술에 취하여 정신없이 말하거나 행동함. 또는 그런 말이나 행동은 '주정(酒酊)'이라고 한다.

술에 잔뜩 취한 상태를 '만취(漫醉/滿醉)'라고 하며,

이를 우아한 표현으로는 '명정(酩酊)'이라고 한다.

술 마신 다음날,

술 취한 사람의 입에서 나는 들척지근한 냄새를 '문뱃내'라고 하고,

정신이 흐려 생각이 잘 떠오르지 않고 흐리멍덩한 상태는 '옹송옹송하다'고 한다.

술을 마셔도 취기가 없어 정신이 멀쩡한 상태는 '맨송하다'나 '민숭하다'고 한다.

술을 많이 마시어 정신을 차릴 수 없이 취한 상태를 고주망태가 되었다고 한다. 물론 이는 고주와 망태의 합성어이다. 옛말이 '고조'였던 '고주'는 '술을 거르거나 짜는 틀' 인데 오늘날에는 '술 주자'에서 유래한 것이다. '망태'는 '망태기'의 준말로 '가는 새끼나 노로 엮어 만든 그릇'을 이르는 말이다. 술 주자 위에 술을 짜기 위해 올려놓은 망태이기에 언제나 술에 저려 있는 것은 당연하다. 술을 많이 마시어 취한 상태인 고주망태란 말은 이에서 연유된 말이다.

고주망태 또는 곤드레만드레를 수사학적으로 명정(酩酊)이라고 한다. 명정(drunkeness or alcohol intoxication)이란 주취로 술을 많이 마셔서 일어나는 인체의 일시적 반응을 의미한다. 명정(酩酊)의 명(酩)은 '술 취할 명(酩)'이고, 정(酊) 또한 '술 취할 정(酊)'이다. 명정은 정신을 차리지 못할 정도로 대취한다는 뜻이지만, 주신들에게야 명정은 스스로 신의 경지에 오르는 '명정(明淨)'일 것이다. 명정에는 '병적 명정(酩酊)'이라 하여 의식장애와 정신운동성의 흥분을 나타내게 하고, 나중에는 건망증을 일으키게도 한다. 명정과 유사한 말로 만취(滿醉), 대취(大醉), 이취(泥醉), 극치(極醉), 난취(爛醉)등이 쓰인다.

명정을 중국식으로 표현하면 호리건곤(壺裏乾坤)으로 항상 술에 취해 있는 상태를 말한다. 건곤은 해와 달 곧 늘, 밤낮의 뜻이다. 후한(後漢) 때 호공(壺公)이라는 선인(仙人)이 항아리 하나를 집으로 삼고 술을 즐기며 속세를 잊었다는 일에서 온 말이다.

하늘에서 지상으로 유배된 선인으로, 늙은이의 모습으로 여남현(汝南縣)에서 영약을 팔고 있었다. 집 처마에 조그만 단지를 매달아 놓고 저녁이 되면 이 단지 속으로 사라지므로, 이상하게 생각한 시장 관리인 비장방(費長房)이 요청해 선술을 빌려 단지 안에 들어가 보니 그 속에는

금각옥루(金閣玉樓)가 있었으며, 산해진미의 대접을 받았다. 이 고사를 호중지천(壺中之天)이라 하여 별천지·별세계를 의미한다. 뒤에 호공이 하늘의 용서를 받아 천계(天界)로 돌아갈 때 비장방도 그를 따라갔는데, 선술(仙術)을 배우는 데 실패하여 지상으로 돌아왔으나, 그나마 조금 익힌 선술로 장수하고 지상의 악귀들을 퇴치하였다고 한다.

(〈孟子〉 壺中天地. 壺天. 壺公)

삼신산(三神山)을 방호산(方壺山), 봉호산(蓬壺山), 영호산(瀛壺山)이라고도 한다. 이는 산 모양이 모두 항아리(壺) 같이 생겼으므로 모두 호자를 썼다. 그 중에 특이한 고사 하나는 호공(壺公)에게 청해서 호공만 들어가 보던 호공의 단지안에 들어가서 호중천지(壺中天地)를 구경한 비장방(費長方)이 호공에게 현혹되어 호공을 따라가서 호공의 선술(仙術)을 배운 곳을 방호산이라 하였다.

명정에 주태를 부리면 주사(酒邪)가 된다. 일반적으로 주사(酒邪)를 "술에 취하여서 하는 못된 버릇"이라 풀이한다. 영어로는 Disorderly conduct under the influence of alcohol 또는 Delirium tremens이라 한다. 주사가 있는 사람을 A vicious drinker 나 A quarrelsome drinker라 부른다. 대개의 경우, 이렇게 주사를 부리는 사람은 자기가 그렇게 하는 줄을 모르는 경우가 흔하다. 하지만 대개는 인식을 가지고 있다.

연신 육두문자 욕지거리를 내뱉는 사람, 했던 말을 하고, 또 하여 몇번이고 되풀이 하는 사람, 옆 앞뒤 가릴 것 없이 싸움질을 걸어대는 사람, 고성방가는 예사고 덮어놓고 술잔을 돌려대는 사람, 안마시거나 못마시는 사람을 등신 취급하는 사람 등으로 일별해 볼 수 있다.

주사(酒邪)에도 품격이 있다. 과음을 삼가는 편이 그 방편이다. 과유불급이 명 처방이다. 그래서 17세기 영국 시인 조지 허버트는 "술이 들어가면 지혜가 나가버린다"고 하였다. 조선일보 오태진 논설위원은 2004년 10월 27일자 만물상에서 '주사파척결'을 다음과 같이 주문하고 있다.

> "정치 얘기 꺼내지 말고 돈 꿔달라 하지 말라. 술자리에 없는 사람 험담하지 말라." 어디서나 단아한 몸가짐을 흐트러뜨리지 않아 '명동백

작'으로 불렸던 소설가 이봉구는 항상 술친구들에게 '주석3불(酒席三不)'을 지키라고 했다. 전후(戰後)의 과장된 허무와 절망에 젖은 문인들의 술자리가 주사(酒邪)로 얼룩지기 일쑤였던 시절이라 이봉구의 음주 품격은 더욱 돋보였다.

춘원 이광수는 "주정 잘하기로 첫째가 아라사(俄羅斯), 둘째가 일본, 셋째가 조선사람"이라고 했다. 술집인지 찻집인지 분간이 안 될 만큼 조용히 술 마시는 일본사람이 둘째로 꼽힌 연유가 궁금하지만, 우리네 주정이 러시아를 능가할 지경인 것만은 분명하다. 무엇보다 술에 관대한 문화 탓이다.

주정에 더 이상 관대하기 힘든 사람들이 경찰이다. 파출소, 이른바 지구대는 매일 밤 취객들의 난장판이 된다. 취객 한 명에 경찰이 서넛씩 달라붙어 밤새 실랑이를 벌여야 하니 치안은 뒷전이다. 제복이 찢기는 건 고사하고 얻어맞지 않으면 다행이다. 지난해 전국 파출소에서 다룬 사건사고 15만 건 중 주정꾼 처리가 3만여건, 21%나 된다.

호주에는 '냉각실'(chill-out room)이라는 민간시설이 있다. 법에 따라 경찰은 취객을 6시간 이상 술 깰 때까지 수용하고 사람이 넘치면 경찰서 보호실에 가둔다. 영국은 주정꾼을 연행하는 전용차량을 두고 유치장에 36시간까지 감금한다. 미국은 만취 행인을 위협적 존재로 간주해 이가 부딪칠 만큼 냉방을 세게 틀어놓은 보호실에 하룻밤 가둔다. 우리 경찰이 영국과 비슷한 '주취자 보호법'을 추진한다고 하자 술꾼들 사이에 "너무하는 것 아니냐"는 볼멘소리가 나온다.

중요한 것은 나라 전체가 '술 말리는 사회'가 되는 것이다. 미국 술집에서 취한 손님이 술을 달라고 하면 주인은 "당신은 86"이라며 거절한다. 개척시대 독주 중 가장 도수가 낮은 86도짜리를 술이 약하거나 취한 사람에게 준 데서 비롯된 말이다. '86' 통고를 받은 사람은 당분간 그 술집에 오지 못한다. 주(州) 알코올통제국 직원들은 술집에 미성년자 말고도 만취한 손님이 있는지 점검해 벌금을 물리고 영업정지까지 내린다. 웬만한 술집엔 프로레슬러처럼 우람한 사내가 지키고 있다가 주정꾼을 솎아내 쫓아버린다. 세상살이가 이래저래 퍽퍽해 '술 권하는 사회'에서 법 하나 만들어 좋와질 술버릇은 아닌 것 같다.

옛사람이 술을 경계한 것이 아주 심했다. 그래서 주례(酒禮), 주도(酒道)를 넘어서 하늘에는 주성(酒星)이 있고 땅에는 주경(酒經)이 있다는 말까지 있다. 술에 부림당하는 것을 주정한다고(酗 주정할 후)고 하니 그 흉덕(凶德)을 경계한 것이고, 술 그릇 중에 주(舟)가 있으니 뒤집어져 빠지는 것을 경계한 것이다. 술독(罍 술독 뢰)이란 글자는 괴롭다(纍 갇힐 류)는 글자와 관계되고, 술잔(斝 술잔 가)이란 글자는 혹독하다(嚴)는 글자에서 빌려온 것이다. 잔(盃)이란 글자는 그릇이 아니라(不皿)는 뜻이고, 잔(卮 잔 치)이란 글자는 위험하다(危)는 글자와 형상이 비슷하지 않은가, 뿔잔(觥 뿔잔 굉)이란 글자는 부딪침(觸)을 경계한 것이고, 잔(盞)이란 글자는 창(戈) 두 개를 그릇(皿)위에 얹은 것이니 서로 다툼을 경계한 것이고, 술통(樽)이란 글자는 절제하라(撙節 누를 준, 마디 절)는 뜻을 나타내고, 술 따르는 그릇(禁)은 금하고 억제하라(禁制)라는 말이다.

그래서 죽음을 따르는 것(從卒)이 취함(醉)이 되고, 삶에 속하는 것(屬生)이 술깸(醒)인 것이다. 주관(周官)은 평씨(萍氏)가 술을 맡았는데, 『본초강목』을 살펴보니 부평초(萍)가 능히 술을 깨게 한다고 했다. 우리들이 술을 즐김은 옛사람보다 더하나 옛사람이 경계를 드리운 뜻에는 어두우니 어찌 크게 두려워하지 않겠는가? 원컨대 이후로 우리가 술을 앞에 두면 문득 옛사람이 글자를 만들었던 뜻을 생각하고 여기에 더하여 다시 옛사람이 만든 술그릇의 이름을 돌아봄이 옳지 않을는지요. 유득공에게 박지원이 보낸 답장의 편지글이다.

(연암집 제 5 권 영대정잉묵(映帶亭賸墨) 척독(尺牘) 영재(泠齋)에게 답함)

누구처럼, 늘 대중없이 술을 많이 마시는 사람을 '모주망태'라고 한다.

이상은 술과 관련된 우리말을 나열해 본 것인데 시공간에 따라 알코올의 명칭을 풍류적으로 표현하고 있음을 볼 수 있다. 재세이화(在世理化)의 대동세계를 지향하는 음주가무의 풍류문화를 발전시켰다. 8천년에 걸친 오랜 세월의 몸에 배인 신교정신과 제천의식으로 인해 우리민족은 조상 제사지내는 데에는 세계 으뜸민족이요, 제사 후 풍류 가무문화의 발달로 오늘날까지 한국사람치고 노래 한가락 뽑는데 주저하는 사람이 없다.

2.2 막걸리라는 이름의 해부

막걸리는 쌀과 누룩 또는 고지(누룩은 원료인 밀이나 쌀겨, 밀기울, 조 등을 찌지 않고 자연 상태의 미생물을 증식시킨 것이고, 고지는 원료를 쪄서 식힌 다음 미생물을 인공적으로 배양한 것을 말함)로 술을 빚은 뒤 숙성되면 체에 받쳐 버무려 걸러내는데 이때 쌀알이 부서져서 뿌옇게 흐려지는 것이다. 막걸리는 술이 발효된 상태에서 청주를 떠내지 않고 조잡하게 걸렀다는 뜻의 조여(粗濾)로서 알코올 성분이 적다. 여하튼 일반적으로 막걸리는 조잡하게 만들었다고 생각해서인지 매우 저렴하게 팔리는 것을 당연하게 여긴다. 제조 원가가 아주 낮을 것이라고 생각하는데 그렇지 않다.

탁주(濁酒)류는 일반 탁주류와 고급 탁주류로 나누는데, 일반 탁주류는 '탁주', '막걸리', '재주(滓酒)', '회주(灰酒)', '탁배기' 등으로 불린다. 반면에 고급 탁주류는 '이화주(梨花酒)', '추모주(秋牟酒)' 등으로 불리는데, 『양주방』에서는 '혼돈주(混沌酒)'라는 이름으로 등장하기도 한다. 이러한 탁주류는 빈부 · 신분의 귀천을 막론하고 전국적으로 빚어 즐김으로써 우리 민족의 고유한 술로 자리매김 되었는데, 감미(甘味)와 산미(酸味), 고미(苦味), 삽미(澁味)가 잘 어울려 감칠맛을 주며, 특히 청량미가 뛰어나 땀 흘리고 일한 뒤의 갈증을 씻어주는 힘이 있어, '만인의 술'로 불리어 왔다. 탁주는 지방방언으로 대포, 모주, 왕대포, 젓내기 술, 탁배기, 탁주배기, 탁주라는 이름으로도 불리운다.

탁주가 우리 민족의 고유한 술이 된 증거 가운데 하나가 여러 가지 이름으로 불러 왔다는 사실이다. 막걸리라는 이름은 '막(마구) 걸렀다' 또는 '함부로 걸렀다', 즉 막되고 박한 술을 뜻한다. 이렇게 마구 거른 술은 그 양태나 기능에 따라 빛깔이 뜨물처럼 희고 탁하다는 뜻에서 '탁배기' 또는 '탁주(濁酒)', 일반 가정에서 담그는 술이라는 뜻의 '가주(家酒)', 술 빛깔이 우유처럼 희다고 하여 '백주(白酒)'라고도 부른다. 또한 막걸리는 빛깔이 뜨물처럼 희고 탁하다 하여 '재주(滓酒)', '회주(灰酒)', '박주(薄

酒)'라는 이름을 지니기도 하며, 양조장이 아닌 농가에서 빚은 것이라 하여 '농주(農酒)'라고 하는데, 이 농주는 땀 흘리며 일한 후에 갈증을 멎게 하는 힘도 있고 시장끼도 달래주어 농민들이 즐겨 마셨다. 백성이 가장 즐겨 마시는 술이라 하여 '향주(鄕酒)', 몰래 만들어서 마신다하여 '밀주(密酒)', 나라를 대표하는 술이라 하여 '국주(國酒)', 배꽃 필 때 마시는 술이라 해서 '이화주(梨花酒)' 등 다양하게 호칭된다. 이 모두가 바로 막 걸러 먹는 탁주, 막걸리라는 사실이다.

탁주란 자전풀이 그대로 '흐린 술', '탁한 술', 그리고 알코올 도수가 낮고 맛이 박한 술을 가리킨다. 그래서 '박주(薄酒'라고도 한다. 술이 익으면 마실 사람에 따라 맑게 거르기도 하고 반대로 흐리게 거르기도 한다. 따라서 맑게 거른 술을 '청주'라고 하고 흐리게 거른 술을 '탁주'라고 하는데, 이는 술의 빛깔에 따른 분류일 뿐, 청주나 탁주나 한 독에서 얻어지는 까닭에 같은 술이라고 할 수 있다. 또한 물을 적게 넣고 빚은 술은 그 양도 적고 걸쭉해지므로 이때 물을 쳐가면서 거르게 되면 잘 걸러지고 양도 늘어나게 되는데, 술 찌꺼기의 쌀 밥알과 누룩 속의 밀가루까지 알뜰하게 걸러내기 위해서 '마구 주물러대고' '힘껏 짜서' 거르는 술이 막걸리이다.

결국 막걸리와 탁주는 어떠한 술 빚기에서도 얻을 수 있는 까닭에 특별히 막걸리나 탁주를 빚기 위한 방문(方文)은 없는 것이다. 다시 말해, 처음부터 탁주를 빚고자 할 이유가 없다는 얘기다. 그런데 언제부터인지 모르지만, 농가에서 농사일과 같이 가용 목적으로 한꺼번에 많은 양의 술이 필요할 때 쉽게 빚어 마시기 위한 탁주 제조법이 생겨나게 되었는데, 대개가 소위 '동동주'라고 불리는 단양주법의 탁주 제조법이 등장하면서 본디 청주였던 동동주가 탁주로 인식되기에 이르렀고, 과거 배고팠던 시절에 양을 늘리기 위해 물을 많이 탄 막걸리를 즐기게 되면서 탁주의 한 가지였던 막걸리가 탁주의 자리를 대신하게 되었다.

옛날이나 지금이나 술 빚는 일은 대사라 할 만큼 복잡하고 힘든 것으로, 술을 빚어 본 사람이면 누구라 할 것 없이 보다 간편한 방법의 술 빚기를 추구하게 되어 있다. 따라서 여러 번에 걸쳐 빚는 술보다 한 번으로 끝내는 술 빚기가 선호되었을 것이고, 한 번 빚는 술 가운데서도 동동주처럼 씻어 불린 쌀을 별다른 가공작업 없이 시루에 안쳐 찌는 방법이 간단하고, 또 투입되는 쌀의 양에 비해 보다 많은 양의 술과 맑은 술을 얻을 수 있으므로, 한 번에 술 빚기가 이루어지는 '동동주'가 유행했을 것이라는 추측을 할 수 있다.

동동주의 이칭인 '부의주(浮蟻酒)'는 고려 시대부터 알려진 술이다. 부의주는 발효가 다 된 뒤 술독을 열어보면 맑은 술 위에 밥알이 마치 개미알과 같이 동동 떠 있는 모습과 같다고 하여 붙여진 이름이다. 또한 일반적으로 동동주를 술독에서 술을 퍼 올릴 때 밥알이 밑에서 용솟아 오르기 때문에 그 모습을 보고 붙였다고도 한다. 부의주를 만드는 조선 시대의 전통적인 방법은 다음과 같다. 첫째, 끓여서 식힌 물 3병을 누룩가루 1되와 섞어 하루를 재운다. 둘째, 찹쌀 1말로 고두밥을 지은 후 항아리에 넣어 식힌다. 셋째, 고두밥 항아리에 누룩가루를 푼 물을 채로 걸러 고두밥과 잘 섞는다. 넷째, 항아리에 담은 지 대체로 3일 후면 맑게 익어 밥알이 개미알과 같이 동동 떠오르는데, 이에 용수를 박아 걸러내면 된다.

부의주의 색깔은 불투명한 담황갈색인데, 갈색 껍질이 있는 통밀을 그대로 찧어 누룩을 만들어 술을 빚기 때문에 나온 색깔이다. 술맛에 단기운이 감돌고 독하여 여름에 먹기에 좋다고 한다. 방부제를 쓰지 않고 열처리를 하지 않으므로 오랫동안 보존하기는 어려우나, 냉장보관하면 5-6개월간은 가능하다.

술을 거르는 방법으로서 자배기나 옹배기 · 서래기 · 양푼 등 아가리가 넓은 그릇 위에 쳇다리나 걸치게를 가로로 걸쳐 놓고 그 위에 고운 체를 얹는다. 다음에 술독의 술을 바가지나 푼주로 퍼서 체 안에 쏟아 부으면 순수한 술은 밑에 받친 그릇 안에 고이고 밥알과 솔잎 등 찌꺼기만 체 안에 남게 된다. 따라서 맨 밑에 받친 그릇에 담겨진 술은 여과나 정제를 거치지 않았으므로 술 빛깔이 탁하고 뿌옇게 되기 마련이다. 이를 탁주라고 한다. 그리고 체 안에 남은 밥알과 솔잎 등의 찌꺼기를 주박(酒粕)이라고 한다.

곡물을 죽이나 백설기 형태로 만들어 술을 빚는 방법이 가장 오래 된 술 빚기 방법으로 전해오고 있는데, 그 중 일일주(一日酒), 삼일주(三日酒), 지주(旨酒), 계명주(鷄鳴酒) 등과 같이 하룻밤 사이 또는 며칠 만에 익히고 술 빚는 일을 한 번으로 끝내는 단양주법을 사용한다. 이들 술은 숙성이 끝나 뜰 때가 되어도 걸죽한 죽 형태의 탁주이기 때문에 물을 타서 막걸리로 걸러 마시게 된다. 이런 종류의 술은 원시시대의 술처럼 알코올 도수도 낮고 맛과 향도 떨어진다. 그러던 것이 술에 대한 기호가 점점 바뀌고, 더불어 술 빚는 기술이 발달함에 따라 알코올 도수도 높고, 맛과 향기가 좋은 술을 찾게 되면서 청주와 탁주를 구별하게 되었을 것이라는 추론이 가능하다.

이러한 탁주가 지금과 같이 신맛이 세고, 희멀건 상태의 박주(薄酒)로 변질된 것은 50여 년 전부터이다. 1950년대 접어들어 만성적인 식량부족에 시달리게 되면서부터 쌀을 대신하여 밀가루와 옥수수, 감자, 고구마 등을 원료로 술을 빚게 되었고, 특히 밀가루로 빚은 술은 신맛이 세어 감미료 등으로 조미를 하고 있다. 지금도 밀가루나 옥수수를 이용해 만든 막걸리는 물을 많이 타서 거른 탓에 금세 앙금이 있게 마련이어서, 막걸리를 좋아하는 사람들이 손가락이나 젓가락으로 휘저어 마시는 웃지 못 할 풍경을 목격하게 된다.

2.3 고문헌에 등장한 술 이름

막걸리는 그 맛도 입에 잘 붙어 이미 옛 중국이나 일본에서 소문나 있는 수출상품 또는 보세가공 상품이었다. 이미 한(漢)나라 때부터 '낙랑주(樂浪酒)'라 하여 조선의 재래주가 중국의 시문(詩文)에 오르고 있고 양(梁)나라 때 기록을 보면 지금 강소성(江蘇省) 곡아(曲阿)에 고려산이라는 산이 있는데 고구려 여인이 그 아래서 술을 빚었다 해서 그런 이름이 붙었다 했다. 그 후 유명해진 '곡아주(曲阿酒)'의 뿌리는 바로 고구려의 막걸리였던 것이다.

당나라 시인 이상은(李商隱)이 "한 잔 '신라주(新羅酒)'의 기운이 새벽 바람에 사라질까 두렵구나"하고 읊은 것으로 미루어 한국의 토속술이 중국에서 얼마나 값지게 여겨졌던가를 실감케 해주고 있다. 일본에서 받들어 모시는 주신이 '수수고리(須須保利)'인데 바로 막걸리를 일본에 전래시킨 백제 사람이다. 서기 300년 전후하여 일본에 건너간 '수수고리'가 누룩을 써서 백제주를 빚어 당시 응신천왕(應神天皇)에게 바치자 이에 취해 다음과 같은 시를 남기고 있다. "수수고리가 빚어준 술에 내가 취했네. 마음을 달래 주는 술, 웃음을 불러일으킨 술에 내가 취했네"라고 읊었다. 일본의 청주—탁주—조주(淸酒-濁酒-糟酒)의 뿌리가 바로 이 백제주였음은 두말할 나위가 없다.

이규보(李奎報)의 글에 처음으로 재래주의 이름이 소개되고 있다. 즉 이화주(梨花酒) · 백주(白酒) · 방문주(方文酒) · 춘주(春酒) · 천일주(千日酒) · 화주(花酒) · 녹파주(綠波酒) · 천금주(千金酒) 등이다. 이때에 양조주가 아닌 증류주인 소주가 있는 것을 보면 당(唐) 나라에서 도입된 것으로 보는 견해도 있다.

『음식지미방 飮食知味方』, 『산림경제 山林經濟』, 『규합총서 閨閤叢書』, 『주방문 酒方文』, 『시의방 是議方』, 『부녀필지 婦女必知』, 『규곤시의방 閨壼是議方』 등 문헌에 나타나 있는 것은 대개가 고려와 조선시대의 것이며 그 이전의 것은 거의 없다.

『삼국사기』, 『삼국유사』 등의 문헌에 술을 뜻하는 말이 자주 등장하며, 고려시대 문헌에는 막걸리를 뜻하는 '요례(醪醴)'라는 말이 나오는 것으로 미루어 삼국시대 이전에 막걸리 또는 이와 비슷한 술을 빚는 방법이 알려졌을 것으로 보인다. 막걸리가 문헌에 등장하는 것은 고려 때부터다. 이규보의 시에 "나그네 창자를 박주로 푼다" 와 이달충의 시에 "뚝배기 질그릇 허연 막걸리" 라는 대목 등이 나오며, 재주라는 막걸리 같은 술도 있었다.

우리의 막걸리는 오랜 세월 우리 민족의 삶 속에 자리해온 소박하고 친근한 민속주다. 막걸리는 먹고 취하기 위하여 마시는 술이라기보다 기쁠 때 기쁨을 더해주고 슬플 때 슬픔과 괴로울 때 아픔을 풀어내는 절실한 벗과 같은 술이다.

조선 영조 때 빙허각(憑虛閣) 이씨가 쓴 『규합총서 閨閤叢書』는 부녀자들이 알아야 할 생활의 다양한 상식을 기술한 책으로 맨 처음 주식(酒食)에 대한 기록이 나오는데, 식(食)보다 주(酒)가 많은 내용을 차지하고 있다. 여러 나라 술 이름, 고금의 술에 대하여, 술 이름 사기(酒小史), 술잔 이름, 술 마시는 이야기, 술 빚는 법, 여러 가지 꽃으로 담는 술 등 술에 대한 다양한 기록을 보아도 술 문화가 음식문화보다 앞서고, 잔치, 제사, 상사 때에도 술은 없어서는 안 될 음료로, 그 시대에는 술을 빚을 줄 모르면 음식을 못하는 것보다 여성에게 더 큰 부담이었던 것 같다.

『계림유사』에는 맵쌀로 술을 빚었다는 기록과 『고려도경』에는 술의 색이 무겁고 독하며 빨리 취하고 빨리 깨고 누룩으로 빚었다고 하고, 조정에서는 맑은 술을, 민가에서는 맛이 묽고 색이 진하다고 하여 청주와 탁주의 종류가 있었음을 기록하고 있다. 쌀, 찹쌀 등을 잘 쪄 낸 지에밥(술밥)에 누룩과 물로 비벼서 오지항아리에 담고 맷방석으로 덮고 이불로 항아리를 감싸서 따뜻한 곳에 두면 발효한다. 3일쯤 지나면 술이 익고, 익는 뒤 시원한 곳에 보관한다. 술을 거를 때 죽처럼 된 것을 휘저어 채에 거르면 막걸리가 나오고, 용수를 박아 떠내면 맑은 술이 된다. 술을 채에 거르면 찌꺼기로 술지게미가 남는다. 술지게미에 물을 부어 다시 채에 걸러 술의 농도를 조절한다.

이규보(1168-1241)의 『동국이상국집』에는 이화주, 백주, 천일주, 화주 등의 종류도 나온다. 이런 점으로 보아 우리 막걸리는 신라시대부터 있어 왔음직하다. 배꽃 필 때 술을 빚는 누룩을 만든다고 해서 막걸리를 '이화주(梨花酒)'로 불렀다고도 하는데 77가지 술 제조법을 기록한 『양주방』(1837년)엔 '혼돈주(混沌酒)'란 이름으로 나오기도 한다. 조선 선조 때 한학자인 신흠(申欽)의 시조에는 그 당시 술의 종류를 열거한 것으로 막걸리와 청주가 보편적인 술이었음을 보여준다.

> 술이 몇 가지요 청주와 탁주로다
> 다 먹고 취할선정 청탁이 관계하랴
> 달 밝고 풍청한 밤이어니 아니 깬들 어떠리.

배고픈 시절에는 그 술지게미를 끓여서 먹기도 했는데, 고려 때 시인 윤소종(尹紹宗)의 시에서는 '술지게미'를 먹는 서민의 애환이 담겨 있다.

> 슬프도다 유월에 심은 조 익으려면 멀었는데
> 아이들은 병들어 나무뿌리 씹고 있다
> 천장을 보고 누워 한숨만 쉬고 있는데
> 아낙은 머리털 잘라 지게미와 바꿔온다
> 그나마 쉬어서 먹을 수가 없고녀.

단군께서 백성들에게 농사짓는 법을 가르치셨다. 가을에 신곡이 수확되면 높은 산에 올라가 여러 신께 제사를 지냈다. 제사에는 신곡으로 만든 떡과 술, 그리고 소를 잡아서 제단에 올렸다고 한다. 농사를 天下之大本이라고 했거니와 이 제사를 신이 가르쳐 주신 농사법에 의해서 지은 곡식을 가지고 드리는 것이라는 뜻에서 '신농제(神農祭)'라고 했으며, 소고기에 양념을 넣지 않고 국으로 끓여 참배한 백성들에게 나누어 먹게 했다. 먹을 때 소금만으로 간을 맞추어 먹게 했는데, 이 국을 '신농탕(神農湯)'이라고 했으며, 오늘 날 설렁탕의 유래가 된 것으로 보인다. 신농제에 햇곡으로 빚은 제주를 '신농주(神農酒)'라 일컬었다 한다. 이 술은 현재 막걸리와 같은 것이며, 오늘날 농촌에서 막걸리를 농주라 하는 것도 이 신농주에서 유래된 것이라 볼 수 있다.

막걸리를 종류에 따라 크게 나누면 약주류, 가향주류, 과실주류, 이양주류(異釀酒類), 속성주류, 탁주류, 감주류(甘酒類), 소주류, 합주류, 약소주류, 약용주류 등이다. 우리의 고문헌에 나타난 술의 명칭들을 가나다순으로 정리해 본다.

ㄱ 감주(甘酒), 감하향주(甘夏香酒), 감향주(甘香酒), 감홍(로)주(甘紅露酒), 강서마고주(江西麻姑酒), 강주(薑酒), 거승주(巨勝酒), 건창 홍주(建昌紅酒), 견조 향주(鵑鳥 香酒), 경면 녹파주(鏡面 綠波酒), 계명주(鷄鳴酒), 계향 어주(桂香 御酒), 고아주(羔兒酒), 곡아주(曲阿酒), 과하주(過夏酒), 관서계당주(關西桂糖酒), 광제주(廣濟酒), 괴지주(槐枝酒), 구기주(枸杞酒), 구황

주(救荒酒), 국미주(麯米酒), 국화주(菊花酒), 금분로(金盆露), 금화주(金華酒), 급주(急酒), 급시주(急時酒), 급청주(急淸酒) 등

ㄴ 남경 금화주(南京 金華酒), 남등주(南藤酒), 노주(露酒), 녹골주(鹿骨酒), 녹두주(綠豆酒), 녹두주(鹿頭酒), 녹용주(鹿茸酒), 녹파주(綠波酒), 농주(農酒), 뇌주(腦酒) 등

ㄷ 당귀주(當歸酒), 대추술, 더덕술(沙蔘酒), 도소주(屠蘇酒), 도원주(桃源酒), 도화주(桃花酒), 동동주(浮蟻酒), 동양주(東陽酒), 동정춘(洞庭春), 두강주(杜康酒), 두견주(杜鵑酒), 두림주(豆淋酒) 등

ㅁ 매실주(梅實酒), 모주(母酒), 모소주(牟燒酒), 무국주(無麴酒), 무술주(戊戌酒), 무시주(無時酒), 무회주(無灰酒), 문배주, 문장주(文章酒), 미인주(美人酒), 밀주(蜜酒) 등

ㅂ 방문주(方文酒), 백주(白酒), 백령 등주(百靈 藤酒), 백로주(白露酒), 백부주(百部酒), 백엽주(柏葉酒), 백설주(白雪酒), 백일주(百日酒), 백자주(柏子酒), 백출주(白朮酒), 백하주(白霞酒), 백화주(百花酒), 백화춘(白花春), 법주(法酒), 벽향주(碧香酒), 별주(別酒), 병자주(餠子酒), 복령주(茯笭酒), 봉채춘(蓬菜春) 등

ㅅ 사강주(社康酒), 사근주(莎根酒), 사마주(四馬酒), 사절 칠일주(四節七日酒), 산동추로백(山東秋露白), 산약주(山藥酒), 산우주(山芋酒), 삼오주(三午酒), 삼일주(三日酒), 삼칠 소국주(三七 少麴酒), 삼해주(三亥酒), 상심주(桑畇酒), 석향주(惜香酒), 선령비주(仙靈脾酒), 선장주(仙漿酒), 섬라주(暹羅酒), 섬사주(蟾蛇酒), 세신주(細辛酒), 소국주(少麴酒), 소맥 소주(小麥燒酒), 소자주(蘇子酒), 소주소병주(蘇州小瓶酒), 송자주(松子酒), 송주(松酒), 송령주(松鈴酒), 송로주(松露酒), 송순주(松荀酒), 송액주(松液酒), 송엽주(松葉酒), 송절주(松節酒), 송지주(松脂酒), 송화주(松花酒), 시급주(時急

酒), 신도주(新稻酒), 신라주(新羅酒), 신선주(神仙酒), 신선 고본주(神仙 固本酒), 신청주(新淸酒) 등

ㅇ 아황주(鵝黃酒), 안동 소주(安東 燒酒), 애주(艾酒), 약산춘(藥山春), 양고주(羊羔酒), 연엽주(蓮葉酒), 연해주(燕海酒), 연화주(蓮花酒), 오가피주(五加皮酒), 오곡주(五穀酒), 오미주(五味酒), 오수주(烏鬚酒), 오정주(五精酒), 오향 소주(五香 燒酒), 옥로주(玉露酒), 옥지주(玉指酒), 와송주(臥松酒), 왜미림주(倭美淋酒), 왜백주(倭白酒), 요주(蓼酒), 용안육주(龍眼肉酒), 우담 소주(牛膽 燒酒), 우방주(牛蒡酒), 우슬주(牛膝酒), 유하주(流霞酒), 유학주(愈虐酒), 의이인주(薏以仁酒), 이강주(梨薑酒), 이강고(梨薑膏), 이명주(耳明酒), 이산주(尼山酒), 이화주(梨花酒), 인동주(忍東酒), 인삼주(人蔘酒), 인진주(茵蔯酒), 일년주(一年酒), 일숙주(一宿酒), 일야주(一夜酒), 일일주(一日酒), 일해주(一亥酒) 등

ㅈ 자주(煮酒), 자근주(柘根酒), 자소주(紫燒酒), 잡곡주(雜穀酒), 장송주(長松酒), 장춘주(長春酒), 저주(楮酒), 절주(節酒), 점주(粘酒), 점감주(粘甘酒), 점감청주(粘甘淸酒), 정향주(程鄕酒), 조하주(糟下酒), 죽간주(竹簡酒), 죽력고(竹瀝膏), 죽엽주(竹葉酒), 죽통주(竹筒酒), 준순주(浚巡酒), 중산주(中山酒), 지주(旨酒), 지주(地酒), 지황주(地黃酒), 진상주(進上酒) 등

ㅊ 찹쌀 술, 창포주(菖蒲酒), 천금주(千金酒), 천문동주(天門冬酒), 천일주(千日酒), 천축주(天竺酒), 청감주(淸甘酒), 청명주(淸明酒), 청서주(淸署酒), 청호주(菁蒿酒), 초백주(椒柏酒), 추모주(秋牟酒), 추성주(秋成酒), 추정주(秋靜酒), 축사주(縮砂酒), 춘주(春酒), 출주(朮酒), 칠일주(七日酒) 등

ㅌ 통초주(通草酒)

ㅍ 포도주(葡萄酒)

ㅎ 하목주(夏目酒), 하엽주(荷葉酒), 하엽청(荷葉淸), 하일청주(夏日淸酒), 하향주(荷香酒), 합주(合酒), 향주(香酒), 향설주(香雪酒), 향온주(香醞酒), 해조주(海藻酒), 행실주(杏實酒), 호골주(虎骨酒), 호도주(胡桃酒), 호산춘(壺山春), 혼돈주(混沌酒), 홍주(紅酒), 홍국주(紅麴酒), 홍로주(紅露酒), 화사주(花蛇酒), 황주(黃酒), 황금주(黃金酒), 황연주(黃連酒), 황정주(黃精酒), 황화주(黃花酒), 회향주(茴香酒) 등

이상과 같이 다양한 전통주가 제조되었지만 그 방문이 오늘날까지 전해진 것은 소수에 불과하다. 현재 전해지고 있는 전통주는 50여 가지인데 그 분포도를 보면 다음과 같다.

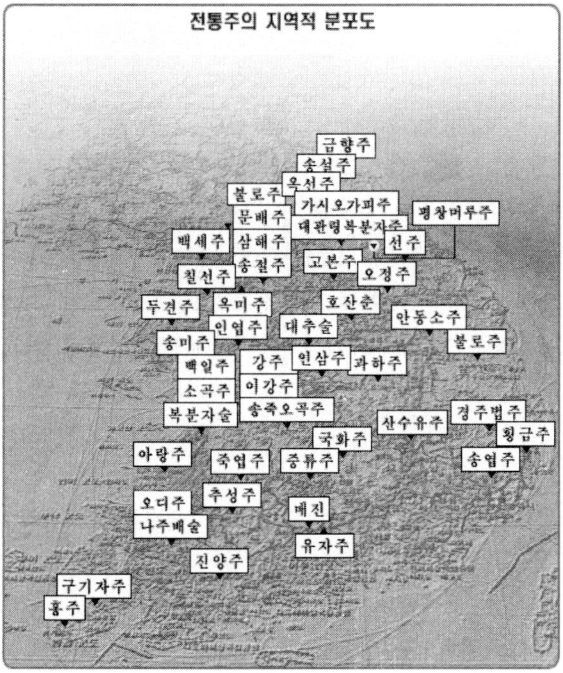

〈전통주의 분포도〉

조선조에 와서는 주류에 관한 기록이 많아 그 종류와 제법의 내용과

변천을 더듬어 볼 수 있다. 따라서 주품(酒品)의 명칭과 방문(方文: 담그는 법)이 있는 문헌 중 중요한 것을 골라보면 『고사촬요 攷事撮要』(1544, 10종 주품 [酒品]), 『사시찬요초 四時纂要抄』(1656), 『규호시의방 閨壺是議方』(안동장씨 [安東張氏], 1598~1680, 37종), 『산림경제 山林經齋』(1715, 42종), 『임원경제지』(1832), 『양주방』(19세기 초?, 77종), 『규합총서』(1795~1824, 전주이씨 [全州李氏], 7종) 등이 있다. 이 중에서 저자 미상인 『양주방 釀酒方』은 주류의 종류가 가장 많을 뿐 아니라 내용도 자상하다. 『임원경제지』에 나온 주품(酒品) 분류법에 따라 『산림경제』에 나온 주류를 중심으로 정리하여 보면 다음과 같다.

1. 이주(清酒: 맑은 술): 백로주(白露酒), 록파주(祿波酒), 벽향주(碧香酒), 소국주(少麴酒), 동동주, 하향주(荷香酒)
2. 주류(酎類: 전국술, 세 번 빚은 술, 양주) : 약산춘(藥山春), 호산춘(壺山春)
3. 향양주(香釀酒: 화엽승향[花葉昇香]을 넣은 술): 도화주(桃花酒), 연엽주(蓮葉酒), 백자주(柏子酒), 백화주(百花酒), 포도주(葡萄酒), 도주(桃酒)
4. 이양류(異釀類): 죽순주(竹筍酒), 와도주(臥桃酒), 지주(地酒)
5. 순내양류(旬內釀類): 일일주(一日酒), 삼일주(三日酒), 칠일주(七日酒), 사시주(四時酒)
6. 예류(醴類): (단술: 엿기름 감주가 아님) : 감주(甘酒), 청감주(淸甘酒)
7. 앙료류(탁주류): 이화주(梨花酒), 추국주(秋麴酒)
8. 소로주(燒露酒: 소주류): 송순주(松筍酒), 과하주(過夏酒), 로주(露酒), 소맥소주(小麥燒酒), 미주(米酒), 삼야주(三夜酒)
9. 약양주(藥釀酒: 약재를 원료와 같이 담가 양조하거나 청주[淸酒]에 침지 추출함): 구기주(枸杞酒), 지황주(地黃酒), 오가피주(五加皮酒), 천문동주(天門冬酒), 백구주(白求酒), 소자주(蘇子酒), 유자주(柚子酒)
10. 기타 구황주류(救荒酒類: 천금주[千金酒] 등), 지방 특산주(토주[土酒])

상기 주류의 원료는 이미 언급한 바와 같이 찹쌀, 멥쌀이 주종이었지만 이외에 밀가루, 옥수수, 기장, 좁쌀, 고구마 등도 이용되었으며 가향재, 약재도 다채롭게 사용되었다. 발효제로는 누룩으로서 맥국류(밀기울

누룩)와 미국류가 일관하여 사용되어 왔는데 섬누룩과 가루누룩(양질)의 구별과 세국, 진국, 백국, 쇄국, 국말 등의 종별도 있으나 자세한 것은 불명(不明)이다. 이상의 고문헌에 나타난 술들을 재료와 발효의 관점에서 재분류해 보고자 한다.

첫째, 순 발효주로는 백하주(白霞酒)·삼해주(三亥酒)·연엽주(蓮葉酒)·소국주(小麴酒)·약산춘주(藥山春酒)·경면녹파주(鏡面綠波酒)·벽향주(碧香酒)·부의주(浮蟻酒)·일일주(一日酒)·삼일주(三日酒)·칠일주(七日酒)·잡곡주(雜穀酒)·하향주(荷香酒)·이화주·청감주(淸甘酒)·감주(甘酒)·하엽주(荷葉酒)·추모주(秋牟酒)·죽통주(竹筒酒)·두강주(杜康酒) 등이 있다.

둘째, 꽃·열매·약재 등을 넣고 함께 발효시키는 것으로는 도화주(桃花酒)·지주(地酒)·포도주(葡萄酒)·백자주·호도주(胡桃酒)·와송주(臥松酒)·백화주(百花酒)·구기주(枸杞酒)·오가피주·감국주(甘菊酒)·석창포주(石菖蒲酒) 등이 있다. 순발효주에 약재의 성분을 우려내는 것으로는 소자주(蘇子酒)·지약주(漬藥酒)·감국주·구기주·복령주(茯洛酒) 등이 있다.

셋째, 단양 또는 이양의 순발효주의 술밑에 용수를 박아서 그 속에 괸 술을 퍼낸 것이 '청주'이다. 이것을 조선시대부터는 '약주'라 이르게 되었다. 약재가 들어가지 않으면서 왜 약주인가에 대해서는 몇 가지 설이 있다. 그 중에서 서성(徐賂)의 어머니가 남편을 잃고 가난하여 술장사를 하게 되었다. 그 집의 청주가 매우 좋았고, 서성의 호가 약봉(藥峰)이며, 그가 살고 있던 곳이 약현(藥峴)이어서 청주를 약주라 부르게 되었다는 설이 지배적이다. 백하주·향온주(香倍酒)·소국주·경면녹파주·벽향주·청명주·석탄주(惜呑酒) 등이 약주에 속한다.

넷째, 섬세한 방법으로 여러 번 덧술한 청주 이름에 중국의 당나라 시대에는 '춘(春)'자를 붙였으므로 우리도 그에 따라 '춘'을 붙였다. 호산춘(壺山春)·약산춘(藥山春) 등이 이에 속한다. 비록 '춘'자가 붙지는 않아도 그런 무리의 술로서 삼해주(三亥酒)·백일주(百日酒)·사마주(四馬酒)·법주(法酒) 등이 있었다.

다섯째, 탁주는 그 말의 개념이 매우 애매하다. 일반적으로 맑은 약주에 비하여 흐린 술을 통틀어 말한다. 쌀누룩이나 가루누룩을 써서 발효시킨 빽빽한 술밑까지 먹는 것이 순탁주이다. 이화주 · 사절주(四節酒) · 혼돈주(混沌酒) 등이 있다. 일본의 순탁주인 백주(白酒)는 밥알 그대로 발효시킨 것을 갈아서 제품으로 삼는데 젖 같이 희고 맛이 달다. 또 청주 찌꺼기에 물을 부어가면서 손으로 주물러 짜낸 뿌연 술도 탁주이다. 제주도로 유배된 인목대비(仁穆大妃)의 어머니가 만든 '모주 (母酒)'가 그것이다.

여섯째, 술을 빚는 데 쓰는 연모나 방법이 일반 발효와 다른 특이한 것을 이양주(異釀酒)라 한다. 여기에는 와송주 · 죽통주 · 지주 · 동양주(冬陽酒) · 청서주(淸署酒) · 봉래춘(蓬來春) 등이 있다.

일곱째, 약주에 향기를 주기 위하여 복숭아꽃 · 송화 · 송순 · 연잎 · 매화 · 동백 · 두견화 등을 이용하는 즉, 꽃잎을 재료로 하여 주조한 술로 이른바 가향주(加香酒)로는 도화주 · 송화주 · 송순주(松筍酒) · 하엽청(荷葉淸) · 연엽양 · 화향입주방(花香入酒方) · 두견주(杜鵑酒) 등이 있다.

여덟째, 약주를 빚을 때 약재를 미리 넣거나 만들어진 약주에 약재의 성분을 우려내는 재제주로는 자주(煮酒) · 구기주 · 오가피주 · 도소주 · 밀주(蜜酒) · 송절주 · 거승주(巨勝酒) · 벽력주(霹靂酒) · 호골주(虎骨酒) · 무술주(戊戌酒) · 양고주(羊羔酒) · 서여주(薯岳酒) · 창포주 등 많은 종류가 있다.

이상의 약술을 효능 및 증상별로 재분류해 보면 다음과 같다.

1) 여성에게 좋은 미용술로는 난술, 모란 술, 비파 술, 비파 잎 술, 삼이 술, 알로에 술, 원추리 술, 율무 술, 잣 술, 찔레 술, 차조기술, 초결명자 술, 홍화 술, 당귀 술이 있으며,

2) 노화방지에 좋은 술은 구기자 술, 국화 술, 깻잎 술, 꼭두서니 술, 나무딸기술, 당귀 술, 산수유술, 오가피술, 오미자술, 용안육술, 육종용술, 인삼 술, 창포 술, 함초 술, 당귀 주, 산수유주, 창포주, 인삼주, 하수오주, 황정주가 있으며,

3) 소화기능을 강화하는 자양 술은 검은콩 술(흑두주), 검은 참깨 술,

계피술, 대맥지황 술, 더덕 술, 등꽃 술, 물푸레나무 술, 민들레 술, 박하술, 삼백초술, 삽주 술, 생강술, 오수유술, 용담 술, 회양 술이 있으며,

4) 고혈압과 혈액순환에 좋은 약술은 감잎 술, 비자 술, 솔방울 술, 솔잎 술, 엉겅퀴 술, 표고버섯 술, 회화나무 술이 있으며,

5) 온가족이 즐기는 건강주로는 검은콩 포도주, 건포도주, 포도주, 탱자주, 레몬주, 버찌주, 앵두주, 유자주, 자두주, 모과주, 복숭아주, 살구주, 영지 술이 있으며,

6) 스테미너 증진에 좋은 술로는 음양곽주, 마늘주, 고추 술, 송이버섯주, 차주, 대추주, 천마주 등이 효용성이 좋다.

이 처럼 주명이 천태만상인 것은 우리 민족의 풍류성을 여실히 나타낸 것이기도 하지만 주어진 시·공간에서 주명에 따른 행태적 예술과도 깊은 연관성이 있는 것으로도 볼 수 있다.

2.4 막걸리라는 이름의 야사

막걸리의 유래에 대한 야사도 읽어 봄즉 하다. 현재 전해지고 있는 막걸리 야사를 정리하였다.

제주도 북제주군 한경면 신창리에서 더 들어가면 갈포 마을이라고 부르는 조그마한 마을이 있다. 이조 중엽 효자이면서도 폭군이었던 광해군 때의 일이다. 광해군은 임금이 체모도 생각지 않고 삼천 궁녀를 궁에 두고 희롱했으며 맘에 들지 않거나 자기의 잘못을 직간하는 신하가 있으면 주저하지 않고 즉시 죽였다. 이렇게 날이 갈수록 광해군의 행동이 광폭해지자 조정에 남아 있던 충신들은 비밀리에 모의하여 반정을 거사하기로 작정했다.

그런데 광해군의 폭정이 절정에 이르렀을 때 연흥 부원군 김제남이 광해군에게 역신으로 몰려 사형을 당하였다. 일가친척 삼족이 참형을 당하고 여자들은 노비가 되어 팔려나가거나 농락을 받았다. 그리고 그의 부인 노씨는 제주도로 귀양살이를 하게 되었다. 노씨는 혈혈단신 초췌한 형상으로 목숨을 부지하면서 귀양살이를 떠났다. 매일 고향인 서울에서 기

별이 오기를 기다리던 노씨 부인은 십여 년이 자나자 거의 고향으로 돌아갈 생각을 단념하게 되었다.

그 때부터 신창리 마을 어귀엔 조그마한 목로주점이 생겨났다. 다 찌그러진 주막집이지만 손님은 언제나 많았다. 그 집 주모가 기품이 있고 학식과 인덕을 겸비한데다가 인심마저 후하니 육지나 바다로 고기잡이 떠났던 섬사람들이 길목 주점을 찾지 않는 자가 없었던 것이다. 후덕하게 잘 생긴 미모에 마음씨마저 고와 신창리 마을의 어려운 일은 도맡아 걱정해주는 목로집 아주머니를 섬사람들은 흠모하고 존경해 마지않았다. 그러나 아무도 목로집 아주머니의 과거나 이름이나 고향조차 아는 사람이 없었다. 단지 겉으로는 홍겹게 웃으면서도 얼굴 어딘가에 그늘져 있는 이유를 궁금해 할 뿐 구태여 알려고 하는 사람은 없었다. 오십 고개를 바라보는 주모의 눈은 항상 수심에 잠겨 초점이 없었다. 그래서 마을 뱃사람들이 더욱 주점을 찾는 것일지도 몰랐다.

그런데 이 목로주점에선 보통 옛날에 만들어 마시던 청주를 파는 것이 아니라 허연 쌀뜨물 같은 것을 술이라고 내놓고 팔았다. 그 때만 해도 막걸리는 술의 이름조차 없었던 시대였으므로 허연 쌀뜨물 같은 술을 마시려고도 하지 않았다. 그러나 목로 집 아주머니는 이웃집 술장수에게 청주를 거르고 남은 찌꺼기를 얻어다가 물을 붓고 다시 걸러 팔기를 계속했다. 차츰 한두 사람이 맛을 보고는 그 맛이 괜찮은지라 나중에는 너도나도 그 목로집으로 몰려 들었다.

따라서 지금의 탁주를 모주 혹은 막걸리라고도 하지만 탁주를 가지고 모주라고 하는 말은 제주도에서부터 시작된 말인 것이다. 아무튼 마을의 관혼상제나 대소사는 도맡아 처리해 주는 목로집 아주머니는 언제나 바닷가로 나가 저녁마다 북쪽 육지를 바라보는 습관이 있었다. 그러나 누구 하나 그 내력을 아는 사람은 없었다.

그런데 어느 날이었다. 새벽 저 멀리 동녘 수평선에 태양이 솟아 붉게 타고 있을 무렵 별안간 제주도에서는 있지도 않은 까치 한 마리가 어디서인지 날아 들어왔다. 희귀한 까치는 깍깍대며 목로집 처마 끝에 앉아 지저귀고 있었다. 이 까치 소리를 들은 목로집 주인은 마음속으로 다음과 같이 생각하였다.

"집안은 망하고 사람은 죽어 땅 속에 묻혔는데 무슨 좋은 일이 있어 까치가 저리 우짖는고?"

하고 혼자 탄식을 하고 앉아 있었다. 그런데 잠시 후 평소 목로집에 자주 들리던 뱃사공인 김서방네가 헐레벌떡 목로집으로 뛰어오며 소리쳤다.

"아주머니! 허 이거 기쁜 소식이외다! 허"

그는 연신 숨을 몰아쉬며 목로집 주모 앞에 넓죽 엎드렸다.

"아니, 김서방 이거 웬일이오? 무슨 일이라도 일어났나요?"

주모는 김서방이라는 사람을 잡아 일으켜 세우며 물었다.

"글세. 아주머니. 아니 부인. 노부인을 모시러 왔다니까요."

"그게 갑자기 무슨 말예요?"

주모는 속으로 가슴이 덜컥했다. 지금까지 숨겨온 자신의 과거를 알고 누군가 밀고하여 혹시 잡으러 오지는 않았을까 싶어서였다. 김서방은 한참 후에야 소상히 사실을 들려주었다.

"지금 밖으로 나가 보세요. 온 마을 섬사람들이 모두 바닷가로 몰려가 서울에서 내려온 사신들을 구경하느라고 정신이 없답니다. 어서 나가 보세요."

김서방의 말이 채 끝나기도 전에 밖에서 말발굽 소리가 요란히 들려왔다. 금부도사가 나졸들을 거느리고 목로집 앞에 벌써 당도한 것이다. 금부도사는 말에서 내리자 목청도 우렁차게 외쳤다.

"연홍 부원군 김제남의 안방마님 노씨 부인은 들으시오. 나라에 큰 대사가 생겨 포악하던 광해군은 죽음을 당하고 어질고 착하신 인조대왕께서 등극하셨소. 그래서 대비마마의 어명을 받들어 노부인을 모시러 왔소이다. 어서 차비를 서두르시오."

노부인은 목이 메어 말을 잇지 못하고 울음을 터뜨렸다. 얼마나 기다리고 기다리던 오늘인가! 금부도사가 행렬을 거느리고 마을을 한 바퀴 순행한 다음 승지와 사신들이 머무르고 있는 관덕정으로 들어갔다. 온 마을이 발끈 뒤집히고 도민들은 환호성을 울렸다. 이제까지 사연 많은 술장수로만 여기던 목로집 주모가 좌의정의 부인이 되는 귀한 몸일 줄이야 꿈에도 몰랐던 탓이었다. 그런데 목로집 오막살이 처마 끝에 그 때까지 우짖던 까치를 보자 섬사람들은 또다시 웅성대기 시작했다.

"아니, 저게 뭐여?"

"글쎄나 말일세. 여기선 생판 보지도 못하던 새 같은데 어디서 날아온 것일까?"

"깍깍! 허, 그놈 참 날렵하고 물차게도 생겼다. 깍- 깍-"

한 떠꺼머리 총각이 장난스레 까치 흉내를 내며 처마 끝으로 다가갔다. 그가 손을 내밀어 까치를 잡으려 하자 그만 포르르 날아가 버렸다. 떠꺼머리 총각은 계속 까치를 따라 가면서 이 섬에선 처음 보는 새인지라 궁금하게 여겼다. 까치라는 새를 처음 보는 섬사람들은 바닷가로 몰려 나갔다. 육지에서 온 새가 분명하다고 생각하고 사신들을 태워 온 뱃사공에게 물었다. 그 뱃사공은 마침 닻을 손질하느라 배 안에 있었다.

"여보시오, 육지에서 오신 사공님네! 말씀을 물읍시다."

"예. 뭐 말씀이십니까?"

그 뱃사공은 몰려온 사람들이 까치를 두고 저마다 한 마디씩 내뱉으며 물어 오는 것을 보고 빙그레 웃었다. 그도 그럴 것이 육지에선 까치를 못 본 사람이 없는 데 여기서는 희귀한 새라고 난리법석을 떠니 우습기도 했다.

"아. 그 새는 까치라고 하는 새로 명물입니다. 그 새가 아침에 와서 울면 반드시 좋은 일이 생기거나 반가운 손님이 온답니다."

"그런데 어째 그 먼 육지에서 이곳까지 찾아왔을까요."

한 아낙네가 옆에서 거들었다.

"글쎄요. 저도 잘 모르겠습니다만 배가 해남을 떠나려 할때 까치 한 마리가 날아와 돛대 끝에 앉더니 배가 제주에 닿기 얼마 전에 어디론가 날아가 버렸습지요. 그 뒤로 별로 궁금히 여기지도 않았는데 아마 그 까치가 이 섬 마을로 들어왔는지도 모르겠습니다."

사신을 태우고 노부인을 모시러 왔다는 육지 뱃사공은 천천히 설명했다. 마침 노인을 모시러 대비마마의 명을 받들고 왔던 동부승지가 바닷가로 나왔다.

"까치란 새는 비록 미물일지라도 여느 새와 달라 하늘에서 내린 명물이라 희보를 한 발이라도 먼저 전하기 위해 아마 먼 해남에서 제주까지 우리를 앞서온 모양이오. 지금 까지 십 여 년간을 초야에 묻혀 귀양살이로 보내시던 노부인께서 대비마마의 부름을 받았으니 이보다 더한 기쁨이 어디 있겠소이까? 하하."

승지도 마을 사람들이 분분한 의견을 귀담아 듣다가 자세한 설명을 해주며 통쾌한 듯 껄껄 대고 웃었다. 이리하여 연흥 부원군 김제남의 부인 노씨는 제주도 외딴 섬에서 혈혈단신 외로운 몸으로 목숨을 부지하다가 인조반정이 성공하자 지난날의 누명을 벗고 영화를 되찾게 되었다. 도민들도 손을 흔들어 떠나는 노부인을 전송했다. 그 이후 도민들은 노부인을 모친같이 사모하는 마음에서 탁주를 모주라 하고 청주를 거르고 난 찌꺼기로 모주를 만들어 먹는 법도 그 때부터 생겼다고 한다.

모주(母酒)란 청주를 뜨고 나서 막걸리를 거르고 난 술 지게미에 다시 물을 부어 만든 찌끼 술이니, 실은 술이라 할 것도 없는 맹물을 조금 면한 '술 물'이다. 요즈음에는 양조장 막걸리에 계피와 흑설탕을 넣어 끓인 것을 전주에서는 모주라 하지만, 바로 이러한 알코올 도수가 낮은 모주를 해장술로 한잔 마심으로써 지난 저녁의 알딸딸한 명정 상태를 유지하면서 서서히 술을 깨고 속을 확 풀어주는 것을 술꾼들은 즐긴다. 그렇기 때문에 모주가 아니라 새벽 어두컴컴한 때 마시는 술이라 하여 '모주(暮酒)'라고 주장하는 명정가도 있다. 다른 이설로는 어느 고을에 술 많이 마시는 아들의 건강을 염려한 어머니가 막걸리에다 각종 한약재를 넣고 달여 아들에게 줘 '모주'라 이름 붙였다는 설이 있다.

『임꺽정』의 작가 벽초 홍명희의 아들 홍기문은 『조선문화총화』에서 모주의 유래에 대해 다음과 같이 밝히고 있다. 『대동야승』에 의하면, 선조의 왕비였던 인목대비가 광해군 때에 피위되자, 인목대비의 어머니요 아버지 연흥부원군 김제남의 부인인 노씨가 제주도에 귀양가게 되었는데, 귀양 간 사람에게 배급해주는 양식만으로는 도저히 살수가 없어서 동네에서 술지게미를 얻어서 싸구려 술을 만들어 팔아 생활했다고 한다. 이 술을 처음에는 대비의 어머니가 만든 술, 곧 '대비모주(大妃母酒)'라고 부르다가 나중에는 '대비' 두 자를 빼버리고 그냥 '모주'라 부르게 되었다고 한다.

또 일설에는 생계를 위해 한양 대가집 솜씨로 약주를 만들어서 팔았는데…… 술맛이 기가 막혀서 제주 섬사람들이 줄지어 모여들었다고 한다. 약주가 떨어지면 그 나머지라도 맛 좀 보자고 하두 졸라대서 하는 수 없이 '막 걸러 팔아서' 막걸리가 되고, 그 술지게미를 다시 끓여서까지 팔아서 이런 이름이 붙었다고 한다.

또 다른 막걸리에 얽힌 일화를 더 소개하자면 조선조 중엽에 막걸리 좋아하는 이씨 성의 판서가 한분이 있었는데 좋은 소주와 약주가 있는데 하필이면 막걸리만 드시냐고 자제들이 탓하자 아무 말 않고 소 쓸개주머니 3개를 구해오라 하고, 빈 쓸개주머니에 하나는 소주를 넣고 다른 하나에는 약주를 넣고 나머지 하나에는 막걸리를 담아 놓고 며칠 후 열어보니 소주 쓸개에는 여기저기 구멍이 나 있었고, 약주 쓸개는 상해서 얇아져 있었으며, 막걸리 쓸개는 오히려 두꺼워져 있었다고 한다. 이를 지켜 본 아들들은 아버지가 막걸리 좋아하심을 이해하게 되었다.

약주와 막걸리는 한 술항아리에서 더불어 탄생한 동질의 술로, 약주는 용수(깔때기 모양의 용기)를 박아 선별된, 상대적으로 상류층의 술로 인식되었고, 막걸리는 선별없이 막 걸러 내어 마시는 상대적으로 하류층이 마시는 술로 인식되어 왔다. 한 항아리에 태어났으면서도 약주는 쓸개를 해치는데 막걸리는 쓸개를 튼튼하게 함은 바로 막걸리를 많이 마셔도 안심할 수 있는 막걸리만의 탁월한 장점이다.

조선조 초의 명상 정인지(鄭麟趾)는 젖과 막걸리는 생김새가 같다하고 아기들이 젖으로 생명을 키워나가듯이 막걸리는 노인의 젖줄이라고 했다. 정인지를 비롯 문호 서거정(徐居正), 명신 손순효(孫舜孝) 등은 만년에 막걸리로 밥을 대신했는데 병없이 장수했다. 노인의 젖줄이라 함은 비단 영양 보급원일뿐 아니라 무병장수의 비밀을 암시하는 것이 되기도 한다.

2.5 이원과 유관의 막걸리 풍류

이원과 유관은 세종 임금 시절 정승을 지낸 사람으로 각기 '술대접 받은 얘기'와 '술대접한 얘기' 중에 막걸리에 얽힌 일화가 있다. 이원이 일찍이 영남지방을 나가 살피는 관찰사가 되어 여러 고을을 순화하다가 어느 동네에 이르렀을 적이었다. 이원이 어느 날 공무를 마치고 나서 말을 타고 혼자 나섰다. 아전들이 감히 어디로 가느냐고 묻지 못하고 살며시 그 뒤를 밟아보니 어느덧 동백정에 이르렀다. 그가 나무 밑에서 시를 읊고 휘파람을 불고 돌아갈 줄은 몰랐다. 그도 그럴 것이 우리나라에서 유명하다는 이름을 독차지 하다시피 한 동백정의 절경에 취한 것이었다.

이때 한 늙은이가 술두루미를 가지고 와서 꿇어앉았다. "이 늙은 것은 정자 옆에 살고 있습니다. 가만히 보옵건데 정자 위에서 한 손님이 머뭇거리시는 모습이 대관인듯 하옵기에 감히 촌 막걸리를 가지고 와서 올립니다." 마침내 부어라 하여 마시니, 참 맛있는 술이었다. 이원이 크게 기뻐하며 연달아 몇 잔을 들이켰다. 주위 몇 리에까지 모두 동백나무 꽃향기에 어우러져 취흥이 도도해 지지 않을 수 없었다. 그가 술에 얼큰해지고 또한 경치에 황홀하게 취해 있는데, 어부 두 세 사람이 제각기 잡은 산 전복을 바쳐왔다. 필시 더 진한 술의 청주를 곁들여 바쳤으리라.

정자 동남쪽에 큰 바다가 가로 놓여 뛰어난 절경은 비길 데가 없어 흥취를 더욱 돋우었다. 이윽고 한 백정이 노루 새끼를 안고 말을 타고 와서 인사를 했다. "다행이 생육을 얻었사온데 대인께서 여기에 계시옵기에 감히 드리나이다." 이리하여 그 고기를 회치고 굽고 삶아서 더 진한 소주를 기울여 술잔을 주고받으니 이번에는 인정에 사뭇 취하고 말았다.

이때 연락하는 이가 "아사(부지사 격인 도사)께서 행차하십니다."고 하자 이원이 벌떡 일어나 맞이하며, "촌 늙은이의 대접에 시달리다 보니 이토록 취했구려" 했다. 아사가 "현감도 왔으나 감히 뵈러 오지 못하고 있습니다" 고하자 이원이 "어서 오라고 하시지, 이같은 들 자리에서 무슨 예절을 번거로이 차리시오" 했다.

현감이 들어서자 진수성찬으로 술상이 바뀌고, 풍악소리가 드높아졌다. 밤이 깊도록 즐겼는데, 사실 아까 늙은이들이 바친 술과 안주는 아사와 현감이 그렇게 시킨 것이었다. 이원이 처음에는 이 고을에서 대접받는 폐를 끼칠까봐 우정 몸을 마침내 술에 빠지고 말았다. 훗날 청백리가 된 청렴한 감사관을 이렇게 속여 대접한 것이었다.

유관은 정승을 지내고 나서도 손님이 와서 술대접을 할 적이면 늘 탁주뿐이었다. 뜰에 막걸리 한 항아리를 갖다 놓고 늙은 여종을 시켜서 사발 하나로 술을 차리게 했다. 제각기 몇사발씩 마시고는 끝내 버렸다. 그는 벼슬이 정승인데도 제자들을 가르치는 것을 게을리 하지 않았으므로 학도가 매우 많았다. 제삿날에는 여러 생도에게 음복을 시켰는데, 소금에 저린 콩자반 한 소반을 서로 돌려 안주를 삼게 하고는 막걸리를 질항아리에 담아 내왔다. 먼저 이원이 한 사발 마시고는 차례로 한 두 순배 돌리게 하는 것이었다.

그도 잘 차린 안주에 좋은 술을 마시게 한 적이 있었으니, 함경도에서 북방을 지킬 적이었다. 함경도 감사격인 길주도 '안무절제사'가 되어 침입한 야인 과수를 죽이고 그 무리를 격퇴하자, 태종이 사신을 보내 술을 내리었다. 명령을 받들어 내린 술이니까 향기로운 술에 좋은 안주를 곁들였음은 물론이겠다. 그가 우의정이 되었을 때 임금께 글을 올려 당나라 한유가 지은 태학생탄금시서를 인용하고 송 태조가 대포하사 하던 일을 아뢰었다. 곧 임금이 전 국민에게 주식을 나누어 주고 마음껏 놀게 한 것이 고사 '대포'가 되었다.

2.6 대포잔의 유래와 문화

맥주잔은 크고, 양주잔이 작듯이 독한 술을 마시는 나라의 술잔일수록 작고, 약한 술을 마시는 나라일수록 술잔이 커진다. 막걸리는 알코올 도수가 낮은 술이다. 따라서 우리 한국의 술잔들은 상대적으로 클 수밖에 없다. 이 세상에서 가장 큰 술잔으로 손꼽히는 '대포(大匏)'가 우리 술잔인 것도 이 때문이다. 대포는 '큰 바가지 술잔'이란 뜻이다. 대포 그것도 모자라 '왕대포(王大匏)'라는 술잔도 있다.

경주 신라고분에서 커다란 바가지 모양의 도포(陶匏)가 출토되고 있음을 미루어 대포의 뿌리는 유구하다. 경주 포석정(鮑石亭)의 곡수(曲水)위에 잔을 띄워 군신이 한 잔 술을 번갈아 마시며 동심일체를 다졌던 바로 그 술잔도 사실은 '왕대포잔'에 속한다. 한솥밥 나누어먹고 정리(情理)를 다지듯이 한잔 술 나누어 마시고 의리를 다졌으며 그 공동체 운명을 확인하는 의식용 술잔이 대포요, 대포에 담는 의식용 술을 막걸리이게 마련이었다.

세조(世祖)는 여진족을 토벌하러 함경도로 떠나는 체찰사(體察使) 신숙주를 편전에 불러 놓고 궁벽(窮僻)을 타고 오르는 박 덩굴을 가리키며 저 덩굴에 박이 여물 때까지 오랑캐를 평정하겠는가고 물었다. 신숙주가 전승하고 돌아왔을 때 그 덩굴에 달덩이 같은 박이 여물었고 세조는 그 박으로 대포잔을 만들어 막걸리를 가득 붓고 한잔 술에 입을 번갈아 대며 취하도록 마셨다고 한다. 이처럼 동심일체를 다지는 의례의 술잔으로서의 대포문화는 다양하게 발달하고 있다. 옛날 각관청마다 한말들이 대폿잔을 만들어 두고 돌려 마시며 공동체의식을 다지는 의식이 제도화돼 있었다.

쿠데타를 음모했던 수양대군은 허리춤에 표주박 잔 끼고 다니며 뜻을 같이하고 결의할 일이 있을 때마다 이 한 잔에 술을 부어 더불어 마심으로써 모사를 성사시켰다고 하여 더욱 유명하다. 대포(大匏) 한잔 하자에서 '포(匏)'자는 표주박 포자다. 다시 말하면 큰 바가지에 술을 퍼 담아서 돌려 마심으로서 정을 나누고 결속을 다지자는 아름다운 풍속 즉 향음례(鄉飮禮)인 것이다.

우리나라 전통 혼례에서 신랑 신부가 술을 가득 부은 표주박 잔에 입을 번갈아대며 한잔 술을 더불어 마시는 모습도 평생을 함께 행복하게 살자는 결의를 다지는 것이다. 신랑 신부가 한 표주박을 둘로 나눈 잔에 술을 따라 마시는 '근배례'가 거행된다. 부부로서의 인연을 맺는 것을 의미하는 술을 반으로 자른 표주박 잔에 따라 마심으로써 두 잔이 합쳐져야 온전한 하나를 이룬다는 뜻으로 부부의 화합을 의미한다. 근배례 때에 신랑 신부는 3회에 걸쳐 술을 나눠 마시는데, 첫째 잔은 지신에게 감사하는 뜻으로 고수레하는 잔이며, 둘째 잔과 셋째 잔은 표주박에 담아 마심으로 둘의 화합을 기원하는 잔이다.

어느 날 왕건은 군사를 이끌고 행군하는 도중에 목이 말라 우물을 찾고 있을 때였다. 금성산 남쪽에 오색구름이 서려 상서로운 기운이 일어나는 것을 발견하고 말을 달려 그곳으로 달려간다. 그곳엔 열 예닐곱 살 먹어 보이는 예쁜 처녀가 조그만 우물가에서 빨래를 하고 있기에 그에게 물을 청했다. 왕건을 살펴본 처녀는 바가지에 물을 떠 건네주면서 우물가에 있는 버드나무 몇 잎을 훑어 물 위에 띄웠다. 표주박을 받아 든 왕건은 버들잎을 후후 불어 가면서 한 모금씩 먹을 수밖에 없었다. 물을 다 마신 왕건이 처녀의 이런 태도가 이상하여 버들잎을 띄워 준 까닭을 물었다. "장군께서는 갈증이 몹시 심한듯하여 급하게 물을 마시면 체할까 염려되어서 용렬한 짓을 하였습니다."

처녀는 얼굴을 붉히면서 고개를 떨구었다. 처녀의 지혜에 감동한 왕건은 그의 아버지인 오다련을 찾아가서 정중하게 청혼하여 쾌히 승낙을 받는다. 그 처녀의 아버지는 왕건이 찾아오기 며칠 전 딸의 꿈에 금강(영산강의 옛 이름) 하구와 바다가 만나는 곳에서 황룡 한 마리가 구름을 타고 날아와 자기의 몸속으로 들어오는 꿈 이야기를 들었기 때문이었다.

이리하여 둘 사이에 태어난 아이가 고려 제2대 혜종 임금이며, 왕이 태어난 마을이라 하여 왕을 상징하는 '용'자를 써서 '흥룡동'이라 이름하고 오늘날까지 불리어 전해지고 있으며, 후에 장화왕후에 오른 오씨가 빨래하던 샘 완사천의 이 아름다운 전설을 간직한 채 오늘날까지 남아있는 것이다. 이 때 사용한 물 잔이 표주박이며 이를 술잔으로 사용할 경우 대포잔에 해당된다.

옛 관공서나 향촌마다 말(斗)들이 대포, 곧 큰 술잔이 있어 돌려 마심으로써 결속을 다지는 향음례(鄕飮禮)를 정기적으로 베풀었었다. 의리가 굳건한 사이를 대포지교(大匏之交)라 했음은 이에서 비롯된 것이다. 각 관청에서는 한 말들이 대폿잔을 만들어 돌려 마셨다하는데 그 때 사용된 대포잔의 운취는 가히 주당국가임을 알 수 있다.

육조삼관(六曹三館)을 비롯한 각 관아도 한 말들이 큰 대포잔에 술을 담아 차례로 돌려 마시는 공음례(共飮禮)가 의식화되어 있었다. 사헌부(司憲府)에는 '아란배(鵝卵杯: 거위 알 모양의 술잔)', 교서관(校書館)에는 '홍도배(紅桃杯)', 예문관(藝文館)에는 '벽송배(碧松杯)' 또는 '장미배(薔薇杯)', 조선조 태조(太祖) 초에 승정원(承政院)에 하사한 술잔인 도마뱀의 일종인 갈호를 본 뜬 '갈호배(蝎虎杯)'라 했듯이 술잔에 이런 미명이 붙어 있었고, 그 관청의 대명사로도 통용됐었다.

시사(詩社)라는 풍류모임에서는 연종배(蓮鍾杯)라 하여 연잎을 접어 잔을 만들어 연경(蓮莖)속으로 구멍을 뚫어 돌려 마셨다 한다. 이 잔은 식물성 대포잔이다. 화혜배(花鞋杯)라 하여 기생의 꽃신에 술을 담아 돌려 마시는 잔은 살 냄새 풍기는 동물성 대폿잔이고, 생사고락을 약속하고 마시는 사이를 대포지교(大匏之交)라 까지 했다.

그중 가장 특이하고 신나는 술잔이 있는데 옛날 서울에 젊은 과부가 차린 내외(內外)술집이 있었다고 한다. 내외를 지켜야 하겠기에 주모(酒母)인 과부는 손님 앞에 나올 수가 없어 문밖에서 팔뚝만 내어 밀어 술상을 내고 술값을 손바닥에 놓아 받았다 한다. 그래서 속칭, '팔뚝술집'이라 했는데, 술값을 놓을 때 행하(팁)을 두둑하게 얹어놓고 기다리고 있으면 주모는 손바닥에 술을 담아내어 민다. 손바닥 술잔을 핥아 마시는 짜릿한 자기(磁氣)가 통하는 술잔이다. 그러나 너무 많이 핥으면 따귀라는 덤이 주어지거나 수염을 잡히거나 뽑힐 수도 있다. 이름하여 따귀 대폿잔이니 장안의 한량들이 따귀잔을 자청하였다 한다.

신라를 망친 것이 술잔을 물에 띄워 돌려 마시는 포석정(鮑石亭) 곡수연(曲水宴)으로 알려져 있지만 포석정은 군신(君臣)이 공음함으로써 충성을 다지던 정신문화의 현장이다. 여기에서 기원하여 우리는 생사고락을 같이 하기로 약속한 사이를 대포지교라 했다. 조선 시대의 전통 이동식 상업조직인 보부상(褓負商)의 강력한 조직력과 결속력을 말할 때 대포지교를 일컫기도 한다. 대폿잔은 공동체 문화와 인화의 술잔이다.

중국에는 인구 수 만큼 많은 술잔이 있다. 수천 가지 술 중에서 자신의 술을 찾는 것과 마찬가지로 술잔 역시 자기에게 어울리는 것, 마음에 드는 것으로 골라 마신다. '이 술에는 이 잔'이라는 공식 대신에 '마음 가는 대로 손 가는 대로'가 중국 술과 술잔의 궁합을 따지는 이치이다.

중국 상고시대 황제(黃帝) 때에 마노(瑪瑙라는 이름은 원석의 모양이 말의 뇌수, 즉 마뇌(馬腦)를 닮았다고 하여 유래되었다. 마노 중에서 가장 유명하다고 자주 거론되는 것은 주신 박카스를 주제로 외면을 정교하게 조각한 0.57 l 들이의 손잡이가 두 개인 술잔이다. 역사적인 기록에 의하면 그 술잔은 황제 네로(Nero)를 위해 만들어졌고, 그 후 여러 사람의 소유를 거치다가 9세기경에 용기 있었던 찰스 황제에 의해 쎄인트 데니스사

〈전국시대 주나라 이전에 나온 술잔〉

원에 기증되었으며, 그 사원에서 수세기 동안 프랑스의 황제 대관식에 술을 넣는데 사용해 왔다. 아직도 프랑스 사람들에 의해 프랑스 역사의 가장 소중한 기념물로 보존되고 있다) 한 독이 있고 가운데에 보배로운 이슬이 있었는데, 요(堯)와 순(舜) 때까지도 그렇게 있었다. 시절이 순박하면서 이슬이 독에 가득하고, 세상이 어지러우면 이슬이 말랐다.

주(周)나라의 잔은 경배요, 남창국에는 대모(玳瑁)분이요, 주무왕 때에는 서역국(西域國)에서 상만배를 드렸고, 진시황(秦始皇) 때에는 적옥(赤玉)옹이요, 한 무제 때에는 방사(方士) 신원연이 옥배(玉杯)를 드렸고, 당(唐)나라 무덕(武德) 2년에는 서역에서 파려패를 드렸다. 내고(內庫)의 한 잔이 푸른 빛의 무늬가 어지러운 실과 같은데, 그 얇기는 풀잎과 같고, 그 발에 금으로 세 긴 글자가 있어서 이것을 자란배(저절로 술이 데워지는 잔)라 했다. 상(上)이 명하여 이 잔에 술을 부어두게 했더니, 따뜻하기가 마치 새로 부어 끓인 것과 같았다. 위후에게 미노함이 있어 크기가 석 되나 되었고, 옥 술잔이 있는데, 사람들이 이것을 서역의 귀신이 만든 것이라고 했다.

당 나라 때 고려국에서는 자하(紫蝦)배, 선비(鮮卑)국에서는 수정배, 발해(渤海)국에서는 앵부, 파로국에서는 문라치를 드렸다. 주비따는 서융(西戎)에서 나는데 장건이 대완국 사신으로 가서 얻어 온 것이다. 크기는 풀과 같고, 잎은 칡과 같고 꽃은 오동과 같고, 열매가 단단하여 술잔을 만들면 무늬가 비쳐서 사랑스럽다. 여기에 술을 담그면 그 맛이 두고두고 향긋하여 아름다우며, 꽃을 술에 띄우면 술이 깨니, 참으로 보배롭다. 산마한아국은 곧 한때의 선비국이다. 잔 하나를 드렸는데, 이름을 조세보라 했다. 빛이 나고 맑아서 비쳐 보면 자질구레한 것을 가히 알 수 있었다.

제후들이 술을 마실 때 쓰던 것으로 당시에는 술을 데워서마셨다고 한다. 그 술잔에는 몇 가지 문자가 있는데, 술잔의 주인이나 만든 이의 이름을 표시한다. 대부분 사람들은 취권에 대해 술에 취해 싸우는 권법이 아닌가 하는 말을 한다. 하지만 취권은 술에 취한 듯한 모습을 보임으로 해서 '허허실실' 전법, 즉 적을 교란시키면서 상대의 허를 찌르는 것이다. 또한 신체단련을 주 목적으로 하는 무술과는 달리 실전무술로 구분되며 상당히 치명적인 공격술이 많아 많은 수련과 기술을 요구하는 것이다.

취권안에도 다양한 권법이 있는데 대표적으로 '취팔선권', 즉 술에 취한 8명의 신선을 묘사한 무술이 있다. 8명의 신선동작의 경우 2명은 여자이고, 따라서 상당히 부드럽고 허리의 유연함을 이용한 공격술이 많고, 1명은 외다리, 하반신을 공격하는 적들이 많은 것에 착안해서 도약에 의한 공중 공격등이 많다. 취권을 허구의 무술이라고 아는 사람들이 많지만 실제 취권은 상당히 높은 수준의 무술이며 '브레이크 댄스'에도 상당부분 차용되기도 했다.

2.7 막걸리 찬가

고구려주와 신라주는 고대 중국에서 맛좋은 명주로 소문나 있었다. 당나라 때 시인 이상은(李商隱)이 한잔 신라주의 기운이 새벽바람에 수이 사라질까 두렵구나라고 읊은걸 보면 알만하다. 또 일본 고대기록에 보면 일본에 술 빚는 법을 처음 알려준 것이 백제사람 인번(仁番)이라고 했다. 이 유명했던 삼국시대의 술들이 지금의 약주나 막걸리였는지는 확인할 길이 없으나 문헌상 누룩으로 담는 양조주라는 것만은 추정 할 수 있다.

막걸리가 문헌에 등장한 것은 고려 때부터이다. 이규보(李奎報)의 시에 나그네 창자를 박주(薄酒)로 푼다는 대목이 있고, 이달애(李達哀)의 시에 뚝배기 질그릇에 허연 막걸리라는 대목이 있는 것으로 보아 예나 지금이나 서민의 술로서 막걸리 이미지는 불변임을 알 수가 있다.

술지게미는 막걸리를 거르고 난 찌꺼기인 것이다. 술의 어원은 범어(梵語)에서 쌀로 빚은 술을 뜻하는 'sura'에서 비롯됐다고 본다. 따라서 어원상 곡주를 뜻하며, 곧 막걸리의 조상인 셈이다. 곡주가 익으면 청주와 술지게미를 나누기 이전에 막 걸러서 만든 술이라 해서 막걸리다.

문헌에는 탁주, 백주, 박주(濁酒, 白酒, 薄酒)로 나오고, 모주(母酒)라고도 했다. 이 너무나 한국적이고 서민적인 막걸리가 성인병의 가장 큰 원흉인 혈액속의 저혈당치를 높여준다는 연구결과가 보고되었다. 그래서 막걸리의 원주를 약주라고 불렀던걸까. 선조들의 슬기에 마냥 숙연해진다. 사양길 걷는 막걸리 이미지에 뭣인가 변화를 주는 계기가 됐으면 한다. 막걸리는 술이 아니고 밥이라고 읊은 천상병을 불러내 보자.

막걸리

천상병

나는 술을 좋아하되
막걸리와 맥주밖에 못 마신다.

막걸리는
아침에 한 병(한 되) 사면
한 홉짜리 적은 잔으로
생각날 때만 마시니
거의 하루 종일이 간다.

맥주는
어쩌다 원고료를 받으면
오백 원짜리 한 잔만 하는데
마누라는
몇 달에 한 번 마시는 이것도 마다한다.

세상은 그런 것이 아니다.
음식으로
내가 즐거움을 느끼는 때는
다만 이것뿐인데
어찌 내 한 가지뿐인 이 즐거움을
마다하려고 하는가 말이다.

우주도 그런 것이 아니고
세계도 그런 것이 아니고
인생도 그런 것이 아니다.

목적은 다만 즐거운인 것이다

즐거움은 인생의 최대목표이다.

막걸리는 술이 아니고
밥이나 마찬가지다
밥일 뿐만 아니라
즐거움을 더해주는
하나님의 은총인 것이다.

고대생들이 가장 즐겨 부르는 노래는 뭐니뭐니해도 '막걸리찬가'라고 할 수 있다. '마 · 셔 · 도. 사나이답게! 막걸리~를 마셔라~ 맥 · 주 · 는. 싱거우니! 신촌골로 돌~려~라~~~~~ 만주땅은 우리것, 태평양도 양보못한다'로 이어지던 이 노래 가사는 고대생들의 서민적이고 용맹한 기상을 표현하는 노래로, 몇십년을 두고 많은 고대 동문들로부터 사랑을 받았는데, 한편으로 그 가사의 내용은 너무 남성편향적인 것이었기 때문에 이 노래에 대한 여학우들의 항의가 잦기도했다.

특히 노래를 시작할 때마다 고대생들이 외치던 "마실까말까 마실까말까 에라X팔 니미X도"라는 ★★은 고려대학교의 점잖은(?) 평판을 손상케 할 만큼 저급한 것이어서, 이를 우려한 일부 고대생들은 그 노래 도입부를 영어로 번역해서 부르기도 했는데, 여기서 잠깐 그 영어번역 도입부를 소개해보면 다음과 같다. "Drink or not, drink or not, son of bitch, god demn, fuck you."

'마셔도 사내답게 막걸리를 마셔라. 맥주는 싱거우니 신촌골로 돌려라….' 고대생의 영원한 열창곡 '막걸리찬가'와 달리 막걸리는 상징적 '교주(校酒)'로만 남았다. 대부분 고대생들이 막걸리를 마시는 것은 연중 신입생환영회 한 차례뿐이다. 냉면그릇에 가득 채운 막걸리를 단숨에 들이켜야 하는 '사발식'은 그야말로 통과의례일 뿐이다.

마실까~말까! 마실까~말까!
x2 에라한번 마셔보자!
마셔도...고대답게! 막걸리를 마셔라~ (철철철)
맥주는 싱거우니! 신촌골로 돌려라~(돌려돌려돌려)

부어라 마셔라 막걸리! 취하도록...
너도 먹고 나도 먹고 다같이 마시자..
고려대학교...막~걸리 대학교
아!! 고려 대학교 막걸리 대학교
막걸리를 마셔도 고대답게 마셔라
만주땅은 우리꺼
태~평양도 양보 못한다!

2.8 연산군의 막걸리 타령

한국의 주당 10걸에 당당히 오른 연산군의 주태는 다양하다. 주지육림 속에 묻혀 산 주선으로는 단연 연산군이 으뜸이다. 채청사, 채홍사를 두고 8도의 미녀들을 뽑아 춤과 술과 노래를 즐기며 한 시대를 풍미했다는 점에서 파격적인 주당이라고 불린다.

연산군은 자기의 신세를 한탄하여 이 술집 저 술집을 기웃거리며 나날을 보내다가 알코올 중독 증세가 심하게 되자 나중에는 술의 힘을 빌려 자기 계모까지 겁탈하는 등 횡포를 일삼았다고 한다. 그 당시에 음행하던 술버릇에 빗대어, 첫째 잔은 사람이 술을 마시게 되고, 둘째 잔은 술이 술을 마시게 되며, 셋째 잔부터는 술이 사람을 마시게 된다고 하는 말이 생겼다고 한다.

막걸리에 관한 기록은 조선 초기부터 『조선왕조실록』에 등장한다. 『세종실록』에 변방으로 나간 군인들이 조밥에 막걸리만 먹었다고 불평하는 것으로 미루어, 예나 지금이나 막걸리는 서민의 술임을 알 수 있다.

소년 시절 강화도에서 농사짓다가 왕이 된 철종(哲宗)도 산해진미의 수라상에도 만족하지 않고 "궁중엔 왜 막걸리가 없냐"고 물어 왕비가 친정집 노비로부터 구해다 바쳤다는 이야기도 전해 내려온다. 강화 갈대숲을 벗삼아 어린 시절을 보낸 철종은 궁중에서 빚은 고급주보다 시골의 텁텁한 막걸리를 더 좋아했다고 한다. 조선 5백년 기담(奇譚)에 보면 철종은 상궁을 시켜 서울 근교에서 비밀리에 막걸리를 만들어 궁중으로 반입케 하고 이를 즐겨 마셨다고 전해지고 있다.

다른 술들이 그랬던 것처럼 서민의 술 막걸리도 약으로 쓰인 기록이 있다. 선조 33년(1600) 6월 26일, 왕비의 병을 고치기 위해 지어 올린 약 처방을 보자. 내전의 증후가 오래도록 낫지 않으므로 신들은 민망스럽고 염려됨을 견딜 수 없습니다. 의관들과 상의했더니 양혈지황탕에 시호·지모 각 1돈, 조금말·복신 각 5푼, 생강즙에 볶은 황련, 막걸리에 씻은 원입 생지황과 감초 각 3 푼, 막걸리에 달인 원입 건지황, 물에 탄 강즙 한 순갈, 죽력 세 순갈을 함께 넣어서 약을 지음이 마땅하다고 합니다. 이 약을 네 차례 드시도록 지어 올리게 하는 것이 어떠하겠습니까? 라는 기록은 약주임을 나타낸다.

또한 막걸리를 즐겨 마신 왕이 철종만은 아닌 기록도 있다. 천하의 연산군은 여기서도 빠지지 않는다. 1504년 1월 그가 지은 막걸리 찬가가 『연산군일기』에 남아 있다.

참새는 가지를 다투다가 떨어지고
나는 벌레도 정원에 가득히 노니고 있네
막걸리야 너를 누가 만들었더냐
한 잔으로 천 가지 근심을 잊어버리네

이처럼 막걸리가 망우물의 역할도 했음을 알 수 있다. 다가오는 광란의 시대를 예감해서인가? 막걸리에 취해 지은 연산군의 시가 1506년의 기록에도 남아 있다.

초록 돋는 막걸리 빛과 맛이 어울려
잔 안엔 언제나 풍성한 봄
은혜를 생각해 실컷 마시렴
올바르고 삼가매 후대하는 거니

정사를 뒤로 하고 놀이에 열중했던 연산군은 조선 팔도에 채홍사와 채청사를 파견해서 아름다운 처녀와 건강한 말을 뽑고, 각 고을에서 미녀와 기생들을 관리하게 했다. 그는 널리 고을마다 노래와 춤에 뛰어난 기생들을 모았는데 이를 운평(運平)이라 하고 이들 중에서 뽑히어 궁중에 들어온 악기(樂妓)를 홍청(興淸)이라 했다. 대궐에 들어간 운평은 명칭이 흥청(興靑)으로 바뀌며, 지체가 높아졌다. 흥청에도 급수가 있었으니 임금과 잠자리를 같이 하면 천과(天科)흥청이라 하여 급수를 높였고 그렇지 못하면 반천과(半天科)라 하여 지과(地科)흥청에 머물렀다.

연산군은 흥청들을 태운 가마를 벼슬아치들에게 메게 하고 임금인 자신도 말이 되어 흥청들을 태우고 기어 다니거나, 반대로 흥청들 등에 올라 타 말놀이를 즐기는가하면 유부녀도 예쁘다는 말만 들으면 불러다 겁탈하고, 심지어 큰 아버지인 월산대군의 부인까지 성추행하는 등 패륜과 향락에만 빠져들다 결국 중종반정으로 왕좌에서 쫓겨나고 목숨을 잃었다. 연산군이 그렇게 흥청들과 놀아나다 망했다 해서 백성들간에는 '흥청망청'이란 말이 생겨났다.

흥청이란 용어는 말 그 자체로 보면 '맑음을 일으킨다'는 뜻이다. 조선왕조실록 연산군일기에 이 흥청의 뜻을 '나쁜 기운을 씻어 없애다는 의미(所謂興淸 乃蕩滌邪穢之意也)'라 하였다. 기생들과 어울려 놀면서 마음속에 쌓인 나쁜 기운을 씻어낼 수 있는 좋은 제도라고 의미부여를 한 것이다. 이런 고상한 명분 위에서 연산군은 흥청망청 놀았고, 그 결과 정치는 엉망이 되었다. 또한 어미 '망청'은 별 뜻 없이 후렴처럼 붙은 말이다. 따라서 망청은 한자로 표기되지 않는다. 그런데 이 망청의 '망' 자는 마치 한자로 '망할망 亡' 자를 연상하게 하는 듯하다. 개인이건 나라건 흥청망청 놀다가는 망하고 만다는 의미를 연상하게 하는 묘한 표현이다.

2000년에 원작 『이(爾)』를 쓴 김태웅 작가는 『연산군 일기』와 보들레르의 산문시 『파리의 우울』에서 모티브를 얻었다. 공길이라는 광대가 있어 늙은 신하와 선비를 흉내내며 놀았고, 모반에 참여한 어릿광대가 죽기 전에 한번 놀게 해달라 부탁하여 궁을 휘어잡았다는 이야기가 그것이다. 그렇게 연산과 장생과 공길이 탄생했다. 이것이 『왕의 남자』로 이어진다.

무오와 갑자사화가 끝난 이후 연산은 여인보다 태가 고운 광대 공길에게 더욱 집착한다. 연산은 공길을 이(爾: 왕이 신하를 대하는 존칭)라 부르며 종4품 대공 벼슬까지 내리지만, 또 한명의 출중한 광대 장생은 미쳐가는 왕과 그 왕에게 붙어사는 공길을 비판하며 궁을 떠난다. 그들 사이에 한 여인 녹수가 있다. 공길을 질투한 녹수가 그의 필체를 모방하여 도성에 왕을 욕하는 언문 비방서를 붙이는 사이 장생은 반정을 도모하는 이들과 손을 잡는다. 귀(貴)와 천(賤)의 극단에서 태어나, 만나지 말았어야 했던 세 남자. 그들은 피처럼 붉은 천을 손에서 손으로 건네며 하나씩 죽음을 맞게 될 것이다. 그러나 김태웅 작가는 어둠에 파묻힌 연산의 등 뒤에 춤추는 가면을 놓아두어 죽음도 치고 올라오는 광대의 생명력을 보여주고 싶었다고 했다.

3. 소주나라 실록

명나라 학자 이시진(李時珍)이 지은 『본초강목 本草綱目』에서는 '화주아라키주(火酒亞剌吉酒)'를 말한 곳에서 "소주는 옛부터의 양조법이 아니며 원나라 시대부터 증류법이 처음 시작되었다. 농주(濃酒)를 지게미에 타서 잘 섞어 시루에 넣고 밑에서 불을 때고 증기가 올라가도록 한 뒤 그 기체를 써서 이슬을 받는다. 그것의 맑음이 물과 같고, 맛이 굉장히 진하고 강열하다. 그렇기 때문에 이것을 주로(酒露)라고 한다"라고 설명하고 있다.

원대(元代)의 음선태의(飮膳太醫)인이었던 홀사혜(忽思慧)가 저술한 『음선정요 飮膳正要』에서도 소주를 '아라키주(亞剌吉酒)'라고 했다. 또 명나라 황정일이 쓴 『사물감주 事物紺珠』에는 옛날 원나라 사람이 마시던 술이라고 씌어 있다. 일본의 고서 『오함아짐』에는 '아라키주(あら木酒)'라고 기록되어 있다. 여기서 소주가 아라키(亞剌吉), 화주(火酒), 주로(酒露) 등 여러 가지로 불리었음을 알 수 있다.

『본초강목』에는 소주는 원나라에서부터 시작되었다고 전한다. 원나라 때 아라비아에서 원 → 만주 → 고려의 순으로 전해진 듯하다. 페르시아 - 한반도까지 영향을 끼친 점으로 미뤄 소주는 페르시아에서 몽고, 만주를 거쳐 서기 1천300년경 고려 후기에 우리나라로 들어온 것으로 보인다.

한국에서 소주는 칭기즈칸의 손자 쿠빌라이가 일본 원정을 목적으로 한

반도에 진출한 뒤 원정군의 본영이던 개성과 전진기지가 있던 안동과 제주도 등지에서 처음으로 빚어지기 시작했다. 소주의 명칭을 아라비아어로 아락(arag)이라고 한바 처럼 우리나라 평안북도의 경우 아랑주, 개성 지방에서는 아락주라고 하는 데서도 그 흔적이 드러난다.

몽골 원정군이 가죽 술병에 넣고 다니면서 마시는 아락주를 공급하기 위해 만든 것이 바로 소주다. 마유주를 증류하여 '아라끼(亞利吉)'라는 소주를 만든 것이다. 어원은 '증류주'라는 뜻으로 아라비아에서는 '아락(arag)', 만주에서는 '어얼키(亞兒吉)'라고 하였다. 그런데 원래 이 소주는 유목민인 몽골인들의 작품이 아니라, 몽골 서정군이 아바스조 이슬람 제국을 공략할 때(1258년) 농경민인 서 아시아인들로부터 그 양주법을 배워 온 것이다.

페르시아 증류법이 12세기 십자군에 의해 유럽으로 전파되어 포도를 증류한 브렌디가 다시, 몽고군 고려 침략 때 상륙하여 곡주(동동주, 막걸리)를 증류한 소주가 탄생된 것이다. 몽고군은 당시 증류법을 전수하였으나, 몽고인 체질에 맞지 않아 즐기지 않았고, 고려 사람들 입맛에 딱 맞아 즐겨 마시기 시작하였다.

이 술이 고려시대에 원나라에서 전해져 전통 소주의 어원이 되었다. 그래서 개성에서는 소주를 '아락주'라 하고, 평북지방의 심마니들은 '아랑주'라는 은어로 불렀다. 지금도 전남 영광지방의 법성포에서 '아랑주'라는 증류주를 생산·판매하고 있다. 아랍어로 '증류'란 뜻의 '아라크(araq)'에 어원을 둔 이 소주는 우리나라에서는 지역에 따라 아랑주, 아락주, 새주, 쇠주, 효주 등 여러 이름으로 불렀다.

고려 소주의 본산인 개성에서는 근세까지도 소주를 아락주라고 했다. 한때 명맥이 끊겼다가 다시 부상한 안동소주의 조상이 바로 이 아락주다. 한편 오늘날까지도 레바논이나 이라크 등 서아시아 일원에서는 '아락'이란 우유빛 소주가 유행하고 있다. 이러한 어맥(語脈)과 사실로 미루어 보아 한국의 소주는 기마 유목민인 몽골인을 매개로 이루어진 두 문명의 만남의 소산임에 틀림없다.

그런데 우리나라에서 소주는 고려시대부터 시작되어 조선조까지는 사치스런 고급주로 분류됐다. 조선조 성종(成宗) 때의 사간(司諫) 조효동(趙孝同)은 민가에서 소주를 음용하는 것은 매우 사치스런 일이라 하여 왕에게 소주 제조를 금지하라는 영을 내리도록 진언했다. 단종(端宗)은 몸이 대단히 허약해 조정의 중신들이 약으로 소주를 고아 올렸다는 기록도 있다. 초창기 소주는 약으로도 사용 되었다고 전해지고, 조선 세종조에서는 소주 낭비가 심하다 하여 소주 금지 상소가 올라오기도 했다.

중종실록 중종10년에 제주목사 성수제는 젊을 때 장원급제하고 청렴하고 뛰어난 인물이었으나 소주를 너무 좋아하여 밤낮으로 식사대용으로 먹어 죽었다는 이야기도 중종실록에 전해지고 있다. 성종 21년 1521년(성종실록) 에는 일본 사신이 올때면 소주를 하사품으로 주었고, 이후 소주는 다시 일본으로 물건너 가서 정종으로 탈바꿈 되었다. 이처럼 소주는 당시 사치스러운 술이었으며 약으로 쓰여 약소주라고도 불리었다. 소주는 약으로 쓰기 때문에 많이 마시지 않고 작은 잔에 마셨고 따라서 작은잔을 소주잔이라고 하게 되었다고 한다.

소주(燒酒)란 말은 원래 한자어이다. 만주어에서는 증류주를 아얼키(亞兒吉)라고 하고, 몽고어에서는 아락(Arag)이라고 하며, 범어(梵語)로는 아물타(amrta)라고 한다. 또 어원이 밝혀지지 않았으나 『우리말 대사전』에는 아랑주의 뜻풀이가 '질이 낮은 소주'라고 설명되어 있다. 따라서 우리말에서 아랑주니 아락주니 하는 것은 고유어가 아니라 외래어라고 보아야 할 것이다.

이와 같이 처음에는 약용으로 마시거나 왕이나 사대부들이 마셨던 술이었는데 점차 서민에게도 보급되어 각 가정에서도 많이 빚어 마시게 되었다. 그 뒤 1919년에 평양에 알코올식 기계 소주공장이 세워지고 이어 인천, 부산에도 건설되어 재래식의 누룩을 이용한 소주는 흑국소주로 바뀌고, 1952년부터는 값 싼 당밀을 수입하여 만들게 되었다.

1965년 정부의 식량정책의 일환으로 곡류의 사용이 금지됨에 따라 우리의 고유한 풍미와 정성어린 증류식 순곡주는 자취를 감추고 고구마, 당밀, 타피오카 등을 원료로 하여 만든 주정을 희석한 희석식 소주로 바뀌어 오늘에 이르고 있다.

3.1 깡소주 탄생비화

소주나라 보해임금 13년째인 숙취년.
소주나라 백성들은 베지밀 반 소주 반을 실천하면서 얼큰하게 살고 있던 어느 날...
양주나라 위스키 군단이 각종 알콜 전함을 이끌고 소주나라 해안을 침략하였다.
위스키 군단의 뒤끝 없음에 방심을 하고 있던 소주군단은
위스키 군단에게 연전연패하니 소주나라 운명은 풍전등화라,
구 소주장군과 참나무통 벌건 소주장군 청량리 벗었수 장군들이 출사표를 던지고 자신 있게 출전을 했지만
양주나라의 높은 알콜 도수를 앞세운 파상공격에 힘없이 무너져 버렸다.
허나 이렇게 위험한 소주나라를 구할 수 있는 장군이 있었으니...
그 장군의 이름이 바로 진로장군이라...
전라좌수사로 있던 진로장군은 15일 날 경남우수사 막걸리 장군으로부터 원샷성의 함락소식을 접하게 되었던 것이다.
"위스키 병사의 숫자가 엄청나고 꼬냑 병사의 특공 무술이 아무리 강해도, 브랜디 특전사들이 아무리 병을 잘 따도 우리나라 소주 병사들이 잘 싸워줄 것이다!!"
진로장군은 두꺼비 전함을 따고 새우깡대포를 힘차게 쏘며 해전에서 승리를 거두어 적의 보급로를 차단하니,
적군은 안주와 술잔의 공급이 힘들어져 서서히 고립되어 가고 있었다.
그러나 진로장군은 혁혁한 공을 세웠지만
인삼주대신과 맥주대신의 모함을 받아서 목숨까지 위태롭게 되었는데
이때 충직한 삼겹살 선비가 상소를 올려서 목숨은 건지게 되었다.
진로장군은 쫄병으로 강등되어 관직을 삭탈 당하였지만
얼마 후 관광소주로 백의종군하게 되었다.
그 후 진로장군은 삼도수군통제사에 올라서 전쟁을 승리로 이끌지만

마지막 전투에서 적군이 던진 병따개에 정통으로 맞아서 소주를 줄줄 흘리면서 이 말을 유언으로 남기고 장렬하게 전사하게 되었다.

"아줌마…여기 소주 한 병 더…윽…!"

진로장군의 공적으로 소주나라는 양주나라를 간신히 물리쳤으니… 보해 임금은 진로장군의 악과 깡을 높이 사서 '깡장군'이라고 칭호를 내렸다. 이렇게 해서 깡소주가 탄생한 것이다.

깡소주의 탄생비화에서 말하는 '깡'의 어미를 살펴보고자 한다. 어려워질수록 고달픈 삶에 적응하기 위해서는 악착스러움이 필요하고 때로는 오기도 생기게 마련이다. 이러한 현상을 일반적으로 '깡다구' 또는 '깡'이라고 한다. 그래서 '깡'은 깡다구를 의미한다. 악착같이 참고 버텨 나가는 오기를 속되게 이르는 말이다.

'깡소주'하면 생각나는 것이 가벼운 주머니에 깡다구(깡)를 안주 삼아 쓸쓸히 마시는 소주이다. 어떤 사람은 비싼 안주 대신 '새우깡'을 놓고 마시는 소주가 '깡소주'가 아니냐고도 한다. 하지만 이는 아무런 관계가 없다. '깡소주'는 '강소주'의 잘못일 뿐이다. 안주 없이 먹는 술이 '강술'이고, 안주 없이 마시는 소주가 '강소주'이다. 국이나 찬도 없이 맨밥으로 먹는 밥은 '강밥'이라고 한 이치와 같다. 제대로 된 안주도 없이 고달픔을 달래며 마시는 소주는 '깡소주'라 불러야 제 맛이지만 '강소주'가 맞다.

'깡술(깡소주)을 벌컥벌컥 마신다'라는 말이 있다. 이는 '안주도 없이 마시는 술(소주)'을 뜻한다. 그런데 여기서 '깡술, 깡소주'는 아직까지는 규범적으로 '강술, 강소주'가 바른 표기다. '강―'이 붙어 만들어진 말 가운데 입말에서 된소리(깡)로 발음하기 십상인 말은 '깡술, 깡소주, 깡마르다' 정도다. 『표준 국어대사전』은 이 가운데 '깡마르다'만 '강마르다'의 센말로 인정하고, '깡술, 깡소주'는 모두 '강술, 강소주'의 잘못으로 처리하고 있다.

접두사 '강-'은 강추위 · 강더위 등에서는 '호된, 심한'의 뜻으로, 강울음 · 강호령 등에서는 '억지스러운'의 뜻으로 쓰인다. 강조밥 · 강된장 · 강굴 · 강참숯 · 강풀 등에서는 '다른 것이 섞이지 않은'의 뜻으로, 강기침 ·

강서리 · 강모 등에서는 '마른, 물기가 없는'의 뜻으로 쓰인다. 더 나아가 '강(强)－'은 '매우 센' 또는 '호된'의 뜻을 더하는 접두사로 '강염기, 강타자, 강행군' 등의 말이 있다. 고유어로서의 접두사 '강－'은 이 밖에도 강술, 강된장, 강조밥, 강기침, 강서리, 강호령 등 여러 말을 파생시켜 놨다.

시골 중에서도 아주 깊은 시골을 '깡촌'이라 하는데 이 역시 '강촌'에서 변한 말로 볼 수 있다. 하지만 '깡촌'은 아직 사전에 올라 있지 않다. 참고로 '새우깡' '감자깡' '고구마깡' 등 스낵류에 붙은 '-깡'은 처음 나온 제품명을 따라 하다 보니 그렇게 된 것이지 특별한 의미는 없다.

한산섬 달 밝은 밤에 소주병 끼고 앉아
오징어가 덜 익어 깊이 시름할 적에
적의 진지에서 들려오는 시바스 리갈 광고는
남의 애를 끓게 하나니....

지은이: 진로장군(?????????)

작품해설: 소주나라가 양주나라의 공격을 받아서 위기에 빠졌을 때 진로장군이 마지막 전투인 청하대첩을 앞에 두고 야심한 시각에 혼자 소주나발을 불면서 나라를 걱정하는 우국지정이 잘 나타나 있는 시조이다.

주의사항: 특이한 것은 이 시조는 수능시험에 단골로 출제되는 것으로 수험생들은 반드시 외우고 있어야 한다. 그리고 이 시조를 외우지 못한 치는 소주는 물론 양주를 일체 마시지 못한다. 새내기 환영회 때 반드시 구술시험으로도 단골로 등장하는 필수과목이다.

3.2 국민권장 표준 붐빠이 소주잔

(출처: 2004.2.22.일요일 딴지 산하 올바른 음주문화 실천 운동 본부)

3.2.1 소주의 사회적 위치

우리는 예로부터 기쁠 때나, 슬플 때나, 기분 짱일 때나, 조까틀 때나 그 격동의 감정을 이겨내지 못하고 화합의 장(일명 술자리)을 마련, 음주로써 이를 승화시킨 민족으로 널리 알려져 있다.

그리고 그 중심엔, 비가 오나 눈이 오나 바람이 부나 서민들과 술자리를 동고동락 해오며 마지막 잔에 남아있는 한 방울마저도 취객들의 목구녕 속으로 자신의 몸을 과감히 산화한 음주문화의 꽃, 술 중의 술, 주류계의 선봉장 '소주'가 자리 잡고 있음은 주지의 사실이다. 특히 이 소주는 저렴한 비용으로 우리의 전통문화인 음주가무를 능히 즐길 수 있게 함으로써, 전 국민에게 음주 후 자연스레 이어지는 가무를 능통하게 하였으며, 그렇게 구축된 가무의 물적 인프라는 현재 보아를 선두로 한 한류열풍과 같은 엔터테인먼트 업계의 근간을 이루고 있음이다.

또한 명랑애정행각을 위한 데이트 시에 다음 단계를 위해 필수적으로 요구되는 "술 취한 척 하기" 미션에서 소주는, 타 종류의 주류와 비교도 안 되는 저렴한 가격 경쟁력을 선보이며, 명랑빠굴 성취율을 올리는데 혁혁한 공을 세우고 있는 중이시다. 더군다나 소주는, 함께 복식조를 이루어 환상의 호흡을 구가하던 삼겹살이 자신의 정체성을 망각한 채 빈익빈 부익부라는 시류를 틈타 오겹살, 천겹살, 와인숙성 삼겹살 등 날로 고급화되고 있는 가운데서도 묵묵히 자신의 위치를 낮은 데로 임하시어 서민들의 가정 경제에 안정을 꾀하고 있는 등 밑바닥 정서를 몸소 실천하고 있는 중이시다. 이렇듯 서민들은 날로 쌓여 가는 근심과 걱정으로 누적된 위화감을 소주 한잔으로 풀어냄으로써 작금의 난국을 어렵지 않게 극복하고 있다.

3.2.2 표준 붐빠이 소주잔의 필요성 대두

하지만 아직까지 소주 음주자들 사이에는 소주 일병을 두고 사회적 합의를 담보로 한 '표준 붐빠이 소주잔'이 부재한 까닭에 2인 이상의 음주자들이 모였을 시 공평무사한 붐빠이가 서로 사맛디 아니하여 오히려 반목과 질시를 조장하고 있다. 이런 현실은 소주가 가지고 있는 독보적인 위상에 비추어 볼 때 실로 안타까운 일이 아닐 수 없다.

무엇보다 시중 요식업소에서 유통되고 있는 360ml들이 소주 일 병에 대해 최대 58.7ml를 수용하는 소주잔이 소화해낼 수 있는 붐빠이 수효가 음주자들 사이에 일곱 잔으로 암암리 통용되고 있는 탓에, 2인 술자리 시 각각 3잔씩의 소주를 마시고 난 후 마지막 1잔을 가운데 두고 이들 사이에 불필요한 경쟁과 과도한 눈치 보기가 횡행하여 급기야 피를 보는 상황으로 발전하는 것을 우리는 심심치 않게 목격할 수가 있다.

그래서 이와 같은 잘못된 붐빠이 소주 문화의 창궐은 지역감정 악화 및 교우관계에 대한 적대심으로 이어져 안그래도 비인간화에 대한 자성의 목소리가 높아지고 있는 이때 자칫 국론 분열 및 교우 간의 보이지 않는 삼팔선을 조장할 수 있는 바, 과학적이고 합리적인 '표준 붐빠이 소주잔'에 대한 필요성 대두는 지역감정을 타파하고 민족을 하나로 아우르는 대화합의 출발점에 다름아닌 것이다.

이에 본지 산하 '올바른 음주문화 실천 운동 본부'에서는 명랑 붐빠이 소주 문화 창달의 역사적 사명을 띄고 전국 각지에 산재해 있는 소주 음주 기능보유자 및 비공인 소주잔 인간문화제조공을 비밀리에 불러들여 3일 밤낮으로 서로의 똥꼬를 격렬하게 맞댄 끝에 그 이름하야 '국민권장 표준 붐빠이 소주잔'을 발명해 내고야 말았던 거시었던 것이다.

3.2.3 용어 정리

'국민권장 표준 붐빠이 소주잔'에 대한 설명에 들어가기에 앞서 먼저 소주에 대해 간략히 정의해 보고 이와 함께 기존의 소주잔에 대한 용어와 재원까지 짚어 보고 넘어가도록 하겠다.

▸ 소주

재래식 뜻풀이에 따르면 '소주'란 곡류를 발효시켜 증류하거나, 알코올을 물로 희석하여 만든 술이라고 정의 내리고 있다. 무슨 소린지 아리까리하다. 모 그렇다고 이걸 곧이곧대로 이해하려고 머리 쥐 뜯을 필요는 없다. 그런 니덜을 위해 본 운동 본부에서 간단명료하게 압축한 바에 따르면 소주란 한마디로, '마시면 취하고 맥주에 비해 오바이토가 시원하게 나오는 대국민 저렴주'라 정의 내릴 수 있다.

지역적 특성에 따라 '쐬주', '두꺼비', '금복주' 등으로도 불리우는 소주는 이를 담는 용기와 용량에 따라 200ml들이 팩 소주와 300ml들이, 360ml들이 병 소주, 1.8*l*들이 페트병 소주로 세분화되는데 여기서는 360ml들이 병소주를 기준으로 채택하기로 한다. 왜? 시중에 가장 흔하게 유통되고 있으니까. 따라서 본 기사에서 지칭하는 협의의 소주는 편의상 아래와 같이 재정의 내린다. 마시면 취하고 맥주에 비해 오바이트가 시원하게 나오는 360ml들이 대국민 저렴주

▶ 소주 한 잔?

술자리의 구성조건은 2인 이상의 구성원이 술집, 포차, 종종 여관방과 같은 특정 공간에 모여 음주를 공유할 때 비로소 성립된다. 이 때 메인 음주로 소주를 선택한 주체는 특정 객체를 술자리에 유도함에 있어 주로 사용하는 멘트가 있는데 그것이 바로 "소주 한 잔?"이다.

여기서 '소주 한 잔'의 본래 뜻은 '소주잔에 담긴 한 잔의 술'이라는 사전적인 의미를 갖는데 소주의 국내 유입 역사가 80년을 넘어서다보니 수많은 어휘의 굴곡을 거쳐 그 의미가 확장되어, 지금은 함께 동석하여 소주를 마시고 싶은 상대방의 의향을 떠 볼 때 사용하는 뜻으로 널리 통용되고 있다. "소주 한 잔?"의 대용으로는 "한 잔 빨까?", "죽어보까?" 등이 사용되고 있으나, 최근 산업자원부는 에너지절약 차원에서 "쪽?"이라는 한 단어로 압축하여 사용하도록 권장하고 있다.

▶ 소주잔

'소주잔'의 정의는 다음과 같다. '소주를 따라 마실 때 사용되는 용기'

물론 이와 같은 광의의 의미로써의 소주잔에는 음주자들의 개인적 간(肝)의 특성 및 취향에 따라 글라스에서 막사발, 종이컵과 같은 다양한 용기들이 포함될 수도 있겠다. 그러나 이럴 경우, 자칫 소주잔 계의 개가로 평가받는 '국민권장 표준 뭄빠이 소주잔'의 표준화 정책에 혼동을 줄 염려가 있음으로 해서 본 운동본부에서는 협의의 의미에서의 소주잔

을 아래와 같이 다시금 정의 내리도록 한다. 소주를 따라 마시는, 유리로 된 58.7ml들이 용기를 말한다.

3.2.4 기존 소주잔의 폐해

이렇게 정의 내린 협의의 소주잔만이 갖는 독특한 특징은 이를 구입하고자 할 맘이 굴뚝같아도 시중 어디에서도 결코 구입할 수가 없다는 점이다. 본 운동 본부가 조사한 바에 따르면, 소주잔 시장은 소수의 소주 제조회사에 의해 독과점 되고 있는 양상을 보이고 있는데 소주잔의 필요 수요가 감지될 경우 소주 제조회사는 자사의 소주 제품을 판매하는 요식 업소에 비매품의 형태로 일정 개수씩 공급하고 있는 실정이다.

문제는 이와 같은 소주잔의 공급이 소주 제조회사 위주의 일방향적으로 이루어지는 까닭에 자사의 소주 브랜드 명을 소주잔의 특정부위에 노골적으로 박아 넣는 등 순수성을 지니지 못하고 반강제적인 광고의 장으로써 악용되고 있다는 점이다.

게다가 전언한 듯이, 이 소주잔으로 소주를 따를 때 나오는 술의 양은 7잔. 2인이 음주시 한 명은 4잔을 마실 수 있으나 한 명은 3잔밖에 마실 수 없다는 천인공노할 차별을 초발하게 된다. 이러한 차별은 곧장 음주자들의 갈등과 반목, 분열과 경쟁으로 발전하게 되는데 이로써 명랑해야 할 음주문화가 심각한 분란의 씨앗을 유발하는 경우가 허다하다.

이를 피하기 위해 몇몇 음주자들은 마지막 한 잔을 반 잔씩 공평하게 나눠마시려고 시도하나, 어림짐작으로 나누는 술은 자주 불공평한 붐빠이를 유발하므로 이 역시 깔끔한 해결책으로 제시될 수는 없는 실정이다.

더구나 이처럼 소주 한 병이 홀수잔으로 붐빠이되는 이유는, 마지막 잔을 따를 때 한 명은 잔이 채워지고 한 명은 잔이 비워지면 자동적으로 "아줌마, 한 병 더!"를 외치게 되므로, 이를 노린 소주회사들의 마케팅 전략이라는 소문이 주류업계에 파다하다.

이 같은 소문이 사실이라면, 판매증가를 위해 대국민 분열을 야기하는 소주회사들의 만행은 마땅히 규탄되어야 할 대상이나, 그 전에 본지는 솔선하여 이 같은 국민분열을 봉합하려 한다.

'표준 붐빠이 소주잔'의 시대적 요청은 바로 이 지점에서부터 시작되고 있는 것이다. 소수 극우세력은 이를 사회주의적 발상이라며 비난하나, 이는 평등하고 명랑한 음주문화 창달을 위한 필수적 과제라 할 수 있다.

3.2.5 표준 붐빠이 소주잔의 등장

그래서 본 '공평무사한 음주문화 실천 운동본부'에서는 기존의 소주잔이 갖는 갖가지 폐해를 단 한 방에 극복하고 계층과 세대간의 사회 불만 세력화를 방지하며 종국엔 세계 평화에 필적하는 국민대화합을 앞당기기 위해 신개념의 기능성 소주잔을 계발하게 되었으니 그것은 바로.

'표준 붐빠이 소주잔'

뚜 둥~

▸ 재원 소개

① 최대 소주 수용 용량 : 총 57.857ml

② 입술 접지 최대 가용 폭 : 15.7cm(2×3.14(π)×2.5cm(반지름))

③ 그립(grip) 최대 가용 면적 : 각 개인의 그립 성향차가 오차 범위를 넘어서는 관계로 수치 측정 불가

▸ 각 부위의 명칭과 기능

① 초정밀 붐빠이 눈금자 : 최소 2인에서 최대 5인까지, 술자리에 모인 인원수에 따라 그들 모두에게 공평하게 붐빠이 가능한 소주 수용 용량 눈금을 보기 쉽게 표시한 '표준 붐빠이 소주잔'의 핵심 기능.

② 고투명성 유리 합금 : 정확하게 눈금에 맞춰 술을 따를 수 있도록 안에 내용물이 투명하게 비춰보이는 고투명성 유리 소재를 채택.

③ 표준 붐빠이 소주잔의 로고 '딴이슬'

④ 특수 실루엣 처리 밑동 : 소주가 지니고 있는 본래의 은은한 느낌을 고양시키기 위한 특수 코팅.

⑤ Warning! : 흘러 넘침을 미연에 방지하기 위한 소주 수용 한계선.

특히 소주 과다 섭취로 판단능력이 현저히 떨어진 취객의 경각심을 불러 일으키기 위해 강렬한 붉은색 처리 및 점멸선 표시.

〈초정밀 붐빠이 눈금자 단위당 상세설명〉

단위(인원)	총잔수	1인당 붐빠이 잔수	잔당용량	비고
2인(4인)	8잔	4잔(2잔)	45ml	*
3인	9잔	3잔	40ml	
5인	10잔	2잔	36ml	**
기존소주잔	7잔	3잔(+1잔)	57.85ml	

* 2인과 4인의 경우, 붐빠이 잔수에서는 2배의 차이가 있지만 총잔수 및 잔당용량에서 동일하기 때문에 동일선상에 놓았음.

** 5인의 경우, 1잔당 양이 적다고 느낄경우 1병을 더 주문해도 경제적 피해 미비

본 운동본부에서 심혈을 기울여 완성한 '표준 붐빠이 소주잔, 딴이슬'은 재원소개에서도 알 수 있듯이 기존의 소주잔과는 크게 차별화 되지 않은 외양을 견지하고 있으나 그 기능 면에선 타의 추종을 불허한다.

일단 '표준 붐빠이 소주잔'의 알파이자 오메가인 초정밀 붐빠이 눈금자의 경우, 2인, 3인, 4인, 5인 네 가지 경우의 수를 고투명성 유리합금으로 처리된 외벽에 정확하게 상정하여 눈대중으로 대충 붐빠이되던 구태의연한 방식에서 탈피, 절대절명의 상황에 직면하더라도 적정 소주량의 붐빠이를 가능케 하였다.

특히 힘의 안배 문제에 있어서도 특정인에게 몰酒되는 현상을 미연에 방지 할 수 있도록 세심하게 조율된 기능을 통해, 공평무사한 붐빠이 작용에 있어서 사각지대로 평가받는 기존 소주잔의 한계를 일거에 뛰어넘었다.

더군다나 기존의 소주잔이 기능성을 너무 강조한 나머지 디자인 처리는 알게 모르게 포기했던 것에 반해 표준 붐빠이 소주잔은 제작 초기 단계서부터 기능성 위주의 실용주의적 노선에서 탈피, 미학적인 관점에서 보더라도 밑둥을 특수 실루엣 처리함으로써 소주 본연의 은은한 기운을 한껏 되살려 로맨틱한 상황을 연출하려는 젊은 커플들에게까지 호소하는 일석이조의 효과를 거둘 수 있게끔 설계되었다.

이로써 국민대화합의 모토를 내걸고 그동안 사회문제시 되었던 기존 소주잔의 부작용을 180도 완벽하게 보완하며 전격 출현한 '표준 붐빠이 소주잔'의 장엄하고도 주옥같고도 휘황찬란한 기능에 대해 알아보았다.

3.2.6 결론

깡소주를 까보지 않은 자는 인생을 논하지 말라고 그 어느 성현이 이야기했던가. 이는 인생의 쓴맛이 소주의 그것과 본질적으로 별반 다르지 않다는 일종의 경구일 것이다. 그러나 이런 신성한 소주를 대하는 우리의 태도는 과연 어떠했단 말인가. 천박한 교육환경이 만들어낸 입시지상주의에서 비롯된 과도한 경쟁력은 마침내 소주 1잔을 사이에 두고도 양보지심을 발휘하기는커녕 서로 못 마셔 발정 난 암캐마냥 짐승만도 못한 사태를 초래하고야 말지 않았던가.

이제 와서 후회해봐야 이미 너무 늦은 일. 부끄러운 과거사는 우리 이제 모두 잊고 밝은 미래를 위해 앞을 보며 새 출발 해야 한다. 그리고 그 선봉에서 '표준 붐빠이 소주잔'이 니덜의 나아갈 바를 인도할 것이다.

표준 붐빠이 소주잔 사용하여 광명 찾으세!

올바른 음주문화 실천 운동 본부장 나뭉이(출처: namung@ddanzi.com)

3.3 폭탄주의 유래

폭탄주는 1920년대 불경기 때 미국 노동자들이 고된 일의 고통을 잊어보려고 맥주와 값싼 위스키를 섞어 적은 돈으로 빨리 취해 보려는 생각에서 비롯되었다. 『흐르는 강물처럼 A River runs through it』은 1920-30년대 미국 몬태나 주의 아름다운 전원을 배경으로 제작된 영화다. 그 영화를 보면 주인공 형제가 마을의 술집에서 폭탄주를 마시는 장면이 나온다.

실연한 형이 '위스키 믹스'를 주문하자 바텐더가 맥주가 가득 채워진 잔에 위스키 잔을 떨어뜨려 건네는 것이 정통적 폭탄주이다. 또 비슷한 시기를 배경으로 제작된 『강철의 심장 Heart of the steel』이라는 영화에서도 제철공장 노동자들이 파업과 공장폐쇄 등을 겪으면서 시름을 달래기 위해 폭탄주를 마신다. 이 두 영화를 통해서도 알 수 있듯이 폭탄주가 시작된 곳은 미국이라는 게 정설이다. 1900년대 초 미국의 탄광과 벌목장, 부두, 철강공장 등에서 일하던 가난한 노동자들이 즐겨 마신 '보일러 메이커(Boiler Maker)'가 폭탄주의 원조로서 술 이름을 직역하면 '끓게 만드는 술'이다. '온몸을 취기로 끓게 하는 술' 이란 뜻에서, '보일러 메이커'란 술이 고된 일을 하면서 벌이가 넉넉치 못한 사람들에게 싼 값에 빨리 취하게 할 수 있게 했던 것이다.

서양 칵테일에서 발견할 수 있는 '보일러 메이커'는 맥주를 마시고 그 다음에 양주를 잇따라 마시는 '체이서(Chaser)', 또는 맥주잔에 위스키를 섞어 마시는 우리나라 스타일의 폭탄주 두 가지 의미로 쓰인다. 노르웨이나 스웨덴 등 북유럽에도 '잠수함(Submarine)'이라는 형태의 폭탄주가 있다. 500cc 맥주잔에 독일 술 '슈납스(Schnaps)'를 가득 담은 잔을 떨어뜨려 마시는 것이다. 독일식 소주인 슈납스가 가라앉은 모습이 마치 잠수함처럼 보이는데서 붙인 이름이다.

맥주를 폭약으로 하고 위스키를 뇌관으로 하는 우리나라 폭탄주의 뿌리를 찾아보면, 비슷한 형태의 술이 외국에도 진작부터 있었다. 막걸리는 탁주(濁酒), 농주(農酒), 재주(滓酒), 회주(灰酒)라고도 부르며 문헌상으로는 77가지 술 제조법을 기록한 조선조말 『양주방』(1837년)에 혼돈주(混沌酒)라는 이름으로 등장하지만 매우 오래 전부터 우리나라에서 제조되었다는 것은 틀림없는 사실이다. 연산군 때 정희량이 빚었다고 하는 술로 사흘만에 걸러 마신다. 혹은, 탁주에 소주를 타서 먹는 술이라는 설도 있다.

100년 전 '혼돈주' 라는 일종의 폭탄주가 있었다는 기록도 있다. 혼돈주란 반 사발의 막걸리에 소주 한 잔을 섞은 혼합주로 '자중홍(自中紅)'으로도 불렸다고 한다. 또 1960년대에는 소주와 맥주 또는 막걸리를 섞거나, 소주에 콜라 또는 맥소롱 등을 섞어 마시기도 했다. 하지만 이는 일반적으로 통용되는 지금의 폭탄주와는 다른 형태의 혼합주다. 한 번에 다섯 잔 이상을 마시지 못하게 하였다. 대만에서는 맥주와 포도주를 섞고 여기에 추가로 불붙인 고량주를 섞어 마시는 '화주'가 있다. 독일에선 큰 맥주잔에 슈납스라는 독한 술을 한잔 섞고 3초 정도 기다린 후 마신다. 일본에선 니혼주와 맥주를 섞은 '잇키노미'를 폭탄주로 마신다.

"원샷", "딸랑딸랑" 좋아하면 간은 간다
맥주 · 양주 섞은 혼합주
쓴 맛 없고 순해서 '술술'
식도 · 위 · 장 등에 치명적
'한 시간에 한 잔' 이 적당

잘 마시면 화합주, 과음 하면 독주, 주당들이 즐기는 폭탄주 이야기다. 언제부터인지 폭탄주는 술좌석을 지배하는 '주군'이 돼버렸다. 전통 음주 방식을 뛰어넘은 '변태주'로 치부돼 술좌석을 공포 분위기로 몰고 가기 때문이다. 애주가들이 모여 소주잔을 기울이다가도 누군가가 "폭탄주 한 잔 어때"를 외쳐대면 순식간에 장내 분위기는 엄숙하다 못해 장엄해 진다. 연말연시 주당들의 건강을 앗아가는 폭탄주를 해부 해보자.

맥주와 양주를 섞어 먹는 통칭 '폭탄주'(맥주와 소주는 소폭주)는 혼합주이다. 술은 출시품을 그대로 마시는 스트레이트 드링크(straight drink)와 주스 또는 청량음료와 섞어 마시는 믹스드 드링크(mixed drink) 즉 혼합주로 나뉘는데 폭탄주는 바로 두 종류를 섞어 만든 혼합주, 다시 말해 칵테일이다.

막걸리 한 사발에 소주 한잔을 섞으면 '혼돈주'(자중홍)며, 소주와 맥주가 손잡으면 '소맥'이고, 콜라가 들어가면 '소콜'이 된다. 소주 두 잔 맥주 두 잔을 같은 양으로 뭉치면 '맥소반'이며, 소주 한 병 백세주 한 병을 조합하면 '50세주'(75세주, 25세주도 있음)고, 소주병 위에 천국병을 물구나무 세우면 '천사의 눈물'이다.

맥주잔에 여자 수밀도를 담그거나 원액 한 방울 쯤 띄우면 '유두주'고, 그 아래를 돌아 흘러내리는 액기스를 맥주잔에 주워 담으면 '계곡주'다. 소주잔에 참치 눈알을 집어 넣으면 '눈깔주'며, 소주잔에 금가루를 뿌리면 '골드주'다. 양주잔에 자황을 짬뽕시키면 '황제주'가 되고, 중국산 고량주에 맥주를 타면 '민투주'가 된다.

막걸리에 사이다를 혼합하면 '막사이주'고, 소주+양주에 녹차를 타놓으면 '소양강주'요, 문배주에 소주를 섞으니 '소르비주'라는 이름이 붙었다. 맥주, 양주, 사이다를 각각 한잔씩 교대로 마셔 배속에서 섞으면 '칙칙폭폭주'며, 이것을 세숫대 같은데 모두 부어 한잔씩 퍼마시면 '수소폭탄주'가 되는 것이다.

이중 가장 많은 이름을 만들어낸 것이 양주와 맥주가 만나는 '폭탄주'다. 제조하는 행위에 따라 약 30여 가지의 이름을 달고 있는 폭탄주는 그 이름에 걸맞게 결과도 그럴듯하다. 회오리주, 굿샷주, 티코주, 집단주, 금테주, 심청주, 비아그라주, 퐁당주, 도미노주, 김정일주, 일자주(수평주), 통일주, 공갈주, 릴레이주, 충성주, 노털주, 사발주 등 폭탄주들은 세월의 변천사와 사회상을 그대로 담고 있다.

어디 그뿐인가 한때 젊은 여성 주당들을 겨냥해 레몬주, 앵두주, 체리주 등 각종 과일향을 섞은 술이 유행하더니 2002년에는 월드컵 분위기 고조에 힙입어 신인스타 하나가 탄생하기까지 했다. 당시 칵테일 바에서는 리큐르와 시럽, 사이다, 체리 등을 섞어 만든 '히딩크와 붉은 악마들'이라는 신종 칵테일이 유행의 상종가를 치고 있었고 레드와인에 브랜디를 탄 '드라큐라 폭탄주'도 유행했었다.

이 밖에도 폭탄주를 만드는 기법도 다양하여, 맥주잔 위에 젓가락 두 개를 얹고 양주잔을 올려놓아 충격을 주어 양주잔이 맥주잔 속으로 떨어지게 하는 기본형인 골프스윙주를 바탕으로, 이마로 테이블을 받아 양주잔을 떨어지게 하는 '충성주', 잔을 삼각형으로 배열하여 세 개의 폭탄주를 동시에 제조하는 '피타고라스주', 젓가락에 물수건을 던져 양주잔을 떨구는 '물수건주', 쟁반 가장자리에 몇개의 양주잔을 놓고 쟁반을 당겨 쟁반 가에 걸린 양주잔을 동시에 떨구는 '쟁반주'(양주잔이 거꾸로 들어감), 14개의 맥주잔위에 종이를 얹고 14개의 양주잔을 올린 다음 종이를 갑자기 빼면서 14개의 폭탄주를 동시에 만드는 '다이나마이트주' 등의 기법이 있는데, 가장 기발한 것은 '용가리주'이다. 용가리주는 맥주잔위에 양주잔을 올리는 것은 기본형과 같으나 젓가락 대신 플라스틱으로 된 음료수

빨대를 사용한다. 바텐더는 75도나 되는 독한 술을 입에 물고 손가락에도 묻힌 다음 손가락에 불을 붙여 불쇼를 하듯 입으로 불길을 내뿜어 그 열기로 빨대를 녹여 양주잔이 맥주잔 속으로 떨어지게 하는 방법이다.

폭탄주의 원리는 무엇인가? 4도의 맥주와 40도의 양주가 섞인 폭탄주는 20도 정도의 술이다. 20도 정도의 술은 위에서 알코올 흡수가 가장 빨리 되는 효과가 있으며, 두 종류의 술이 섞이는 과정에서 탄산화가 진행되는데, 탄산화 된 20도의 폭탄주는 50도짜리 독주보다 더 위협적이다.

폭탄주는 술이기 때문에 적당히 마셔야 몸에 좋다. 그래서 3適이라는 말까지 나왔다. 3잔이면 적당히 취기도 돌고 적당하다는 의미이다. 이건 어디까지나 주당들의 주장일 뿐 이다. 3適 3잔이면 적당하고, 5過 5잔이면 조금 과하고, 7醉 7잔이면 취하고, 9吐 9잔이면 토하고, 11死 11잔이면 죽고이다. 폭탄주 잔 수에 빗댄 비유는 재미있지만 이 역시 술을 좋아하는 주당들이 지어낸 말뿐이다.

3.4 술안주로서의 새우깡의 지존

새우깡을 일명 'King of snack', 혹은 감미류의 지존, 깡이라고 하는 사람도 있다. 새우깡이 100원으로 시작해서 현재의 1,000원에 이르렀지만, 그 가격에 대해서 불만은 없다. 누가 생각해도 가장 양심적인 가격 대 용량이다. 요새 봉지에 반만 들은 스낵이 500원에 난무하는데 다들 정신 차리고 새우깡만큼만 꽉꽉 채워 넣어야 한다고 생각한다.

성분에 대해서도 새우깡은 단연 최고의 과자다. 새우깡 특유의 짭짜름한 맛은 그 어떤 스낵에서도 흉내 낼 수 없다. 건방진 몇몇 메이커들이 짜가리 새우깡을 만든 시절이 있었는데 다들 오리지날 새우깡에서만 맛 볼 수 있는, 황금비율의 짭짜름함을 따라가지 못하고 결국 무릎을 꿇었었다.

최근에는 농심 내부에 더러운 자식이 생겼는지. 시건방진 짓을 한다. '알새우칩' 이란 것인데 아마도 이 유구한 세월동안 지존의 자리를 지킨 킹 오브 스낵의 자리를 탐내어 포테이토 칩이 난무하는 시대의 흐름을 따른답시고 감히 새우를 칩으로 만들어서, 마치 새우깡의 후속작인 양

행세하는 것이다. 그러나 새우라는 엄청난 메리트를 가졌음에도 그 맛이 부실하고 짭짜름함의 극의에 도달하지 못하여 '케찹이나 아일랜드 소스'에 찍어먹으면 맛이 좋다는 점 따위나 이용하여 몇몇 우민들에게 팔아먹는 만행을 저지르고 있는 것이다.

그래도 우리의 새우깡은 묵묵하게 지존의 풍모를 지키는데 여념이 없다. '오징어 먹물 새우깡'이란 것도 있었다. 이 제품은 정말 새우깡을 사랑하는 많은 이들에게 배신감을 안겨준 시대착오의 산물이었다고 생각한다. 오징어 맛이 난다면 오징어깡이란 말을 붙일 것이지, 단지 모양만 흉내 내어 감히 지존의 명성에 먹칠을 하는건 왜인가? 결국엔 역사의 쓰레기로 僿賤?것이 되어 버렸지만 잠시나마 몇몇 우민들을 상대로 새우깡의 이미지를 실추시키는 빌어먹을 행동이었다고 생각한다.

400원으로 가격 인상을 하는 과정에서도 우리의 지존은 소홀함이 없었다. 몇몇 쓰레기 스낵들이 가격인상의 핑계로 참새 눈물만한 양을 늘렸느니 봉지가 왕따시만큼 커졌느니 하지만 새우깡은 뭔가 달라도 달랐다. 시대의 흐름을 제대로 파악하여 등푸른 생선에 들었다는 DHA를 첨가하여 자라나는 새싹들에 대한 배려를 잊지 않았으며, 아직도 황혼의 나이에 자신을 사랑하는 중・노년 층을 위해 치매방지 차원에서 서비스를 하는 셈이다.

또 마케팅은 어떠한가? 새우깡의 CF송은 너무나도 유명하다. "손이가요 손이가 새우깡에 손이가요… 중략 … 누구든지 즐겨요 농심 새우깡". 꽤 오래된 노래임에도 불구하고 항상 일관된 자세로 대중들에게 어필하고 있다. 가사 구구절절 가슴에 와닿지 않는 부분이 없다. 세대간의 벽을 잊게 만드는 구절 (아이손 어른손 ~) 때와 장소를 가리지 않고 먹을 수 있을 만치 자연스러운 친숙함. 삼면이 바다인 반도국가로써의 프라이드를 나타내는 애국심.

(동해바다 새우깡~ 서해바다 새우깡~ / 남해는 새우가 안 잡히던가...)

최근에는 SES라는 소녀들이 불러서 더욱 감칠맛 나는 노래가 되어버렸다. 술자리에서도 새우깡은 뗄레야 뗄 수 없는 안주다. 조금은 소양이 부족한 업소에서는 새우깡을 제공하지 않는 곳이 많지만, 맥주와 더불어서 최고의 궁합을 자랑하는 안주로도 정평이 나있다. 소주와는 다소 소원한 관계이긴 하지만 깡소주 마실 때 곁들여 먹어주면 입맛을 잃지 않고 같은 페이스로 술자리에 임할 수 있게 도와주기도 한다.

우스개에는 담배를 피는 학생을 감별하기 위한 용도로 새우깡을 잡게 하는 이야기도 등장하지만, 조금만 관심을 가지고 직접 자신을 실험해 본다면 그 우스개를 단순하게 넘길 수는 없다. 왜냐? 새우깡이 가진 크나큰 메리트는 단연 '짭짜름함' 이다. 오직 이 맛 때문에 새우깡이 존재하는 것인데... 그걸 털고 먹는다니 아마도 이런 우스개는 진정 새우깡의 진면모를 망각한 크나큰 과오란 걸 알아야 한다.

가끔씩 새우깡을 먹다보면 하나 정도는 이상한 게 등장한다. 생산 공정의 불량률 때문인지는 몰라도 그 과정에서 탄생하는 게 '왕 새우깡'과 '농축 새우깡' 이다. 왕 새우깡은 보통의 것 보다 2배 이상 긴 것이며 농축 새우깡은 쫄쫄 쫄아서 거무티티한 빛깔이 나면서 그 맛이 3배는 진한 개체를 말한다. 흔히, 매니아들 사이에서는 이러한 새우깡이 들어있는 봉지를 '원 오브 사우전드' 라고 하는데, 이런 걸 발견하는 날이면 감격의 눈물이 말도 못하게 흐른다. 콧물도 흐른다. 하지만 요즘은 생산 공정의 최신화 때문인지 이것을 발견하기란 하늘의 별따기요, 즉석복권 연속당첨만큼 어려운 일이다.

그만큼 이 새우깡을 소유하는 자는 행운이 깃든다는 이야기다. 내가 앞으로 발견한다면 소중하게 보관할 생각을 갖고 있다. 먹고 싶은 유혹에 몸서리와 소름이 두들두들 돋겠지만 미래의 자손에 알릴 사명으로 소중히 간직하겠다.

어떨 땐 그런 생각이 든다. 허준이 동의보감을 집필할 때 새우깡이 있었다면... 단연 그 속에 당당한 한 페이지를 차지하지 않았을까... 하는 생각이다.

3.5 소주안주 새우깡 예찬

塞友康
새 우 강

멀리에 있는 벗의 편안함을 바라며...

孫理假蓼 損耳佳 塞友强愛 飡罹價料
손 이 가 요 손 이 가 새 우 강 애 손 이 가 요

겸손을 다스려 거짓함을 자제하니 아름다운 것만 가려서 듣도다.
멀리에 있는 벗을 변함없이 사랑하니... 값진 것을 얻을 때도 벗에게 주고 싶다.

阿李遜 櫱慇遜 自求滿 孫利加
아 이 손 얼 은 손 자 구 만 손 이 가

언덕에 오얏나무 변함 없으니 자신의 처지만을 한탄하지 말고 스스로 만족함을 깨우쳐 후손에게 이로움을 주리오...

語對書娜 塞友康 焉災遯止 塞友康
어 대 서 나 새 우 강 언 재 둔 지 새 우 강

물음과 답을 아름다운 글로 멀리 있는 벗의 편안함을 바라니... 비록 멀리 떨어져 있다고 하나 어찌 그대에게 재앙이 오리오!?

雨罹逗罹 櫛居要 農心塞友康
우 리 두 리 즐 거 요 농 심 새 우 강

비가 와 근심이 머무른다 하여도 삶이란 다스림이 중요한 것이니.. 농부의 마음으로 멀리 있는 벗의 편안함을 바라도다...

딴지일보에서...
글쓴 날 : 2000-10-12 오후 3:26:07

3.6 쌩 라면 찬가

아주아주 오래전부터 즐겨먹던 과자가 있었으니
그 이름은 "쌩라면"
어찌 먹어도 먹어도 질리지 않는지..

새우깡에 이어 정말 오래도록 사랑하고 있다 ㅋㅋㅋ
지금도 입에는 생라면 가득~~~
회사에서 생라면 먹을 때 제일 짜증나는 일은..
한 입 가득 물고 오물오물 하고 있을 때 전화벨 울리는 것...
다른 물컹한 과자처럼 금방 씹어 먹어버리기도 힘들고
그렇다고 뱉어버리기엔 너무 아깝고...
전화를 안 받으면 옆 사람들이 짜증낼 것이고...
안 그래도 오늘도 라면을 적당한 크기로 뽀개고 스프를 뿌리자마자
한 입 쏘~~~옥 넣었는데
에이씨~~~ 바로 울리는 전화...
입에 왕건이(우리 집에선 큰 건더기를 왕건이 라고 한다) 넣었는데...
급한 맘에 우선 수화기를 들기는 했으나
대사를 할 수가 없었다...
그래서 수화기를 든 채... 입에서 좀 거리를 뗀 채로
디따 빠른 속도로 생라면을 다 씹어 먹어버렸다...
수화기 건너편 사람은 죽어라 "여보세요" "여보세요"...
난 죽어라 와그작와그작...
다 씹어 삼킨 후 나는 이야기를 시작했다
"여보세요? 들리세요? 아~~~ 이제 들리네요! 죄송합니다. 전화가 잘 안들려서요..."
뻔뻔한 나...
중간에 수화기를 막고 녹차로 입을 헹구는 여유까지..
험... 글 쓰는 동안 다 먹어버렸네..
하나 더 뿌술까?
(^_______________________^)

4. 주당들의 명정 이야기

이 장은 주당들의 명정세계를 펼쳐보고자 기획된 장이다. 풍류와 주당간의 상이점은 있는 것일까? 존재한다면 공통분모는 어떤 것일까? 풍류는 술로 야기된 것일까? 더 나아가서는 예술은 술부터 기인되는 것일까까지도 추적해 보고자 하였다. 즉 일상생활의 음주행태에서 삶의 지혜를 터득하고 인생살이 고단함을 술로서 노래하는 주당들의 음주관을 살펴보고자 하였다.

그리스의 역사가이자 여행가로서 역사의 아버지라고 일컫는 헤로도토스(Herodotos)는 '술을 마시면 말에 날개가 돋쳐서 방약무인하게 뛰논다.'고 경고했다. 또한 로마의 시인이자 철학자인 루크레티우스(Titus Carus Lucretius)는 '술의 힘이 우리들 몸에 배어들면 사지는 무거워지고 다리는 쇠사슬에 매인 듯 흔들거리며 혀는 굳고 지성은 함몰된다.'고 했다. 술은 그만큼 몸속으로 들어가서 술을 마신 사람의 주인 행세를 하게 된다는 의미이다. 술을 마신 사람은 어느덧 그 술의 꼭두각시가 되어 그 술이 하고 싶은 대로 자기 몸을 던져 버리게 된다는 경종이다.

술은 자고로 마음이 맞는 친구와 마시면 1천배도 적다고 하였고, 술 마신 후에야 비로소 진실된 말을 한다라고도 했다. 그러나 제나라 관중은 몸을 망치는 것보다는 술을 버리는 것이 좋다라 하였고, 명말 청초의 고염무는 '물은 땅을 위태롭게 하지만 술은 사람을 위태롭게 한다'고 술의 위험을 경고하였다.

술로 인하여 국사를 그르치고 천하를 잃은 역대 제왕들도 허다하다. 하(夏)의 걸(桀)왕은 3천여명이 마치 소가 물마시듯이 먹고 놀았다하며, 상(商)의 주(紂)왕은 7일 낮과 밤을 쉬지 않고 주지육림 속에서 마시고 놀았다 한다. 제(齊)나라 경공(景公)과 위왕(威王), 진(晉)의 효문제, 북주(北周)의 선제, 남북조시 진(陳)나라 진숙보(陳叔寶), 16국 시대의 진(秦)나라 부생(符生) 등이 술로 인해 천하를 잃은 제왕들이다.

항우가 유방을 주연에 초청하여 살해하려 했던 홍문연(鴻門宴) 사건, 삼국연의(三國演義)중 조조와 유비가 술잔을 놓고 영웅을 논하는 조조자주론영웅(曹操煮酒論英雄)의 유명한 음주고사가 있고, 서진(西晉)의 왕개(王愷), 석숭(石崇)은 주연을 열어 살인을 일삼았다 한다. '진교병변(陳橋兵變)' 후에 황제에 오른 송나라 태조 조광윤은 장군들에게 탈권당할까 두려워 주연을 베푼 자리에서 황권에 대해 장군들의 의견을 구하자 이 뜻을 알아차린 석수신 등이 병을 핑계 삼아 군사권을 조광윤에게 넘겨주었다는 배주석병권(杯酒釋兵權)은 오늘날에도 역사적으로 적지 않은 의미를 남기고 있다.

특히 술과 밀접한 관계가 있는 호주가 문인들은 술과 자연에 대해 예찬하는 많은 작품들을 남겼으며, 이들에게는 주광(酒狂) · 주도(徒) · 주귀(鬼) · 주룡(龍) · 주웅(雄), 그리고 취룡(醉龍) · 취호(戶) · 취옹(翁) 등으로 불리우고 있다.

동진(東晉)시대 도연명의 음주(飮酒), 서예가인 왕희지 그리고 주선(酒仙) · 주성(聖) · 주성혼(星魂)등으로 불리며 취중고사들이 문학과 경극, 서화 등 예술방면에 많이 등장하는 당나라의 시인 이백이 있고, 두보의 음중팔선가가 있다. 송나라 구양수의 『취옹정기 醉翁亭記』, 소식의 『주경 酒經』, 여류 단편문학가인 이청조의 『취화음 醉花陰』등도 빼놓을 수 없다. 명대 문학가 원굉도는 『상정(觴政)』에서 음주자와 술, 안주에 대해서 상세히 구분하여 논하였다. 이청조의 『취화음 醉花陰』을 살펴보자.

醉花陰, 重陽

李淸照

薄霧濃雲	엷은 안개 짙은 구름
愁永晝	수심으로 보내는 긴긴 하루
瑞腦銷金獸	금수향로에 서뇌香도 꺼지고
佳節又重陽	좋은 계절 중양절이 닥아 오는데
玉枕紗廚	텅 빈 침상휘장 임자없는 긴 벼개
半夜凉初透	밤엔 이불속이 추워온다
東籬把酒	황혼이 지난 후
黃昏後	국화밭에 술을 뿌리니
有暗香盈袖	은은한 향기 소매끝에 스민다
莫道不銷魂	혼은 녹지 않는 것이라 말하지 마세요
簾捲西風	주렴사이로 스미는 찬바람에
人比黃花瘦	사람인들 국화처럼 시들지 않으리까!

이청조의 남편 조명성 그가 산동에서 벼슬을 할 때 헤여진지 2년 중양절에 이 편지를 아내에게서 받았는데 아내가 있는 방향으로 달콤한 감사의 절을 했다 한다. 중양절에 술 한 잔을 마시며 국화를 감상하는 것은 고대로부터 내려오는 중국의 풍습이다. 문인들은 예로부터 그것을 아주 좋은 민속행사로 여겼다. 이처럼 맑고 한가로운 날, 작자는 오히려 쓸쓸한 심정에 젖어 있다. 그것은 먼저 세상을 떠난 남편에 대한 그리움에서 생겨난 것이지만, 그것을 겉으로 드러내지는 않았다.

술은 출병시에도 훌륭한 역할을 하였는데 월나라 구천(勾踐)이 오나라를 벌하러 갈 때 절강 소흥지역에 이르러 군사들에게 술을 나누어 주어 용기백배하도록 하였고, 삼국시대의 유비, 관우, 장비의 '도원결의(桃園結義)'에서도 술이 사용되고 있으며, 장비는 술로 인해 그의 부하에게 살해당하였다. 한나라 유방은 천하 통일 후 그의 고향인 강소 패현에서 주연을 열었으며 무제 때 곽거병은 하서회랑을 점령한 공으로 술을 하사받았으나 술에 비해 군사가 너무 많아 모두 마실 수 없게 되자 술을 샘에 넣어서 함께 마셨다는 감숙성 주천현의 주천공원 우물이 있다. 이외에도 조조나 관우 등도 출사할 때 승리를 위해 술을 마시고 있다.

4.1 명정 속의 알코올관

루이 14세의 궁정 약제사였던 레므리가 써 남긴 『화장술』에 보면 빗물이나 냇물로 세수를 하고, 또 그 물과 포도주 등으로 조제 주름살을 펴는 미용술을 적고 페르시아 은자로부터 전수받은 비방으로 화장을 하면적어도 25세는 젊게 보이게 한다고 부연했다. 이는 술을 화장품으로 탱탱한 피부를 유지시켜 젊음을 유지하려는 여성들의 아름다움에 대한 본능을 엿볼 수 있다. 여성들은 알코올을 아름다움을 가지는 약용으로 보고, 취기의 명정을 부차적인 것으로 본 것이다.

클레오파트라의 얼굴은 아직 남아 있는 그 석상으로 미뤄보면, 파스칼이 그 코가 조금만 낮았더라면 세계 역사가 바뀌었을 것이라고 감탄했을 정도로 아주 빼어난 미인은 아니었다. 그런데 시저, 안토니우스 등 로마 제국의 영웅들이 꼼짝 못하고 그녀에게 홀린 것은 그녀의 뛰어난 재치와 피부의 매끄러운 감촉 때문이었으리라는 것이 역사가들의 일반적인 견해이다. 그 단서를 제공해 주는 문서의 하나는 고대 로마의 박물학자 플리니우스(Gaius Plinius Secundus, 23~79)가 쓴 『박물지 Historia maturalis』이다.

이 백과사전에 이렇게 기록되어 있다. "이집트 여성은 얼굴 미용에 맥주를 이용했다. 맥주의 거품은 일종의 미안료여서 얼굴의 피부를 곱고 젊게 만드는 데 도움을 준다." 또한 "당나귀의 젖은 얼굴의 주름살을 없애고 살결을 섬세하게 한다." 하고 하루에 700번이나 당나귀 젖 세수를 하는 부인이 있었으며, 포파이어는 당나귀 젖 세수를 생활화한 최초의 여인으로 묘사되고 있으며, 여행 중에도 그 젖을 대기 위해 50마리의 암탕나귀를 몰고 다녔다 했다.

술맛을 아는 주당들은 주당 6원칙을 지키며 술을 마신다. 그 첫 번째는 생사불문(生死不問)이다. 술을 마시는데 있어 어찌 살고 죽음을 염두해 두냐는 뜻이다. 두 번째 청탁불문(淸濁不問)이다. 술을 마심에 있어 맑고 탁함을 가리지 말고 주는 대로 마시라는 것이다. 세 번째는 원근불문(遠近不問)이다. 술집을 가는데 멀고 가까움을 따지지 말라는 뜻이다. 네 번째는 주야불문(晝夜不問)이다. 술을 마시는데 밤낮을 구분하지 말자는 뜻이다. 다섯 번째는 현외불문(現外不問)으로써 술을 마시는데 현금과 외상을 따지지 말자는 것이다. 마지막 여섯 번째는 남녀노소불문(男女老少不問)으로써 술을 마시는데 남녀노소를 가리지 말고 편안하게 음식을 먹듯 즐기며 마시자는 것이다.

술맛도 상대에 따라 계급이 있다. 이름하여 1도(一盜), 2기(二妓), 3랑(三郞), 4과(四寡), 5처(五妻)론이 바로 그렇다. 가장 술맛이 좋은 술자리는 역시 몰래 마시는 도둑술이다. 하지 말라는 일에는 더욱 기승을 부리기에 그렇다. 두 번째는 기생하고 뒷방에 진을 치고 앉아 질편하게 수작을 하면서 마시는 자리, 세 번째는 처녀지를 탐험하고 오지를 개발할 수 있는 처녀와 마시는 술자리, 네 번째는 염려도 걱정도 없는 임자 없는 과부와 마시는 술자리, 다섯 번째는 맛, 향, 색이 도무지 생각나지 않는 가장 맛없는 술자리로 자신의 처와 마시는 술자리이란다. 그래서 술꾼들이 퇴근길에 술집에서 자기 아내 자신을 상위 호주머니에 넣고 한잔 마실 때마다 그 사진을 들어다 보고 그 사진이 여자나 애인으로 보일 때까지 마시고 일어선단다.

그리고 계급의 서열이 있는 직장에서 술집에 가면 대부분 이렇게 술을 마신다. 사장은 술집의 예쁜 여자에 취해 정신이 없고, 전무는 술에 취하여 정신이 없으며, 과장은 눈치 보기에 정신이 없고, 말단 계장은 빈 병 세는데 정신이 없으며, 마담은 돈 세기에 정신이 없다고 한다.

술꾼들의 주도에서 특히 잘 따지는 홀수배의 어원은 이렇다. 한잔은 고배 呱杯로써 입구 口자가 하나여서 어린애 술이라는 것이다. 둘째 잔은 단배 單杯로써 입구자가 두 개인데 단순한 술꾼들이 마신다는 것이다. 석잔 술은 品杯로써 입구자가 세 개이다. 역시 군자는 품위 있는 품배를 들어야 제격이라나! 넉잔은 효배(囂杯)로써 입구자가 네 개이다. 그러나 이 효(囂) 자는 시끄러울 효자로써 술자리가 시끄럽다는 얘기이다. 그래서 1, 3, 5, 7, 9로 나가는 홀수배가 좋아 홀수잔으로 술을 마신다고 한다. 술에 취하는 단계도 여러 가지의 주도가 있다. 1단계는 신사도로 나가고, 2단계는 예술가의 도로 나가고, 3단계는 투사도가 나가고, 4단계는 개, 돼지의 네 다리 주도로 나간다.

어른 앞에 엎드려 술을 받아 마심이 9품이며, 여럿이 돌리며 마심이 8품이며, 예의상 마심이 7품이며, 사먹는 술이 6품이며, 홀로 집에서 마심이 5품이며, 친구들과 집에서 마심이 4품이며, 반가운 친구와 마심이 3품이며, 좋은 경관에서 마심이 2품이며, 달빛아래 마심이 1품이다. 한 잔은 이 선생, 두 잔은 이 형, 석 잔은 이보게, 넉 잔은 이 자식이 그러네 한다. 공작은 공짜로 술을 먹는 사람이고, 백작은 술을 마시기만 하면 얼굴이 희어지는 사람을 뜻하고, 자작은 자기 혼자서 마시는 사람을 뜻하고, 홍작은 술만 마시면 얼굴이 붉어지는 사람을 뜻한다.

술은 예술가에게 있어서 묘약인가 독약인가. 결론부터 말하자면 활용하기에 따라서는 깊숙한 곳에 잠자고 있는 예술가의 천재성을 끄집어내는 묘약일 수도 있고, 타고난 천재성을 아예 싹부터 잘라버리는 독약일 수도 있다. 술을 마시는 행태에 따라 묘약과 독약의 갈림길이 만들어진다.

습관성인 음주가 있는가 하면 간헐적인 음주도 있고, 자연의 법칙에 순응하는 지극히 황홀한 음주도 있다. 어떤 행태를 취할 것인가는 물론 선택하는 자의 몫이다. 그렇지만 아무리 변명을 늘어놓는다 하더라도 습관적인 음주는 자신을 서서히 죽이는 가장 완만한 형태의 자살 행위다.

주비(酒悲)라는 말이 있다. 슬픔이나 근심을 잊으려 마신 술이 오히려 슬픔과 근심을 더한다 할 때 쓰는 말이다. 도스토예프스키의『죄와 벌』에서 소냐가 매춘으로 벌어온 돈을 그의 아버지 마르메라도프가 선술집에서 날리면서 '나는 남들보다 두 배를 더 괴로워해야 하기 때문에 낮부터 술을 마시는 거다.'고 독백하는 장면이 나온다. 이 처럼 소설 속의 낮술은 주비용으로 자주등장하고 있다.『햄릿』에서 그 아름다운 오피리아가 실성한 것도 주비용 낮술을 너무 마셨기 때문이다.

아래의 술의 정의들은 주당과 술꾼들이 그들의 명정(酩酊)속에서 즉 술이 깨기 전에 한 마디씩 한 취중진담들의 정수들이다. 술의 정의가 술꾼들에게는 얼마나 심각한 언어의 유희인지 대단하다.

4.2 주당들의 알코올 정의

ㄱ

☞ 값비싼 것은 오직 첫 번째 술병뿐이다.(프랑스 속담)

☞ 까닭이 있어 마시고 까닭이 없어 마신다. 그래서 오늘도 마시고 있다.(돈키호테)

☞ 거울은 당신의 흐트러진 머리카락을 가르쳐 준다. 술은 당신의 흐트러진 마음을 가르쳐 준다. 술잔 앞에서는 마음을 여미라! (독일 속담)

☞ 그리스의 희극작가 에우폴리스에게 어느 날 한 젊은이가 물었다. “술을 마시면 어떻게 되지요?” 그러자 시인이 거침없이 대답했다. “한 잔 마시면 의사가 필요 없고, 두 잔 마시면 싱글벙글, 석 잔 마시면 잠이 오는데, 여기에서 끝나는 게 최상책이야. 넉 잔부터는 술이 술을 부르게 되어 다섯 잔에 목소리가 높아지고, 여섯 잔이면 무례해지고, 일곱 잔 들어가면 권투선수가 되고, 여덟 잔이면 골치가 아프지”.

☞ 그 술의 힘, 그 술의 달콤함, 그 술의 좋은 것, 그것은 너의 핏속에 불사의 생명을 지킨다.(베를렌)

☞ 금(金)은 광석에서 나오고 옥(玉)은 돌에서 생기나니 환(幻; 실체가 없는데 있는 것처럼 보이는 것)이 아니면 진(眞)을 구할 수가 없느니라. 술 가운데서 도를 얻고 꽃 속에서 신선을 만났다고 함은 비록 풍아한 듯하지만 능히 속됨을 떠나지 못하였느니라.(채근담)

ㄴ

☞ 나는 낮 동안에는 절대로 술을 마시지 않기로 하고, 어두어진 다음에 한잔하는 것을 거절 않기로 하며 살아왔다.(헨리 루이스 멘켄)

☞ 나의 음주 변… 기호물이니 그저 마시는 것이다.(변영로)

☞ 내 인생의 경험으로 볼 때 알코올을 함유한 술을 근절하는 것이 도덕과 건강을 위한 최선의 근위병이다라고 외쳤다.(로버트 리 장군)

ㄷ

☞ 당신이 술 마시는 이유. 목이 마를 때는 목을 축이기 위해 마시고, 그렇지 않을 땐 미리 목마를 것을 예상해서 마신다.(토머스 L. 피코크)

☞ 더 이상 술잔에 손을 대지 말라. 가슴 속속들이 병들게 한다. 술의 향기는 죽

음의 사자의 입김이요, 술잔 속에 나타나는 빛은 죽음의 사자의 흉한 눈초리다. 조심하라, 질병과 슬픔과 근심은 모두 술잔 속에 있나니.(롱 펠로우)

☞ 독주는 전쟁보다 더 파괴적이다.(글래드스톤)

☞ 독한 맥주에 매운 담배, 거기에 멋을 부린 아가씨, 그것이 나의 짐이다.(괴테의 파우스트)

☞ 동은 형체의 거울이고, 술은 마음의 거울이다.(에스킬루스)

ㄹ

☞ 로맨스는 알코올과 같이 즐겨야 하지만 필수적인 것이 되어서는 안 된다.(E. Z. Friedenberg)

ㅁ

☞ 맛있는 맥주의 부탁이라면 나는 바지를 팔아 들고 신발도 전당포로 갖고 간다.(핀란드 국민시인 한즈)

☞ 말더듬이도 취해서 노래 부를 때에는 조금도 더듬지 않는다.(조지훈)

☞ 맥주가 만들어지는 것은 사람과 사람들이 마시지 않으면 안되기 때문이다.(독일 격언)

☞ 맥주는 건강의 근원이다.(독일 속담)

☞ 맥주는 인간관계의 윤활유 역할을 한다. 그 맛은 쓰지만 마음을 여는데는 묘약이다.(후꾸자 유기찌)

☞ 맥주를 마시는 것은 좋은 식사를 하는 것과 같다.(독일 속담)

☞ 모든 악덕 중에 음주만큼 성공을 방해하는 것은 없다.(월터 스코트)

☞ 목이 마를 때 한 방울의 물은 단 이슬 같지만, 취한 후에 잔을 더하는 것은 마시지 않는 보다 못하다.(명심보감)

☞ 믿을 수 없는 첩자. 내가 그것을 내 위로 내려 보냈더니, 그것은 곧 내 머리 속으로 가버렸다.(해리지)

ㅂ

☞ 바다에 빠져 죽은 사람보다 술에 빠져 죽은 사람이 더 많다.(T. 풀러)

☞ 바로 오늘 밤 나는 술을 끊겠다! 분명히 이 정복할 수 없는 목적이 실현되는 어떤 다른 세계가 있을 것이다.(찰스 램)

☞ 바보의 혀, 건달의 마음(A fool's tongue and knave's heart).(M. 콕스)

☞ 바보… 짐승… 악마(Fools… Beasts… Devils).(Henry G. Bohn)
☞ 비너스의 우유(The milk of Venus).(벤 죤슨)

☞ 사고로부터 떠나는 휴식(Amere pause from thinking).(바이런)
☞ 사람은 체면 있는 신사로서 술집에 들어갔다가 중죄인으로 술집에서 나온다.(글롭스)
☞ 사랑의 화살을 맞으면 맥주로 그 상처를 씻는 것이 좋다고 너에게 충고한다.(독일격언)
☞ 술고래가 술을 마신다. 술은 그때서야 비로소 술고래에게 복수한다.(레오나르도 다빈치)
☞ 술과 색과 재물과 기(氣)의 네 가지로 쌓은 담 안에 수많은 어진 자와 어리석은 자가 집안에 들어찼다. 만약 이 세상 사람들이 이곳을 뛰쳐나올 수 있다면, 그것이 바로 신선의 죽지 않는 방법이다.(명심보감)
☞ 술과 여자와 노래를 사랑하지 않는 자는 일생동안 어리석은 자로 남는다.(마르틴 루터)
☞ 술 마시더라도 술로 말미암아 난잡해지지는 않는다(不爲酒困).(논어)
☞ 술망나니는 바보의 혀와 악한의 심장을 가지고 있다. (T. 풀러)
☞ 술병과 같이 목과 배만 있고 머리가 없다(Like a whiskey bottle all neck and belly and no head).(Austin O'Malley)
☞ 술은 근로는 나날을 풍요하게 하고, 일요일을 행복하게 한다.(보들레르)
☞ 술집에서 여자의 외모를 믿지 말라, 또한 남자의 지식(책)도 믿지 말라.
☞ 술은 너에게 발을 거는 속임수 레슬러다.(플로터스)
☞ 술은 사람들이 두뇌를 훔치려고 입 속에 집어넣는 독이다.(셰익스피어)
☞ 술은 인간을 쫓아내고 짐승을 들어낸다.(알베르 까뮈)
☞ 술은 아무 것도 발명하지 않는다. 다만 비밀을 누설할 뿐이다.(실러)
☞ 술은 우리에게 자유를 주고, 사랑은 자유를 빼앗아 버린다. 술은 우리를 왕자로 만들고, 사랑은 우리를 거지로 만든다.(W. 위철리)
☞ 술은 비와 같다. 즉 진흙에 내리면 진흙은 더욱 더럽게 되나, 옥토에 내리면 아름답게 하고 꽃피게 한다.(J. 헤이)
☞ 술은 기지를 날카롭게 하고, 그 타고난 힘을 증진시켜 주며, 대화에 즐거

운 향기를 풍기게 한다.(J. 펌프레트)

☞ 술은 강하다. 왕은 더 강하다. 여자는 한층 더 강하다. 그러나 진리는 이보다도 한층 더 강하다.(마르틴 루터)

☞ 술은 우리에게 자유를 주고, 사랑은 그것을 빼어버린다. 술은 우리를 왕자로 만들고, 사랑은 우리를 거지로 만든다.(W. Wycherley)

☞ 술은 성욕을 일으키기도 하고 일으키지 않기도 하더군요. 마음만 들뜨게 해 놓았지, 막상 하려고 하면 힘을 못 쓰거든요. 그래서 과음은 성욕에 대해선 얼렁뚱땅 하는 놈이죠. 마음만 일으켜 놓았다가 죽어 버리니까요. 힘을 내라고 한 뒤에 삼가라고 하는 거예요.(세익스피어의 멕베스)

☞ 술은 "용액으로 된 마귀"와 같다고 말했습니다.(윌리암 로손경)

☞ 술은 인격을 비춰주는 거울이다.(아르케시우스)

☞ 술은 입을 경쾌하게 한다. 술은 마음을 털어놓게 한다. 이리하여 술은 하나의 도덕적 성질, 즉 마음의 솔직함을 운반하는 물질이다.(칸트)

☞ 술은 잘 사용하면 도움이 되는 물건이다(Good wine is a good familiar creature, if it be well used) (오셀로 2막 3장)

☞ 술은 번뇌의 아버니요, 더러운 것들의 어머니다.(팔만대장경)

☞ 술은 기지를 날카롭게 하고, 그 타고난 힘을 증진시켜 주며, 대화에 즐거
운 향기를 풍기게 한다.(J. 펌프레트)

☞ 술은 강하다. 왕은 더 강하다. 여자는 한층 더 강하다. 그러나 진리는 이보다도 한층 더 강하다.(마르틴 루터)

☞ 술을 마셔야 명랑해지는 사람은 평상시에는 예외 없이 따분하고 재미없는 사람이다.

☞ 술이 빚어낸 우정은 술과 같아 하룻밤밖에 지속되지 못한다.(F. 로가우)

☞ 술이고 음식이고 과음 과식이 화가 되는 것이니 삼가고 절제함이 좋다. 그리고 글씨는 획을 반듯이 긋고 올바르게 쓰는 것이 좋다. 획이 고르지 않고 바르지 못한 글씨는 술 취한 모습과 다름이 없다.(장사숙)

☞ 술이 머리로 들어가면 비밀이 밖으로 밀려나오게 된다.

☞ 술이 없는 지구는 산소가 없는 지구와 같다.(샌더스)

☞ 술이 없는 식탁은 애꾸눈 미녀이다.(프랑스 속담)

☞ 술이 있을 때는 술잔이 없었다. 술이 없을 때 술잔만 있었다.(헵벨)

☞ 술이 들어가면 그 순간 예지(銳智)가 달아난다.(허버트)

☞ 술이 머리에 들어가면, 비밀이 밖으로 밀려 나간다.(탈무드)

☞ 술이 백 약 중의 으뜸이라고는 하나, 만병은 또한 술로부터 일어난다.

☞ 술이 사람을 취하게 하는 것이 아니라 사람이 스스로 취하는 것이요, 색(色)이 사람을 미혹시키는 것이 아니라 사람 스스로 미혹되는 것이다.(명심보감)

☞ 술 취해 한 망언은 술이 깬 후에 후회한다.(주희)

☞ 술이 떨어질 무렵이면 친구도 떨어진다.(소련속담)

☞ 술을 마시지 않는 인간한테는 사려분별을 기대하지 마라.(M. T. 키케로)

☞ 술을 마심에는 즐거움을 주로 한다.(장자)

☞ 술을 물처럼 마시는 자는 술에 값하지 않는다.(F. 보텐슈테느)

☞ 술을 마셔야 명랑해지는 사람은 평상시에는 예외없이 따분하고 재미없는 사람이다.(무명씨)

☞ 술은 입을 경쾌하게 한다. 술은 또다시 마음을 털어놓게 한다. 이리하여 술은 하나의 도덕적 성질, 즉 마음의 솔직함을 운반하는 물질이다.

☞ 술은 게으름의 원인이 되는 것이다. 술에 빠지게 되면 다음과 같은 여섯 가지의 과오가 생긴다. 첫째, 당장 재산의 손실을 입게 되며, 둘째, 다툼이 잦아지며, 셋째, 쉽게 병에 걸리며, 넷째, 악평을 듣게 되며, 다섯째, 벌거숭이가 되어 치부를 드러내게 되며, 여섯째, 지혜의 힘이 약해진다.(아함경)

☞ 술의 남용이 여러 사람을 광란으로 인도함은 의심할 수 없는 사실이다. 그러나 또한 사람을 마취로 인도하는 것도 이미 일종의 광란임을 잊어서는 안 된다.(구르몽)

☞ 술을 탐내는 마음은 본질적으로 바른 마음이다. 술과 차를 대비할 때, 그 차이점은 이렇게 표현할 수 있다. 차는 은자(隱者)와 같고, 술은 기사(騎士)와 같다. 술은 친구를 위하여 있는 것이고 차는 조용한 유덕자(有德者)를 위하여 있는 것이다.(임어당)

☞ 술을 인간사회의 암적 존재로서, 그 생명력을 먹어 치우고, 파멸로 가도록 위협하는 것" 이라고 믿었다.(아브라함 링컨)

☞ 술이 만들어낸 우정은 술과 같이, 하룻밤밖에 효용이 없다.(F. 로가우)

☞ 술 취하는 사람의 뜻은 술에 있지 않고 산수를 즐기는 데에 있다(醉翁之意不在 酒 在乎山水間也). (歐陽修 醉翁亭記)

☞ 술잔과 입술 사이에는 많은 실수가 있다.(팔다라스)

☞ 술 취함. 인간의 기지와 사리 분별의 무덤.(G. Chancer)

☞ 술꾼, 콜크 병따개로 곤경 속의 자기를 끌어내려는 사람.(볼드윈)

☞ 신들의 음료- 코냑을 두고.(빅토르 위고)

☞ 신은 단지 물을 만들었을 뿐인데 인간은 술을 만들었다.(빅토르 위고)

☞ 아내를 무서워하지 않는 술꾼은 바보, 주정뱅이 남편을 어려워하지 않는 아내는 그 천배의 바보.

☞ 아주 고귀한 맥주는 와인의 기력과 빵의 힘을 대신하는데 충분하다.(치폐리)

☞ 아침 늦게 일어나고 낮에는 술을 마시며, 저녁에 쓸데없는 이야기를 하고 있으면 인간은 일생을 간단히 헛되게 만들 수 있다.(탈무드)

☞ 악마가 사람을 찾아다니기에 바쁠 때에는 그의 대리로 술을 보낸다.

☞ 악마가 젊음을 공격할 때 사용하는 첫 무기.(제롬)

☞ 양조주 맥주 한잔과 목숨의 보중만이라도 손에 넣을 수 있다면 명예 같은 건 버려도 괜찮다.(세익스피어)

☞ 우리는 서로의 건강을 위해서 축배를 들고는 자신들의 건강을 해친다(제롬).

☞ 우리들의 책은 쓰레기더미, 위대하게 하는 건 맥주뿐, 맥주는 우리들을 즐겁게 한다.(괴테)

☞ 우리의 운명에 용기를 북돋기 위해서는 한 잔의 맥주를...(스코틀랜드 메리여왕)

☞ 어떤 일이 발생할지 전혀 알 수 없는 두 가지가 있다. 하나는 남자가 처음으로 술을 마실 때이고, 또 하나는 여자가 마지막으로 술을 마실 때이다.(O. 헨리; 점잖은 사기꾼)

☞ 여성이 술을 한 잔 마시는 것은 좋은 일이다. 그러나 두 잔을 마시면 그녀는 품위를 떨어 뜨린다. 석 잔째는 부도덕하게 되고, 넉 잔째에 가서는 자멸한다.

☞ 아침 늦게 일어나고 낮에는 술을 마시며, 저녁에 쓸데없는 이야기를 하고 있으면 인간은 일생을 간단히 헛되게 만들 수 있다.(탈무드)

☞ 여인과 돈과 술에는 즐거움과 독이 병존한다.(프랑스 격언)

☞ 여자, 와인, 노래를 사랑하지 않는 자는 일생을 바보로 사는 것이다.(J. H. Voss)

☞ 우리가 감정 속에서 통합되는 동안 사고를 격리시키는 조건.(에머슨)

☞ 오늘날에는 섹스와 커피, 술과 담배가 신이다. 자극이 느낌을 대체하고 있다.(덩 밍다오)

☞ 웨이터의 매너가 좋으면, 어떤 술이라도 미주(美酒)가 된다.(탈무드)

☞ 일은 나날을 풍요하게 하고, 술은 일요일을 행복하게 한다.(보들레르)

☞ 음주는 일시적인 자살이다. 음주가 갖다주는 행복은 단순히 소극적인 것, 불행의 일시적인 中絶에 지나지 않는다.(B. A. W. 러셀)

☞ 인류를 괴롭히는 가장 무서운 해독들의 일부는 술로부터 나온다. 그것은 병과 싸움과 소란과 게으름과 일하기 싫어하는 것과 모든 종류의 가장 많은 불화의 원인이다.(페늘롱)

☞ 인생은 짧다. 그러나 술잔을 비울 시간은 아직 충분하다.(노르웨이 속담)

☞ 인생의 뜻을 얻었을 적에 모름지기 환락을 다하고 황금 술단지를 공연히 달빛과 마주 버려 두지 말라.(이백의 장진주)

☞ 인생의 뜻을 얻었을 때 모름지기 환락을 다하고 황금 술 단지를 공연히 달빛과 마주 버려 두지 말라.(이백)

☞ 일시적인 자살, 소극적인 행복, 불행의 일시적인 중지.(B. A. Russel)

☞ 우리는 서로의 건강을 위해 축배하고 자신들의 건강을 해친다.(J. K. 제롬)

☞ 음주가 역사의 모든 전쟁보다도 더 많은 사람들을 죽였다라고 말했다.(퍼싱 장군)

☞ 주정성분이 들어 있는 음료를 총칭한다.(국어사전)

☞ 적을 당신의 위로 불러들여 당신의 머리를 뽑아가게 하는 것(Putting an enemy in your stomach to steal away youre brians).(무명씨)

☞ 전쟁, 흉년, 전염병, 이 세 가지를 합쳐도 술이 끼치는 손해와 비교할 수 없다.(W. E. 글래드스턴)

☞ 조심하라. 질병과 슬픔과 근심은 모두 술잔 속에 있다.(롱펠로우)

☞ 주신은 군신보다 더 많은 사람을 죽인다.(영국속담)

☞ 술과 인간은 끊임없이 싸우고 끊임없이 화해하고 있는 사이좋은 두 투사

와 같은 느낌이 든다. 진 쪽이 항상 이긴 쪽을 포옹한다.(보들레르)

☞ 죽은 후 백두성에 닿을 만한 돈을 남기더라도 생전의 한 잔 술만 못하다.(백거이/권주)

☞ 증류된 저주(distilled damnation)라고 말했다.(로버트 홀)

☞ 지금까지 인간이 궁리해 낸 것 중에서 가장 큰 행복을 만들어 낸 것은 술이다.(사뮤엘 존슨)

ㅊ

☞ 첫잔은 갈증을 면하기 위하여, 둘째 잔은 영양을 위하여, 셋째 잔은 유쾌하기 위하여, 넷째 잔은 발광하기 위하여 마신다.(로마 속담)

☞ 청동은 모양을 비추는 거울이지만, 술은 마음을 비추는 거울이다.(아리스토텔레스)

☞ 초측인탄주 차측주탄주 후측주탄인(初則人呑酒 次則酒呑酒 後則酒呑人): 『법화경』에 나오는 말로 처음에는 사람이 술을 마시고, 다음에는 술이 술을 마시고, 마침내는 술이 사람을 삼킨다.

ㅎ

☞ 하나님은 술꾼과 바보 어린이를 보호하신다.(미국속담)

☞ 후세에 반드시 술로써 나라를 망치는 자가 있을 것이다(後世必有以酒亡國者). (夏后氏十八史略)

☞ 흙탕물에서 남성은 여성을, 여성은 남성을 낚았다. 그들이 사용한 미끼는 술이었다.(W. 로던스타인)

이처럼 술꾼이거나 술꾼이 아니거나 막론하고 술에 대해 한 마디씩 하는 데는 동서양을 불문하고 인색하지 않다. 이는 술처럼 거론하기 쉬운 음료는 이 세상에 없기 때문이다. 술, 그것이 있으면 아주 좋고, 없으면 한없이 아쉬운 것이기에 삶의 한 복판 점에서 항상 '문제아'로 군림하고 있는 것이다.

4.3 알코올학 개론

술을 좋아하는 네티즌들의 마음을 그대로 대변한 '4언 절구'의 시가 있어 웹상에서 화제가 되고 있다. '알코올학 개론'이라는 제목의 이 글은 소주, 맥주, 양주, 막걸리, 폭탄주 등 종류별로 술이 가지고 있는 저마다의 특징을 '4언 절구의 시' 형태로 재미있게 풀어내고 있다. 얼핏 보면 4, 4조의 시로 술의 해악을 이야기 하는 듯도 하지만, 자세히 들여다보면 구구절절 '술 예찬론'을 펼치고 있음을 알 수 있다. 네티즌들은 술 이야기로 넘쳐나는 '알코올학 개론'을 읽는 것만 해도 취할 것 같다고 말하고 있다.

제1탄 소주편...... 소주[소주빛 순수]

소주들이 세상에서 사람들을 현혹하니
남성들의 희망이요 살아가는 긍지로다
골수백번 먹고먹어 간장위장 빵꾸나고
골이가도 우찌할꼬 너무좋다 우리소주
대왕중의 대왕소주 자식들도 많다하니
악바칠때 어케할꼬 병째불자 나발소주
귀찮을때 기냥먹어 막시키자 막소주라
술못먹는 년놈들은 약하단다 오이소주
지지배들 꼴각꼴각 잘먹는다 레몬소주
고상한년 다리꼬고 기분낸다 체리소주
소주먹는 사람들아 이말한번 들어봐라
수입불가 신토불이 우리소주 사랑하자

제2탄 맥주편.... 맥주[현실의 도약]

바다건너 저기건너 코큰사람 먹던맥주
이맛이야 제맛이야 그놈한번 시원하네
부담없다 맥주먹고 기분좋다 맥주먹네
배고플때 배채우고 더위싫어 맥주최고
연인이랑 오손도손 동기들과 왁자지껄

여기원샷 저기원샷 바쁘구나 화장실아
화이트다 생맥주다 너는카스 나는오비
주동이도 주책이지 이놈저놈 까다롭다
연인이랑 맥주먹고 입술에다 키스해봐
향기로운 트림내음 연인얼굴 웃음꽃펴
그러다가 술깨면은 연인에게 따귀맞지
취하도록 마신다음 깨고나서 다시먹자
맥주먹고 취한사람 소주보다 더럽더라

제3탄 양주편.... 양주[이상의 추구]

돈있을때 양주먹지 가난하면 우찌먹나
기분이다 삐기기다 양주먹고 이쑤시자
술모르는 놈팽이들 으시대며 양주먹고
까불까불 먹더니만 눈딱지에 불이났어
요건워커 요건조커 이름하난 잘외운다
기분째진 사장님은 김마담뚜 싸롱이다
이놈저놈 다모여서 여자끼고 헤롱헤롱
잘나간다 룸싸롱아 사장님들 어성와용
개나소나 사장이고 깡패들은 회장이다
양주처럼 좋은술이 있는자의 전용이라
잘먹으면 약이되고 못먹으면 븅신된다
우리양주 먹고먹어 외세양주 막아보자
우리양주 개발하여 양주시장 세계화로

제4탄 막걸리편.. 막걸리[향수와 낭만]

우리서민 애환담긴 막걸리를 먹어보세
돈없는놈 가난한놈 한잔이면 그만이지
일할때도 막걸리고 밥먹을때 막걸리라
우리곡식 곱게담가 다둑다둑 막걸리고
힘든농사 결실맺힌 우리농산 곡주니라
연인이랑 막걸리로 결죽한정 이어보세
친구들과 한잔두잔 따스한정 막걸리라
영양많고 맛도좋은 막걸리를 먹고먹어

스테미나 정력부족 막걸리로 해결하세
이어가는 손끝마다 막걸리향 정이돈다
쌀막걸리 사랑하고 가짜들은 멀리하세
진짜곡주 약이되고 화학주는 병이된다
신토불이 신토불이 우리걸리 사랑하세

제5탄 폭탄주편.. 폭탄주[절망과 좌절]

이놈저놈 기분이다 폭탄주로 해결하네
막걸리에 소주타서 양주먹고 폭탄주라
그거먹고 취한사람 제정신이 아니구나
폭탄맞은 머리하고 삼일동안 고생하지
돈없으면 어떡하나 폭탄주가 최고란다
나는술세 폭탄주니 널리널리 퍼졌구나
먹는사람 잘도먹고 못먹는놈 맛이간다
엠티가서 폭탄맞고 군대가서 폭탄이니
먹을때는 먹더라도 뒤감당은 자기책임
민주국가 민주정부 술먹는거 자기마음
술먹는거 따지자니 못먹는놈 할말없네
자기재량 먹은술은 정신건강 사람건강
개나발로 먹은술은 맛이가고 패가망신

곤드레만드레 취하다라는 미국의 속어로는 be dead[beastly] drunk; be drunk as a lord; be all wet; get boozy 등으로 표현된다. 또한 as drunk as a fish는 곤드레만드레 취해서라는 의미이다. 곤드레만드레는 우리가 흔히 알고 있듯이 술이나 잠에 취하여 정신을 차리지 못하고 몸을 못 가누는 모양을 나타내는 부사어이다.

4.4 술잔의 미학과 해학

이은홍의 『술꾼』(사회평론, 2001)에서 '술잔에 대한 맹세'를 다음처럼 읊고 있다.

> 나는 자랑스런 소주잔 앞에 우정과 애정의 무궁한 나눔을 위하여 몸과 마음을 바쳐 음주를 다 할 것을 굳게 다짐합니다.

마치 국기에 대한 맹세를 하듯 또는 애국가를 부르듯이 그 기상이 사뭇 다르다. 아니 비장하기까지 하다. 주당의 맹세급이라고 할 수 있다.

술통은 술을 담아 두는 큰 통을 말하며, 일반적으로 반원형의 형태를 하고 있다. 중국에서 처음 술을 빚기 시작한 시기는 지금으로부터 8,000년 전인 황하문명 때부터인 것으로 추정된다. 특히 이 시기의 유적지에서는 다량의 술통, 즉 주기(酒器)들이 전해지고 있다. 또, 고대 중국의 청동기물 중에서도 술을 채워두는 준(尊: '높을 존(尊)'자에서 볼 수 있듯이 술을 뜻하는 (주)'酉'를, 손을 가리키는 (촌)'寸'과 함께 사용함으로써 손으로 술잔을 받치고 있는 형상을 한자로 만들어, '높다'라는 뜻을 만들어 내었고, 이것은 바로 당시 술의 신성함을 나타내는 것이리라 생각된다) 이 있었고, 상성유적(商城遺跡)으로부터 출토된 청동기, 석기제의 주기들이 전해지고 있다. 술잔이나 술병, 술통 중에는 유리그릇이나 질그릇, 사기그릇 등이 가장 많지만 그 밖에도 다양한 소재의 주기들이 많이 있었다.

중국에는 인구수만큼 많은 술잔이 있다. 수천 가지 술 중에서 자신의 술을 찾는 것과 마찬가지로 술잔 역시 자기에게 어울리는 것, 마음에 드는 것으로 골라 마신다. '이 술에는 이 잔'이라는 공식 대신에 '마음 가는 대로 손 가는 대로'가 중국 술과 술잔의 궁합을 따지는 이치이다.

술의 풍류는 또 주기(酒器)나 술 이름에서도 나타난다. 우선 술을 담그는 양조용 그릇이 있고, 완성된 술을 보관, 운반하는 그릇이 있고, 술을 마실 때 담아 쓰는 그릇으로 구분할 수 있다. 예컨대 술독, 술병, 술잔

같은 것이 그것이다. 본래 술이란 것이 안 마시면 죽는 생존의 필수물이 아니라 기분에 민감한 기호품이기 때문에 식기보다는 주기가 훨씬 미관을 중시하게 마련이다. 여기에서는 술잔에 대한 풍류만을 읊어보고자 한다.

주대(周代)에는 거의 손으로 음식을 먹었으며, 한대(漢代)로 내려와서 젓가락을 사용하게 되었다. 고대에 술을 담고 따랐던 그릇의 모양과 종류는 매우 다양하다. 일반적으로 고서에 기록된 것과 지하의 발굴물 중에 볼 수 있는 것으로는 존(尊), 두(斗), 작(爵), 굉(觥), 고(觚), 가(斝), 치(卮), 각(角), 뇌(罍), 이(彝), 유(卣) 등이 있다. 이중 굉(觥)·상(觴)·치(觶)라고 하는 술잔이 있었는데 이것은 모두 짐승의 뿔로 만든 것이다. 술 단지를 주준(酒樽)이라고 했고 치이(鴟夷)라는 것은 가죽으로 만든 주머니로 여행을 다닐 때 술을 넣어 말에 매달고 다녔다고 한다. 한자로 된 술잔의 의미부터 더듬어보자.

배(杯)는 나무로 만든 술잔,
잔(盞)은 낮고 작은 잔,
상(觴)은 물소나 쇠뿔로 만든 잔,
작(爵)은 쇠로 만든 발이 달린 술잔으로 보통 한 되들이 정도의 큰 잔,
굉(觥)은 소의 뿔로 만든 잔을 말한다.

일반적으로 중국에서 술잔을 가리키는 용어는 배(杯)이다. 건배라는 말은 술잔을 말린다라는 뜻이다. 그런데 은나라 유물에는 술잔을 잔(醆)이라고 표기하고 있다. 잔(盞)은 액체를 담는 작은 그릇이다. 한자어로는 잔(盞)·잔(㻳)·배(盃)·배(杯)·배(盃)·작(爵) 등을 쓰고 있으며, 완(㼝)·완(碗)·완(椀)·구(鷗) 등도 잔의 뜻으로 쓰일 때가 있다. 잔(㻳)·배(盃)·배(杯)·작(爵)은 각각 옥(玉)·흙(질)·나무·금속으로 만든 재질의 이름이며, 잔(盞) 또는 배(盃)는 불로 구운 도자기 재질을 뜻하면서 굽이 있는 잔임을 나타낸다.

배(杯)는 완만하게 벌어지다가 구연단(口緣端)에 이르러 살짝 꺾여 크게 외반(外反)한다. 배내면 및 굽다리 끝, 구연단(口緣端)에 녹갈색(綠褐色) 자연유(自然釉)가 부착되어 있다. 배내면 일부는 기포(氣泡)에 의해 기면

(器面)이 부풀어 올라 있고 박리(剝離)된 곳도 있다. 외면은 예새깎기 하였고 전체적으로 물 손질 정면(整面)하였다. 배내면에 이물질이 부착되어 있다. 소성(燒成)은 비교적 양호한 편이다.

보통 잔에 비해 바닥의 굽이 높은 것을 배라고 부른다. 배에는 무사가 말을 타고 한 손으로 들고 마시는 굽이 높은 마상배(馬上盃) 등이 있다. 문향배(聞香盃)는 중국인이 차향을 즐기기 위해 고안한 잔이다. 중국인은 좁고 긴 문향배에 차를 따르고 그 차를 다시 마실 잔에 옮긴 다음 문향배를 코 가까이 대고 향을 맡는다. 그러나 알게 모르게 가슴 높이에서 향을 즐기는 우리의 정서나 품격에는 알맞지 않은 모습이라고 생각한다. 배의 활용 예는 광범위하다.

각배(角杯): 짐승의 뿔로 만든 잔.

건배(乾杯): 건강, 행복 등을 축복하며 서로 술잔을 높이 들어 마시는 일, 축배.

계배(計杯): 술집에서 먹은 술의 순배(巡杯)나 또는 잔의 수효를 세어 값을 계산함.

계영배(戒盈杯): 술을 많이 마시는 것을 경계하기 위하여 만든 잔. 술이 어느 한도에 차면 새어 나가도록 술잔 옆에 구멍이 뚫려 있다. 〈동의어〉 절주배.

고배(高杯): 굽다리 접시.

고배(苦杯): 쓴잔 고배를 들다〈마시다〉 =쓴잔을 들다.

권배(勸杯): 술잔을 권함. 권배 하다.

납배(納杯): 종배(終杯)로 술잔치를 마침. 납배 하다.

납배(拉杯): 도자기를 만들 때 손 물레로 그릇몸을 만들어 본떠서 만드는 일.

독배(毒杯): 독이 든 술잔. 독배를 들다 독약을 마시다.

목배(木杯): 나무로 만든 잔. 나무잔.

배반(杯盤): 1) 흥겹게 노는 잔치. 2) 술상에 차려 놓은 그릇이나 혹은 거기에 담긴 음식.

배주(杯酒): 1) 술잔에 따른 술. 2) 잔술. 됫술로 마시지 말고 ~로 합시다.

벌배(罰杯): 술자리에서 술 마시는 규칙을 위반한 사람에게 벌로 마시게 하는 술잔, 벌주.

별배(別杯): 헤어질 때 마시는 술잔. ~를 들다.

사배(賜杯): 1) 임금이 신하에게 술잔을 내림, 혹은 그 술잔. 2) 국가원수가 어떤 경기의 승자에게 내리는 우승배.

상배(賞杯): 상으로 주는 잔. 금배 · 은배 · 옥배 따위.

성배(聖杯): 1) 예수가 최후의 만찬에 쓴 술잔. 2) 성찬식 때 쓰는 잔.

수삼배(數三杯): 두서너 잔.

순배(巡杯): 술자리에서 술잔을 차례로 돌림. 또는 그 술잔. 술이 서너 ~나 돌았다.

쌍도배(雙桃杯): 한 쌍의 복숭아를 붙인 듯한 모양의 술잔.

안배(眼杯): 발생의 초기에 뇌포(腦胞) 의 양쪽이 돌출하여 술잔처럼 된 것, 발생이 진행됨에 따라 망막(網膜) 이 됨.

옥배(玉杯): 1) 옥으로 만든 잔. 2) '잔'을 아름답게 일컫는 말.

은배(銀杯): 은잔(銀盞).

일배(一杯): 한 잔.

일배주(一杯酒): 한잔 술.

잔배(殘杯): 잔에 마시다 남긴 술. 또는 그 술잔.

잔배냉적(殘杯冷炙): 마시다 남은 술과 다 식은 구운 고기라는 뜻으로, 약소하고 보잘것없는 주안상으로 푸대접(-待接)받는 것을 말함. 동의어로 잔배냉효(殘杯冷肴)가 있다.

전배(餞杯): 석별의 정을 나누며 마시는 술, 혹은 그 술잔.

전배(前杯): 전작(前酌).

절주배(節酒杯): 계영배(戒盈杯).

종배(終杯): 술잔을 차례로 돌리며 술을 마실 때의 맨 나중의 술잔, 말배(末杯), 납배(納杯), 필배(畢杯).

주령배(酒令杯): 예전에 쓰던 술잔의 한 가지. 속에 오뚝이 같은 인형이 있어 술을 부으면 그 인형이 떠서 잔 뚜껑의 구멍 밖으로 머리를 내밀게 되는데, 인형이 향하는 쪽에 있는 사람이 술을 마신다.

주배(酒杯): 술잔.

주불쌍배(酒不雙杯): 술 마실 때 잔의 수효가 짝수가 됨을 피함.

집배(執杯): 술잔을 잡음. 술을 마심. 집배 하다.

첨배(添杯): 따라 놓은 술잔에 술을 더 따름. 〈동의어〉 첨잔. 첨배 하다.

축배(祝杯): 축하의 뜻으로 마시는 술. 또는 그 술잔.

파배(把杯): 손잡이가 있는 술잔.

팔각파배(八角把杯): 여덟 모가 지고 손잡이가 달린 술잔.

폭배(暴杯): 술잔을 돌리지 않고 한 사람에게만 술을 따라 줌. 또는 그 술잔. 빈속에 전국술을 ~로 먹었으니 어찌 취하지 아니하리오.

필배(畢杯): 종배(終杯)(술잔을 돌릴 때의) 맨 나중의 잔.

후래삼배(後來三杯): 술자리에서, 늦게 온 사람에게 먼저 권하는 석 잔의 술.

후래선배(後來先杯): 술자리에서, 늦게 온 사람에게 먼저 권하는 잔.

중국의 '건배' 역사를 살펴보면, 적어도 은대 이전부터이니 3,000년이 훨씬 넘었음을 알 수 있다. 중국 고대 술잔에 '爵'(술잔 작)이라는 것이 있다. 세 발과 두 개의 코 꼭지가 붙어 있는 청동기의 술잔이 이미 은대부터 쓰였다. 청동기나 도기로 되어 있어, 상대가 건배 곧 한 번에 술을 다 마셨는지를 알 수 없기 때문에 코 꼭지를 만들어 놓아 마실 때 그 꼭지가 코 양측에 닿으면 술이 잔에 남아 있을 수 없는 각도로 되어 있다. 코 꼭지가 코에 닿는지 여부를 알기 위하여 '작(爵)'이란 형태의 술잔을 만든 것은 매우 흥미있는 풍속이다. 이러한 술잔은 벼슬하는 이들이 사용했기 때문에 지금은 전의(轉義)하여 공작(公爵), 백작(伯爵) 등의 '벼슬 작(爵)'자로 쓰인다.

술잔의 미칭으로 잔(盞)은 그 재질에 따라 옥으로 만든 것은 잔을 옥배(玉杯), 옥치(玉巵), 옥작(玉爵), 흙으로 만든 것은 배((盃), 나무로 만든 것은 배(杯), 금속으로 만든 것은 작(爵) 등으로 불리며 잔(盞), 배(盃)는 굽이 있는 도자기 잔을 말한다. 또한 금속 · 옥 · 수정 등의 석재와 토기 · 분청 · 청자 · 백자 외에도 유리 · 칠보 · 나무 등이 쓰이고 있으며, 오늘날에는 합성수지 등 인조재질도 많이 사용하고 있다. 서양의 경우에는 담는 술의 종류에 따라 잔의 모양 · 크기 · 장식이 매우 다양하게 발전하여 맥주잔 · 브랜디 잔 · 포도주 잔 · 칵테일 잔 · 리큐어 잔 · 샴페인 잔 · 셰리 잔 · 위스키 잔 · 꼬냑 잔 등이 있다.

한편 차를 마시는 잔은 '찻잔'이라 하고 보통 술을 따라 마시는 잔은 '술잔' 또는 주배(酒杯)라 한다. 잔에는 보통 잔대(盞臺)가 부속되어 있다. 잔과 잔대가 갖추어진 반잔(盤盞, 托盞)으로는 무령왕릉의 은잔과 신라의 토제 녹유잔(7세기 말)이 있다. 뚜껑까지 있는 이 둘은 형태가 꼭 같다시피 한데 넓은 탁반을 한 이 형식은 고려에 와서 청자와 은제로 유행하게 되었다.

잔의 크기는 대 · 중 · 소(깍정이)가 있으며, 생김새는 여러 가지로 통형(筒形), 보시기형(鉢形), 바라기형(燔形), 상형(象形), 이형(異形) 등의 형식으로 크게 나눌 수 있다. 통형에는 원통형 · 사각통형 · 사각통의 모를 죽인 모죽임 형이 있고, 보시기형에는 구부(口部)가 바로 선 직바리 형과 안으로 오그라진 오목바리 형이, 바라기형에는 입이 밖으로 살짝 휘어진 형과 매우 심하게 휘어진(外反)형이 있다. 상형에는 연꽃 같은 꽃송이 형, 짐승의 뿔꼴인 뿔잔 형(角動形)과 팽이 꼴을 한 짧고 통통한 뿔잔 형이 있고, 바가지 또는 복숭아형 및 안이 깊고 울이 높은 이른바 컵 형의 아랫도리가 둥그스름한 종형(鐘形) 등이 있다. 이형으로는 뿔잔 끝에 말 · 사슴 등을 만든 동물형, 잔 둘이 나란히 붙은 형, 다섯 개가 붙은 등잔, 잔 아랫도리가 방울형인 꼴, 그리고 받침 위에 짐승을 두고 잔(각배)을 올려놓는 등의 이형받침들도 보인다.

이 밖에도 뿔잔처럼 잔대가 같이 갖추어진 반잔(盤盞)도 있다. 잔의 손잡이는 외손잡이와 양손잡이(兩耳)로 나타내며 생김새는 고리손잡이와 고사리 꼴의 서린 손잡이가 있다. 굽은 낮거나 높은 통굽의 원통형과, 이른바 고배(高動)의 굽인 밑이 벌어진 나팔 형이 있고, 다리 굽에서는 삼족형(三足形)이 보인다. 굽이 없는 잔은 거의가 납작바닥平底] 이나, 원저(圓底) · 원뿔형圓錐形] 도 있다.

상(觴)은 물소나 쇠뿔로 만든 잔을 말하며, 그런데 사물의 시초나 근원을 일러 상을 넣어 '남상(濫觴)'이라고 한다. 즉, 술잔[觴]에 넘칠[濫] 정도의 적은 물이란 뜻이다. 순자(荀自)의 '자도편(子道篇)'과 공자가어(孔子家語)의 '삼서편(三恕篇)'에는 다음과 같은 '남상'의 유래가 실려 있다.

공자에게 사랑도 가장 많이 받았지만 꾸중도 누구보다 많이 듣던 제자로 자로(子路)라는 제자가 있었다. 어느 날 자로가 화려한 옷을 입고 나타나자 공자는 이렇게 말하는 것이었다. "양자강(揚子江)은 사천(四川) 땅 깊숙이 자리한 민산(岷山)에서 흘러내리는 큰 강이다. 그러나 그 근원은 '겨우 술잔에 넘칠 정도[濫觴]'로 적은 양의 물이었다. 그런데 그것이 하류로 내려오면 물의 양도 많아지고 흐름도 빨라져서 배를 타지 않고는 강을 건널 수가 없고 바람이라도 부는 날에는 배조차 띄울 수 없게 된다. 이는 모두 물의 양이 많아졌기 때문이다."

공자는 매사에 있어서 시초가 중요하며 시초가 나쁘면 갈수록 더 심해진다는 것을 깨우쳐 주려 했던 것이다. 공자의 이 이야기를 들은 자로는 당장 집으로 돌아가서 옷을 갈아입었다고 한다. 현대 국어에서 '남상'이라는 말은 그 쓰임이 흔하지는 않지만 '원조(元祖)', '시조(始祖)', '태두(泰斗)'라는 말과 그 의미가 같다.

작(爵)은 쇠로 만든 발이 달린 술잔으로 보통 한 되들이 정도의 큰 잔을 지칭하며, 중국 은 · 주시대 술잔의 하나이다. 작은 컵 모양으로 그릇의 입구 한쪽이 유구(流口)이며 맞은편에는 각지고 뾰족한 꼬리가 있다. 중앙에는 두 기둥이 서 있고 한쪽에 손잡이가 달려 있으며 가늘고 긴 3개의 다리가 받치고 있다. 주로 음주용 그릇으로 쓰였으며 모양이 참새와 비슷하다고 하여 작(雀)과 발음이 같은 '작(爵)'으로 명명되었다. 청동제의 것은 예기(禮器)로서의 가치가 높아 신분이 높은 사람들이 종묘의 제(祭)

에 이것을 바쳤고 종종 은상(恩賞)으로서 신하에게 내려지기도 하였다.

중국 고대의 청동 제기(祭器)를 포괄적으로 이르는 말이다. 흔히 종묘(宗廟)에 바쳐지는 그릇이란 의미로 쓰인다. 기형을 구별하지 않고 청동기를 부를 때 '이(彝)'라고 한다. 원래 선조의 영혼을 강림시키기 위한 그릇으로서 그 자체가 높이 받들어졌지만, 곧 제기라는 의미가 커졌으며 제사를 중시한 왕조에 있어서는 권위의 상징이기도 했다. 형태는 은나라 때 이미 완성되었다.

오늘날 알려진 중국 고대 청동기의 종류는 수십 가지가 있는데, 주기(酒器), 식기(食器), 수기(水器) 등으로 나뉜다. 음식을 삶는 그릇으로는 발이 셋 달린 정(鼎), 력(鬲), 언(甗) 등이 있는데, 삼족기(三足器)는 용산문화의 토기에서 기원한 형태로 해로운 것을 예방하며 불이 없이도 음식을 익힐 수 있는 불가사의한 힘이 있다고 생각했다. 이것에는 불에 올려놓았다 내렸다 할 수 있도록 커다란 손잡이가 달려 있다. 정(鼎)은 제사의 중심이 되는 중요한 기물로 곧 왕권의 상징으로 여겨졌고, 언(甗)은 시루와 역을 합해 놓은 형태로 찜통과 같은 그릇이다. 음식을 담는 그릇으로는 손잡이가 두 개 붙은 궤(簋)와 대야 모양의 우(盂)가 있다.

주로 술을 담는 그릇으로는 뚜낑이 있는 항아리나 병 모양의 호(壺)가 있고, 쇠사슬 형태의 흔들리는 손잡이와 때로는 주둥이가 있는 유(流口)가 있다. 아랫부분은 컵 모양의 둥근 형태에 윗부분은 나팔같이 밖으로 향한 치(卮), 약탕관 모양의 화(盉), 트럼펫 모양을 한 기다란 고(觚), 이를 확대한 형태의 준(尊)이 있다. 고와 준은 토기에서 유래된 것이다.

가(斝)도 술을 데우는 비교적 큰 그릇으로 입 가장자리에 두 개의 삿갓 모양의 작은 기둥이 솟아 있고 측면에 하나의 손잡이가 있으며 셋 또는 넷의 다리가 붙은 형태이다.

은, 서주시대에 성행한 이 그릇은 하대(夏代)에는 잔(盞), 은대(殷代)에는 가(斝), 주대(周代)에는 작(爵)으로 불렸다. 작(爵)은 주구가 넓고 오른쪽에 손잡이가 붙고 다리가 셋 달린 술잔이다. 그리고 배 모양으로 된 국그릇 같은 굉(觥)은 술을 혼합하는 데 쓰였고 평소에는 뚜껑이 있고 국자를 넣게 되어 있다. 이 밖에 물을 따르는데 쓰는 이(彝)와 손 씻을 물을 담는 반(盤), 감(鑑), 세(洗) 등은 아마 목욕재계시에 사용했던 그릇으로 추정된다.

술과 물을 담는 제기로는 이(彝), 희준과 상준, 산뢰, 착준과 호준, 작, 용찬 등이 있다. 이(彝)는 술을 담는 항아리로 조이, 계이, 가이, 황이 등으로 구분된다. 조이는 크고 넓은 그릇 위에 술을 담는 준기가 올려져 있고, 몸체에는 봉문이 양각되어 있어 남쪽과 예를 상징하며, 봄과 여름 제사 때 기장과 향초로 빚는 울창주를 담는 유제 제기이다. 계이는 크고 넓은 그릇 위에 준기가 올려져 있으며 닭이 양각되어 동쪽과 인(仁)을 상징한다. 봄, 여름 제사 때 사용하며 맑은 물을 담는 유제 제기이다. 낟알을 새긴 가이 역시 술을 담는 제기로 가을과 겨울 제사 때 맑은 샘물인 현주(玄酒)를 담는데 사용된다. 황이는 받침과 그릇에 두 눈이 양각되었는데 이는 음(陰)과 신(信)을 상징하며, 가을과 겨울 제사 때 맑은 물을 담아 사용하는 유제 제기이다.

마지막으로 굉(觥)은 뿔잔 굉으로 무소뿔로 만든 고대의 술잔을 지칭한다. 굉자가 사용된 예를 보면 觥船; 큰 술잔. 觥筹狱; 연회가 오래 계속되어서 고통받다. 觥罍不绝; 끊임없이 술잔을 들다. 觥令; 연회에서 다른 사람에게 술을 많이 마시게 하기 위한 여흥 등의 사용예가 있다. '굉(觥)'은 원래 코뿔소의 뿔에 다리를 붙여 만든 술잔이다. 여기서 두 술잔의 다리를 띠로 묶는다는 것은 이른바 '합근(合巹: 술잔을 합치다)' 또는 '교배(交杯: 술잔을 교환하다)'라는 결혼식에서 거행되는 예식 가운데 하나를 가리킨다.

굉(觥)자에서 변으로 사용된 '뿔 角'은 갑골문에서 짐승의 뿔을 그렸는데, 무늬가 든 것이 특징이며, 모양으로 보아 소뿔로 보인다. 뿔은 머리에 달려 있기 때문에 두각(頭角)에서처럼 '머리'를 뾰족하거나 모난 모습 때문에 각도(角度)를, 머리를 뿔 모양으로 맸다는 뜻에서 총각(總角)을, 뿔피리로 쓰였기 때문에 오음(五音)의 하나를 지칭하게 되었다. 뿔은 표면이 단단하지만 안은 부드러워 속을 파내면 잔이나 악기는 물론 다양한 장식물로 쓸 수 있다.

먼저 가공하기 위해서는 뿔을 뽑아야 하는데, 解(풀 해)는 소(牛)의 뿔

(角)을 칼(刀)로 해체해 내는 모습이다. 옛날 제사를 지낼 때 짐승을 잡아 바쳤는데, 희생물로 쓸 짐승을 묶어(束) 놓고 배를 가르고 뿔(角)을 뽑으려 할 때 '죽기를 두려워하는 짐승의 모습'을 그린 글자가 觫(곱송그릴 속)이다.

이렇게 분리해 낸 뿔은 표면을 장식하여 고급 잔으로 사용했는데, 觚(술잔 고)는 아래 위가 나팔처럼 벌어진 큰 키의 잔을, 觥(뿔잔 굉)은 빛(光)을 발하듯 겉면을 화려한 무늬로 장식한 코뿔소의 뿔로 만든 잔을 말했다. 또 觶(잔 치)를 구성하는 單(홑 단)이 원래 윗부분은 돌 구슬(石球)을 맨 줄을 던져 짐승의 뿔이나 다리를 묶을 수 있도록 고안된 사냥 도구를 아랫부분은 큰 뜰채를 그렸음을 고려한다면, 이는 사냥(單)이나 전쟁에 나갈 때 수확과 승리를 기원하며 마시던 뿔(角)로 만든 술잔이었던 것으로 추정된다.

그런가 하면, 觱(악기이름 필)은 서역에서 중국으로 수입된 가로로 된 피리(觱篥 · 필률)를 음역한 글자인데, 음역 과정에서 모두 함께(咸 · 함) 들을 수 있는 뿔을 깎아 만든 뿔피리(胡角 · 호각)처럼 생긴 악기라는 의미를 담았다. 나머지 觸(닿을 촉)을 구성하는 蜀(나라이름 촉)은 원래 머리 부분이 크게 돌출된 애벌레를 그렸고 이후 지명으로 가차되자 虫(벌레 충)을 더해 蠋(나비 애벌레 촉)으로 분화한 글자이다. 그렇다면 觸은 애벌레(蜀)에 돌출된 뿔(角)처럼 생긴 觸手(촉수)를 말하며, 이로부터 접촉(接觸)의 의미가 생겼을 것이다.

4.4.1 대포잔의 유래와 유형

다음으로는 '대포잔'에 대해 알아보자. 대포에는 세 유형이 있는데 1) 식물성 대포: 풍류의 결사(結社)나 시사(詩社)가 모이면 우의를 돈독하게 하기 위해 널따란 연잎으로 잔을 만들어 술을 담아 연대에 구멍을 뚫어 돌려 마셨다. 2) 동물성 대포: 기방에서 신이 나면 해어배(解語杯)라 하여 기생 입에다 술을 머금게 해서 입을 번갈아 맞추며 돌려 마셨다. 3) 박물성(博物性) 대포 : 화혜배(花鞋杯)라 하여 기생의 꽃신에다 술을 담아 돌려 마셨다.

1) 벽통배(碧筒杯)

벽통배(碧筒杯)라 함은 연(蓮)잎으로 술잔을 만들어 마시는 잔이다. 넓은 연잎을 원추형으로 말아 술을 담고 엽경(葉莖)을 통해 흐르는 술을 마치 코끼리 코처럼 들어올려 빨아 마셨던 것이다. 연(蓮)의 향내음도 스미고 술이 차가워지기도 하여 삼복(三伏)의 술잔으로 선호되었던 잎 잔(葉盞)이다.

고려 때 이규보와 조선 시대 때 다산의 시에서 공통적으로 벽통배의 명칭이 언급된 것을 보면 선비들의 주회에서는 이미 널리 회자되고 실험까지 거친 것이 아닐까 생각된다. 다음의 이규보의 싯구에 벽통배 얘기가 나온다. 그의 음주풍류의 등급을 가히 알 수 있다.

銀蒜垂簾白日長　은산 드리운 발에 여름해 길어
烏紗半岸洒風凉　오사모 반쯤 벗고 서늘한 바람 쐰다.
碧篇傳酒猶嫌熱　통배에 술 건네도 지긋한 이 더위
敲破盤氷嚼玉漿　쟁반의 얼음 깨서 술을 맛본다.

(이규보, 〈代人書寢屛四時詞 중 夏日〉, 《東國李相國集》 권3)

문에 걸린 주렴으로 은산이 드리워져 있고, 긴긴 여름해가 발 틈새로 스미면서 길게 그림자를 만든다. 보기만 해도 더위가 후끈 느껴질 듯한 여름 햇살이지만, 그래도 그늘 한켠에는 바람이 남아있다. 오사모를 반쯤 벗었다는 건 선비로서 마땅히 갖추어야 할 복색을 벗어버리고 마음 내키는 대로 앉은 것이다. 편한 자세와 마음으로 앉았단들 한여름 더위를 어찌 한단 말인가.

이규보 역시 무더위 속에서 벽통배에 담긴 술을 즐기며 얼음을 깨서 맛보는 피서를 즐기고 있다. 지금이야 흔하디 흔한 얼음이지만, 당시 여름날에 얼음을 맛본다는 것은 별미 중의 별미였을 것이다. 온갖 호사를 다 누리며 여름나기를 하고 있는 이규보에게서, 사치스러움보다는 풍류로움을 느끼는 것은 나만의 편견은 아닐 듯하다.

벽통배는 후위(後魏)의 정의(鄭懿) 때문에 유명해진 술잔이다. 그는 삼복이면 언제나 사람들을 거느리고 사군림(使君林)으로 피서를 가곤 했다. 그는 연잎 큰 것을 벼루 얹어놓는 시렁에 설치하고는 거기에 술을 석 되쯤 넣는다. 그리고 바늘 같은 것으로 잎과 줄기가 이어진 부분을 찔러서 구멍을 내면 그 속으로 술이 흘러나오게 된다. 줄기 부분이 대롱의 역할을 해서 술을 받아 마시는 것이다. 이 때문에 연잎으로 만들어 술잔으로 사용한 셈이 되고, 이것을 벽통배라고 부르게 되었다. 여름나기에 지친 개 혀처럼 모양을 하고 이상한 자세로 흘려 내리는 술을 받아 마시는 양반네들의 모습은 희화화하기 좋은 음주행태라 하겠다.

이와 유사한 연엽주의 주조과정과 음주법은 다음과 같다.

늦봄에서 초여름 사이에 연잎이 싱싱하게 푸르면 술을 빚는다. 누룩과 찹쌀을 잘 이겨서 술누룩을 만들면, 연못에 있는 연잎에 넣고 그 위를 둥그렇게 오므려서 싸매둔다. 그 무게를 지탱하기 위해 나무막대로 지지대를 해주는 것은 물론이다. 그렇게 놓아두면 연잎 속에서 누룩이 서서히 발효되면서 술이 익는다. 그 술은 삼복 더위가 한창일 무렵 손님들이 오면 하나씩 따서 대접을 한다. 연 줄기의 중간 부분을 적당히 잘라서 술상에 올리면, 줄기 부분을 통해서 흘러나오는 술을 마시며 그 풍류를 즐긴다고 한다. 이것을 연엽주(蓮葉酒)라고 한다.

다산이 63세이던 여름에는 더위가 심하자 더위를 극복할 풍류스러운 『소서팔사(消暑八事: 더위 식힐 여덟 가지 방법)』라는 멋진 시를 지었는데, 여기에서도 벽통배 명칭이 언급되고 있다.

8가지 피서법이란 '송단호시(松壇弧矢)', '괴음추천(槐陰鞦韆)', '허각투호(虛閣投壺)', '청점혁기(淸簟奕棋)', '서지상하(西池賞荷)', '동림청선(東林聽蟬)', '우일사운(雨日射韻)', '월야탁족(月夜濯足)' 등 8가지 방법이니, 여덟 가지란 '솔밭에서 활쏘기, 느티나무 아래에서 그네 타기, 넓은 정자에서 투호하기, 대자리 깔고 바둑 두기, 연못의 연꽃 구경, 숲 속에서 매미 소리 듣기, 비오는 날 한시 짓기, 달밤에 탁족하기'다. 소박하고 신선한 여름 정취가 한 폭의 그림처럼 떠오른다.

첫 번째가 '송단호시(松壇弧矢)'라는 제목인데, 솔 둑에서 화살을 쏘는 놀이를 즐기면서 더위를 식힌다는 것이다. 양쪽 계단에 나란히 오르면 살그릇 중앙에 있고 오얏은 가라앉고 오이는 뜬 술송이 가득한데 비단 휘장으로 소나무 틈의 햇볕 가렸고 과녁의 베는 밤나무 숲 바람에 가득 배가 불렀네. 들에 편 돗자리 길손 맞이하게 더 넓게 펴고 서늘하게 시렁 매어 늙은 곰 하는 짓 배워본다네. 더운 여름도 날짜 보내기 좋으련만 왜 하필이면 추운 겨울에 활쏘기나 과시하려느냐고 모두가 말한다네.

홰나무 그늘에서 그네를 타다보면 아무리 더운 날씨도 거뜬하게 보낼 수 있는 것이 '괴음추천(槐陰鞦遷)'이다. "…솔솔 부는 서늘한 바람 사방에서 불어오니 뜨거운 해가 모르는 사이 서쪽으로 기울었네"라는 마지막 구절이 더위를 이겼음을 말해준다.

'허각투호(虛閣投壺)'는 빈집, 그것도 강변에 있는 누각으로 솔바람이 온종일 불어오는 집이다. 거기서 투호놀이를 하다보면 웃고 즐기는 가운데 더위를 느끼지 못하고 여름날이 지나간다는 이야기다.

더운 날씨에 졸음은 오고 책은 읽기 싫다면 할 일이 무엇일까. 손님들 모아다가 바둑 구경시키면서, 술내기나 생선회내기 바둑을 두라는 것이다. 대국자는 물론이려니와 옆에서 구경하는 사람까지 차별 없이 모두 배부르게 마시고 먹는 것이 바둑 두기라는 것이다. 그게 바로 '청점혁기(清簟奕棋)'의 소서법이다.

'서지상하(西池賞荷)'는 서쪽 연못에서 연꽃 구경하면서 더위를 이기는 것이고, 여기서 벽통배가 언급되고 있다. '동림청선(東林聽蟬)'은 동쪽 숲에서 울어대는 매미소리 들으며 더위를 이기는 방법이다. "석양 되자 매미 소리 더욱 듣기 좋아 늙은 홰나무 밑으로 평상을 옮기고 싶네"라는 구절에서 해질 무렵의 매미 소리의 아름다움을 한껏 느끼게 된다니 그 멋도 대단하다.

'우일사운(雨日射韻)'은 비오는 날에는 시를 지으며 시간을 보낸다는 것이다. 천수(千首) 정도의 시를 지어놓고 어떤 운자(韻字)가 어려웠나를 따지다보면 저절로 더위가 식힌다니 그럴듯하지 않은가.

다산의 피서법에 특별한 묘안은 없지만 더위로 흐트러지는 마음을 조용히 다스리는 선비의 정신이 베여 있다. 옛 선비들은 피서방법으로 아예 책을 싸들고 유산(游山)을 떠나기도 했다. 산으로 놀러 가는 것은 탁족과도 맥이 닿아 있다. 그렇다고 선비들이 산에서도 엄격한 법도만 지키지는 않았을 터이다. 무더위엔 바짓가랑이를 내리고 '풍즐거풍(風櫛擧風)'을 했다. 풍즐거풍이란 인적 드믄 산을 찾아 상투를 풀어 산바람에 머리카락을 날리고 아랫도리를 드러내어 볕에 쬐는 것, 바람목욕이다.

우리 옛 선비들의 여름 피서법은 우아함의 극치다. 깨끗한 계곡물이 흐르는 한여름의 울창한 숲에서 시를 짓고 낭송하며 더운 한낮을 보내는 모습은 상상만으로도 머리가 시원해지는 풍경이다. 조선시대 선비들은 여름이면 숲에서 시회(詩會)를 열었는데 글을 통해 인격을 닦는 동시에 여름에 가장 효과가 좋다는 삼림욕도 한 셈이다. 좀더 아기자기한 여름 취미 생활도 있다. 수반이나 빈 화로, 못쓰게 된 항아리 뚜껑 등 오목한 그릇에 물을 채워 작은 호수를 만든 뒤 돌을 놓고 그 틈에 석창포를 심어 푸른 바다나 호수 그리고 섬들을 상상하며 더위를 씻는 풍습도 있었다.

기이한 방법으로 여름을 난 선비도 있었는데 우복(愚伏) 정경세는 날씨가 무더우면 그때마다 문을 걸어 잠그고 깊은 방안에 틀어박혀 더위를 이겨냈다고 한다. 사람들의 비웃음에 그가 한 말이 걸작이다. '서늘함은 조용한 가운데 온다는 사실을 사람들이 알까.'

송규렴이라는 학자는 '상상 속의 피서'를 즐기곤 했다. '그는 시냇가에 정자를 짓고 정자 앞으로는 작은 연못을 만든다. 연못가에는 버드나무를 심어놓고 온종일 정자 난간에 기대어 더위를 식힌다.'

西池賞荷

藐姑永雪超超想　빙설같은 묘고산 신인(神人)의 초탈한 정신이요
越女裙衫澹澹姿　치마 저고리 어여쁜 월녀의 담박한 자태로구나
一榼兼宜彎象鼻　술 마시기에 알맞은 코끼리 코 술잔도 겸하였다네
百花那得妬蛾眉　온갖 꽃이 어찌 미인을 시샘할 수 있으랴

상기의 시에서 묘고(藐姑)의 빙설(氷雪)은 묘고야산(藐姑射山)에는 신인(神人)이 사는데, 그 살결이 마치 얼음이나 눈 같고 자태가 마치 처녀와 같았다는 데서 온 말이다. 《莊子 逍遙遊》.

또한 한 통…알맞거니와는 옛날에는 술그릇을 코끼리 모양으로 만들기도 하고, 또는 술그릇에 코끼리의 형상을 새겨 넣기도 하였으므로, 이를 두고 한 말인 듯하다. 코끼리코 술잔이란 줄기가 붙은 연잎을 이용한 술잔이다. 魏의 정시(正始) 연간에 정각(鄭慤)이 삼복 더위에 빈료(賓僚)들을 데리고 사군림(使君林)으로 피서를 가서 큰 연잎을 연격(硯格) 위에 올려놓고 술을 따른 다음, 잎 가운데를 비녀로 찔러서 줄기로 술이 흘러내리게 하고는, 그 줄기를 마치 코끼리의 코의 모양과 같이 굽혀서 빨아먹었는데, 이름을 벽통배(碧筒杯)라고 했다 한다.

2) 대나무잔

죽통주(竹筒酒)라는 대나무잔도 있었다. 살아있는 대나무의 마디 사이를 구멍을 내고 술을 빚어 넣는다. 대나무로 구멍을 막고 진흙을 개어 발라 빗물이 들어가지 않게 하여 익힌다. 또는 굵은 청대를 마디있게 잘라 구멍을 뚫고 술을 빚어 넣어 숙성시킨다. 즉, 살아있는 대의 굵은 부분을 잘라 술밥과 곡자의 물을 붓고 파초 잎으로 싸서 묶어둔다.

술이 익으면 그 대마디 째 잘라 들고 마셨으니 풍류가 이만저만이 아니다. 동남아시아에서는 죽통이 중국이나 유럽에서는 가죽주머니가 사용되었고, 사막 같은 건조지대에서 생활하는 유목민은 가죽주머니나 짐승의 내장처럼 형상에 유동성이 있는 것을 수통으로 사용하였다. 토기를 사용하는 민족들은 토기 단지를 대나 등나무 줄기로 엮은 망태를 사용하기도 했다.

대나무 대신 소나무 주기(酒器)로 빚어 마신 술이 와송주(臥松酒)다. 와송(臥松)에 구멍을 파 그 안에 술을 빚고 소나무로 마개를 만들어 막아둔다. 즉, 누운 소나무에 구멍을 파 술을 빚고 그 부위를 잘라 마셨다.

송하주(松下酒)는 동짓날 밤에 소나무 밑을 파고 술을 빚어 넣은 항아리에 소나무 뿌리를 넣고 봉해 두었다가 이듬해 늦가을에 파내어 마신다.

전통주 가운데 소나무를 부재료로 사용하여 빚는 술로 일곱 가지가 있다.

송엽주(松葉酒: 솔잎으로 빚는 술), 송순주(松筍酒: 새 순으로 빚는 술), 송절주(松節酒: 소나무 가지의 마디로 빚는 술), 송실주(松實酒: 솔방울로 빚는 술), 송피주(松皮酒: 소나무 속껍질로 빚는 술), 송근주(松根酒: 소나무 뿌리로 빚는 술), 송화주(松花酒: 소나무의 꽃가루를 이용한 술) 등이 있다.

양귀비 언니인 괵국부인은 잔치 벌어지는 대청 대들보에 사슴창자를 걸어놓고 그 창자에 술을 채워 따라 마시게 했으니 이를 동천병(洞天甁)이라 했다. 괵국부인은 사슴 창자에 술을 채워 마시게 했다고 하니 이런 주정은 취옹이나 즐길 수 있을 것이다. 천하를 얻는 기쁨일 것이다.

사슴은 들 짐승으로 덩치가 크지만 성질이 온순하여 다만 풀이나 나뭇잎을 따먹고 산다. 사슴은 다른 동물을 해치는 법이 없다. 맹수가 사슴을 잡아먹으려고 할 때 사슴은 도망칠 수 밖에 없으며 만약 도망치지 못한다면 맹수의 밥이 된다. 옛날 사람들은 종종 사슴을 천하(天下)에 비유하곤 했다. 백성들은 온순하고 선량하여 남에게 압박과 박해를 받기만 하는 모습이 사슴과 다를 바 없었기 때문이다.

한서(漢書)에 보면 이런 말이 있다. '진나라에서 사슴을 잃으니 천하가 모두 그 사슴을 취하려고 하더라.(秦失其鹿 天下逐鹿之)' 진나라가 천하를 잃으메 군웅(群雄)들이 다투어 일어나 천하를 얻으려고 싸웠으며 그 많은 군웅들 가운데 한고조(漢高祖)가 초패왕(楚覇王)을 무찌르고 한 마리의 노루를 얻었다는 뜻이다. 그러니까 노루를 백성이나 천하에 비유했다는 뜻이다.

3) 화혜배(花鞋杯)

기방에서는 마음을 사고 싶은 기생이 있으면, '화혜배(花鞋杯)'라 하여 기생의 꽃신에 그 기생의 가죽신을 갖고 들라고 하여 그것에 술을 따라 마셨으니 이는 '신발잔'이다. 복종을 맹세하거나 아부하는 뜻에서도 윗사람의 가죽신에 술을 따라 마시는 사례(史例)도 찾아볼 수 있다. 또한 기방에서 신이 나면 해어배(解語杯)라 하여 기생 입에다 술을 머금게 해서 입을 번갈아 맞추며 돌려 마셨다.

문안공(文安公) 이사철(李思哲)은 몸집이 커서 음식을 남보다 유달리 많이 먹었는데, 항상 큰 그릇의 밥 한 그릇과 찐 닭 두 마리와 술 한 병을 먹었다. 등에 종기가 나서 거의 죽게 되었는데, 의원이 불고기와 독주(毒酒)를 금해야 한다고 말하니, 공이 말하기를, "먹지 아니하고 사는 것보다 차라리 먹고 죽는 것이 낫지 않을까." 하면서 여전히 술을 마시고 불고기를 먹어도 마침내 병이 나으니, 사람들이 말하기를, "부귀를 누리는 사람은 음식 먹는 것도 보통사람과 다르다."하였다.

공이 젊어서 여러 벗들과 삼각산의 절에서 놀 때에 각각 술 한 병씩을 가졌으나 술잔이 없었다. 그때 권지(權枝) 선생이 새로 만든 말 가죽신을 신었었는데, 문안공이 먼저 그 신에 술을 따라 마시니 제공(諸公)들도 차례로 마셨는데, 서로 보며 크게 웃고 말하기를, "가죽신을 술잔으로 삼은 것이 우리들로부터 고사(故事)가 되었으니, 이 또한 좋지 않은가." 하였다. 뒤에 문안공이 귀하게 되어 권지에게 말하기를, "오늘 금 술잔의 술맛이 산놀이 할 때의 가죽신 술잔보다 못하구려." 하였다.(필원잡기 1)

4) 손바닥 잔

가장 신나는 술잔은 손바닥 잔이다. 옛날 서울에는 젊은 과부가 차린 내외(內外)술집이라는 게 있었다. 내외법은 지켜야하기 때문에 주모인 과부는 손님 앞에 나타나지 못하고 팔뚝만 내어 밀어 술상을 내고, 또 술값도 내어 민 손바닥에 놓아 받았다. 그래서 속칭 팔뚝술집 이라고도 했다. 술값을 놓을 때 행하(팁)를 두둑하게 얹어놓고 기다리고 있으면 과부는 손바닥에 술을 담아 내어민다. 그 손바닥 술을 핥아 마시는 맛에는 짜릿하게 자기(磁氣)가 통했음직하다.

5) 마상배(馬上杯)

중앙아시아에 자리잡은 우크라이나, 흑해 연안의 곡창지대인 이곳은 먼 옛날 스키타이인들이 살았었다. 스키타이인은 매우 용맹스럽고 의리와 상하간 충절이 강하기로 유명하다. 그래서 이들이 전쟁에 나갈 때는 도끼나 칼을 큰 항아리 속에 담근채 손가락을 칼로 베어 피를 항아리 속에 떨어뜨린 다음 맹세를 위한 주문을 하고 여럿이 그 술을 마셨다.

이 때 마시는 술을 '혈주(血酒)'로 하는데, 이 술은 짐승의 뿔잔에 담아 마시는 것이 관례이다. 또한 말 위에서 마신다고 하여 '마상배(馬上杯)'라고도 한다. 또는 친구간의 우정, 형제간의 우의를 다질 때 잘 사용하는 술잔이다. 짐승의 속이 텅빈 뿔은 그 끝이 뾰족하여 한번 받은 술잔은 양이 적고 많고간에 쭈욱 다 마셔야 한다.

우리나라 역사에도 각배 술잔은 등장한다. 강한 백제군에 분패한 김춘추와 김유신은 비통해 한다. 이때 그들은 각배 술잔에 손가락의 피를 떨어뜨리며 삼국통일을 굳게 맹세하며 각배 술잔에 혈맹주를 따르고 마신다.

6) 유방형 술잔

'유방형 술잔'은 뭇 남성들을 흥분케 한다. 여성들에게 가슴은 육체의 한 부분이라는 단순한 의미에 그치지 않는다. 사춘기 때는 부끄러움과 설레임, 성숙해서는 성적 매력과 여성스러움, 노년기에는 상실감과 안타까움을 주는 상징이기 때문이다. 그만큼 적당히 크고 아름다운 가슴은 여성들의 희망이요, 바램이다. 봉긋 솟은 예쁜 가슴을 갖거나 도도하게 고개를 쳐들며 터질듯한 정열을 담고 있는 풍만하고 건강한 가슴을 갖고 싶은 욕망은 모든 여성의 꿈이다.

여자의 유방은 아기에게는 생명의 정수를 물려주는 샘이요, 사랑하는 사람에게는 사랑을 확인케 하는 강력한 주술임과 동시에 무기요, 남편에게는 애정을 나누어주는 곳이며, 여성 자신에게는 미적 가치를 표현하는 상징이다. 유방은 제2의 성기라고 할 만큼 여자로서의 의미와 자존심이 표현되는 곳이어서 어느 시대, 어느 문화권을 불문하고 아름다운 유방을 추구하지 않은 여성은 없다.

아름다운 가슴에 대한 예찬, 그것을 가장 잘 나타내고 있는 것이 아마도 밀로의 비너스가 아닐까? 비너스의 가슴은 마치 공을 반으로 자른 것처럼 동그스름하면서도 알맞게 앞으로 내밀어 풍만함과 탄력이 조화를 이룬 원추형이며, 유두는 가슴의 중앙에서 약간 위로 위치해 있다. 그동안 예쁜 가슴에 대한 기준이나 유행은 많이 바뀌었지만, 미학적으로는 비너스의 가슴이 가장 이상적인 가슴이라 일컬어진다.

여성을 가장 여성답게 보이도록 하는 유방에 대한 의학적인 측면에서의 정의를 보면 "유방은 원래 피부의 한 부속선이지만 여성에 있어 모성으로 중요한 수유 기능을 가지며, 수유기가 아니더라도 생식기관들의 주기와 밀접한 관계가 있어 흔히 생식기관의 한 부속선으로 분류된다"고 정의한다.

유방의 중심에 있는 유두는 색소가 침착된 돌출 부위이며 유두를 둘러싸고 있으면서 역시 유두처럼 색소가 침착된 동그란 부위는 유륜이라고 부르는데 유방의 리얼리티가 가장 두드러지는 부위이다. 유방이 커지는 것은 난소 호르몬의 형성과 분비가 시작되는 사춘기에 분비관의 가지가 형성되고 많은 지방이 침착됨으로써 비롯된다. 또 성장 후에도 생식 주기에 따라 유방은 여러 차례 변신을 거듭하고, 이는 호르몬의 분비량에 따라 변화하는 것이다. 여기서 유방의 주 구성원이 지방이라는 사실은 현대에 이르러 마르고 키가 큰 체형의 한국 여성이 늘어나는 추세가 결국 유방이 왜소한 여성이 늘어나는 증거이다.

유방은 해부학적으로도 생식기관의 한 부속기관으로 분류되지만 실제 여성의 몸 여기저기 퍼져 있는 성감대 중에도 유방은 민감도가 가장 뛰어난 부위라는 것이 정설이다. 이렇듯 여성에게 중요하고도 관심의 대상이 되는 아름다운 유방의 조건이 무엇인지 살펴보기로 하자.

여성 미학자 시트라츠가 제시한 아름다운 유방은 첫째, 탄력있고 팽팽할 것, 둘째, 너무 커도 안 되며 모양은 반구형일 것, 셋째, 갈비뼈 중 3번째와 6번째 사이에 그 융기가 있을 것, 넷째, 유두의 위치는 5번째 갈비뼈보다 약간 아래에 위치해 있을 것, 다섯째, 유두 사이의 간격이 20cm 이하로 좁아서는 안 되며 좌우의 유두는 마치 토라진 자매처럼 약간은 반대편을 보고 있는 것이 좋으며, 여섯째 유방의 크기는 자신의 두 손으로 완전히 감출 수 있어야 할 것 등의 조건을 제시하였다.

물론 이러한 조건은 현대에 조금씩 변화하는 것도 있으나 전체적인 틀은 변하지 않았으며 대체로 양 어깨의 중앙 부위인 흉골 상부부터 양쪽 유두까지의 길이가 이등변 사각형이면 이상적이라고 말할 수 있다. 유방은 성장기 발육부진으로 인해 가슴이 거의 없거나, 성장기에 잘 발육된 아름다운 유방을 지닌 여성이라 할지라도 임신, 수유, 출산, 노화 등으로 인해 한번 유방의 모양이 변형, 위축되거나 탄력을 잃어 처지면 원래의 모양을 되찾기란 어려운 일이다.

옷을 잘라내어 드러내라. 신비하고 비밀스런 유혹의 도구로서 중세 문학도 여성의 '가슴 노출'을 부추겼다. 아름다운 젖가슴과 우아한 목을 가졌다면 매력적인 부분을 갈망하고 꿈꾸도록 드레스 앞가슴을 깊게 노출시키라고 충동질했다. 순백의 순결한 살결을 반 발자국(15cm) 더 드러내면 그대는 더 매혹적인 것이라며 남자들을 유혹하려면 가슴을 드러내야 한다고 주장했다. 또한 중세시대에는 요즘처럼 큰 가슴보다는 아담하고 적당히 탄력 있는 가슴을 선호했다.

유방의 본을 딴 술잔으로 귀한 자리에 손님을 대접하는 풍습은 서양에서는 오래전부터 있어왔다. 유방 술잔이 연회석에서 쓰여졌고, 그리고 당대 유방형을 본 뜬 유리잔, 도자기 잔들을 볼 수 있다. 그러나 유리나 도자기로 된 술잔에 비해 유방형의 샴페인 술잔은 거품과 향기가 빨리 없어지고 손 온도에 의해서 샴페인이 데워지는 흠이 있어 꼭 잔대를 받쳐 사용했다.

플리니우스는 『박물지』에서 백금 술잔의 유례를 이렇게 밝히고 있다. "고대 그리스인들은 최초로 포도주 잔을 만들 때도 아름다운 헬레네의 유방을 표본으로 한 술잔을 만들었다고 한다. 헬레네의 젖가슴을 닮은 술잔에 술을 따라 마시면서 유방을 애무하는 듯한 은밀한 쾌감을 즐겼던 것이다." '마스토스(mastos)'라 하여 고대 이집트에서 보다 큰 유방을 과시하고자 그 유방을 본떠 만든 술잔으로 헌작함으로서 구애하는 관습이 있었다.

고대 이집트의 안토니우스는 사랑하던 클레오파트라의 유방을 찬미한 나머지 그녀의 유방을 틀로 하여 유방모양의 잔을 만들었다고 한다. 그 모습이 얼마나 아름다웠기에 투구만한 크기의 금잔을 두 손으로 감싸 안고 술을 마셨을까 하는 생각이 든다. 진정 미를 아는 남자였던 것인가?

유방의 아름다움에 터질 듯이 탄복했던 16~18세기는 그토록 많은 여인들이 젖가슴을 당당히 풀어헤치고 이젤 앞에 당당히 섰는가 하면, 유방 모양의 물을 내뿜는 분수가 폭발적인 인기를 끌었던 적이 있었다. 사태가 이렇게 되자 왕과 귀족들은 자신의 아내나 애인의 초상화를 주문할 때 유방을 온전히 드러낸 모습으로 그릴 것을 어필했다. 16~18세기까지 이탈리아와 프랑스 귀족 문화에서 제작된 나체화들이 오로지 여성의 유방을 위해 그려졌다는 것은 결코 과장된 말이 아니다. 라파엘로의 애인인 포르나리나의 초상화, 보티첼리가 흠모한 시모네타의 초상화, 티치아노가 그린 알폰소 다발로스의 애인 초상화, 티치아노의 딸 리비니아의 초상화, 루브르의 방 한 개를 가득 채운 루벤스의 메디치 마리아 초상화는 유방이 명백하게 화면의 중심이요, 주제임을 확연하게 보여주고 있다.

프랑스 왕 앙리 2세는 애인의 유방을 본떠 자신의 전용 술잔을 만들었다. 거기에 그치지 않고 당대의 가장 뛰어난 조형 예술가들을 불러 애첩의 모습을 나체로 제작할 것을 요구했는데 애첩의 사랑스런 유방을 자랑하고 싶은 순수한 욕심에서였다. 프랑스의 최고 미인으로 칭송되었던 루이 16세의 왕후 마리 앙토와네트의 우아하고 풍만한 유방을 본 뜬 술잔도 사용되었다. 베르사유 궁전에 있는 루이 16세의 술잔은 왕비 마리 앙투아네트의 유방을 본떠 만든 것으로, '미로의 비너스'의 유방과 더불어 미인 콘테스트의 기준이 되고 있으며 100만달러의 보험금이 걸렸던 소피아 로렌의 유방이나 풍만한 젖가슴으로 일세를 풍미했던 마릴린 먼로의 유방도 이에는 못 미치고 있다.

철학자 헤겔은 유방의 미는 크기에 있는 것이 아니라 균형에 있다 하고, 큰 유방에의 선망은 다산을 바라는 주술적 잠재원망에 기인한다고 했다. 방랑 끝에 형님을 찾아가 구걸하는 홍부에게 놀부가 물었다. 그동안 애를 몇이나 두었느냐고…. 스물넷이라고 하자 홍부 여편네를 연상하고 "고년 젖통이 엉덩이만 하더니…"하고 다산을 큰 유방에 합리화한다.

7) 촉루배(髑嘍盃; 해골술잔)

술잔에는 해골술잔도 있다. 이를 촉루배(髑嘍盃)라고도 한다. 신라 문무왕 원년, 원효와 의상 두 스님은 대망의 당나라 유학을 위해 서해안인 남양 부근에서 뱃길을 보고 있었다. 그들은 오래 묵은 무덤가에서 밤을 지내게 되었는데, 한밤중에 원효는 몹시 목이 말랐다. 그는 더듬거리며 마실 물을 찾아 나섰다. 그러다가 뜻밖에도 물이 담긴 바가지를 발견하고 그 물을 맛있게 마셨다. 이튿날 아침에 보니, 그것이 바가지는 바가지로되 해골바가지였다. 그는 창자까지 뒤틀리는 격심한 구토 증세를 느꼈다. 그릇의 정체를 모르던 간밤에는 그토록 달게 마신 물이었는데 그릇의 실체를 보고 나니 이토록 역겨운 까닭이 무엇인가. 이 순간 그는 진리를 직관할 수 있었다. 그는 모든 것이 마음 하나에 달렸음을 깨닫고 마침내 당나라 유학을 포기했다. 그 진리의 깨달음이 '일체유심조'가 아닌가.

술그릇을 한갓 허상일 뿐이다. 그러나 술꾼들이 어찌 수도승 같을 수 있으랴. 이 해골 잔은 해탈 잔이 아니던가? 일체유심인걸....해골 술잔이 『전국책 戰國策』이나 『한서 漢書』등에 기록으로 나오기도 하고, 어떤 일본인 부자가 해골로 만든 잔에 금박 칠한 것을 애용한 이야기와 바이런이 썼다는 그런 술잔 이야기도 있다. 또한 티벳에서도 해골술잔이 있었다고 전해진다. 바이킹도 적의 해골을 술잔으로 사용했다.(Vikings used the skulls of their enemies as drinking vessels).

무제 때 흉노(匈奴)의 사신(使臣)이 와서 고하기를 "흉노가 민(民)을 쳐서 왕의 머리를 음기(飮器)로 사용했다."고 했다. 이 음기를 두고 술잔으로 해석하는 사람도 있지만 호자 즉, 소변기로 해석하는 사람도 있다. 그러나 사람이 마시는 것이면 주배(酒盃)나 기타 다른 말로 표기했을 터이니 소변기의 뜻이었을 가능성이 많다. 결국 사신의 말은 적국 왕의 해골을 요강으로 사용했다는 뜻이 된다.

적의 두개골이니 그것을 안고 술을 마시는 주배로 보기보다는 비하하는 측면에서 소변기로 해석하는 것이 보다 합리적이라고 생각된다.

조나라의 양자(襄子)는 현명한 군주였지만 한번 화가 나면 그 기세를 막을 사람이 없을 정도로 불같은 성격의 소유자였다고 한다. 한번은 양자가 지백(智伯)에게 공격을 당해 성에 갇힌 신세가 되고 말았다. 그러나 양자는 굴하지 않고 갖은 지략과 용맹으로 오히려 지백을 물리치는데 성공했다. 전쟁에서 이긴 양자는 지백을 죽이고 해골의 살을 발라내어 요강으로 썼다.

춘추시대의 말기, 진(晋)나라가 쇠하자, 진나라의 강력한 대부들이 세력다툼을 했다. 조양자가 지백을 죽이고 그 두개골에 옻칠을 하여 술그릇을 만드니, 지백의 신하 예양이 조양자를 죽여서 주인의 원수를 갚으려 했다. 처음에는 형인(刑人) 행세를 하고 조양자의 궁중에 들어가 변소의 벽을 바르다가 발각되었으나, 조양자는 그 의기(義氣)를 어여삐 여겨 죽이지 않고 놓아 보냈다.

예양은 다시 몸에 옻칠을 하여 문둥이처럼 되고, 입에 숯을 물어 벙어리 행세를 하면서 저자 위에서 빌어 먹었다. 다리 밑에 숨어 기회를 보아 조양자를 죽이려다가 마침내 죽음을 당하고 말았다. 몸을 괴롭히지 말고 조양자의 신하가 되어서 쉽게 뜻을 이루라는 벗의 권고에 대답한 말이야말로 예양의 곧은 절개를 여실히 말하여 주고 있다.

8) 세숫대야의 술잔

옛날 한 재상이 남도에 관찰사로 갔는데 성격이 몹시 까다롭고 엄해서 관기들의 작은 실수도 용납지 않았다. 말하자면 모든 일에 원리원칙을 주장하여 예외라는 것이 없는 모범생이었던 모양이다. 마침 안동에 내노란 기녀가 있어 이 까탈스런 사또를 한 번 골탕 먹이기로 작정하고 접근하였다. 우선 원앙금침에 무르녹는 사랑으로 영감태기를 헬렐레 하게 만들어 놓으니 남자는 갈증으로 술 생각이 간절했다.

"썩 맛 좋은 술이 한통 있긴 한데 마침 술잔이 없습니다. 밤이 깊어 그릇을 다 치워 놓았으니 정히 난감하오이다. 술잔을 꺼내오려면 아랫것들을 다 깨워야 하니 번거롭고... "

이쯤에서 뜸을 들인 뒤에, "그릇이라면 새로 사온 세숫대야가 탁자위에 있을 뿐이지..." 하고 눈치를 모았다. 아니나 다를까 사또가 이제야 살았다는 듯이 말을 받는다. "질그릇에 탁주라는 말도 있는데, 이런 시골에서 놋대야라면 질그릇 탁주보다 사치하며 오히려 풍미를 돋구지 않겠느냐!"

이리하여 세숫대야에 술을 따라 두어 모금 마시고 나서, "좋도다. 금잔, 옥배보다 이 잔이 더 좋구나!" 이렇게 하고 보니 은근히 켕기는 구석이 없지도 않았던지, "얘야, 행여 이런 사연 남한테 누설치는 말아라."하고 신신당부했다.

그러나 뭇 기생들이 개미떼같이 달라붙어 숨을 죽인 채 이 광경을 역력히 보고 있다는 것을 그가 어찌 알았으랴. 술잔 크기와 주량이 비례한다고 까지는 말하기 어렵겠지만 상관관계는 크다. 서거정의 『필원잡기』를 보면, 당시에 국빈을 대접하는 대객관은 각별한 주량을 필수요건으로 했던가 싶다. 유구국 사신이 조선을 다녀가서 한 말 중에, 그들이 조선에 와서 경탄한 것 세 가지를 지적했는데 그 가운데 하나가 대객관의 주량이었다. "깊숙하고 커다란 술잔으로 셀 수 없이 주고받아 가히 한 섬 물을 마시겠더라."

부귀가의 술그릇에는 금, 은, 옥 등 귀금속이 총동원 된다. 더구나 궁궐에서 쓰던 술잔은 역시 보배로울 수밖에 없을 터이다. 조선조 초기부터 궁내에서 전해지던 수정배 한 쌍이 있었는데, 하나는 모가 난 것이고 또 하나는 둥근 것으로 크기는 반되들이었다고 한다. 이 잔의 모습을 김안로는 『용천담적기』에 이렇게 묘사했다. "술을 따르면 금빛 물결이 가늘게 일어 찰랑찰랑 그 가운데 찬다. 떨어져서 보면 맑기가 티끌하나 섞이지 않은 듯하고 은은하기로는 물빛과 달빛이 서로 비춰 하늘에 닿은 듯하다. 그 부어지는 모습은, 하늘에 노을이 일 듯하고 깨끗한 얼음처럼 투명하며 붉고 흰빛이 서로 엉켜 안팎이 환히 통하니."

성종임금은 술을 꽤 즐겼던 모양이다. 임금이 애용하는 큰 술잔이 하나 있었는데 그것은 옥으로 된 것이었다. 임금은 술이 거나해지면 이 술잔을 좌중에 돌렸다. 어떤 종실이 이 술잔에 술을 받아 마시고 나서 잔을 소매 안에 넣고 춤을 추었다. 그러다가 그는 짐짓 땅에 엎어져 잔을 깨뜨렸다. 임금은 아깝기 이를 데 없었지만 그를 꾸짖지는 않았다. 왕의 과음을 풍간하려는 종실의 충정을 성종은 알았을까? 과음에 대한 신하된

자의 충성심을 내심 비추인 것이 아니겠는가. 성종은 정작 당신을 과음하면서 신하의 과음은 굳이 말렸던 모양이다.

술잔 크기와 주량이 비례한다고 까지는 말하기 어렵겠지만 상관관계는 크다. 서거정의 『필원잡기』를 보면, 당시에 국빈을 대접하는 대객관은 각별한 주량을 필수요건으로 했던가 싶다. 유구국(현 오키나와) 사신이 조선을 다녀가서 한 말 중에, 그들이 조선에 와서 경탄한 것 세 가지를 지적했는데 그 가운데 하나가 대객관의 주량이었다. "깊숙하고 커다란 술잔으로 셀 수 없이 주고받아 가히 한 섬 물을 마시겠더라."라는 보고가 있다.

서양 사람들은 자기 술잔에 자기가 먹고 싶은 만큼 술을 따라 마시는데 이런 음주문화를 자작문화(自酌文化)라 하고, 중국이나 러시아 동구 사람들처럼 잔을 맞대고 건배를 하고 마시는 것을 대작문화(對酌文化), 그리고 우리 한국 사람들처럼 술잔을 주고받으며 마시는 음주문화를 수작문화(酬酌文化)라 한다.

수작문화의 기원을 더듬어 오르면 사람과 사람을 정신적으로 결속시키는 숭고한 수단이었다. 죽음으로써 약속한 것을 보증할 필요가 있을 때 한 잔에 쏟아 부은 짐승 피를 나누어 마시는 혈맹(血盟)을 하였고, 신라 화랑들이 했듯이 한 솥 차를 나누어 마심으로써 공생공사를 다지는 차례(茶禮)로 진화하였으며, 그것이 한 잔 술을 나누어 마시는 수작으로 다시 진화한 것이다.

경주 포석정(鮑石亭)에서 술잔 띄워 돌려 마시는 곡수(曲水) 현장을 신라를 패망시킨 환락의 현장이라고 매도를 하지만 그것만은 아닌 것 같다. 왜냐면 그 현장은 바로 신라의 군신이 둘러앉아 한 잔 술을 곡수에 띄워 돌려 마심으로써 '동심일체-일심동체'를 다졌던 의식의 현장이요, 신라를 번성하게 했던 정신적 제장(祭場)이 바로 그곳이기 때문이다. 세조(世祖)는 쿠데타 음모를 진행 중이던 시절부터 회심의 술자리에는 바지춤에 숨겨 갖고 다니던 표주박을 꺼내 한 잔 술을 나누어 마심으로써 은밀히 뜻을 다져 자기 사람으로 만들었던 것이다.

옛 우리 관청풍습으로 한 말(斗)들이 커다란 술잔 - 곧 대포를 마련해 두고 일정한 날을 잡아 상 · 하 차별없이 한 잔 술을 돌려 마심으로써 일심동체를 다지는 의식이 보편화되어 있었다. 각 관청마다 그 대포잔 이름이 달랐는데 사헌부(司憲府)는 아란배(鵝卵杯), 교서관은 홍도배(紅桃杯), 예문관은 장미배(薔薇杯), 성균관은 벽송배(碧松杯)라 했다. 이 돌림술의 규모를 줄인 것이 술잔 주고받는 수작(酬酌)인 것이다.

혼례 때 합근례라 하여 표주박잔에 술을 따라 신랑 · 신부가 입을 맞대고 마시는 절차가 있는데, 바로 수작의 상징적 의미에서 이해되는 것이다. 이처럼 술잔 주고받는 음주 풍습의 기원은 아름다운 정신 작업이었던 것만을 부인할 수 없다.

독작문화(獨酌文化) 또는 자작문화(自酌文化)는 자기 술잔에 제 술을 따라 마시고 싶은 만큼 따라 마시는 문화이다. 이러한 음주문화는 개인주의와 합리주의가 일찍부터 발달한 서양인들이 즐겨 사용하는 술집에서 마시는 멋없는 주법이다. 이 자작문화는 오랜 동안 유럽에서 꽃피워온 술 문화이다. 월하독작이란 유명한 시를 비롯 주선 이태백이 지은 주시의 거의가 독작시 요백낙천의 주시도 거의 독작시이다. 삼배통(三杯通)이면 대도(大道)요 일두합(一斗合)이면 자연(自然)이라고 했다.

마지막으로 대작문화(對酌文化)이다. 잔을 맞대고 건배를 외치며 마시는 주법으로 중국이나 러시아 동구권에서 전통적으로 내려오는 주법이다. 중국인들은 자기 잔을 권하는 일은 전혀 없고, 마신 뒤에 '깜뻬이'하면서 빈 잔을 보여준다. 상대편이 술잔을 비울 때까지 계속 기다려주며 극성도 부리지 않는다. 술을 강제로 권하지도 않으며, 취한 사람은 재워보내는 미풍도 있다. 잔을 노래란 몇 편의 시를 감상해 보자.

송별연에서 잔을 거절하며

韋 莊

그대의 정을 느끼니 헤어지기 정말 서운하고
내게 보내는 귀한 술잔 가득히 찼네
흠뻑 취한 뒤 깨어나지 못할까 두려운 것이 아니라
오히려 남은 길에 깨어날 때가 걱정일세

술 잔

陸龜蒙

황금은 너무 사치스럽고,
석회석은 너무 졸렬하다
기이한 나무뿌리를 패어보니,
가운데가 마치 교룡이굴과 같구나
세월은 산하에서 늙으리라고 손짓하며,
수풀 사이 달빛아래서 같이 술잔을 드네
깊이 취하여 두서마다 말을 잊었다
그 누가 자연의 소리를 낼 수 있는가.

영국의 희극작가 R. B. 세리든의 『주덕송』이라는 시의 일절에서 다음과 같이 노래하고 있다.

술병은 우리 식탁 위의 태양
그의 양광은 감홍색 술
그의 도움없이 부추김 없이는
우리만으로 빛나지 못하리
환락과 환희 끝도 없구나
그가 삐잉 한바퀴 돌면
우리는 그의 차광(借光)으로
따라 빛나리.

Alcohol is like love

R. Chandler

Alcohol is like love:
the first kiss is magic,
the second is intimate,
the third is routine.
After that you just take the girl's clothes off.

알코올은 사랑과 같이 :
첫 키스는 신비롭고,

두 번째는 감미롭고,
세 번째는 일상적이고,
그 후는 여자의 옷을 벗겨 버린다

술을 권하며

백거이

그대에게 권하는 한 잔의 술 거절 하지 말게나
두 번째 잔도 머뭇거리지 말고
세 번째 잔을 권한다면 그대는 비로소 알겠지
얼굴은 어제 보다 더 늙었고
마음은 취했을 때가 차라리 편한 것을

行路難 세상길 어려워라

李 白

金樽淸酒斗十千	황금 술동이의 맑은 술은 한 잔에 수천금,
玉盤珍羞値萬錢	옥쟁반의 진수성찬도 수만금의 값이라네.
停杯投箸不能食	차를 마실 수 없어 잔을 놓고 젓가락 던진 채
拔劒四顧心茫然	칼 뽑아들고 사방을 돌아봐도 망연자실한데
欲渡黃河氷塞川	황하를 건너려 해도 얼음이 가로막고
將登太行雪滿山	태항산에 오르려니 산에 눈이 가득하네.
閑來垂釣碧溪上	한가로이 푸른 시냇가에 낚시 드리우니,
忽復乘舟夢日邊	홀연히 꿈속에서 배에 올라 해 곁으로 나아가네.
行路難 行路難	인생살이 어려워라, 인생살이 어려워라.
多岐路 今安在	갈림길은 많기만 한데, 지금 어디쯤인가?
長風破浪會有時	바람에 부서지는 파도가 밀려드는 날,
直掛雲帆濟滄海	그때에 구름에 돛을 달고 푸른 바다 건너리라.

이백의 시에서 느낄 수 있는 특징 중의 하나가 호방함이다. 이백의 시에는 호쾌함과 웅장함이 느껴진다. 그는 술을 마셔도 한 번에 삼백잔(一飮三百杯) 할 정도였다. 그런 그가 금술잔에 맑은 술이며 옥쟁반의 진수

성찬을 마주하고서, 잔을 멈추고 젓가락을 던지며 마시지 못하더니 이내 칼을 뽑아들고 사방을 바라다본다. 그가 처해 있는 현실이 마치 황하를 건너가려 하자 얼음이 가로막고 태항산에 오르려니 산에 눈이 가득한 진퇴양난의 형국이다. 그렇기에 그 좋아하는 술을 마시지 못하고 있는 것이다. 그러면서 낚시를 하다 80이 되어서야 주(周) 문왕(文王)에게 등용된 강태공과 배를 타고 해와 달 주위를 도는 꿈을 꾸고서 은(殷) 탕왕(蕩王)을 만난 명재상 이윤(伊尹)을 떠올린다.

인생살이 어려워라. 갈림길은 많기만 한데 지금 발을 딛고 서 있는 곳은 어디일까? 인생살이야말로 한치 앞을 알 수 없는 망망대해(茫茫大海)와 같은 것이리라. 분명 준비하고 기다린다면 큰바람에 물결치는 때가 올 것이다. 그때에 구름에 돛을 달고 푸른 바다를 건너가리라.

이 얼마나 호쾌하고 장쾌한가! 인생은 결코 좌절만으로 포기할 수 없는 값진 것이다. 마지막 두 구절에서 이백의 백절불굴의 정신이 읽는 이로 하여금 감동을 주기에 충분하다. 다음의 시는 춘향전에서 이 도령이 변학도의 생일잔치의 거렁뱅이로 참가하여 지은 술 시이다. 이태백의 행로난과 유사함을 느끼게 한다.

金樽美酒 千人血　금동이의 아름다운 술은 일만 백성의 피요,
玉盤佳肴 萬姓膏　옥소반의 아름다운 안주는 일만 백성의 기름이라
燭淚落時 民淚落　촛대 흐르는 촛물은 백성들의 눈물이요,
歌聲高處 怨聲高　노랫소리 높은 곳에 백성들의 원망하는 소리가 높더라.

술을 담은 그릇으로서는 은은한 비색의 고려청자나 순백의 이조백자로 만든 목이 길죽하며 곡선미가 아름다운 술병이 애용되었다. 마시는 술잔의 종류도 다양하였다. 호박배, 민호배, 옥배, 은배, 금배 등 사치스러운 술잔은 물론 그 모양에 따라 앵무배 또는 도화배라 명명하고 이에 술을 따라 마시던 음주의 홍취는 퍽이나 인상 깊은 술의 풍류이다. 또한 술에 맛을 더하기 위해 가향주, 두견주, 송화주, 연엽주 등은 그 이름부터 아름답거니와 술 빛이 흰 아지랑이와 같다는 비유에서 붙여진 녹파주, 푸르고 향기롭다는 데서 붙여진 벽향주, 맛이 좋아서 차마 삼켜 마시기 아깝

다는 데서 붙여진 석탄주, 이는 모든 주객들의 멋진 발상에서 나온 술 이름들이다. 술을 즐기던 우리 조상들은 이처럼 솜씨 좋은 가향주를 자랑하기도 하고 '생애는 주일배'라는 식의 낭만적인 멋을 터득하기도 하였다.

우리는 좋은 선현을 갖고 있다. 그들의 음주 문화와 풍류를 되살린다면 술은 생활에 멋과 여유를 주는 활력소가 될 것이다. 평소 자주 찾지 못하던 자연 속에서 술 한잔 곁들이면 온갖 시름이 물러가고 한층 정감이 무르익는다. 여기에 돌, 바람, 풀, 나무, 물, 구름, 꽃, 정자 등을 완상하며 가까운 이들과 마음을 주고받는다면 풍류객이 따로 있는 것이 아닐 것이다. 자기의 마음이 우주의 사물과 어울려 생기고 흩어지는 것을 본다면 신선이 따로 없을 것이다. 멋있는 생활은 반드시 흥을 바탕으로 한다. 정신적 육체적 활동이 미적으로 나타나는 것도 대개 이 흥으로 말미암는다. 술을 마시고 흔히 예술 활동에 민감하게 됨은 바로 이러한 흥취 때문이다.

4.5 인류 최대의 술잔 포석정

4.5.1 포석정은 신라왕들의 놀이터

『삼국사기』에 기술되기를 "(경애왕 4년) 가을 9월 견훤이 고울부에서 우리 군대를 쳤으므로 왕은 태조에게 구원을 청하였다. 태조는 날랜 병사 1만을 내어가서 구원하게 했다. 견훤은 구원병이 이르기 전인 겨울 11월에 병란간 왕경(王京)으로 들어갔다. 왕은 비빈, 종척, 외척들과 더불어 포석정에 가서 잔치를 하며 놀다가 적병이 닥치는 것을 알지 못하였기에 창졸간에 어찌할 바를 몰랐다.... 왕과 비첩 몇 사람이 후궁에 있었

(포석정 전경)

는데, 군영에 잡아다 왕을 강제로 자살하도록 하고 왕비를 강간했다. 그리고 부하들을 놓아 왕의 비첩들을 욕보였다. 그리고 왕의 족제를 세워 나라 일을 맡기니 이가 경순왕이다".

흔히 왕들의 놀이터로 알고 있는 경주 포석정에 대한 『삼국사기』의 관련 기록이다. 즉 이 기록에 의하면 경애왕이 포석정에서 놀이를 하다 갑자기 들이닥친 후백제의 견훤에게 잡혀 죽었다는 것이다. 이러하기 때문에 포석정은 신라 왕들의 놀이터였으며, 비운의 경애왕이 신라의 운명을 재촉한 놀이터로 각인 돼있다.

포석정은 풍류와 과학, 그리고 한탄이 함께하는 곳이다. 나라 돌보기에 지친 임금이 돌 홈에 술잔을 띄워 놓고, 신하들과 둘러앉아 노래와 춤을 즐기던 곳이다. 신라 경애왕이 이곳에서 놀다가 갑자기 쳐들어 온 후백제의 견훤에게 죽음을 당하고, 이는 신라 천년의 최후로 연결된다.

의자왕 16년(656) 3월의 『삼국사기』기사는 '왕이 궁인(宮人)과 더불어 음황(淫荒)·탐락(耽樂)하여 술 마시기를 그치지 아니하였다'고 적고 있다. 즉위 초기의 치적이 향락이란 말폐로 나타난 것이었다. 이는 마치 백제의 마지막 왕인 의자왕이 낙화암에서 삼천 궁녀들과 함께 산화한 것과 흡사하다. 3천 궁녀들은 쓰러져 가는 고국을 원망하며 아름다이 몸을 날렸을 것이다. 강물은 때 아닌 꽃잎으로 꽃 바다를 이뤘으리라. 춘원 이광수가 백제의 고도 부여를 찾아 '낙화암 낙화암 왜 말이 없느냐' 하는 유명한 시를 읊은 적이 있다.

경애왕이 좀 심하게 풍류를 즐겼다고 해서 나라가 망한 것은 아닐 것이다. 그러나 극적인 것은 술을 좋아하는 사가(史家)들에 의해 포석정은 망국의 현장으로 부각됐다. 죄가 있다면 향략에 취한 군신들이 죄가 있지, 포석정이 무슨 죄가 있으랴. 가만히 앉아 돌 홈을 쳐다보면 떠가는 술잔이 구비구비 흐르다가 어느 곳에서는 느릿느릿하게 또 어느 곳에서는 빠르게, 때론 빙글빙글 돌며 춤추듯 흐르는 광경이 떠오른다. 이 유체역학의 신비를 풀기 위해 과학자들이 혹은 풍류객들이 수차례 실험을 해보았지만, 천년의 세월에 포석정의 기반이 조금씩 뒤틀린 탓인지 술잔도 그때처럼 흐르지 않고, 따라서 그 비밀도 풀어내지 못하고 있어 애달플 뿐이다.

'술은 몸을 망친다.'라고 공자가 말했고, 주자는 '탁주 석 잔에 사람이 위태로워진다.'하였으며, 범문정공(梵文正公; 중국 송나라 어진 신하)이 아들을 경계 훈계에, '광약(狂藥)은 독이 된다.'고 했다. 우(禹) 임금은 그의 첩 의적(儀狄)이 처음 술을 빚은 것을 마셔보고, '후세에 이것이 나라를 망칠 원인이 되겠구나라고 읊었다'. 유령(劉伶)이 명을 달리한 것은 다만 술을 참지 못해서였고, 진군(陣君)이 나라를 망친 것은 다만 색을 참지 못해서였고, 석숭(石崇)이 가산을 탕진한 것은 다만 재물을 참지 못해서였다.

고대 중국의 하나라 걸왕(桀王)과 은나라 주왕(紂王)은 원래 지용(智勇)을 겸비한 현주였으나 그들은 각기 말희, 달기라는 희대의 요녀독부에게 빠져 사치와 주색에 탐닉하다가 결국 폭군음주라는 낙인이 찍힌 채 나라를 망치고 말았다.

하나라 걸왕은 자신이 정복한 오랑캐의 유시씨국(有施氏國)에서 공물로 바친 희대의 요녀 말희에게 반해서 보석과 상아로 장식한 궁전을 짓고 옥으로 만든 침대에서 밤마다 환락에 빠졌다. 걸왕은 그녀의 소망에 따라 전국에서 선발한 3,000명의 미소녀들에게 오색찬란한 옷을 입혀 날마다 무악을 베풀기도 했다.

또 무악에 싫증이 난 말희의 요구에 따라 궁정 한 모퉁이에 큰못을 판 다음 바닥에 새하얀 모래를 깔고 향기로운 미주(美酒)를 가득 채웠다. 그리고 못 둘레에는 고기로 동산을 쌓고 포육(脯肉)으로 숲을 만들었다. 걸왕과 말희는 그 못에 호화선을 띄우고, 못 둘레에서 춤을 추던 3,000명의 미소녀들이 신호의 북이 울리면 일제히 못의 술을 마시고 숲의 포육을 먹는 광경을 바라보며 마냥 즐거워했다.

이 같은 사치의 나날이 계속되는 가운데 국력은 피폐하고 백성의 원성은 하늘에 닿았다. 이리하여 걸왕은 하나라에 복속했던 은나라 탕왕(湯王)에게 정벌당하고 말았다.

또 은나라의 마지막 군주인 주왕의 마음을 사로잡은 달기는 주왕이 정벌한 오랑캐의 유소씨국(有蘇氏國)에서 공물로 보내 온 희대의 독부였다. 주왕은 그녀의 끝없는 욕망을 만족시키기 의해 가렴주구를 일삼았다. 그래서 창고에는 백성들로부터 수탈한 돈과 천, 곡식이 산처럼 쌓였고, 국내의 온갖 진수기물(珍獸奇物)은 속속 궁중으로 징발되었다. 또 국력을 기울여 호화 찬란한 궁정을 짓고 미주와 포육으로 '주지육림'을 만들었다.

그 못 둘레에서 실오라기 하나 걸치지 않은 젊은 남녀의 한 무리가 음란한 북리무악(北里舞樂)에 맞추어 광란의 춤을 추면 주왕의 가슴에 안긴 달기는 몰아의 황홀경에서 음탕한 미소를 짓곤 했다. 또 때로는 낮에도 장막을 드리운 방에서 촛불을 밝히고 벌이는 광연(狂宴)이 주야장천 120일간이나 계속되기도 했는데 은나라 사람들은 이를 '장야지음(長夜之飮)'이라 일컬었다.

이같이 정상에서 벗어난 광태를 보다못해 충신들이 간하면 주왕은 도리어 그들을 제왕의 행동을 비방하는 불충자로 몰아 가차없이 포락지형(炮烙之刑)에 처하곤 했다. 포락지형이란 기름칠한 구리 기둥을 숯불 위에 걸쳐놓고 죄인을 그 위로 건너가게 하는 일종의 잔인무도한 사형 방법인데, 미끄러운 구리 기둥에서 숯불 속으로 떨어져 타죽은 희생자들의 아비규환의 모습까지도 잔인한 달기의 음욕을 돋우는 재료가 되었다. 이렇듯 폭군 음주로 악명을 떨치던 주왕도 결국 걸왕의 전철을 밟아 주나라 시조인 무왕(武王)에게 멸망하고 말았다

이처럼 사치와 주색에 탐닉)하다가 결국 폭군 음주라는 낙인이 찍힌 채 나라를 망치고 말았다. 포석정에서의 망국은 이처럼으로 간주될 수 있을 것인가.

4.5.2 성남이궁(城南離宮)터

포석정이 자리하고 있는 곳은 금오산 정상에서 시작하여 북을 향해 약 1km쯤 흘러오다가 부엉드미 부근에서 서서히 서쪽으로 방향을 바꾸면서 윤을곡 여울물을 합치고 배실 여울을 합쳐 포석정 기슭을 씻으며 기린내로 들어가는 장장 2.5km되는 깊은 골짜기이다.

이 계곡의 물은 높은 바위에서는 폭포를 이루고 거대한 바위 밑에서는

소(沼)를 이루며 경사가 급한데서는 멋진 여울을 이루고 흘러내려 남산에서도 손꼽히는 절경이라 하겠다. 옛날 신라 왕실에서 향락의 쉼터로 만들었던 포석정이 이 골짜기의 어귀에 있었다는 것도 우연한 일이 아닐 것이다. 포석정 일대는 성남이궁(城南離宮)터라 한다. 이궁이란 임금이 행차하셨을 때 머무시는 별궁을 가리키는 말이다.

4.5.3 풍류로서의 포석정

신라의 술 얘기를 하려면 포석정을 빼놓을 수 없다. 전복을 뒤집어 놓은 형상으로 돌을 깍고 다듬어 만들었다고 해서 포석정이라 이름했다는 이곳은 물이 괴고 흐르도록 판 홈이 있어서 홈을 따라 꼬불꼬불 흐르는 물위에 술잔을 띄어 놓고 술잔이 자기 앞에 이를 때까지 시 한 수를 지어 읊어야 하는 멋이 깃든 곳이다.

이 때 미처 시를 지어 읊지 못하면 벌 주 세 잔을 마셔야 했다. 즉 삼배벌주이다. 아마도 이러한 풍습은 신라 화랑도의 풍류도와도 연계된 듯싶다. 포석정은 중국 고대 강가에서 초혼제를 지내고 악귀를 쫓는 행사의 하나인 유상곡수연(流觴曲水宴)에서 유래하였다. 유상곡수를 즐기는 주위는 높고 험한 산이 있고, 숲과 대나무 숲이 있으며 맑은 시내가 옆으로 흘러갔다. 이 때 술잔의 모양은 뿔 모양이다.

유상곡수란 굽이굽이 물이 흐르는 시설을 만들어 흐르는 물에 술잔을 띄워 시(詩)를 읊고 노래를 부르며 풍류를 즐기던 전통 정원시설을 말한다. 경주의 포석정은 통일신라시대에 돌로 정교하게 깎아 만든 구조물로 된 물 흐르는 도랑이라면, 고려나 조선시대는 도랑을 파고 물이 흐를 수 있도록 수로를 만들고 주변에 대나무, 소나무, 난초, 석창포 등 선비들이 가까이 하였던 식물들을 식재하였다.

신라에서도 험한 남산 봉우리를 뒤로 하고 죽림과 송림이 울창하고 맑은 시내가 흐르는 계곡에 포석정을 만들었던 것이다. 원래는 남산계곡에서 흘러 들어오는 입구에 거북 모양의 큰 돌이 있었고, 그 입에서 물이 나오도록 만들어졌다고 하나 지금은 없어져 정확한 형태는 알 수 없게 되었고, 『삼국유사』에 헌강왕이 이곳에 와서 남산 신의 춤을 따라해 '어무상심무(御舞祥審舞)'라는 신라춤을 만들었다 한다.

이곳은 인간의 마음을 수양하고 화랑이 정신을 도야하며 시문을 짓고 속세를 떠난 유정을 느끼던 아름다운 장소였다. 927년 신라 경애왕이 이곳에서 잔치를 베풀며 놀고 있다가 후백제 견훤의 습격을 받아 붙잡히게 되어 스스로 목숨을 끊었던 신라 천년 역사의 치욕이 담긴 장소이기도 하다.

경주의 포석정은 현존하는 곡수 유적으로서는 동양 삼국에서 가장 오래된 것이다. 포석정 곡수의 형태적 특징을 살펴보면 수로의 폭이 약 30 cm 정도 되고, 수로의 벽을 가공하여 매끈하게 하였고 국소적으로 몇 번의 굴곡을 주어 형태를 심심치 않게 함으로서 미학적인 완숙도를 높였다.

전반적으로 물길의 모양이 전복 껍질을 닮은 루프 형태로 처리되어 노천형과는 달리 술잔이 물가에 설치한 바위틈으로 숨어드는 일이 없다. 학자들이 실험한 논문에 의하면 포석정 유동을 컴퓨터를 사용하여 전산해석적인 방법으로 수치모사를 시행해 본 결과, 술잔이 비교적 미약한 주변의 와류에 붙들려 몇 군데서 가볍게 머뭇거리는 일이 있지만 비교적 충실하게 하류로 떠내려가는 것을 관찰할 수 있었다. 이런 점에서 포석정의 수로는 개방 노천형 수로에 비하여 술잔을 지속적으로 흘려보내는 목적에 충실하도록 설계된 것이라고 추정할 수 있다.

포석정의 곡수 형태는 술잔이 수로 중앙의 주류(主流)를 벗어나 주변의 와류에 붙들려 정지함으로써 유상곡수의 흥취를 저해하는 일이 없도록 벽면을 매끄럽게 가공 처리한 것이다. 포석정의 수로는 옆면을 가공하고 밑면에 판석을 잇대어 축조한 조립식 형태로서 전반적인 형태가 루프모양을 갖춤으로써, 자연의 물가에서 시작한 노천 개방형 수계의 행사가 정자 아래서 유상곡수하는 형태로 변천할 수 있도록 신라인들이 과학적이고 실용적인 빌미를 제공하였다고 생각된다.

단지 포석정은 중국의 유배거와는 달리 전복을 엎어놓은 듯한 모양, 여성의 상징을 조형했다는 것이 특징이다. 반면에 포석정 한가운데 섬에 심어진 큰 느티나무는 남자의 상징을 뜻한다. 여성의 상징 속에 물이 흐르고 그 위로 술잔이 굽이굽이 돌면서 떠내려 오는 것을 건져서 마시는 멋이 포석정에 있었던 것이다. 술잔의 모양에서도 음양의 조화를 반영하였으니 술 한 잔의 의미가 얼마나 깊은가를 짐작할 수 있다.

포석정은 신라의 지배계급이, 맑은 계곡의 물을 끌어와 곡수(曲水)를 만들고 흐르는 물에 술잔을 띄워 일상일영(一觴一詠: 술 한 잔을 마시고 시 한 수를 읊는 놀이)하면서 정치와 국사에 지친 마음을 달래던 휴식의 장소였다. 이런 시회(詩會)는 중국에서 먼저 발달하여 신라에 전래된 것이다. 중국에서는 고대부터 전해 내려오는 수계(修禊)라는 풍습이 있었는데, 이는 은나라와 주나라 이래로 한대(漢代)에 이르기까지 3월 3일 상사일(上巳日)인 봄날에 관리들이 백성들과 함께 동쪽으로 흐르는 물가에 나가 묵은 때를 씻어 재앙을 예방하고 축복을 기원하는 무속적 행사였다.

유상곡수연(流觴曲水宴)을 하는 장소의 풍치는 험한 산과 무성한 대숲과 맑은 개울이 여울을 이루는 그런 경승지이다. 기록에 보이는 포석정지는 『어무상심무 御舞祥審舞』라는 신라 춤이 생겨난 현장이며 시회를 하는 청유(淸遊)의 장소인 것이다.

1999년 5월 포석정지에서 발견된 '포석(砲石)' 명문와(銘文瓦)는 『삼국사기 三國史記』와 『동경통지 東京通志』 등 기록에서 '물고기를 말린 형상의 석물(石物)이란 뜻'에서 '포석정(鮑石亭)'으로 기록하고 있으며, 기와에 새겨진 포(砲)자는 당시 기와 제작자들이 '포(鮑)'자를 약자화해 쓴 것으로 보인다. 이 기와는 당시 포석정이 운영되던 시기의 건물에 쓰였던 것으로 판단된다.

우리나라에도 조선시대의 창덕궁 옥류천에 소요암을 만들었고 일본의 경우에도 현종천황(顯宗天皇) 때에 곡수연을 베푼 기록이 남아있다. 이로 미루어 보면 신라시대에도 유상곡수연이 틀림없이 있었을 것이고 그 유적이 바로 포석정이라 미루어 짐작된다. 따라서 포석정에서는 유상곡수의 연회도 열렸지만 단순히 연회만을 위한 장소가 아니고 특별한 의례를 행하는 성스런 장소로 여겨진다.

최근에는 포석정이 단순한 놀이터가 아니라 왕과 귀족들의 중대한 회의 장소 또는 제사장소이기도 했다는 학설이 제기되고 있다. 현재 사적 제 1호로 지정되어 있다. 신라의 이궁터로 헌강왕 때 어무상심이란 신라춤이 생겨난 곳이며 화랑들이 남자다운 기상을 배우던 장소이기도 하다. 포석정에서 술을 마신 이유를 굳이 묻는다면 다음과 같이 정리가 가능하다.

1) 술을 마시는 이유는 술이 주는 활기로 봄에 생명이 솟는 대지(大地)와 인간에게 자극을 주기 위함이고, 이는 봄에 춤을 추는 이유와도 동일하며(처용무), 2) 술잔을 물에 띄우는 이유는 흐르는 물처럼 신의 피인 생명과 복(福)이 넘쳐흘러서 여러 사람에게 복이 전파되기를 바라는 것이며, 3) 포석정이 둥글고 복잡한 곡선의 형태를 가진 것은 여러 사람이 좁은 공간에 최대한으로 모여, 매듭처럼 묶여 결속하기를 바라는 것이라고 추정할 수 있다.

4.5.4 유상곡수연(流觴曲水宴)

중국에서는 고대부터 전해 내려오는 수계(修禊: 중국 진대(晉代)에서 왕희지(王羲之)가 난정시사(蘭亭詩社)를 만든 데서 그 기원을 찾을 수 있는데, 한국에서는 고려시대의 기로회(耆老會), 죽림고회(竹林高會) 등이 이러한 성격의 모임이라고 할 수 있으며, 조선시대에는 16세기경에 성립된 낙송루시사(洛誦樓詩社) · 자각시사(紫閣詩社) 등이 여기에 해당한다. 성격상 시사는 시를 짓고 즐길 수 있는 계층의 소산으로, 주로 양반 사대부들에게 해당하는 것이었다. 정약용(丁若鏞), 이치훈(李致熏) 등 14명이 모인 죽란시사(竹蘭詩社), 연산군 때 낙향한 조춘풍(趙春風) 등의 모임인 학시사(鶴詩社)가 그러한 것들이었다. 그러나 조선 중기 이후 중인계층에서도 시작된 시사는 근세에 이르기까지 그 전통이 지속되면서 위항문학(委巷文學)이라는 새로운 조류를 형성한 데에 역사적 문학적 의의가 있는 것이다. 그러므로 시사라고 하면 중인들의 위항시사를 먼저 떠올리게 되었다. 관청에서 실무를 담당하고 있던 중인들은 역관(譯官)을 하거나 의업(醫業)·산술(算術) 및 규장각(奎章閣) 등에서 일을 하였다. 따라서 한시(漢詩)에 대한 조예가 필요하였으므로 한시문을 지을 수 있는 지적 능력을 구비하고 있었다. 더욱이 서울 북촌(北村)에 집단으로 거주하였기 때문에 그들끼리 어울릴 수 있는 여건도 갖추어져 있었고, 통청운동(通淸運動) 등의 분위기에서 그들만의 시사가 결성되었다. 양반 사대부들의 도움을 받고 그 시사를 의방(依倣)한 것이지만, 향유계층(享有階層)의 확산이라는 점에서 위항시사의 시대적 의의는 적지 않다)라는 풍습이 있었는데, 이는 은나라와 주나라 이래로 한대(漢代)에 이르기까지 3월 3일 상사일(上巳日)인 봄날에 관리들이 백성들과 함께 동쪽으로 흐르는 물가에 나가 묵은 때를 씻어 재앙을 예방하고 축복을 기원하는 무속적 행사였다.

이러한 행사는 서기 353년 3월3일 저장(浙江)성 사오싱(紹興)현의 후이치(會稽)산 북쪽에 난정(蘭亭)이란 정자에서 벌어진 문인들의 시회(詩會)에서부터 기원한다. 당시 명필로 유명한 왕희지(王羲之) 등 명사 42인이 그곳에 모여 개울물에 몸을 깨끗이 목욕하고 모임의 뜻을 하늘에 알리는 제천의식을 행하고 흐르는 물에 술잔을 띄워 잔이 자기 앞에 올 때까지 시를 읊는 놀이를 하였다.

이 놀이를 유상곡수연(流觴曲水宴)이라 하고 이때 읊은 시를 모아 서문을 왕희지가 썼는데 이것이 유명한 난정회기(蘭亭會記)의 『난정집서 蘭亭集序』로 알려져 있다. 이후 중국에서는 왕궁에 유배거를 만들었는데 이것이 바로 잔을 띄우면 흘러 돌아오도록 한 시설을 말한다. 경주의 포석정 포석이 바로 왕희지 등의 유상곡수연과 중국 왕궁의 유배거 시설에서 아이디어를 얻어 창조해낸 신라 특유의 독특한 시설이라는 해석이다.

유상곡수라는 말은 수계의 풍습이 변하여 물가에서 목욕재계 한 후에 깨끗한 마음으로 시를 짓는 후대의 도락적인 행사를 지칭하는 것으로 동진(東晋) 때의 명필 왕희지가 쓴 유명한 난정서(蘭亭序)에 나오는 용어이다. 부연하자면 곡수는 자연에서 물을 끌어들여 인공적으로 에돌아 흐르게 만든 것이고 이런 장소에서 술잔을 띄우고 시를 짓는 행사가 유상곡수여 일 것이다.

곡수에 둘러 앉아 지필묵(紙筆墨)을 앞에 둔 시객(詩客)들은 술잔을 들어 목을 축인 다음 붓을 들어 일필휘지로 시를 적어 내려간다. 옛날에는 글씨를 잘 쓰는 일과 시를 잘 짓는 일이 정치와 외교를 위한 필수적 덕목이었고, 유능한 서법가, 시인 그리고 문장가들은 세상 사람들의 존경과 부러움을 한 몸에 받았다. 시를 짓지 못한 시객들은 물 위에 떠내려 오는 술잔을 집어 벌주 세 잔을 연거푸 마시고 얼굴이 붉어진다. 벌주 3배 의식의 시작이다.

왕희지는 동진 목제(穆帝) 때인 영화(永和) 9년 (서기 353년)에 사회의 저명인사와 그들의 자제들로 구성된 42인의 노소 시객들을 모아 난정에서 시회를 베풀고 거기에서 만들어진 시를 모아 시집을 엮고 거기에 서문을 붙였다. 그 후 왕희지 시절의 곡수는 멸실되었고, 현재 중국 절강성 소흥시 서남쪽 교외에 있는 난정의 곡수는 명나라 가정 27년 (1548년)에 태수 심계가 중건한 것이다. 후대에 시인이 그 폐허를 다음과 읊고 있다.

> 등왕의 높은 누각 아직도 강가에 우뚝한데
> 옥 소리 말방울 소리 사라진 지 오래고
> 기녀들의 노래 소리 그친 지 오래이다.
> 아침이면 단청 기둥에 남포의 구름이 날고
> 저녁이면 걷어올린 주렴 너머로 서산에 비가 흩뿌린다.
> 한가로운 구름과 연못의 짙푸른 물빛은 예나 다름없는데
> 인물이 바뀌고 세월이 변하며 몇 춘추나 흘렀는가.
> 저 누각에 계시던 천자님의 아드님 지금 어디에 계시는가.
> 난간 너머 길게 뻗은 강물만 무심히 흘러갈 뿐이네

중국에서 후대에 건설된 다수의 유상곡수 유적들은 비교적 최근인 명이나 청나라 시대에 만들어진 것으로, 평균 약 10cm 정도 너비의 수로가 양의 창자처럼 몇 번이나 굽이굽이 에도는 몇 겹의 루프(loop) 형태로서 두꺼운 원석 위에 얕게 천착(穿鑿)되어 있다. 이렇게 화려한 모양의 청나라 곡수들은 규모에서 노천형 보다 훨씬 작아 여기에 띄우는 술잔이나 그 받침 접시들도 소형이었다.

곡수는 일본에도 전해졌는데 일본서기(日本書記)에는 485년 3월 상사일에 곡수연(曲水宴)이 개최되었다고 적혀있다. 이후 곡수연은 나라시대와 헤이안 시대의 황실에서 유행했다. 현재 일본에는 신사(神社)나 정원 그리고 궁 같은 곳에 노천 개방형의 곡수 유적이 여러 개 있는데 이들은 비교적 후대에 만들어진 것이다. 근년에 나라(奈良) 헤이죠쿄(平城京)의 궁적지(宮跡址)에서 상당한 규모의 노천형 곡수 유적이 발굴되어 학계를 놀라게 한 적이 있는데 이곳은 710년에 겐메이 천황이 후지와라쿄로부터 천도한 후에 75년 동안 유지되었던 궁인지라 곡수의 제작과 사용에 관한 연대를 짐작할 수 있겠다.

중국 난정의 곡수와 일본의 곡수들은 너비가 약 50 cm 이상으로 비교

적 넓고 정원 장식을 위해 꽃과 바위들을 물가에 많이 배치한 노천 개방형 곡수이다. 또한 이들은 S자형으로 두 번 혹은 그 이상의 만곡을 가지는 비교적 큰 규모의 곡수로서, 이런 개방형 곡수 유적을 찾아가서 술잔을 직접 띄워보면 물길을 따라 에돌아 흘러가는 술잔이 곡수의 중앙 흐름에서 벗어나 꽃이나 바위 그늘 밑의 와류 속으로 소리없이 숨어드는 일이 예사롭다.

중국의 난정과 일본의 노천형 곡수 유적 여러 곳에서는 최근에 경쟁적으로 과거의 유상곡수를 재현하여 전통시회를 거행하는 행사를 봄가을에 개최하고 있는데, 여기에서는 막대기를 든 아이들이 여러 명 배치되어 바위 밑으로 들어가 동작을 멈춘 술잔이 있으면 이들을 물길의 중앙으로 끌어내는 모습을 흔히 목격할 수 있다.

4.5.5 유상곡수로서의 옥류천

창덕궁 후원 깊숙이 위치한 옥류천은 인조 14년(1636)에 조성됐으며, 조선시대 임금의 휴식공간이자 신하들과 유상곡수연(流觴曲水宴) 등의 향연을 즐겼던 곳이기도 하다. 주변에는 소요정, 청의정, 태극정, 취한정과 같은 조선시대 정자가 있다. 또한 소요암에는 인조 친필인 옥류천이라는 글씨가 바위에 새겨져 있고, 숙종이 지은 시도 음각돼 있는 등 조선시대 임금의 손길이 묻어있는 곳이다.

옥류천은 자연환경과 완벽한 조화를 이룬 명소임과 동시에 바로 뒤편으로는 성균관대 건물과 주택가가 밀집해 있어 창덕궁 내 가장 깊숙한 곳에 자리 잡은 금원인 한편 현대와 맞물린 곳이기도 하다. 1976년 무분별한 관람으로 훼손되어 출입 통제된 이래 28년 동안 굳건히 닫혔던 창덕궁내 금원(禁苑: 일반백성이 출입할 수 없는 곳)인 옥류천(玉流川)이 2004년부터 일시적으로 개방되고 있다.

4.5.6 비운의 포석정

『삼국유사』의 '처용랑 망해사조(處容郞望海寺條)'에 헌강왕(875~885)이 포석정에 행차했을 때 남산신(南山神)이 나타나 춤을 추는 모습을 왕이 보고 따라 추었던 데서 어무산신무(御舞山神舞) 또는 어무상심무(御舞祥審舞)라는 춤이 만들어졌다고 기록되어 있으므로 통일신라 시대 헌강왕 이전에 건립된 것으로 추정된다. 『삼국사기 三國史記』에는 경애왕 4년(927) 11월에 왕이 포석정에 나가서 잔치를 하고 놀다가 후백제 견훤(甄萱)의 기습을 받아 왕은 죽고 왕비와 신하들이 모두 함몰되는 비극의 기사가 실려 있다.

하지만 이곳은 신라 패망의 현장으로 더 잘 알려진 비운의 장소이기도 하다. 신라 말기, 고려 태조 왕건은 왕위에 올라 신라를 위협했다. 그리고 왕건이 철원에서 송악으로 도읍을 옮기자 신라에서는 왕건과 친교를 맺어 국가의 운명을 연장하고자 했다. 그러나 달이 차면 기울게 마련, 신라에서 고려로 투항하는 병사들이 점점 늘어나는 등 민심이 이반되기 시작하자, 신라는 풍전등화의 운명에 놓이게 되었다. 이런 와중에 경명왕이 사망하고 경애왕이 왕위에 오른다. 그러나 왕위가 바뀌었어도 신라의 위엄은 서지 않고 장수들은 너나 할 것 없이 고려 태조에게 항복하여 몸을 부지하기에 여념이 없었다.

경애왕은 왕위에 오른 지 3년째 되던 해 11월 비빈과 종척들을 데리고 포석정에서 연회를 열었다. 『삼국사기』에 이 당시의 정황이 잘 묘사되어 있다. '경애왕 4년(927) 11월, 견훤의 궁대가 왕경(王京, 경주)에 쳐들어왔다. 왕은 왕비 궁녀와 포석정에서 잔치를 벌이느라 적이 오는 줄도 몰랐다.'

이 기록에 의하면 경애왕은 갑자기 후백제 견훤의 군사들이 쳐들어오는 것도 모를 정도로 소위 노천 파티를 벌이다가 습격을 당한다. 경애왕은 호위병도 없이 병풍을 손수 가리고 광대들에게 군사를 막게 한 후 이궁으로 달아났지만 곧바로 견훤에게 사로잡혀 왕비와 부하들 앞에서 자결한다. 이후 효종 이찬의 아들 부(傅)가 왕위에 올라 신라 최후의 경순왕이 되지만 그도 왕위에 오른 지 몇 년 안 되어 견훤에게 항복함으로써 신라는 패망한다.

서라벌은 천연 성벽으로 둘러싸인 아늑한 터전이다. 서쪽에는 선도산, 벽도산 옥녀봉이 솟아 있고, 북쪽에는 독산, 금강산, 금학산이 나란히 서고, 동쪽으로는 낭산, 명활산, 그리고 멀리 토함산 연봉이 겹으로 둘러막았다. 포석정이 언제 만들어졌는지는 기록에 없다. 49대 헌강왕(876~886)이 포석정에서 신하들과 향연을 베풀었을 때, 남산 신이 임금 앞에 춤을 추었는데 여러 신하들 눈에는 보이지 않았다. 임금은 신하들에게 조용히 하라고 명하였다. 남산 신이 산으로 돌아간 다음 이제는 놀아도 좋다고 하니 신하들은 물었다. "그 동안 어찌하여 놀지 못하게 하셨습니까?" "그 동안 남산 신이 내려오셔서 춤을 추고 가셨기 때문이다." "남산 신이 어떻게 춤을 추었습니까?" 신하들이 재차 물으니 임금은 손수 일어서서 남산 신이 춤추던 모습을 흉내 내어 보였다. 그 후부터 그 춤이 널리 행하여 졌는데 남산 신의 이름을 따서 상심무(祥審舞)라 하였으며, 이 춤은 고려시대까지 유행되었다 한다.

이 기록에 의하면 포석정은 9세기 중엽에는 이미 만들어져 있었음을 알 수 있다. 이러한 곡선미는 안압지 해안에서도 볼 수 있는데 포석정에서는 안압지에서처럼 강한 기백을 느낄 수 없다. 그러나 묘하게 흘러가는 가락의 아름다움과 돌을 뜻대로 다루는 정교한 솜씨를 볼 수 있으니 신라예술이 가장 왕성하던 때를 지나 조각기술이 무르익어 가던 시대인 9세기 초반에 만들어진 것이 아닌가 생각된다. 포석정의 아픔에 대한 시조가 몇 수 전하여 지고 있다.

십이영가(十二詠歌)

서거정

포석정 앞에 말을 세울 때
생각에 잠겨 옛일을 돌이켜 보네
유상곡수하던 터는 아직 남았건만
취한 춤 미친 노래 부르던 일은 이미 옮지 못하네
함부로 음탕하고 어찌 나라가 망하지 않을쏜가
강개한 심정을 어찌 견딜까
가며가며 오릉의 길 읊조리며 지나노니
금성의 돌무지가 모두 떨어져버렸네

이인로(李仁老)의 시

석호궁 안에는 가시덤불 우거지고
동타의 언덕 위엔 행인도 없네.

높은 정자 금송정도 절반은 퇴락했고,
쇠잔한 달빛만 한가로이 옛 성을 비추네.

당시의 관현악 소리 처량함을 다하고,
황금물 술잔은 둥실둥실 구비 따라 흘렀네.

중류에서 찬란했던 위나라 산하는 애닯게 되었으니,
취향에는 진나라 세월도 아랑곳없다네.

조위(曹偉)의 시

한 줄기 맑은 계곡물 굽이쳐 흐르는데,
황량하니 파인 돌만 구불구불 열렸네.

포어는 계곡물 가에 떨어져 흩어졌으니,
봄은 지고 돌은 오래되어 파란 이끼 덮였네.

옛날 신라왕은 정치하기 싫어하여,
금수레 옥가마로 놀러만 다니었네.

계곡물 이어진 이곳에는 맑은 물만 희롱하니,
깃달린 술잔 둥실둥실 물결 따라 내려왔네.

임금과 신하들 흥에 겨워 노래 불러 취향에 들었으니,
피리 소리 북 소리는 봄철 천둥처럼 땅을 진동하네.

적병이 심장에 들어오는 것도 몰랐는데,
대낮에 갑옷입고 말탄 병사들 재갈 물고 몰래 달려 왔네.

피뿌린 궁정 짓밟힌 일 차마 어찌 입에 담을까,
창황한 궁궐터 서라벌에는 먼지만 날리네.

궁녀들 딩굴며 적군 앞에 울부짖으니,
보배 비녀 떨어져 풀밭에 버려졌네.

해목령 위에는 근심어린 구름만 드리우고,
소나무 바람 소리 천년의 슬픔 아직 머금었네.

임금없는 임춘각에 흐뭇하게 취하니,
문 밖에는 한 장군 온 것도 몰랐네.

옥수 벽월의 노래 끝나기도 전에,
진나라 강남 왕업 연기처럼 사라졌네.

앞 수레 엎어짐은 뒷 수레의 경계되련만,
뒷 수레도 연이어서 엎어지네.

내 원하노니, 천공이 귀신 시켜,
뒷사람과 더불어 이 돌로써 거울되게 하소서.

서거정의 시

포석정 앞에 말 세울 때에,
생각에 잠겨 옛 일을 그리네.

유상곡수하던 터는 아직 남았건만,
취한 춤 미친 노래 부르던 옛일은 이미 틀렸네.

지극히 음탕했어도 망하지 않은 나라 없으니,
강개한 심정 어찌 홀로 견딜까.

가며가며 읊조리며 오릉길을 지나노니,
돌 유구와 금성은 모두 빛을 잃고 말았네.

어세겸의 시

포석정 가에 해 떨어질 때에,
들판의 해당화는 주인 없이 서로 의지하네.

침당년에 삼풍계를 살피지 않더니,
눈 깜박할 사이 만사가 틀어지니 슬프기만 하네.

꽃은 떨어져 맑은 물 따라 흐르니 막을 수 없고,
푸른 옷 갈아입고 술시중 드는 일 어찌 차마 하였는가.

이곳의 끝없는 한을 곰곰이 생각하니,
우는 새 저무는 석양을 원망하는 데에 부치노라.

이상의 내용들이 실려 있는데 그 뒤로 『동경잡기』 등에도 거의 같은 내용이 실려 있다. 여기에서 눈에 띠는 점은 포석정은 경애왕이 술잔치를 벌이다가 견훤에게 신라가 망하게 한 원인으로 전승되고 있을 뿐이다.

그러나 앞에서 살펴본 것처럼 단순히 술잔치를 벌이는 유상곡수의 장소라고 하기보다는 신성한 제사 공간이었을 가능성이 보다 비중있게 제시되었다. 이곳 『포석정모형전시관부지 시굴조사』 과정에서 출토된 기와

편 중에 '포석(砲石)'이라는 글씨가 찍힌 암 기와가 8점 확인되었다.

여기에 찍힌 '포석'이란 글씨는 우리가 알고 있는 '포석(鮑石)'과는 다르다. 물론 고대에는 음이 같으면 서로 사용하기도 하지만 『신증동국여지승람』 등에서 풀이하고 있는 것과 같이 전복껍질 모양을 하고 있다는 설명은 재고의 여지가 있을 것 같다.

신라에서는 다른 뜻으로 '포석'이라는 용어를 사용하였는데 후대에 특히 조선시대에 오면서 특별히 의미부여를 한 경우일 가능성은 충분히 있다. 그 한 예로 월지궁은 불교사상에 의하여 조영되었는데도 연못 속의 섬 3개를 삼신산으로 비정하여 신선사상으로 해석하는 경우가 바로 그런 것이다. 포석이라는 의미 해석은 앞으로 보다 적극적이고 신중한 연구가 기대된다.

참고로 『화랑세기』에 포석정은 길례를 행하였다는 포사(鮑祠)로 2번, 대왕이 행차하거나 화상을 모셔 둔 포석사(鮑石祠)로 2번 나온다. 이러한 사실은 무엇인가 특별한 의미가 있는 장소임에는 틀림이 없는 것으로 판단된다.

포석정의 조성 시기에 대하여 『삼국유사』와 『삼국사기』에는 기록이 없다. 다만 헌강왕 때에 포석정이 기록에 나타나고 있으므로 홍사준 이후 대체로 통일신라시대인 경문왕(景文王: 재위 861-875) 때에 조성된 것으로 보아 왔다. 그러나 최근의 발굴 결과에 의하면 이미 삼국시대에 만들어진 것으로 보인다는 견해도 제시되었다. 하지만 발굴자들은 통일신라 하대 또는 고려시대의 기와로 추정하고 있어서 포석정의 조성 시기는 삼국시대일 것이라는 견해는 수정될 가능성이 많은 것으로 판단된다.

4.6 술잔에 대한 내력(酒器譜)

술잔에 관한 기록은 조선 후기의 실학자 이익의 저서 『성호사설』에서는 주기보(酒器譜: 술잔에 관한 내력)가 있는데 예로부터 내려오는 술잔의 종류를 설명했다. 술잔의 크기에 따라 다섯 종류로 나뉘고, 가장 작은 잔을 작(酌)이라 하는데 알맞다는 뜻이라 한다. 가장 큰 잔은 산(散)

이라고 하는데 이 잔으로 마시면 취하여 다른 사람에게 책망을 받는다는 뜻이라 한다. 한편 있는 『說文』에서의 '주기보'를 보면 다음과 같다.

한 되들이 잔은 작(爵),
두 되들이 잔은 고(觚),
석 되들이 잔은 치(觶),
넉 되들이 잔은 각(角),
닷 되들이 잔은 산(散)이라 한다.

작(爵)이란 것은 한껏 넉넉하다는 뜻이고,
고(觚)란 것은 적다는 뜻인데 분량을 조금 적게 마셔야 한다는 것이며,
치(觶)치란 것은 알맞다는 뜻인 데 양에 맞게 마셔야 한다는 것이다.
각(角)이란 것은 닿는다(觸)는 뜻인데 양에 따라 알맞도록 마시지 않으면 죄가 닥쳐온다는 것이고,
산(散)이란 것은 나무란다는 뜻인데 스스로 한정해 마시지 않으면 남에게 나무람을 당하게 된다는 것이다.

그러나 술잔에 대한 총칭은 모두 작이라 한다. 술을 가득 부은 잔은 상(觴)이라고 하는데, 이 상이란 것은 여러 사람에게 먹인다는 뜻이고, 굉(觥)이란 잔 또한 닷 되들이 인데 이는 술을 과히 마시고, 공경한 모습을 잃은 자에게 벌주는 잔이다. 굉이란 것은 또 넓다는 뜻이며 밝은 모습을 나타낸다는 것이기도 하다. 그러나 군자는 허물이 있으면 거리낌 없이 활짝 나타내게 된다. 그러므로 벌주를 굳이 먹이지 않았을 것이니 술잔도 따로 이름하지 않았을 것이다 하였다.

즉, 『설문 說文』에, '한 되들이 잔은 작(爵), 두 되들이 잔은 고(胍), 서 되들이 잔은 치(觶), 넉 되들이 잔은 각(角), 닷 되들이 잔은 산(散)이라 한다. 작(爵)이란 것은 한껏 넉넉하다는 뜻이고, 고(胍)란 것은 적다는 뜻인데, 분량을 조금 적게 마셔야 한다는 것이며, 치(觶)란 것은 알맞다는 뜻인데 양에 맞게 마셔야 한다는 것이다.

그리고 각(角)이란 것은 닿는다[觸]는 뜻인데 양에 따라 알맞도록 마시

지 않으면 죄가 닥쳐온다는 것이고, 산(散)이란 것은 나무란다는 뜻인데 스스로 한정해 마시지 않으면 남에게 나무람을 당하게 된다는 것이다.

그러나 술잔에 대한 총칭은 모두 작(爵)이라 한다. 술을 가득 부은 잔은 상(觴)이라 하는데, 이 상(觴)이란 것은 여러 사람에게 먹인다는 뜻이고, 굉(觥)이란 잔 또한 닷 되들이 인데, 이는 술을 과히 마시고 공경한 모습을 잃는 자에게 벌주는 잔이다. 굉(觥)이란 것은 또 넓다는 뜻이며 밝은 모습을 나타낸다는 것이기도 하다. 그러나 군자(君子)는 허물이 있으면 거리낌없이 활짝 나타내게 된다. 그러므로 벌주를 굳이 먹이지 않았을 것이니, 술잔도 따로 이름하지 않았을 것이다' 하였다.

옛날 한 되[升]란 지금 우리나라에서 쓰는 되와 비교하면 두 홉이 조금 넘는 것이고, 다섯 되란 한 되 남짓한 것이었다. 『주례(周禮)』 고공기(考工記)에, '작(勺)은 한 되, 작(爵)은 두되, 고(觚)는 서되다'라고 하였으니, 이와 같지 않으며, 「시경」에, '나는 아직껏 저 시굉(兕觥)으로 술을 마시고 있다. [我姑酌彼兕觥]'하였으니, 이 또한 벌주로 먹는다는 것은 아니다. 대개 굉(觥)은 잔으로서는 큰 것인 까닭에 벌주를 마시게 할 적에는 굉을 쓰는 것이 마땅할 뿐이다.

〈아〉는 음이 아인데 이는 술잔이다. 이 아란 글자는 옛날은 아(疋)자로서 아(雅)자와 통용했다. 삼아(三雅)라는 명칭도 아마 여기에서 유래되었으리라. 잔(琖)이란 글자의 뜻은 잔(醆)·잔(盞) 두 글자와 같은데 작은 술잔이다. 하(夏) 나라는 잔(琖), 은(殷)나라는 가(斝), 주(周) 나라는 작(爵)이라 했는데, 가(斝)란 작은 술이 여섯 되나 든다는 것이다. 두(斗)라는 잔은 술이 열 되나 드는데, 『시경』에, '말처럼 큰 잔으로 술을 마신다[酌以大斗]'하였고, 포(匏)란 잔은 박[瓠] 따위인데, 『시경』에, '술 마시는데 바가지를 잔으로 쓴다[酌之用瓠]'라 하였다.

『예기 禮記』에는, '다섯 번 드린다 [五獻]'는 준(尊)은 문 밖에서 쓸 때는 부(缶: 동이)로 하고, 문안에서 쓸 때는 호(壺)로 하며, 임금이 쓰는 술통은 와무(瓦甒)로 한다.'하였으니, 이는 작은 것을 귀하게 여김이었다. 이에 대한 정씨[鄭玄]의 주에는, '호(壺)란 것은 크기가 한 섬들이 만하고, 무(甒)란 것은 닷 되들이 이며, 부(缶)란 것은 큰지 작은지 모르겠다. 호

(壺)라는 병은, 모가지 길이는 일곱치, 복판 길이는 다섯 치, 지름 길이는 한 치 반인데, 한 말 닷 되를 담을 수 있고, 무(甒)라는 병은 중간이 넓고 아래가 좁으며 위는 뾰족하고 밑은 평평한데 작게 생겼다' 하였으며, 『이아』에는, '부(缶)라는 것은 술 4곡(斛)이 든다.' 하였다.

병(瓶)은 술을 담는 그릇이다. 『시경』에, '병에 술이 다하면 잔[罍]이 부끄러워한다[瓶之罄矣惟罍之耻]' 했는데, 뇌(罍)란 글자는 본래는 뇌(櫑)였던 것이다. 귀목(龜目)이란 것은 나무로 만든 술통인데, 겉에다 구름과 우뢰의 형상을 새겼으니, 이는 술이 마르지 않는다는 것을 상징한 것이다.

곽 박(郭璞)은, '뇌(罍)라는 것은 병[壺]처럼 생겼는데, 큰 것은 술 한 섬을 담을 수 있고, 앵(罌)이란 병은 서되 일곱 홉이 든다.' 하였다. 온(溫)이란 것도 술그릇이고 치(巵)라는 것도 술그릇인데, 온달처럼 둥근 것도 있고, 반달처럼 굽은 것도 있다.

그리고 옹(甕)이란 질그릇으로서의 큰 것이고, 이(彝)라는 것이 이 모두의 총칭이다. 『주례』 소종백(小宗伯)에는, '이(彝)란 따위가 여섯 가지나 있는데, 유(卣)라는 것이 준(尊)에서 중간이고, 준(尊)이란 것도 세 품등이 있는데, 상품이 이(彝), 중품이 유(卣), 하품이 뇌(罍).'라 하였다.

곽박은, '유(卣)란 것은 크지도 작지도 않게 알맞게 만들어진 것이 이(彝)와 뇌(罍)에 비교하면 중간이다.' 하였고, 『이아 爾雅』의 소(疏)에는, '이(彝)란 것은 술 다섯 말을 담을 수 있고, 유(卣)란 것은 술 서 말을 담을 수 있으며, 뇌(罍)란 것은 술 한 말을 담을 수 있다.' 하였다.

합(榼)이란 것도 역시 술그릇인데, 『좌전 左傳』에, '행인(行人, 周나라 때 벼슬 이름)이 합(榼)을 잡고 잇따라 마신다' 하였다. 치(瓻)란 것도 역시 술그릇으로서 큰 것은 한 섬, 작은 것은 다섯 말을 담을 수 있다는 것인데,

'서책을 남에게 빌려주는 자도 한 치(瓻)이고, 빌어 온 서책을 되돌려 주는 자도 한 치(瓻)이다'라는 말은 여기에서 나온 것이다.

이 외에도 대백(大白)·상만(常滿)·강라(江螺)·목영(木癭)·호로(胡盧)·치이(鴟夷)·어금(梌禁)·점풍(坫豊)·주반(舟槃)·표창(杓鎗) 따위의 여러 가지가 있으나 다 기록할 수 없다. 그리하여 이것을 합하여 주기보(酒器譜)를 만든다.

4.7 조지훈의 삼도주(三道酒)

술의 맛과 멋을 아는 옛 선비들은 '삼도주(三道酒)'라는 술을 즐겨 마셨다. 그렇다고 무슨 신선들이 마시는 술은 아니다. 오대산 속 그 날의 방우산장(放牛山莊) - 나의 서실(書室)에서 무료할 제마다 끼적거려 두었던 구고(舊稿) 남은 것 중에서 두 편을 초고대로 여기 옮긴다. 제(題)하여 가로되 '멋 설'이요, '삼도주'다.

조지훈은 이렇게 노래했다. "나는 항상 삼도주를 마신다. 삼도주란 이름은 어디에서 왔는가. 중니(仲尼)선생이 애써 가꾸신 쌀과 노담옹(老聃翁)이 손수 만드신 누룩과 실달다상인(悉達多上人)이 길어 오신 샘물로 빚은 까닭이다." 그가 일컫은 삼도주란 다름 아닌 막걸리이다. 쌀과 누룩, 샘물로 빚은 것을 '삼도주'라 지은 것이라지만 참으로 기발하다.

나는 반(半) 40에 삼도주를 배운다. 몇 해나 취해야 나를 볼는지 알 수 없다. 이백은 선주(仙酒)만 마셨으니 신선이 되었지만, 이 삼도주는 신선도 부처도 성현도 아무것도 될 리 없다. 목적이 있어서 술을 마시는 자는 술의 힘을 빌려서 싸움하려는 자를 두고는 다시없을 것이다. 신선이고 부처고 성현이고 간에 목적이 있어서 마시는 술은 하지하품(下之下品)이요 속주(俗酒)다. 술의 진미를 완미(玩味)하는 심경이면 탁주, 소주, 약주 할 것 없이 가위 도주(道酒)라 할 것이다.

오늘 달 아래 술을 거른다. 내 손수 따온 머루와 솔잎과 당귀로 빚은 술이다. 내 앉은 키와 가지런한 술독이 아랫목에 앉아 있고 술지개미 말라붙은 체로 윗목에 걸려 있고 달 잠긴 샘물도 동승(童僧)이 길어 왔다. 두 팔을 걷어붙이고 주물러 길러 내니 방 안에 이미 향기가 가득하다. 조양(造釀)에 동락(同樂)한 침허화상(枕虛和尙)이 한 사발을 들이킨다. 뒷입맛 다시는 소리가 북소리 같다. 영서상통(靈犀相通)으로 청할 겨를도 없이 들어서는 석규화상(昔規和尙)에게 선 채로 한 사발을 권한다. 검은 눈동자가 슬며시 옆으로 돌아간다. 어디 보자 나도 한 사발. 그만하면 훌륭하군. 회심의 미소가 떠오른다.

머루 맛에서 老子가 웃는다.
솔잎 맛에서 佛陀가 웃는다.
當歸 맛에서 孔子가 웃는다.

머루의 이 깨끗한 맛이여. 혓바닥을 몇 번 다시는 동안 날아가는 허무적멸(虛無寂滅). 솔잎의 씹을수록 향내 나는 그 묘미. 당귀의 향기는 너무 짙어서 쓰기까지 하되 훌륭한 보혈제다. 그러나 이제는 걸러 낸 술 머루는 어디 갔느뇨. 솔잎은 어디 갔느뇨. 당귀는 또한 어디 갔느뇨.

只在比山仲이언마는 雲心不知處로다
三道酒를 마시고 도를 그만 잊고 만다.

(출처: 나무사바사(南無沙婆詞), (辛巳暮秋) - 1985년, 『신태양』)

5. 명정의 세계에서 풍류

멋있는 생활은 반드시 흥을 바탕으로 한다. 정신적 육체적 활동이 미적으로 나타나는 것도 대개 이 흥으로 말미암는다. 술을 마시고 흔히 예술 활동에 민감하게 됨은 바로 이러한 흥취 때문이다. 본 장에서는 흥은 음주를 만나서 배가되고, 음주는 취흥을 불러오고 그 취흥은 예술을 낳게 하고, 예술은 인간세계의 아취와 고아를 불러온다라는 가정에서 '술 풍류'를 엮어보고자 하였다.

그 아취와 고아가 바로 풍류를 가져오게 하는 것이 아닐까? 그래서 음주와 예술의 뿌리는 하나가 아니겠는가? 술 그 자체가 창의력을 주거나 어떠한 예술적인 능력을 주는 것은 아니다. 다만, 술은 잠재되어 있는 예술가의 예술이 발현될 수 있는 분위기를 만들어 준다. 이러한 관점을 명정의 세계에서 풍류와 연관시켜 살펴보고자 한다.

바람 '풍(風)' 자와 물 흐를 '유(流)' 자가 합쳐져서 된 '풍류(風流)'라는 말은 단순한 바람과 물 흐름이 아니라 사람과의 관계에서 파악되어야 하는 자연이기 때문에 매우 복합적인 의미를 가지고 있다. 그러나 바람같은 자유로움과 물같은 융통성을 지녀 자연의 리듬을 몸으로 체감하며 우주만물의 영과 교감할 줄 알아야 하는 일종의 샤만마니즘과 같다. 우리나라의 풍류는 민족 고유의 현묘한 도요, 미풍과 양속의 자취이다. 품격이 우아하고 속된 잡사를 버리고 운치있게 즐길 줄 아는 것이다.

그래서 '풍치가 있고 멋스럽게 노는 일' 또는 '운치가 있는 일'로 풀이한 사전이 있는가 하면, '아취(雅趣)가 있는 것' 또는 '속(俗)된 것을 버리고 고상한 유희를 하는 것'으로 풀이한 학자도 있다. 풍류를 풍속의 흐름으로 보아 문화와 같은 뜻으로 보는 이도 있고, 풍월(風月)과 같은 뜻으로 보아 음풍농월(吟風弄月)하는 시가(詩歌)와 관련짓기도 한다. 또한 풍류란 자연과 인생과 예술이 혼연일체가 된 삼매경에 대한 미적 표현이라고 하는 사람도 있고, 또 풍류는 우리의 고유 사상인 '부루'의 한자표기라고 주장하는 사람도 있다. 이때 부루란 불 · 밝 · 환 · 하늘을 가리키는 말로, 광명이세(光明理世)하는 하느님 신앙에서 나온 개념이라는 것이다. 하여간 풍류에는 자연적인 요소, 음악적인 요소, 현실을 뛰어넘는 이상적인 무엇 등등 많은 의미가 포함되어 다양하게 쓰이는 것 같다.

예를 들어 그 사람은 풍류를 아는 사람이야. 또는 풍류가 있는 남자야 라고 했을 때는 멋이 있고 예술을 알고 여유도 있고 여자도 안다는 여러 가지 의미가 포함되어 있다고 할 수 있다. 한편, 그 사람은 풍류가 없어 라 든지 풍류를 모르는 사람이야 라고 하였다면 멋도 없고 음악도 모르고 여유도 없는 옹졸하고 감정이 메마른 틀에 박힌 꽁생원쯤으로 생각하게 된다. 이와 같이 풍류란 자연을 가까이 하는 것, 멋이 있는 것, 음악을 아는 것, 예술에 대한 조예, 여유, 자유분방함, 즐거운 것 등 많은 뜻을 내포하는 용어라고 할 수 있다.

그러나 현대에서는 풍류라는 말이 주로 음악과 관련되어 쓰이고 있다. 예를 들면, 줄풍류 · 대풍유 · 사관풍류 · 풍류방 · 풍류객 등이 그것이다. 줄풍류 · 대풍류는 악기 편성을 뜻하고, 사관풍류는 악곡을 가리키며, 풍류방 · 풍류객은 음악하는 사람이 모이는 곳, 음악하는 곳 등을 뜻하게 된다. 또, 풍류라는 이름은 정악(正樂)을 가리키는 말로 속악(俗樂)과 구별하기도 한다. 또, 과거에는 풍류도(風流道)라 하여 유(儒) · 불(佛) · 선(仙) 3교를 포함한 한국고유의 정신을 나타내는 말로 쓰였지만, 지금은 풍류남아와 같은 좀 바람끼가 있고 돈 잘 쓰고 멋부리고 술 잘 마시고 타락한 듯한 사람을 나타내는 말로도 쓰이고 있다.

5.1 풍류도

『삼국사기』 '신라본기 진흥왕조 난랑비(鸞郎碑) 서문에 이르기를 國有玄妙之道하니 曰風流라. 設敎之源이 備詳仙史하니 實內包含三敎하야 接化群生 且如入則孝於家하고 出則忠於國은 魯司寇之旨也오 處無爲之事하고 行不言之敎는 周柱史之宗也오 諸惡莫作하고 諸善奉行은 竺乾太子之化也라.

"우리나라에 현묘한 도가 있으니 이를 '풍류'라 한다. 가르침을 베푸는 근원은 선사에 상세히 기록되어 있거니와, 실로 삼교를 포함하여 접하는 모든 생명을 감화시키는 것이 있다. 예를 들어 보면, 이는 곧 집으로 들어와서는 부모에게 효도하고 밖으로 나가서는 나라에 충성하는 것은 공자가 가르쳤던 뜻이요, 매사에 무위로 대하고 말없는 가르침을 행함은 노자의 가르침이며, 악한 일을 하지 말고 모든 착한 일을 받들어 행하라는 것은 석가모니의 교화니라."

한국에서 유·불·도 3교가 근본적으로 하나임을 주장한 최초의 기록은 신라말 최치원(崔致遠)의 『난랑비서 鸞郎碑序』이다. 『난랑비서』는 화랑 난랑을 위해 건립한 비석의 해설로서, 『삼국사기』 진흥왕 37년 기사에 일부가 인용되어 전한다. 최치원은 『난랑비서』에서 "나라에 현묘지도(玄妙之道)가 있어 그를 풍류도(風流道)라 한다"고 기록하고, 풍류도 가르침의 근원은 '선사(仙史)'에 자세하게 실려 있으니 선(仙)과 관련시킨 것이 주목된다.

여기서의 '현묘' 나 '선'은 비록 노장적(老莊的)인 용어로 표현된 것이지만 중국의 도교사상이 들어오기 이전 신라의 고유한 무속(巫俗)과 관련된 화랑의 풍속을 지칭하는 것으로 보인다. 이것을 유·불·도와 관련시켜 설명하는 것은 신라의 화랑도가 유·불·도의 유입과 함께 겪은 일정한 변질을 반영할 뿐만 아니라 유·불·도 3교의 합일을 주장하는 최치원의 사상을 보여주는 것이기도 하다. 이 글은 화랑의 풍류도가 유·불·도 3교의 유입과 함께 3교의 사상을 포괄하며 변화되어간 모습을 보여주고, 아울러 이러한 변화의 귀결인 유·불·도 사상의 강화는 화랑의 풍류도를 역사의 뒤안길로 밀쳐내버리고 말 것이라는 것을 보여주고 있다.

또 효도와 충성은 공자의 뜻이고, 무위(無爲)와 불언(不言)의 가르침은 노자의 주장이며, 악을 행하지 말고 선을 행하라는 가르침은 석가의 교화라고 했다. 이는 유·불·도 3교의 기본 취지가 상보관계에 있고 동시에 한국 고유의 풍류도 정신과 어긋남이 없음을 가리킨 것으로, 결국 화랑도(花郞道)가 3교의 가르침을 포괄하는 풍류도를 사상적 바탕으로 하고 있음을 주장하고 있는 것이다.

최치원의 이러한 인식은 이후 한국 역사 속에서 3교 중의 어느 하나가 지배적 위치에 있을 때라도 그 사상과 신앙의 바탕에는 고유의 풍류도가 바탕이 되어 3교를 포함하는 전통으로 이어졌다. 특히 삼교합일의 전통은 조선 후기에 발흥한 동학(東學)·증산교(甑山敎) 등 신종교의 사상적 바탕이 되었다. 신종교가 삼교합일, 또는 새로운 종교인 그리스도교까지 포함시킨 것은 유교 중심의 지배 이념이 해체되면서 나타난 일시적인 흐름이 아니라, 외래 종교를 자신의 삶과 신앙 속에 용해시킨 민중신앙의 전통을 잇는 것으로 보인다.

또한 풍류라는 말이 『삼국사기 三國史記』 진흥왕조(條) 화랑제도 설치에 관한 기사에도 나오는데, "나라에 현묘(玄妙)한 도(道)가 있으니 이를 풍류라 한다" 하여 유(儒)·불(佛)·선(仙) 3교를 포함한 현묘지도(玄妙之道)를 풍류라 하였다. 또 이러한 풍류를 지닌 사람을 화랑이라 하였다.

고려시대에는 팔관회(八關會) 같은 행사를 통하여 풍류가 나타나며, 조선시대에는 『의유당일기 意幽堂日記』 및 『화성일기 華城日記』에서 음악과 관련되어 쓰고 있었다. 예를 들면 악곡 편성을 뜻하는 줄풍류·대풍류, 악곡을 뜻하는 사관풍류, 음악인을 가리키는 풍류객, 음악인이 모이는 곳을 나타내는 풍류방 등이 있다. 또한 음악용어로 쓰인 것 외에도 시문·그림 및 일상생활 속에서도 드러난다. 문인들은 좋은 경치 속에서 시·서(書)·금(琴)·주(酒)로 노니는 것을 풍류라 하여 생활의 주요 영역으로 삼았고, 그림에서는 사군자·문인화(文人畵) 및 인물화·산수화 등에 간접적·직접적으로 풍류스런 생활이 보인다.

일상생활에서의 풍류는 마을굿 등 공동제의(祭儀)에 나타나고, 생활 속

풍류는 오늘날의 각종 민속놀이·민속춤·민속음악으로 이어지고 있다. 현대에는 풍류남아 같이 돈 잘 쓰고 멋부리며 타락한 듯한 바람기 있는 사람을 나타내는 말로도 쓰이며, 음악을 예스럽게 말할 때에도 풍류라고 한다.

'풍류도(風流道)'는 고대 우리나라로부터 있어 온 민족고유의 사상이다. 풍류도는 우리 민족의 문화와 사상전통의 골수로서, 풍류도는 한국인의 일이며 영성이다. 한국인의 풍류는 그 멋에서 드러나는 자유와 조화의 사상이다. 인간을 사랑하고 자연과 친화하며, 예술을 지향하는 것이 풍류의 근본이 된다.

예로부터 우리 민족은 하늘에 제사지내는 제천의식에서 음주가무를 즐겼으며, 신바람 나는 인생을 살기를 기원했다. 하늘을 섬기고 감사하며 하늘과 일체가 되려는 전통이 풍류를 비롯하여 지금까지 이어져 오고 있다. 당시의 풍속은 종교적인 성격이 강했다. 우리 축제의 고형(固形)인 제천의례(祭天儀禮)는 농공시에 하늘에 제사지낸 후 무수한 사람들이 모여 음주가무하며 즐기는 것이 관례였다. 단순히 술 마시고 노래하는 것이 아니라 반드시 하늘에 제사를 지냈다는 것이 바로 축제가 신성한 종교행사였음을 말해준다. 축제는 분명히 축(祝)과 제(祭)가 포괄된 문화현상이라고 보아야 한다.

어느 부족 사회에서나 일 년에 한두 차례의 대회를 열고 제천의식(祭天儀式)을 거행하면서, 부족 의식을 연마하고 가무백희(歌舞百戲)를 연행(演行)하였다고 하였는데, 여기서 우리는 우리나라의 원시적 축제를 볼 수 있을 것 같다. 부여의 영고(迎鼓), 고구려의 동맹(東盟), 예의 무천(舞天), 마한의 춘추제(春秋祭) 등을 그 대표적인 고대 제의(祭儀)로 들 수 있는데, 그것은 '연일 음주가무(連日飮酒歌舞)' 또는 '주야 음주가무(晝夜飮酒歌舞)' 하는 축제였으나, 아직 의례에서 분화되지 않은 단계로 보인다.

'풍류(風流)'라는 자의적 의미는 '바람이 흐르는 것'이다. 바람은 부는 것(blow)이고 물은 흐르는 것(flow)이기 때문에, 풍류라는 단어가 함축적으로 표현 된 단어임을 알 수 있다. 풍류가 어느 한 곳에 매여 있는 것이 아니라 바람처럼 흐르는 것이기 때문에, 현재 자신이 살고 있는 장소나 매인 일을 떠나서 노는 것을 의미하는 말이 되었음을 알 수 있다. 따라서 풍류(바람이 정체되거나 막히지 않고 흐르는 것)를 생각해 보면, 풍류라는 단어 속에는 '자유', '자연스러움', '변화', '움직임', '아름다움' 등의 개념이 포함되어 있음을 알 수 있다.

본래는 중국에서 성현(聖賢)들의 예의·도덕이 지켜지는 풍속을 가리키던 말이었으나, 차츰 그 뜻이 바뀌어 풍치있고 멋스럽게 노는 일, 운치·아취 있는 일, 체념·탈속(脫俗)의 경지에서 자연과 화합하면서 고상한 유희를 하는 것, 화조월석(花朝月夕)에 음풍영월하는 자유롭고 유유자적하는 생활 등을 뜻하게 되었다. 풍류에 대한 가장 오래된 기록은 BC 2세기 한(漢)나라 초 『회남자 淮南子』에 보이며, 그것은 풍속의 퇴폐를 뜻하였다. 당시 청담(淸談)에 빠진 유학의 전통을 고수하는 사상가·정치가들을 배척하며 불렀던 말이다. 그러나 3~4세기 위(魏)·진(晉)나라 때는 사람들로부터 추앙받는 풍격·인격을 가리키게 되었다. 즉 경멸받았으나 인습에 얽매이지 않는 풍류인들의 자유정신에 대하여 사람들이 경의를 나타내게 된 것이다.

5세기에는 단정하지 못한 흐트러진 모습을 풍류라고 한 예가 있으며, 방탕풍류(放蕩風流)라고 알려졌듯이 풍류와 방종의 구분이 어려워지기 시작하여, 6세기 남조(南朝) 제(齊)·양(梁)나라 때부터는 『옥대신영집 玉臺新詠集』에 기록되어 있듯이 관능적인 미나 요염함을 뜻하게 되었다. 이같이 풍류의 뜻은 여러 가지로 변하여 왔으나, 중국 문장어(文章語)에서는 당(唐)나라 이후 근대까지 좋은 뜻으로 사용된 예가 많았다.

옛 문인들의 글에 나타나는 '쉼'으로서의 '풍류', 사상과 미학으로서의 '풍류'등은 어떻게 나타나고 있을까? 또한 풍류인들은 어떤 이들이 있으며, 그들이 즐겨 찾았던 풍류지는 어디이며, 왜 그곳을 찾아 다녔을까? 옛 선인들의 풍류의식, '쉼'의 의식을 현재를 살아가는 사람들과 나눌 수는 없는 것일까? 사실 예술은 오랫동안 '풍류'를 기록해 왔다. 시와 음악, 미술, 사상의 도처에서 발견할 수 있다. 필자는 술 풍류에만 관심을 두고 있기 때문에 한정지어 기술해 보고자 한다.

풍류 정신이란 가무를 통해 신과 만나고, 자연을 즐기며 도의(道義)를 연마하는 정신을 가리킨다. 뚜렷한 사계와 수려한 경관 속에서 살아온 우리 민족은 풍류를 즐길 줄 아는 민족이었다. 이러한 풍류 정신은 화랑도, 제천 행사, 무속 및 민속놀이 등에 잘 나타나 있으며, 힘든 노동의 피로를 잊게 하고 새로운 과업의 성공을 결의하게 하는 촉매 역할을 하였을 뿐만 아니라, 우리 민족의 정서 함양에도 크게 이바지하였다.

5.2 술 풍류

風流

최불암

사랑 추억(追憶) 아름답다
그러나 격(格)이나 값은 풍류(風流)
풍류는 점잔을 벗어난
난봉으로 들어가는 길목에 존재하지만
그렇게 속(俗)되지도 않고
그렇다고 성스럽지도 않다
그래서 중용(中庸)

풍류는 가르침을 받아 배워지는
인문과학이나 자연과학과 같은
당대에 이루어지는 학문이 아니다

어쩌면 「피의 소리」 「끼의 맥박」
나아가 풍류의 매체는 술이다.
술 없이는 풍류를 논할 수 없다.

술은 시며 소설이며 수필이다
풍류는 글씨며 그림이며 소리다
술은 풍류를 묶어 싼 보자기다

진흥왕(540-576) 때 화랑들과 어울려 산수간을 돌아다니던 원화(源花)인 준정(俊貞)은 심한 질투 끝에 남모(南毛)에게 독한 술을 먹인 후 강물에 내던졌다고 한다. 금산사에 유폐되었던 견훤은 술을 잘 빚은 고비(古比)란 시비가 빚은 술을 감시자에게 진탕 먹여 놓고는 왕건에게로 도망쳐 갔다. 백제의 의자왕(641-660)은 부왕이 놀던 사비성에서 국운이 기울어져 가는 것도 모르는 채 술과 궁녀에게 묻혀 망국을 재촉하다가 마침내 신라와 당의 연합군에게 항복하였다.

높은 단 위에는 신라의 왕 김춘추, 김유신, 태자 법민(法敏), 당의 소정방 · 유인원(劉仁願)이 위엄을 갖추고 앉아 있으며, 그 아래에 망국의 왕 의자는 태자를 데리고 꿇어앉아 술을 올린다. 이러한 형식은 망국의 왕이 승리한 사람에게 올리는 연회로서 이것을 행주(行酒)라고 한다.

술은 권하는 맛으로 마신다는 우리의 정다운 주도는 행배(行杯) 혹은 행주(行酒)라는 것으로 잔에 술을 부어 돌린다는데 그 뿌리를 두고 있다. 이 행주는 한나라 유장(劉章)이 오태후(吳太后)에게 술을 올리는데서 비롯되었으며, 당나라 때는 초기부터 무신들이나 궁중의 연회에는 으레 이 행주가 따르게 되었다고 한다. 그리고 권주잔은 반드시 비우고 되돌려 주는 반배(返杯)라는 화답도 따라야 한다.

아직까지 우리는 술좌석에서 옛부터 내려오는 말을 많이 사용한다. 후래선배(後來先杯)라고 해서 술자리에서 뒤늦게 온 이에게 먼저 술을 권하고, 후래삼배(後來三杯)라고 술자리에 늦게 온 사람에게 석 잔의 술을 권한다. 그리고 주불쌍배(酒不雙杯)라고 술을 마실 때 잔의 수효가 짝수가 되서는 안 된다는 법칙도 지키고 있다.

고전문학의 경우를 보면 신라 유리왕 9년에 가배 행사에 주식(酒食)이 마련되고, 백희가무(百戲歌舞)가 성행하였다는 기록이 전해지고 있다. 당시 어느 여인의 입에서 나오던 '회소회소'라 한 시적 탄사는 『회소곡』의 연유가 되었는데 이때 부르던 노래는 필시 술을 마시고 흥겹게 놀던 주흥과 관계된 것임을 알 수 있다. 『삼국유사』에 나오는 '구지가'도 구간등이 3월 계옥제의에서 부른 것으로 전하여 제주(祭酒)에서의 주흥과 관계된 것으로 볼 수 있다. 그러나 상고문학에 대한 기록은 많지 않아 상세한 언급은 어렵다. 이에 비하여 고려 이후에는 술의 문학이 적지 아니하다. 『청산별곡』과 『쌍화점』 및 『한림별곡』 등은 술과 관련된 고려시대의 노래이다.

술 노래는 대개 주홍에서 제작되기 때문에 내용은 취락을 주로 하기 마련이다. 그 대표적인 것이 고종 때의 『한림별곡』의 제 4연이다. 거기에는 황금주와 백자주 등 일곱 가지의 다양하고 사치스런 술과 앵무잔, 호박배 등의 잔 이름이 열거되어 있고, 주호로 이름난 유령과 도잠을 선옹(仙翁)이라 하여 그들과 같은 낭만을 즐기는 멋이 담겨있다.

고려의 백운거사(白雲居士) 이규보(李奎報, 1168-1241)도 술이 없이는 시를 짓지 않았다는 문인이다. 그는 『동국이상국집』권 11 찬(贊)의 '주호명(酒壺銘)'에서 "술이 거나하여 몸이 풀리고 마음이 활달해 지면 춤도 추고 노래도 부르나니 이는 모두 네(酒)가 시킨 것"이라 하여 평소 즐겨하던 가무가 주홍에서 이루어진다고 하였다. 그는 또 술의 전기로 『국선생전』을 지었다. 이는 술에 밝은 작자가 이에 얽힌 고금의 이야기를 전기적으로 서술하여 가전체로 의인화한 것이다. 임춘도 술의 전기로 『국순전』을 지었지만 고려 때의 술의 문학은 시와 문을 종합해 볼 때 역시 이규보를 으뜸으로 한다.

이규보가 당대의 실력자 최충헌 앞에서 시를 짓게 되었을 때 최충헌의 아들인 최우가 "이 사람은 술을 마시지 않으면 시를 제대로 짓지 못한답니다"라고 말했을 정도였다. 그의 『우음 偶吟』 즉, 시의 벗이라는 시가 있다.

술이 없으면 시도 지어지지 않고
시가 없으면 술도 마시고 싶지 않아
시와 술을 내 모두 즐기니
서로 어울리고 서로 있어야 하네
손 내키는 대로 한 구절 시를 짓고
입내키는 대로 한 잔의 술을 마셨지
내 어찌하겠나, 딱한 이 늙은이가
시 버릇과 술버릇 함께 배운 것을
술이라고 해야 많이 마시는 것은 아니어서
천백수 짓는 시를 따라가지는 못하지만,
술잔을 마주하면 홍취 절로 일어나니
그 마음만은 끝내 알기 어려워라

그래서 내 병마저 깊어졌으니
죽은 뒤에야 그 버릇 없어지겠지
그러기에 나 혼자 속상한 것이 아니라
남들도 그 때문에 나무란다네

이렇듯 술이 없으면 시 작품이 안 되고 시를 읊기 위해서는 반드시 음주를 해야 하는 이규보의 술사랑은 애술(愛術)의 단계라고 하겠다. 이러한 유는 조선시대의 대표적인 화가 오원과 최북의 경우도 마찬가지이다. 술이 없으면 붓을 들지 않았으며 붓을 들면 반드시 음주를 해야하는 예술가들이다. 그는 앓아 누워서도 술을 끊지 못하고 "맑은 정신으로 살아 있은들 무슨 재미가 있겠는가, 취해 지내다 저 세상 가는 것이 도리어 좋을 텐데"라고 했다.

이규보는 71세 때 왕명을 받아 팔만대장경의 『대장경각판 군신기고문』을 짓기도 했다. 이규보의 유적지는 현재 무덤밖에 남은 것이 없다. 스스로 백운거사라고 칭하며 은거했던 천마산은 개성에 있고, 그가 근무했던 전주나 유배되었던 부안 위도에는 아무런 흔적도 남아 있지 않다. 이규보가 혼자 술 마시는 친구에게 보낸 시가 있는데, 그 시 속에서 그의 풍모를 가늠해볼 수 있다. 『腹鼓歌戱友人獨飮』일부를 보면 그가 음주를 얼마나 즐겼는가를 알 수 있다. 복고가(腹鼓歌)로 친구가 혼자 술 마심을 조롱하다이이다.

君不見豪家子弟宴華屋	그대는 보지 못했나 부호가 자제들 화려한 집에 놀 적에
撾鍾擊鼓間絲竹	종 치고 북 두드리며 간간이 줄 튕기고 피리 부는 것을
城西先生獨不然	성서 선생은 홀로 그렇지 않아
醉後高歌鼓大腹	취하면 노래 부르며 큰 배를 두들긴다
是中可容數百人	이 안에는 수백 사람 들어갈 수 있고
亦能貯酒三千斛	또 삼천 섬의 술을 저장할 수 있다네
膏田得米釀醇醅	기름진 밭의 쌀로 좋은 술 빚었기에
數日微聞香馥馥	며칠 만에 맡아보니 향내가 물씬물씬
何必壓槽絞清汁	하필 틀로 걸러 진국물을 짜낼 것이 뭔가
頭上取巾親自漉	머리 위의 두건 벗어 내 손으로 거르지

一飮輒傾如許觥	한번 마실 땐 문득 양껏 마시는데
佐以辛蒜或腥肉	야채나 고기로 안주를 하네
腹爲皮鼓手爲搥	배는 북이 되고 손은 북채 되어
登登終日聲相續	둥둥둥 종일토록 소리가 이어 난다
隴西窮叟得酒少	언덕 너머 궁한 늙은이 얻은 술이 적어서
矮屋低頭鶴俛啄	납작집에 머리 숙여 학이 쪼듯 한다오
腹如椰子猶未充	배는 야자 열매만하건만 채우지 못하니
只見靑盤堆苜蓿	보이는 것은 푸른 소반에 비름나물뿐이로다
暫盛水醬俄復空	잠시 장물로 채우지만 이내 곧 고파져
有如蹶鞠氣出還自縮	공에 바람이 빠지면 쭈그러짐과 갈구나
那將雷吼飢腸聲	어찌하면 주려서 꾸르륵거리는 이 소리 가져다가
往和先生鼓腹太平曲	선생이 배 두들기며 부르는 태평곡에 반주 맞출까

두건 벗어 술 걸러 마실 정도니 술을 사랑하는 경지를 알 만하다. 그는 또 술을 의인화한 소설 『국선생전 麴先生傳』을 짓기도 했다.

조선시대의 술의 문학은 시조와 가사를 통하여 능히 이해할 수 있다. 음주의 낙을 아는 시가시인이면 으레 술 노래를 만들었기 때문이다. 조선시대 시인의 쌍벽으로 일컫는 윤선도와 정철도 시 주객으로 이름나 있다.

5.3 명정(酩酊) 속의 풍류

풍류(風流)란 사전적 의미로는 "우아(優雅)하고 멋스러운 정취(情趣)"이며 "본래 선인들, 특히 성현들의 유풍(遺風) · 전통을 말하였으나, 점차 고상한 아취(雅趣) · 멋스러움을 말하게 되었다. '멋'은 영어로는 'elegance'인데 엘레강스는 불어로 '우아한, 고상한, 맵시'의 뜻이다. 아치와 달리 단순한 풍치가 아니라 고아한 품격을 갖춘 기상이 겸비되지 않으면 안 된다. 그런 점에선 서양 사람들은 동양에 비해 술을 마시는 멋이 별로 없다. 기껏 '건배'를 하고 무희나 가희를 통해 간접적으로 취향을 돋구는데 그치는가 하면, 서로 어울려 춤추고, 주정부리고, 격투하고, 고성방가하기가 일쑤다.

중국의 전사원(錢思源)은 그의 『담주집 談酒集』에서 심리학자들의 연구에 따르면 문인들이 술을 좋아하는 이유를 대체로 다음과 같이 다섯 가지를 지적하고 있다. 1) 문인들의 창작목적이 표현에 있다면 술을 마신 이후에는 어떠한 근심에 처해 있더라도 표현이라는 목적에 도달할 수 있기 때문이며, 2) 창작이 어느 정도 환상에 의지해야 할 경우에도 석잔 정도만 마시게 되면 그것이 가능해 지며, 3) 술은 문인들이 부딪히는 여러 가지 고통들을 해소시켜 줄 수 있으며 적막한 심정을 안위케 해줄 수 있으며, 4) 창작에 정력을 집중하여 피로할 때 술과 영혼과 기억이라는 질고로부터 탈출케 하여 긴장을 풀어주는 작용을 하며, 5) 대인관계에 있어 술은 사교로서의 작용을 한다는 것이다. 이러한 기능들이 있기에 어느 주당이 지적하고 있는바와 같이 술은 예술의 혼을 깨우고 예술은 디오니소스를 그리워하게 되는 관점에서 그래서 술과 예술은 닮은꼴로 볼 수 있을까?

주류(酒類) 예술의 묘미는 술과 예술의 유사성에 있다. 음주에 얽힌 낭만과 열정은 예술의 그것과 많이 닮아 있다. 술을 매개로 한 감성코드의 극대화 과정은 예술적 상상과 창작과정에 깊이 관계하고 있다. 예술가들은 취기의 힘을 빌어 현실과 환상의 극단을 오가며 은밀한 내면의 욕망을 키워갈 수도 있다. 때때로 그들이 당대 사회에 던지는 취중의 돌맹이는 그 사회가 허용하는 합법적인 도발 행위로 간주되기도 하며, 술을 통해 우리 시대의 풍경을 다른 시각으로 경험할 수 있게 해주는 출구를 열어주기도 한다.

예술과 술의 유사성은 예술가들이 그려낸 애(愛)술 이야기들 속에 다양한 형태로 드러난다. 우리 사회의 대다수가 음주문화에 친숙해져 있으며 나날이 그 다이네믹한 에너지를 강화해나가고 있다. 하지만 그 역동성 이면에 숨어있는 폭력성과 무미건조함, 삐뚤어진 자아도취 등의 문제적 양상들이 숨어있다. 이 전시는 이러한 역동성과 이면의 완고한 문제적 양상들을 동시에 보여줌으로써, 주요한 생활문화 가운데 하나인 음주문화에 대한 모종의 메시지를 던져 줄 것이다. 이러한 연유로 술과 풍류와의 연관성은 자연스러운 관계라고 할 수 있지 않을까? 디오니소스를 술과 예술의 신이라고 하니 술을 마시고 예술을 한다는 행위는 놀이를 한다는 뜻이지 이성적인 음악을 작곡하는 행위라고 할 수 없다. 예컨대, 오원(吾園) 장승업은 취명거사라는 별호를 가질 정도로 그의 생애는 술과 예술 그리고 방랑으로 일관되었다고 말할 수 있다.

5.4 주취(酒醉)의 과정

옛 중국 주도에서는 술에 취하는 과정을 다음과 같이 묘사하고 있다. 이를 한국인의 술 취하는 단계로 적용해 볼 수 있다.

① 해구(解口) 단계: 입이 풀리는 단계다. 말실수를 하게 된다.
② 해색(解色) 단계: 색에 대한 자제력을 잃는다. 색에는 이중의 의미가 포함된다. 먼저 얼굴색의 변화를 일컬으고, 두 번째는 추녀가 양귀비로 보이는 여색의 단계이다.
③ 해원(解怨) 단계: 술을 마시면 억눌려 있던 분통이나 원한이 풀리는 단계.
④ 해망(解妄) 단계: 의식을 잃는다. 인사불성이 된다.

몸이 쫘악 풀리는 해구(解軀) 현상, 이는 점차로 말이 헤퍼져서 해구(解口)가 되면 문학, 철학, 종교가 어떻고 멋대로 떠들어댄다. 이쯤 되면 늙은 주모가 금세 미인으로 둔갑해서 교태를 부리고 있지 않는가. 술이 지나치면 해색(解色)이 되어 미추가 분별이 안 된다는 그런 단계에 진입한 것이다. 마음껏 마셨으니 마음이 바다보다 더 넓고 편안할 수가 없다. 이것을 해증(解憎)이라 했던가. 이제 둘이는 혀가 꼬부라져서 발음이 제대로 되지 않는다. 둘이는 그야말로 해격(解格)이 와서 서로의 신분도 체면도 인격도 다 벗어던지고 오십대 중반의 무지막지한 남자로 전락해 버렸다.

또 다른 예로 그 하나는 서양 사람처럼 밤낮 때 없이 마시지 말고 저녁에만 마시라는 유시계(酉時誡)다. 유시는 오후 6시에서 8시 사이다. 그렇게 유(酉)에만 마시라 해서 술 주(酒)라는 해석도 있다. 또한 12일 만에 돌아오는 유일(酉日)에만은 금주하는 것이 주도인데 이날 술을 처음 만들었다는 두강의 기일이라는 것이 명분이며 요즈음 휴간일(休肝日)을 합리화하는 것이 된다.

그 두 번째는 술을 마시고는 물을 마셔 입안과 식도를 씻어 내리라는 현주계(玄酒誡)다. 한나라 때 술자리에는 물통 하나를 들여놓고 술을 마시고 물을 마시고 물을 떠마시게 했는데 이를 현주라 했다. 영의정 이양원(李陽元)은 술을 무척 좋아했는데 한잔 마시고는 반드시 물을 마셨다.

세 번째는 석 잔 이상 마시지 말라는 삼배계(三杯械)다. 세종이 내린 계주교서(誡酒教書)에 이를 태조께서 건국 후 풍속으로 정착시키라 태종에서 명한 주도라 명시했고, 술 좋아하는 윤회(尹淮)등 학사들에게 석 잔 이상 마시지 못하게 엄명을 내렸는데 어명은 지켰으되 그 잔이 양푼보다 더 커지는 바람에 삼배계를 내리지 않은 것만 못하구나 했다 한다. 선비의 대명사격인 정몽주도 친구들에게 책잡힐 일이 있었다고 한다. 3가지 단점이 있다는 충고였다.

첫째, 술을 너무 좋아해서 술자리에 앉으면 가장 늦게 일어선다.
둘째, 색(色)에 초연하지 못한다.
셋째, 중국에서 들여온 수입품을 무심하게 대하지 못한다.

이에 대한 정몽주의 다음과 같은 대답이 솔직했다.

첫째, 친구나 손님과 대화를 즐기다보면 술자리에서 가장 늦게 일어나지 않을 수 없다.
둘째, '밝힘증'이라는 것은 인지상정이다.
셋째, 사람들이 혼례 때 모두들 수입품을 쓰기 때문에 나로서도 예사롭게 보아 넘기지 못하고 있다.

정몽주조차 이랬으니, 보통사람들은 말할 것도 없을 것이다. 그래서 옛 임금들은 아끼는 신하에게 술을 하루에 3잔 이상 마시지 못하도록 명령하기도 했다. 그렇다고 좋아하는 술을 마시지 않을 수는 없었다. 세종대왕 때 윤회는 임금의 지시를 따르기 위해 3잔을 마시되, 큰 잔으로만 마셨다고 한다.

성종 때 손순효는 임금이 은으로 만든 작은 잔을 내리면서 하루에 이것으로 3잔씩만 마시라고 했다. 손순효 역시 작은 잔으로는 어림도 없었다. 술잔을 대장간으로 가지고 가서 얇게 늘렸다. 이 잔으로 하루에 3잔씩 마셨다. 임금이 눈치를 챘다. 손순효는 '오리발'을 내밀었다. 임금이 하사한 은잔으로 마셨을 뿐이라고 우겼다. 저울로 달아보니 부피만 늘어났을 뿐 무게는 그대로였다. 성종도 술이라면 빠지지 않았다. 그리고 너그러웠다. "앞으로 나의 마음이 좁아지는 일이라도 생기면, 경이 이 술잔처럼 내 마음을 늘려주기 바란다"고 말했다. 멋진 임금에, 멋진 신하였다.

클레오파트라가 귀고리에 달려 있던 진주를 빠뜨려서 녹여 마셨다는 전설적인 '진주 술'이 있었다. 요즘 돈으로 한잔에 1억 원이나 된다고 한다. 천연 진주이기 때문에 비싸다는 것이다. 그렇지만 과학자들은 반론을 내놓고 있다. 진주가 녹을 정도로 독한 술을 마실 수 있는 사람은 없다는 얘기다. 따라서 클레오파트라의 진주 술은 엉터리라는 것이다.

아마도 가장 비싼 술은 명나라 때 있었다. 명나라 영종 때 탐욕스럽기로 소문난 왕진(王振)이라는 환관이 있었다. 하는 일이 뇌물 챙기기였다. 벼슬을 얻으려고 왕진을 만나러 오는 사람들이 장사진을 이뤘다고 한다. 왕진에게는 '공정가격'이 있었다. 잠깐 면담을 하면 은 100냥이었다. 면담시간이 길어져서 술을 한잔 내리면, 1,000냥이었다. 당시 장관급인 상서의 월급이 80냥 정도였다고 한다. 왕진과 술 한잔 마시려면 장관급 1년 봉급만큼을 바쳐야 했다는 것이다. 엄청 비싼 술이 아닐 수 없었다. 그러니 나라가 부패하지 않을 수 없었다. 왕진이 죽은 뒤 나라에서 재산을 조사했다. 금과 은으로 채워진 창고가 60 여 동이었다. 사람 키보다 큰 산호가 20개 넘게 나왔다. 옥반(玉盤)도 100여 개나 있었다. 기타 보물과 피륙은 헤아릴 수 없었다고 한다.

탈무드라는 책에 이런 이야기가 나온다. 홍수 후에 노아가 포도원을 만들었는데 그 때 마귀가 몰려와서 포도나무 밑에다 양과 사자, 돼지 그리고 원숭이의 피를 비료로 주었다고 한다. 그래서 사람이 술을 마시면 처음에는 양처럼 순하고, 다음에는 사자처럼 포악하여지고, 그 다음에는 돼지같이 더럽고 미련하여지고 마지막에는 원숭이 같이 별 노릇 다 한다고 한다. 또한 탈무드에서는 "아침술은 돌, 낮술은 구리, 밤의 술은 은,

사흘에 한 번 마시는 술은 금이다"라고 적혀 있다. 자신의 체질과 주량에 맞게 적정한 음주습관을 들이는 것이야말로 곧 인생을 즐기며 장수하는 비결중의 하나일 것이다. 또한 취기별(醉氣別) 증상에 대한 혈중농도와 주량 이에 따른 증상은 아래 표와 같다.

〈취기별 혈중농도와 증상〉

취 기	혈중농도	주 량	증 상
상쾌기 (爽快氣)	0.02-0.04	청주 0.5-1홉 맥주 1병 위스키 2잔	· 기분이 좋음 · 피부가 붉어짐 · 판단력이 약간 鈍感
醉하는 初氣	0.05-0.09	청주 1-2홉 맥주 1-2병 위스키 4잔	· 손의 움직임 활발, 억제력 저하 · 감정과 행동 과장 · 맥박 및 체온상승, 운동신경 둔화
醉하는 後氣	0.1 -0.15	청주 3홉 맥주 3-5병 위스키 6-7잔	· 氣가 커지고 비틀거림 · 큰 소리를 치고 화를 냄 · 혀가 굳어짐
명정기 (酩酊氣)	0.16-0.3	청주 5홉 맥주 5-7병 위스키 10잔	· 갈지자 걸음 · 같은 말 되풀이 함 · 호흡 증가, 구토
이취기 (泥醉氣)	0.31-0.4	청주 7-10홉 맥주 10병 위스키 1병	· 바로 서지 못함 · 의식 혼탁(뇌 마비) · 언어의 갈피를 못잡음
혼수기 (昏睡氣)	0.41-0.5	청주 1되 이상 맥주 10병 이상 위스키 1병 이상	· 흔들어도 깨지 않음 · 대소변 못 가림 · 호흡이 길고 늦어짐 · 생명이 위험

취한 정도와 혈중알코올농도와의 관계는 다음과 같다.

① 미취기(微醉期, 0.05~0.1%): 얼큰한 상태로 쾌활해진다.

② 경도명정기(輕度酩酊期, 0.1~0.15%): 곧잘 지껄이고 기세가 높다.

③ 중도명정기(中度酩酊期, 0.15~0.25%): 흥분기로서 화를 내거나 우는 등 감정의 기복이 심하며 비틀거리고 토하기도 한다.

④ 강도명정기(强度酩酊期, 0.25~0.35%): 안면이 창백해지며 보행이 불가능하게 된다.

⑤ 혼수기(昏睡期, 0.35% 이상): 혈중농도의 상승은 술을 마시고 나서 30분에서 1시간이 최고치이며, 취기는 음주량과 그 속도 또는 몸무

게에 따라 알코올의 산화능력, 알코올(아세트알데히드)작용에 대한 감수성 등의 강약에 따라 달라진다.

1) 거배요명월(擧杯邀明月) 주법

거배요명월(擧杯邀明月)에 대하여 당의 시인 이백은 술잔을 높이 쳐들고 거배(擧杯)를 하면서 명월을 외치라고 하였다. 그런데 특이한 것은 요(邀)자의 거배요명월(擧杯邀明月)에 담겨진 뜻인, 술잔을 들면서 거배하는 것은 명월을 만나는 요행을 바라는 것이다. 여기서 거배(擧杯)와 건배(乾杯)의 뜻을 구분해야 한다. 거배는 술잔을 높이 들고서 명월이 나타나는 것을 축하하는 것이고, 건배는 하나님께 축배를 드리는 것이다.

여기서 명월은 십 오세 나이의 아름다운 여자이다. 이 여자는 다름 아닌 태초에 하나님의 뜻에 따라 선악과라는 것을 먹고 인류를 창조한 시조 하와이다. 하나님께서 수면위에 계시다가 이 땅에 육신으로 강림하신 것은 아담과 하와를 구하시기 위하여 오신 것이다. 이제 하나님께서 화천하셨으므로 주성(酒聖) 성인이신 백마공자께서 하와를 구하여 데리고 가게 된다. 주성이신 백마공자께서는 제자들과 술을 드실 때 항상, 백마께서 술잔을 드시고 거배라고 선창하시면 제자들은 명월(明月)이라고 외치면서 술잔을 부딪친다.

다음 단계는 정배(停杯)다. 잠깐 술잔을 멈춘 후 이를 그윽히 응시하면서, 인생의 회한과 아픔, 기쁨과 슬픔, 그 모든 것들을 그 술잔 속에 담는 것이다. 그런 후 그걸 마심으로서 한 닢 낙엽과 같은 인생사를 술과 함께 다 털어버릴 수 있어야 한다. 그래야 인생을 흔연히 관조할 수 있고, 너그러워 질 수 있다. 인생사란 무엇인가. 어차피 세속의 시끄러운 혼돈과 가면과 오만함과 거짓과 위세와 무례와 욕심으로 뒤범벅이 된 것 아닌가. 한 잔 술에 헛된 인생사를 다 잊어버리고, 표연히 구름을 나는 한 마리 학과 같이 하늘을 훨훨 나는, 그 여유로움과 명정(明淨)함에 빠질 수 만 있다면, 어디 풍류를 읊을 줄 아는 선비가 따로 있겠는가. 정배는 '장자의 풍도'를 배우는 길이다.

3단계의 함배(銜杯)의 함(銜)자는 '재갈물릴 함' 혹은 '머금을 함'이라

하여 '술을 마신다'는 뜻의 銜자이며 배(杯)자는 '술잔 배'자이다. 그러므로 함배라 하면 '술잔을 입에 대고 있다'는 뜻으로 '술을 자주 든다'는 뜻을 함배라 기록한 것이라 볼 수 있으므로 낙성차함배(樂聖且銜杯)의 뜻을 '성인께서는 술을 즐겨 자주 드신다'는 뜻으로 해석할 수 있다. 술을 자주 들기는 하지만 주도를 어기지는 않는 단계까지를 말한다.

4단계의 경배(傾杯)는 목을 뒤로 조금 젖히고 경사지게 해 술을 천천히 넘기는 것을 말한다. 당 현종이 말 백필에게 춤을 가리켜서 근정루(勤政樓) 아래에서 춤추게 하였는데 그 악곡 이름이 경배곡(傾杯曲)이다.

우리 전통 주법은 건배가 아닌 경배로서 잔을 기울이며 생각의 문을 열어보자는 의미이다. 여유로움과 겸양지덕이 엿보이는 선비정신이 깃든 주법이라 할 수 있다. 경배문화는 선비문화로서의 의미만 지니는 것이 아니라, 과학적이고 합리적이며 건강학적인 측면에서도 훌륭한 문화라 할 수 있다. 왜냐하면 우리 몸속에 들어오는 모든 물질들은, 그것이 물이라 할지라도 반드시 간에서 제독과정을 거쳐야만, 오장육부를 포함한 각 기관과 세포에 전달되어 영양이 되기도 하고, 신진대사의 주역이 되기도 하기 때문이다. 잔을 기울이며 천천히 마시는 경배문화는 건강을 위해서도 반드시 되찾아 와야 할 우리의 소중한 문화인 것이다.

마지막으로 건배(乾杯)단계이다. 속세인들이 술을 마시기 전에 술잔을 마주치면서 건배를 하는데 건배의 뜻을 올바로 알고 술을 먹는 자는 한 사람도 없다. 일반적으로는 건배는 다 마신 후 그 마른 술잔을 '방금 잔을 비워 너와 마음을 나누었다'는 증거로서 함께 마시는 이에게 보여주는 것이다. 건(乾)자는 여러 가지 뜻을 내포하고 있는 글자이다. 건자는 하늘 건, 임금 건, 사나이 건, 굳셀 건 등 여러 가지 뜻이 있는 글자이다. 그러므로 본래의 건배의 뜻은 글자의 뜻대로 하나님을 위하여 축배를 들자는 뜻이다. 또 부모 즉 아버지 어머니를 위하여 축배를 든다는 뜻이다. 또 사나이들이 서로 오래간만에 만난 기쁨을 나누는 축배의 뜻도 된다. 총체적인 건배의 뜻은 하나님께 축하를 드리는 것을 뜻한다.

2) 권계4취(勸戒四醉)법

중국에는 일반적으로 '음주의 4가지 계율(勸戒四醉)'을 잘 지키면 무리가 없다고들 한다. 4가지 계율을 살펴보면 다음과 같다.

첫째는 〈자취 自醉〉로 스스로 자제해서 마실 것이다. 진국(晋國)의 유송영(柳公榮)이란 자가 있었는데, 얼마나 폭주를 했으면 스스로도 말하기를 "나보다 술이 센 사람은 반드시 나와 술을 마셔야 하고, 나보다 술이 약한 사람도 반드시 나와 술을 마셔야 하고, 나하고 비슷한 사람도 반드시 나와 술을 마셔야 한다"(比我强的不能不和我喝/ 不如我的不得不和我喝 / 和我一樣的人不可不和我喝) 라고 앞뒤 가리지 않고 술을 마셨는데, 이 주당은 반드시 취해야 그만 마셨다. 스스로를 조절 못해서이다. 술이 사람을 마셔 통제력을 잃어버리는 것을 경계해야 하는 것이다.

둘째는 〈권치 勸醉〉로 적당히 권할 것이다. 권하는 자는 마음을 표시하고, 받는 자는 자기 주량에 따라 마신다(勸者盡其意/ 飮者盡其量)라 했듯이, 상대에 자신의 마음과 경의를 표하는 선에서 상대의 주량을 살필 필요가 있다.

셋째는 〈도취 賭醉〉로 술 시합을 하지 말 것을 주문하고 있다. 술을 마시는 것을 주량경쟁을 하듯이 서로 뽐내며 마시는 것을 경계해야 한다.

넷째는 〈미취 媚醉〉로 윗사람에 아양 떨지 말 것이다. 통상 윗사람과 술을 마시면, 주량을 떠나서 윗사람의 기분을 상하게 하지 않기 위해 무리하게 과음을 하게 된다. 술은 명령계통과는 상관이 없다. 옛말에 "食唯半飮不廉味, 酒至三分莫過頻." "酒飮半酎正好, 花開半吐偏姸"이라, 술뿐 아니라 모든 일이 다 적당해야 좋은 것이라 했다.

예로부터 중국인은 술을 마시는 상대와 장소, 계절을 골라가면서 마셨다. 술 상대로는 고아(高雅), 호협(豪俠), 직솔(直率), 지기(知己), 고교(故交), 옥인(玉人)등의 성품을 갖춘 자와, 장소로는 꽃 아래(花下), 죽림(竹林), 고각(高閣)등 분위기 있는 곳에서 즐기며 마셨다. 서민과는 다른 사대부 계층의 음주방식이겠지만, 이런 가운데 야인취급 받던 술이 숙녀로 점차 변신해 갔던 것이다. "주례가 중국 음주문화의 핵심이라면, 주덕은 음주문화의 포장이다"라 했듯이, 술은 많이 마시면 악이요, 적당히 마시면 선이 되는 것이다.

5.5 음주 풍류의 4단계

음주가무(飮酒歌舞) → 비주비수(非酒非水) → 무음유취(無飮有醉) → 비인비선(非人非仙)

풍류라 하면 대개 사람들은 음주(飮酒)와 가무(歌舞)를 즐기는 것으로만 생각한다. 하지만 음주가무는 풍류에 이르는 최하단계에 속한다. 인생삼락은 주색잡기라는 속담이 있다. 알맞은 음주, 도덕적으로 어긋나지 않는 성생활, 도박성이 없는 노름은 인생살이에서 최대 삼락이라고 할 수 있다. 그러나 이 삼락중에서 어느 곳이나 매혹되어 빠지게 되면 '주색잡기는 패가망신의 장본이다' 에 해당된다. 세상만사 지나치면 폐해가 뒤따르게 되므로 중용을 지키는 지혜가 필요하다. 주색잡기 속담과 상말 속담이 민중의 삶속에 녹아 있는 애환과 한을 담겨있는 고유한 우리말이다.

풍류에 대하여 신라 말의 문인이었던 최치원은 '삼한에 오랫동안 이어져 온 사상이다'라고 이야기했다. 풍류는 오랜 세월동안 본류(本流)에 유가·도가·불가의 사상이 합류하여 비로소 완성된 사상이다. 『삼국지』 등 옛 기록에 의하면 우리 민족은 상고대부터 여러 가지 제의를 가지면서 음주와 가무를 즐겼다고 하니 그 때의 노래와 음주에서 생기는 홍취의 말미암은 것임은 물론이다.

이 제의에 음복이라는 종교의식이 이루어진다. 그러는 사이에 주홍이 일면 종교성이 희박해지고 시·가·무의 예술적 서정에 빠져들기 마련이다. 이것이 집단적일 때 그 홍취는 더욱 고조된다. 부여의 영고, 고구려의 동맹, 예의 무천 등 종교적 행사가 그 한 예이다.

예술의 기원은 대개 원시시대의 종합예술에까지 소급되는데 우리의 예술 활동은 이처럼 술과 연관되어 성행하였다. 이리하여 술과 홍취는 예로부터 문학이나 음악, 또는 회화 등 여러 가지 미적 형상화를 통하여 발산되었다. 그러한 바탕이 있기에 자연 속에서 자연과 함께 됨을 즐기기를 좋아하고, 자유분방한 행동 하나하나에도 나름에 지켜야 할 법도가 있으며, 생명을 귀히 여기는 것이다. 허나, 이는 풍류사상이며 풍류란 풍류사상의 궁극적인 단계라 할 수 있다.

그렇다면 풍류의 단계에는 어떻게 도달할 것인가. 이를 위해 오랜 세월동안 사람들은 생각해왔으며, 그 단계 중 하나가 음주가무이다. 음주가무란 단순히 술을 마셔 취하여 노는 것을 의미하는 것만은 아니다. 음주가무는 풍류에 이르는 방법의 하나로서 음주는 취함을 통해 자연을 자신의 마음속으로 수렴하는 것이며, 가무란 음주를 통해 자신의 마음속에 수렴한 자연을 느끼고, 자연을 자신의 몸으로 표현하는 것이라 할 수 있다. 즉, 음주가무를 즐긴다 함은 누구나 할 수 있는 것이되, 또한 누구나 진정으로 즐길 수 없는 것이라 할 수 있다.

그렇다면 어떻게 진정으로 음주가무를 즐길 수가 있는가. 그것을 위해 사람들이 만들어낸 것이 바로 주도이다. 주도란 음주를 하는 방법을 말하는 것으로, 음주의 시작이며 끝이다. 사람이 음주를 하면 그 본 모습을 알 수 있다 하였다. 이는 곧 음주를 통해 모든 허울을 벗을 수 있음을 이야기한다. 하지만 이것은 그저 본능에 따르는 모습을 보여주는 것일 뿐이며, 자연을 마음속에 수렴하는 것이 아닌 마음이 자연에 잠식당하는 것이라 하겠다. 자연에 마음이 잠식당하지 않고, 자연을 마음에 수렴하기 위해 필요한 것이 주도인 것이다.

주도란 음주를 하는데 있어서의 마음가짐을 말한다. 겉으로 드러나는 법도는 그 마음가짐의 표현일 뿐이다. 행여, 법도를 마음가짐보다 우선시하는 이가 있다면 이는 진정한 주도를 익힌 자라 할 수 없다. 음주를 함에 있어 혼자든 여럿이든 항상 올곧은 마음으로 하여야 한다. 누구를 마음으로 미워한다거나 꺼려하는 마음이 있어서는 아니 되며, 또한 이런 마음이 있다 하여도 음주를 통해 그것을 정화시킬 것인지, 음주를 미워하고 꺼려하는 마음의 증폭제로 사용함은 주도에 어긋나는 것이다. 행여, 이를 어긴다면 그것은 풍류로 나가는 것이 아니라 몸을 망치는 첩경인 것이다.

마음을 올곧게 하였다면 음주를 함에 혼자이든 여럿이든 무엇이 문제이며, 여럿일 때에 상대가 누구이든 무엇이 문제이겠는가. 음주를 통해 마음을 정화하면 자연은 스스로 마음속에 수렴하여 올 것이다. 자연이 스스로 마음에 수렴하여 왔다면 가무는 스스로 모습을 드러내기 마련이다. 가무는 가(歌)와 무(舞)로 나뉘어진다.

가(歌)라는 것은 사람의 입을 통해 나오는 자연이다. 이는 마치 바람소리와도 같으며 물소리와도 같은 것이다. 바람소리는 때로는 사뿐사뿐 다가오며, 때로는 하늘의 노함을 나타내듯이 우리의 마음을 놀라게 한다. 물소리는 때로는 시냇물처럼 은근히 흐르며, 때로는 성난 파도소리처럼 우리의 귀청을 때리기도 한다. 가는 결코 한 곳으로 치우치면 아니 되며, 항상 변화하여야 하는 것이다. 때로는 마음을 가라앉히고 때로는 마음을 동요케 하여 듣는 이의 몸이 절로 움직이도록 할 수 있어야 가장 좋은 가라 하겠다.

무(舞)라는 것은 사람의 몸을 통해 드러나는 자연이다. 이는 흐르는 물과도 같으며, 스치는 바람과도 같다. 흐르는 물은 항상 변함이 없으며, 부드럽게 위에서 아래로 흘러간다. 하지만 때로는 성난 파도가 되어 거대한 바위를 부수기도 하는 힘을 갖고 있다. 스치는 바람은 때로는 얇은 버들가지를 흔들 정도밖에 되지 않지만, 때로는 커다란 나무를 뿌리째 뽑아 버릴 만큼 강하다. 무에는 이것들이 모두 들어가야 한다. 때로는 부드럽게 스치는 버들가지처럼 우리의 눈을 간지럽게 하고, 때로는 강하게 온몸을 두드리는 노도와 강풍이 되어 우리의 몸을 흔들어 놓아야 한다.

가무(歌舞)는 이러한 것들을 갖추어야만 진정한 것이라 할 수 있다. 진정한 가무는 진정한 음주가 아니면 따라오지 않고, 잘못된 음주에 따르는 가무는 몸을 망치는 것에 지나지 않는다. 그러나 위에서도 말했듯이 음주가무는 풍류에 이르는 단계 중 최하단계라 할 수 있다.

비주비수(非酒非水)의 단계가 음주가무의 다음 단계이다. 비주비수의 단계에 이르면 음주를 통하지 않고도 자연을 마음에 수렴하여, 가무가 나타나는 단계이다. 이 단계에 이른 사람은 물 한잔을 마시고도 자연을 마음에 수렵할 수 있으며, 만 잔의 음주를 하더라도 마음을 올곧게 하여 마음의 안정을 찾을 수 있다.

비주비수의 단계를 넘어서면 이르는 것이 무음유취(無飮有醉)의 단계이다. 무음유취의 단계에 이르면 아무 것도 없더라도 자연을 마음에 수렴하여 가무가 나타나는 단계이다. 이 단계에 이른 사람은 언제든지 자연을 마음에 수렴할 수 있게 되어 항상 안정된 마음을 유지할 수 있으며, 노여움, 시기함이 없어진다. 무음유취의 단계에 이르게 되면 스스로 마음을 다스릴 수 있으며, 자연을 언제든지 마음에 수렴할 수 있으니 몸과 마음이 항상 흔들림이 없으며, 세상에 처하는 것도 세상을 떠나는 것도 마음껏 할 수가 있다.

무음유취의 단계를 넘어서면 이르는 것이 비인비선(非人非仙)의 단계이다. 비인비선의 단계에 이르면 자신의 의식하지 않아도 자연이 마음에 항상 수렴된다. 이미 가무는 풍류에 이르는 방법이 아니며, 비인비선의 단계는 이미 풍류에 이른 단계라 할 수 있다. 비인비선의 단계에 이르게 되면 스스로 다스리지 않아도 마음이 항상 평안하여 안정되어 있으며, 몸과 마음이 항상 안정되니 그 처한 곳이 어디든 문제될 것이 없다. 이미 이 단계에 이른 자는 세상 일이 손바닥 내려다보는 것과 같이 된다. 이처럼 풍류에 이르는 단계는 여럿으로 이루어져 있으며, 이는 단계를 모두 거치지 않고서는 진정한 풍류에 이르렀다 할 수 없는 것이다. 풍류란 몸과 마음이 자연과 일치되는 것임을 잊어서는 아니 될 것이다.

5.6 삼배주계(三杯酒戒)의 의미

『史記』의 '성심편'에 이르기를 "郊天禮廟는 非酒不享이요 君臣朋友는 非酒不義요 鬪爭相和는 非酒不勸이라 故로 酒有成敗而不可泛飮之"니라 하였다. 즉, 말하기를, "하늘에 제사를 지내고 사당에 제례 올림에도 술이 아니면 흠향하지 않을 것이요, 임금과 신하, 벗과 벗 사이에도 술이 아니면 의리가 두터워지지 않을 것이요, 싸움을 하고 서로 화해함에도 술이 아니면 권하지 못할 것이다. 그러므로 술은 성공과 실패를 얻는 것으로 가히 함부로 술을 함부로 마시지 못하느니라."고 하였다.

'사기(史記)'에 나오는 '주유성패(酒有成敗)' 곧 '술은 안 될 일을 되게 하기도 하고, 될 일을 안 되게 하기도 한다.'는 말은 술의 이중적 성격을 나타낸다. 술은 잘만 마시면 백약 중의 으뜸(百藥之長)이요, 잘못 마시면 사람을 미치게 하는 약(狂藥)이란 말도 술의 양면성을 대변한다. 술을 마시는 이유도 다양한데, 기뻐도 술이요, 슬퍼도 술인가 하면, 즐거워도 술이요, 괴로워도 술이다. 살아가면서 겪는 모든 일들이 술 마시는 원인이 된다는 말이다. 이유도 다양하지만, 마시기 시작하면 으레 폭음으로 이어져 술로 인한 폐해가 이만저만이 아니다.

명나라 때 씌여진 『서담개 敍譚槪』라는 책에 보면 다음과 같은 이야기가 있다. 난징(南京)의 진(陳)씨 성을 가진 어느 학자가 산동에 가서 훈장을 지냈다. 그가 평소에 술을 무척 즐긴다는 것을 잘 아는 그의 아버지가 하루는 편지를 보내어 술을 너무 마심으로써 가르침을 게을리 하는 일이 없도록 주의를 주었다. 아버지의 글을 받은 훈장은 즉시 술잔을 하나 맞추었는데 이 잔은 두되들이의 초대형 잔이었고 그 잔속에는 이런 글귀를 새겨 넣었다고 한다. 이것이 동양에서 삼배계주의 효시가 아닌가 생각된다.

"아버님께서 술을 삼가하여 석 잔만 마시도록 하였노라"

성종은 술을 꽤 즐겼던 모양이다. 임금이 애용하는 큰 술잔이 하나 있었는데 그것은 옥으로 된 것이었다. 임금은 술이 거나해지면 이 술잔을 좌중에 돌렸다. 어떤 종실이 이 술잔에 술을 받아 마시고 나서 잔을 소매 안에 넣고 춤을 추었다. 그러다가 그는 짐짓 땅에 엎어져 잔을 깨뜨렸다. 임금은 아깝기 이를 데 없었지만 그를 꾸짖지는 않았다. 왕의 과음을 풍간하려는 종실의 충정을 성종은 알았을까?

이러한 예는 조선조의 술꾼들에게도 적용된 예가 많다. 조선시대 때 3대 주호(酒豪)로 세조 때 대제학(大提學) 홍일동(洪逸童: 홍길동 형)과 성종 때 정승 신용개(申用漑), 중종 때 정승 손순효(孫舜孝)를 든다.

지중추(知中樞) 홍일동(洪逸童)은 인격이 우뚝하게 뛰어나고 성품이 천진하며 겉치레를 꾸미지 아니하였다 사부(詞賦)에 능하고 술을 많이 마셨는데 정신없이 취하면 풀잎으로 피리 소리를 내었는데, 소리가 비장하고 위엄이 있었다. 평상시에 혼자 오래된 거문고를 어루만졌는데, 줄은 있어도 악보는 없었다. 말하기를, "나의 거문고는 천고(千古)에 전하지 않는 도연명(陶淵明)의 지취(志趣)를 얻었다. 옛날에 백아(伯牙)가 거문고를 타자 오직 종자기(鍾子期)만이 그 뜻을 알았는데, 나의 거문고는 도연명이 나오지 않으면 세상에서 알 사람이 없다." 하였으니, 천지간의 기이한 남자라 할 것이다.

지음(知音)은 소리를 알아듣는다는 뜻으로 자기의 속마음을 알아주는 친구를 이르는 말이다. 지기지우(知己之友)와 같은 뜻으로 쓰인다. 중국 춘추시대 거문고의 명수 백아(伯牙)와 그의 친구 종자기(鍾子期)와의 고사에서 비롯된 말이다. 백아가 거문고를 들고 높은 산에 오르고 싶은 마음으로 이것을 타면 종자기는 옆에서, "참으로 근사하다. 하늘을 찌를 듯한 산이 눈앞에 나타나 있구나"라고 말하였다. 또 백아가 흐르는 강물을 생각하며 거문고를 타면 종자기는 "기가 막히다. 유유히 흐르는 강물이 눈앞을 지나가는 것 같구나" 하고 감탄하였다. 종자기가 죽자 백아는 거문고를 부수고 줄을 끊은 다음 다시는 거문고를 타지 않았다고 한다. 이 세상에 다시는 자기 거문고 소리를 들려 줄 사람이 없다고 생각하였던 것이다.

홍일동은 일찍이 상감 앞에서, 부처의 일을 논박하자 세조(世祖)가 거짓으로 성 내기를, "이놈을 죽여서 부처에게 사례하겠다."하고, 좌우에 있는 사람에게 명하여 칼을 가져오라 하여도 홍일동은 태연하게 변론했으며, 좌우가 거짓으로 칼로 정수리를 두 번이나 문질렀지만 돌아보지 아니하고 두려운 빛이 없었다. 세조가 장하게 여겨, "네가 술을 먹겠느냐." 하니, 일동이 대답하기를, "번쾌(樊噲)는 한(漢) 나라 무사(武士)이며, 항왕(項王 항우)은 다른 나라의 군주였는데도 항왕이 주는 한 동이 술과 돼지다리 하나를 사양치 않았는데, 하물며 성상께서 주시는 것이겠습니까." 하였다.

은 항아리에 술을 가득히 담아 내려주었는데 그는 힘차게 마셨다. 상감이 이르기를, "죽음을 두려워하느냐." 하니, 홍일동이 대답하기를, "죽는 것이 마땅하면 죽고, 사는 것이 마땅하면 사는 것인데, 감히 죽고 사는 것으로써 그 마음을 바꾸겠습니까." 하니, 상감이 기뻐하여 초구(貂裘) 한 벌을 주어서 위로하였다. 그의 무덤에서 나는 풀뿌리마다 탁주내가 난다던 후세 시인의 시가 실감이 날 정도다.

홍일동이 일찍이 진관사(眞寬寺)에서 놀 적에, 떡 한 그릇, 국수 세 주발, 밥 세 바릿대, 두부 국 아홉 주발을 먹었는데, 산 밑에 이르니 대접하는 이가 있어, 또 찐 닭 두 마리, 물고기국 세 주발, 생선회 한 쟁반, 술 마흔 잔을 먹으니, 보는 이들이 대단하게 여겼다. 세조(世祖)가 듣고 홍일동을 불러 묻기를, "참으로 이와 같이 먹었느냐." 하니, 홍일동이 그렇다고 사과하자, 상감은 장사라고 말하였다.

그러나 평상시 출입할 적에는 다만 미숫가루와 전술[醇酒]을 먹을 뿐이요, 밥을 먹지 않았다. 뒤에 홍주(洪州)에 가서 폭음을 하고 곧 죽었는데, 사람들이 그가 배가 터져 죽은 것이라 의심하였다. 뜻이 있어도 시행치 못하였고 벼슬이 그 능력에 차지 못하였으니, 애석하다고 필원잡기와 용제총화에서 전하고 있다.(필원잡기 제1권)

조선조 중종 때의 문신 이요정(二樂亭) 신용개(申用漑, 1463~1519)는 신숙주의 손자로 일생 남보다 일찍 등청하고 늦게 퇴청하였다고 한다. 신용개의 '이요정집(二樂亭集)' 서에, "공은 휘가 용개이고 자는 개지이다. 추증한 시호는 문경공이다. 이요는 그의 정명(亭名)인데, 대개 인지(仁智)의 뜻을 취한 것이다." 하였다. '論語'에 있는 "어진 이는 산을 좋아하고 슬기로운 이는 물을 좋아한다[樂山樂水]."에서 따온 것인데, 이때의 '樂'은 '요'라고 읽으므로, 신용개의 호는 '이락정'이 아니라 '이요정'으로 읽어야 옳을 것이다.

신용개는 조선 중기의 문신으로 글재주가 남달리 뛰어나 성종의 총애를 받았으며, 성품이 호탕하고 술을 좋아했다고 한다. 때로는 늙은 계집종을 불러 서로 큰 잔을 기울여 취하여 쓰러져야 그만두기도 하였다. 신용개는 타고난 자질이 호탕하고 빼어났으며 술을 특히 좋아하였다.

일찍이 국화를 여덟 분(盆) 길렀는데 가을이 되어 꽃이 활짝 피자 대청 가운데 들여놓고 바라보며 즐겼다. 하루는 그가 집안 사람들에게 말하였다.

"오늘은 좋은 손님이 여덟 분이 오실 것이니 술과 안주를 마련해 놓고 기다려라."

그러나 해가 저물어도 손님은 오지 않았다. 집안 사람들이 여쭈었다.

"벌써 술상을 차려 놓았습니다."

그러자 그가 조금만 더 기다리라고 말하였다. 달이 떠오르자 국화의 꽃 빛과 달빛이 흐드러져 희고 깨끗하였다. 그제서야 그는 술을 내오라 하고, 여덟 개의 국화 분을 가리키며 말하였다.

"이것이 내 좋은 손님들이다."

하고는 각각 그 앞에 좋은 안주를 차려 놓고 말하였다.

"내 마땅히 은도배(銀桃杯; 은빛 나는 복숭아나무로 만든 술잔)에 술을 따르리라."

화분마다 두 잔씩 따라주고 받으니 신용개도 또한 취하였다. 옛 말에 아름다움은 눈을 즐겁게 할 뿐이지만, 아름다운 마음(性格)은 영혼을 매혹시킨다고 하였다. 개화하려는 국화꽃 화분 아홉 개를 들여놓고 국화꽃과 주거니 받거니 하며 혼자 아홉 동이 술을 다 비우고 있더라했다. 대단한 주량과 풍류가 아닐 수 없다. 신용개는 달뜨는 밤이면 국화 화분 사이에 술상을 놓고 국화와 더불어 은도배를 주거니 받거니 대작을 하며 취하도록 마셨다. 사내 대장부로 태어나서 주취의 과정이 이러하다면 주선의 경지에 있음을 알 수 있다.

명종 때 재상 상진(尙震)은 달빛 아래에서만 술을 마시는데 술잔 속에 달을 담아 그 달을 창자 속에 들이는 음주풍류를 누렸다. 조선시대의 판서 오상(吳祥)이 이런 시를 지었다.

羲皇樂俗今如掃　희황 때의 좋은 풍속 땅을 쓴 듯 없어지고
只在春風酒杯間　다만 봄바람과 술 잔 사이에만 남았다.

이 시를 본 정승 상진(尙震)이 오상의 박절함을 나무랐다. 그리고 시를 이렇게 고쳤다.

> 羲皇樂俗今猶在　희황 때의 좋은 풍속 지금도 그대로 있으니
> 看取春風酒杯間　봄바람과 술잔 사이를 살펴 보아라.

오상은 옛날의 좋은 풍속이 사라짐을 아쉬워한 반면에 상진은 과거의 아름다운 풍속이 지금도 계속됨을 이야기하고 있다. 오상과 상진의 시는 정반대의 의미를 담고 있는 셈이다. 그런데 재미있는 점은 두 시가 네 글자만 다르다는 점이다. 상진은 오상의 시에서 구절마다 두 글자씩을 바꿨다. '같을 여(如)'와 '쓸 소(掃)'를 '오히려 유(猶)'와 '있을 재(在)'로, '다만 지(只)'와 '있을 재(在)'를 '볼 간(看)'과 '취할 취(取)'로 바꿨다. 변한 것은 네 글자인데, 관점과 생각은 하늘과 땅 차이다.

어느 날 임금께서 대궐 뒤 어원(御苑)에 납시어 모든 신하들이 받들어 모신 자리에서 술을 내리셨다. 공은 평소에 술을 못 마셨는데 하사하신 술을 마시고 길가에 쓰러져 있었다. 임금께서 공이 술에 취하여 길가에 쓰러져 있음을 알고 하교하시기를 '대신이 길가에 쓰러져 있으니 미안스러워 어찌 지나겠는가? 장막으로 가리게 하여라' 하여 장막을 둘러 보살피게 한 다음 덩(輦)이 지나갔다. 이때 공의 나이 71세였다. 이 일을 계기로 관직을 내어 놓고 물러났다. 이 해에 공이 세상을 떠나자 임금께서는 '悼老德大臣' 이란 제목의 조시를 지어 조상케 하였다. 이러한 공의 청렴과 관용은 황희 정승 다음으로 쳤으며 한국 이도(吏道)의 상징으로 승화되기도 한다. 이 어진 정승이 마을에 살았던 데서 상정승골 또는 상동(尙洞)이라 하였다.

다시 국화얘기로 돌아가 보자. 국화는 사군자의 하나로 예로부터 선비의 굳은 절개를 상징한다하여 많은 이의 사랑을 받았다. 늦가을이면 산에 들에 만발한 국화꽃 향기에 절로 홍취가 난다. 국화는 장미나 백합 같은 화려한 꽃들에 비해 그 향이 그윽하면서도 야단스럽지 않고 자태가 화려하지는 않지만 단아하여 많은 이들이 관상용으로 사랑하여 아껴마지 않는다.

음력 9월 9일을 '중구(重九)' 또는 '중양절(重陽節)'이라고 한다. 중구는

9가 겹쳤다는 뜻이고, 중양은 양이 겹쳤다는 뜻이다. 9는 양수(陽數) 가운데서 극양(極陽)이므로 9월 9일을 특히 중양이라 한 것이다. 중양절 때 즐겨먹는 음식 중에서 대표적인 것은 국화전과 국화만두, 국화주이다.

특히 중양절에 국화주를 마시면 무병장수한다고 한다. 중국 양나라의 오균(吳均)의 『속제해기 續齊諧記』에는 불로장생을 뜻하는 국화로 담은 국화주에 관한 이야기가 전해져 온다. 옛날에 장방이라는 현자가 있었다. 어느날 근항경이라는 사람에게 한 가지 예언을 하였다. "금년 9월 9일 자네의 집에는 반드시 재앙이 있을 것이네. 이 재앙을 막으려면 집안사람 각자가 주머니를 만들어 주머니 속에 산수유를 넣어서 팔에 걸고 높은 곳에 올라가 국화술을 마시면 화를 면하게 될 것이네."

근항경은 장방의 말에 따라 그날 집을 비우고 가족들과 함께 뒷산으로 올라갔다. 그리고는 장방이 말한 대로 국화술을 마셨다. 집에 돌아와 보니 닭이며 개, 소, 양, 돼지 등이 모두 죽어 있었다. 장방은 이 소문을 듣고 고개를 끄덕이며 말했다. "그 짐승들은 사람 대신 죽은 것이었다네. 국화술이 아니었다면 자네 식구들은 모두 죽었을 거야." 그 후부터 중국에서는 중양의 절기인 9월 9일에는 국화 잔치를 베풀어 상서롭지 못한 것을 떨쳐버리고 장수를 비는 마음에서 국화주를 마셨다고 한다.

우리나라에서는 술은 국화주로부터 시작해야 한다는 말이 있을 만큼 맛과 향이 그윽한 술로 『동의보감』에 의하면 약 1,500년 전 부터 빚기 시작했다고 한다. 담근지 20일이 지나면 마실 수 있다고 하여 '스무주'라고도 한다. 국화는 예로부터 불로장수 및 상서로운 영초(靈草)로서 숭상되어 왔다. 이것이 국화주를 연명주(延命酒) 또는 불로장생주(不老長生酒)라 하는 이유이다.

국화는 정혈작용이 뛰어나 고혈압에도 좋고, 반주로 꾸준히 마시면 몸이 가벼워지고, 오장을 고르게 하고, 골수를 보강해 뼈를 튼튼하게 한다고 한다. 귀와 눈을 밝게 한다는 얘기도 있다. 국화주는 중국에서도 명주로 꼽혀 '팽조'라는 인물은 국화주를 마시며 8백살을 살았다는 전설이 전해온다. 아무튼 그 기능이야 차치하고서라도 국화 자체는 선비의 지조를 상징하는 꽃으로 그 품격과 어울리니 좋아하지 않을 손가.

조선시대의 3대 주호 중 한 사람인 손순효의 삼배계주 이야기를 할 차례이다. 판중추부사(判中樞府事) 손순효의 자는 경보(敬甫)요, 호는 칠휴거사(七休居士)이고 본관은 평해(平海)이다. 시호를 문정(文貞)이라 하니 학문에 부지런하고 묻기를 좋아했다 하여 문(文)이요, 청백하고 절도를 지켰다 하여 정(貞)이었다. 손순효의 재능을 무척 아꼈던 중종이 석잔 이상 마시면 어명을 어기는 죄로 다스릴 것이라 하자 그 '삼배주계(三杯酒戒)'를 지키긴 했는데, 그 술잔의 크기가 바가지만 했다 한다. 임종에 무덤에다 술 한독 묻어 달라 해서 더불어 묻었다하니 대단한 애주가가 아닐 수 없다.

손순효는 평소 술을 좋아하여 도승지에 있을 적에는 금주령을 없애자고 주청 할 정도였다고 한다. 때문에 임금이 있는 술자리에서 시를 지으라고 준 종이를 찢고 춤을 추는가 하면 임금 앞에서 약주를 마시며 북쪽의 야인들을 형틀에 묶어 치죄 하겠다고 소리치고 대비가 주는 술을 마시고 난동을 부리는 등 실수가 많았다고 한다. 하지만 성종께서는 많은 실수를 용서해 주시고 오히려 술자리에 지은 시를 보고 품계를 올려주는 등, 사랑을 내보이셨기에 그를 탄핵하는 대간들이 죄를 입을까 두려워할 정도였다고 한다.

음주에 관한 공의 몇 가지 일화를 소개해 보자. 하루는 성종이 국서를 쓰기 위해 손순효를 불렀는데 손순효는 대취해 있었다. 성종은 노한 음성으로 "과인이 경에게 그토록 경계하였거늘 어찌하여 그리 대취하였는가? 그렇게 취해서야 어떻게 자문(중국에 보낼 국서)을 지을 수 있겠는가?" 라고 꾸짖었다. 그러자 손순효는 "오늘은 신의 딸이 시집가는 날이라 여러 사람의 권함을 뿌리칠 수 없어서 과음하였습니다. 그렇지만 제가 지을 수 있으니 맡겨주십시오" 라고 하였다.

어떻게 하나 보려고 손순효에게 붓과 벼루를 내어주었더니, 잠시 정신을 가다듬은 후 순식간에 글을 완성하는 것이었다. 왕이 그것을 받아보니, 한 자 한 획도 틀리지 않은 명문이었다. 성종은 매우 감탄하고 기뻐하며, "경은 취한 정신이 깬 정신보다 낫구려. 그러나 술이란 너무 많이 먹으며 못 쓰는거요" 라고 하면서, 은으로 만든 잔을 하나 주며 하루에 그 잔으로 세 잔씩만 먹기를 명했다. 어전에서 물러난 손순효는 너무도 작은 잔을 보고 어떻게 해야 많이 마실까 궁리하다가 그 잔이 두꺼운 것을 보고 풀무질의 장인을 불러 풀잎같이 얇게 개작케 했다. 드디어 주발만큼 커진 잔으로 하루에 세 잔씩 독한 술을 마셨으니 임금의 명에 순종하는 뜻은 그대로 담은 것이다.

어느 날 성종이 글을 지을 일이 있어 손순효를 불렀는데 또 다시 대취해 있는 것을 보고 "과인이 명한 것을 잊었는가" 하니 손순효가 "넓이를 넓혔을 뿐 양은 그대로이니 확인해 보소서" 하였다. 그러자 성종이 껄껄 웃으면서 "나의 소견도 경이 간하여 이처럼 크게 만들어 주오!"라고 말하며 글을 쓰게 하였다.

그는 워낙 술을 좋아 하였는데 청렴한 까닭에 술상을 받을 때에는 항상 안주가 없었다. 이것을 성종께서 보시고 내관 김처선에게 명하여 선온과 음식물을 싸가지고 판중추부사 손순효의 집에 가서 내려 주게 하였다. 인하여 어찰(御札)을 내리기를, "경(卿)은 매번 충서(忠恕)로써 나를 권고하고, 나는 매번 정직(正直)으로써 경을 대우하는데, 근래 원행에 보이지 않은 지 날짜가 이미 오래 되었다. 반드시 병이 났을 것으로 추측되어 생각이 가득해서 특별히 사람을 보내어 뜻을 보인다. 또한 노쇠함을 위로하는 것이니, 경은 한껏 즐기도록 하라." 하였다. 재상 손순효는 만년에 막걸리로 밥을 대신했는데 병없이 장수 했다고 한다.

하루는 임금이 신하들과 함께 술자리를 하고 있었는데 술에 대취한 손순효가 갑자기 임금곁에 다가가 용상을 어루만지며 "이 자리가 아까울 뿐이외다!" 하고 탄식하니 성종이 "이미 정하였으니 어쩔 수 없지 않은가?" 하며 함께 탄식하였다. 이는 손순효가 폐비 윤씨가 쫓겨난 상태에서 당시 세자로 있던 연산군이 왕에 오르면 불행이 다가 올 것이라는 것을 뜻하자 성종이 함께 탄식한 것이라고 한다. 하지만 이것을 모르는 대간들이 손순효가 감히 용상을 어루만졌으니 죄를 주라고 탄핵하니 성종이 "순효가 내가 색을 가까이 하는 것을 경계 하는 것이니 어찌 죄줄 수 있겠는가?" 하며 대간들의 탄핵을 멈추게 했다고 한다.

이처럼 3대 주호들 이외에도 세종 때 두주불사(斗酒不辭)를 행동으로 보여주는 주호(酒豪)들이 있었는데, 그 이름은 윤회(尹淮), 남수문(南秀文), 신장(申檣)이라는 집현전 학사들이었다. 학문이 높은 이들은 세종의 서재 겸 연구실로 쓰이는 천추전(千秋殿)에 부름을 받아 세종과 토론하며 많은 업적을 남겼지만 어찌나 술을 좋아하고 마셨다 하면 밤을 지세우며 마시는지 세종은 훌륭한 젊은 학자를 일찍 잃을까봐 항시 걱정이었다. 세 사람이 모여 앉으면 누구라 할 것 없이 두주를 불사하였고, 시와 경서를 입에 담으면 해가 지는 것을 몰랐다고 한다. 뿐만이 아니라 재담을 시작하면 낮과 밤이 바뀌는 줄을 몰랐다 하여 당시대의 사람들은 이들을 3주호라고 불렀다.

어느 날, 세종은 이들을 한자리에 부르고 하루에 석 잔 이상을 마시지 말라는 엄명을 내렸다.

필원잡기 제1권에 의하면 문도공(文度公) 윤회(尹淮)와 집현전학사 남수문(南秀文)은 모두 문장에 능하였는데, 술을 좋아하여 항상 정도에 지나쳤다. 세종께서 그 재주를 아껴서 술을 마실 적에 석 잔을 넘지 못하도록 명하였더니, 그 뒤로부터 두 공(公)은 반드시 큰 그릇으로 석 잔을 마시니, 이름은 비록 석 잔이라도 실은 다른 사람보다 곱을 마신 것이다. 그러나 양푼과 같은 큰 그릇으로 세 잔을 마셨던 탓에 주량은 오히려 전보다 늘어난 셈이 되고 말았다. 세종께서 듣고 웃기를, "내가 술을 조심시킨 것이 도리어 술을 많이 먹도록 권한 것이 되고 말았구나." 하였다.

하늘같은 국왕의 엄명이지만 머리 좋은 주호들이 그대로 따를 리 없었다. 당대의 주호 세 사람은 머리를 맞대고 궁리한 끝에 술잔을 말(斗)통만큼 크게 하여 석 잔 이상을 마시지 않았으니 왕명을 거역 한 것은 아니었으나 과음으로 인하여 신장(申檣)이 먼저 세상을 떠나자 술을 덜 마시게 한 것이 오히려 더 마시게 하여 훌륭한 학자를 잃었다고 세종은 탄식하였다고 전해져온다.

윤회(尹淮)는 태종 · 세종의 지극한 사랑을 받았으며, 이름난 주호로 세종이 술을 석잔 이상 못 마시게 하자 연회 때마다 큰 그릇으로 석 잔을 마셨다고 한다. 어느 날은 술에 만취되어 부축을 받고 왕 앞에 불리어 나가 선지(宣旨)를 기초하라는 명을 받고는 붓대가 날으는 듯이 움직이자 세종은 참으로 천재라고 탄복하였으며, 이에 세상 사람들은 '문성(文星)과 주성(酒星)의 정기가 합하여 윤회와 같은 현인을 낳았다'고 하였다 한다. 시호는 문도(文度)이며, 저서로 『청경집 淸卿集』이 있다.

남수문(南秀文) 또한 태종 · 세종년간 조선 초기의 문인이다. 본관은 고성(固城), 자는 경질(景質) · 경소(景素), 호는 경재(敬齋)이다. 1426년(세종 8)에 정시문과에 병과로 급제하고, 1436년 중시문과에 장원하여 문명을 널리 떨쳤다. 문과에 급제한 뒤 1426년에 집현전에 들어가서 정자(正字)가 되었다. 권채(權採) · 신석조(辛碩祖) 등과 함께 사가독서의 명을 받고 학문에 정진하였다.

남수문, 권채, 유의손 등과는 '集賢三先生'으로 불리기도 했다. 유의손(柳義孫), 권채(權採), 신석조(辛碩祖)와 남수문(南秀文) 등이 함께 집현전에 있으면서 그 문장이 다 같이 일세에 유명하였는데, 남수문을 당대의 최고의 문장가로 추앙하였다. 『고려사절요 高麗史節要』의 초고는 대부분 남수문의 손에서 나왔다.

집현전학사 남수문(南秀文)은 문장에 능하였는데, 술을 좋아하여 항상 정도에 지나쳤다. 평소 술을 지나치게 즐겼으므로 세종이 '계주서(戒酒書)'를 내려 절제할 것을 명하니, 그 글을 벽에 걸어두고 출입할 때에는 꼭 이것을 바라보았다고 한다.

세종 059 15/1433/02/08(임진)/공조 참판 신장의 졸기에 의하면 공조 참판 신장(申檣)이 갑자기 졸(卒)하였다. 본관(本貫)은 고령인데, 사람됨이 온후(溫厚)하고 공순하여 남에게 거슬리지 아니하였다. 사장(詞章)에 능하고 초서(草書)와 예서(隸書)를 잘 썼다. 성품이 술을 좋아하므로, 임금이 그 재주를 아껴서 술을 삼가도록 친히 명하였으나, 능히 스스로 금하지 못하였다. 죽음에 미쳐 허조가 듣고 탄식하기를, "이런 어진 사람을 오직 술이 해쳤다." 하였다. 치부(致賻)하기를 명하였다.

신장이 일찍 세상을 떠나자 정승 허조(許稠)는 "술이 신장을 망쳤도다!" 라고 한탄하였다. 그리고 얼마 뒤 남수문마저도 세상을 버리자, 세종대왕은 술로 인해 세상을 버린 신하들의 삶이 너무도 안타까워서 술의 해독을 명료하게 열거하면서 다음과 같은 경계의 윤음을 내렸다.

> 술의 해독은 매우 크다. 어찌 곡식을 썩히고 재물을 허비하는 일뿐이겠는가. 술은 안으로 마음과 의지를 손상시키고, 겉으로는 사람의 위엄과 품위를 잃게 한다. 혹은 술 때문에 부모의 봉양하는 일마저 저버리게 되고, 혹은 남녀의 분별을 문란하게 하니 그 해독이 크면 나라를 잃고 집안을 망치게 만들며, 그 해독이 작으면 성품을 거칠게 하고 생명을 잃게 만든다. 술이 강상(綱常)을 더럽히고 문란하게 만들어 풍속을 퇴폐하게 하는 것은 이루 다 일일이 그 예를 들기가 어려울 정도이다.

선비 윤회가 어느 날 길을 가다가 주막집에 묵게 되었다. 마당에 거위가 반짝이는 것을 주워먹는 걸 보았다. 이윽고, 주막주인이 아끼는 구슬이 없어졌다고 소동이 일어났고 급기야는 나그네인 윤회를 의심하기 시작했다. 그런 짓 아니 했다고 말을 해도 주인은 막무가내 주인은 윤회를 기둥에 묶어두고 실토하라고 윽박질렀다. 윤회는 저 거위를 내 곁에 하루만 묶어달라고 했다. 다음날, 거위의 배변을 하자 윤회는 주인에게 '저 변을 헤쳐 보시오' 주인은 거기서 구슬을 찾아냈고 윤회에게 물었다. '왜 거위가 구슬을 먹었다고 진즉 말 해 주지 않았소', 윤회는 '그 구슬을 거위가 먹었다고 당신께 말을 했다면 필시 당신은 저 거위를 잡았을 것이오' 주인은 엎드려 잘못을 사과했다.

고령군(高靈君) 신숙주는 영의정으로 있었고, 능성군(綾城君) 구치관(具致寬)은 새로 우의정이 되었는데, 세조가 두 정승을 급히 내전으로 불러 들였다. 세조가 이르기를, "오늘 내가 경들에게 물을 것이 있으니 대답을 잘하면 그만이겠지만, 능히 대답하지 못하면 벌을 면치 못할 것인데, 경들의 생각은 어떠한고." 하니, 두 정승이 공손히 대답하기를, "삼가 힘을 다하여 벌을 받지 않게 하겠습니다." 하였다.

이윽고 세조가, "신 정승" 하고 불렀다. 신숙주가 곧 대답하였더니, 임금이 이르기를, "나는 신 정승(新政丞)을 부른 것인데, 그대는 대답을 잘 못하였다." 하고, 큰 술잔으로 벌주 한 잔을 주었다. 또 "구 정승" 하고 부르자, 구치관이 대답하였더니, 세조가 말하기를, "나는 구(舊) 정승을 불렀는데, 그대가 잘못 대답하였다." 하고, 벌주 한 잔을 주었다.

임금이 또 부르기를, "구 정승" 하니, 신숙주가 대답하므로 임금이 말하기를, "내가 구(具) 정승을 불렀는데 그대가 잘못 대답하였다." 하고, 또 벌주를 주었다. 또 부르기를 "신 정승" 하니, 구치관이 대답하므로 말하기를, "내가 신(申) 정승을 불렀는데, 그대가 잘못 대답하였다." 하고 또 벌주를 주었다. 다음에는 "신 정승" 하고 불렀더니, 신과 구가 다 대답하지 않았다. 또 "구 정승" 하고 불러도 구와 신이 다 대답하지 않으므로 임금이 말하기를, "임금이 부르는데 신하가 대답하지 않는 것은 예가 아니다." 하고 또 벌주를 주었다. 종일 이와 같이 하여 두 정승이 벌주를 먹고 극도로 취하니 세조가 크게 웃었다.(필원잡기 권1)

조선조 초대 영의정을 지낸 정절공이 대사헌(大司憲)이 되자 탁한 것은 물리치고 맑은 것은 드날리게 하여 조정의 기강을 크게 떨쳤다. 그러나 너그럽고 후하여 대체는 잃지 않았다. 전례(前例)에 공청(公廳)에서 모일 적이면 대간(臺諫: 사헌부와 사간원)이 반드시 함께 막차(幕次)를 연접시키고, 혹 술을 마실 적에는 장막을 걷고 이름을 권장음(捲帳飮)이라 서로 붙였다. 만약 금주령이 있을 적에는 대관(臺官)들은 법을 철저히 지켜 술을 마시지 않았으나, 간원(諫院)에서는 술 마시기를 예사로 하였다.

하루는 간관(諫官)이 술을 잔에 가득히 부어 가지고 장난으로 장막 틈으로 대장(臺長: 사헌부의 장령과 지평)에게 보이니, 대장도 장난으로 소매로 뿌리쳤는데 술잔이 장막 틈으로 떨어져서, 대사헌인 정절공의 책상 앞으로 굴러갔다. 여러 대장들은 두려워서 어찌할 바를 모르고 대리들도 서로 바라만 볼 뿐 감히 그 술잔을 치우지 못하여 이 술잔이 종일토록 대사헌의 앞에 있었다. 사헌부에서는 일이 날까 두려워하였는데, 사무를 마칠 적에 정절공이 관리에게 말하기를, "저기 거위 알 같은 것은 무엇인가. 수정(水精) 구슬이 몇 알이나 들어갈 수 있겠는가?" 하니, 아전들이 대답하기를, "백 개는 들어갈 수 있을 것입니다." 하였다. 정절공이 이르기를, "굴러 나온 틈으로 던져주라." 하니, 자리에 있는 사람이 모두 그 아량에 탄복하였다. 간원에서 전해 오는 술잔의 모양이 거위 알 같은 것이 있었는데, 수정구슬이 한 되 가량 들어갈 만하였으니, 이는 금주령을 당하면 술잔을 숨기기 위하여 만든 것이다.(필원잡기 권1)

5.7 홀수배의 주법

평교간에 술을 마심에는 서로 권하고 사양하는 예절이 있는데 세 번 청하고 세 번 사양하는 예법이 있다. 처음 권하는 것을 '예청(禮請)'이라고 하고, 이에 대하여 사양하는 것을 '예사(禮辭)'라 한다. 즉 예의로 청하고 예의로 거절하는 행위이다. 두 번째 청하는 것을 '고청(固請)'이라고 하는 바 이에 대하여 거듭 사양하는 것을 '고사(固辭)'라 하며, 다시 한번 권하고 거절하는 행위이다. 세 번째 청하는 것을 '강청(强請)'이라고 하며 끝까지 사양하는 것을 '종사(終辭)'라고 하여 여기에 이르면 더 이상 권하거나 요청하지 않는 것이 예이다. 마지막으로 강하게 청하지만 끝내 고사하는 행위이다. '예청↔예사, 고청↔고사, 강청↔종사'라는 술을 권하는데 삼세번이라 홀수의 예가 적용되고 있다.

이와 같은 '예청↔예사, 고청↔고사, 강청↔종사'의 출처는 다음과 같다. 『시경 詩經』의 하권 백구(白駒: 君子들의 길이 막히게 되어 시경의 백구(白駒)같은 시가 나타나, 현자(賢者)가 떠나나가는 것을 노래한 것임)편은 네 장이 6구씩으로 된 서사시인데 임금이 어진 사람을 등용하여 가까이하고자 하는 간절한 심정으로 어진 이를 초빙하였으나 어진 이가 허락하지 않고 끝내 초야로 되돌아가는 아쉬운 이별의 장면을 묘사한 내용이다.

1장은 현인(賢人)이 하얗고 깨끗한 흰 망아지를 타고 오니 그 망아지를 가두고 말굴레를 매어 아침 일찍 돌아가지 못하도록 만류하는 노력을 기술하였고, 2장은 저녁에도 못 가도록 말을 가며, 3장은 세 번째 만류하여 어진 이를 공작(公爵)과 후작(候爵)의 벼슬을 주어 길이 즐거움을 같이 누리자고 강청(强請)하였고, 4장은 어진 이가 끝내 사양하고 되돌아가니 임금이 못내 아쉬워하면서도 어진 이의 고결한 청빈락도(淸貧樂道)

를 찬미함과 동시에 조속히 마음을 바꾸어 벼슬길에 올라주기를 호소하는 장면이다.

공자가 이 시를 『시경 詩經』에 편집한 이유는 임금이 나라를 다스림에 어진 이를 발탁하여 등용하는 성의와 노력이 진실하고 또한 어진 이를 예의로 대접하는 절도가 융숭한 것을 표장하기 위함이니 임금이 처음의 예청(禮請), 두 번째의 고청(固請), 세 번째의 강청(强請)으로 모두 갖추었을 뿐만 아니라 이에 대하여 어진 이가 예사(禮謝), 고사(固辭), 종사(終辭)함에 더 이상 붙들지 않고 보내면서도 더욱 성의를 다하여 공경함은 예절의 바른 절도이다.

주당 이태백의 『山中與幽人對酌』에 兩人對酌 山花開/一杯一杯 復一杯에서 한잔 한잔 또 한잔 합이 홀수인 3잔을 일컫고 있음을 볼 수 있다. 그래서 李杜一杯 我一杯 復一杯가 되지 않을손가? 홀수배의 의미가 여기에도 담겨져 있다. 또한 조선 세종 때 아끼는 신하들의 건강을 염려하는 의미에서 삼배계주(三盃戒酒)를 권하기도 하였는데 여기에서도 홀수배인 석 잔을 넘기지 말 것을 권하고 있다.

3의 의미는 삼강오륜(三綱五倫), 삼강행실도(三綱行實圖), 삼일장(三日葬), 삼배(三拜), 삼탕(三湯), 삼색실과(三色實果)등이 있으며, 이외에도 삼황(三皇), 삼도(三道), 삼족(三族), 삼계(三戒)라는 사용 예를 볼 수 있다. 술을 마실 때 왜 홀수배를 하는지, 심지어는 죽은 자에게도 홀수배로 올리는지를 살펴보고자 한다.

동양에서는 홀수가 양, 짝수를 음으로 본다. 중국의 자금성에 가보면 모든 곳에 홀수가 존재한다. 즉 성문의 갯수가 하나가 아니면 3개이다. 성문에 박힌 못의 갯수조차 홀수이다. 황제는 남자(양)이고, 따라서 홀수 중에 가장 큰 9가 많이 사용된다. 제사상도 마찬가지이다. 제사는 남자중심(가부장제도)으로 생겨난 제도이고, 따라서 모든 것이 양을 나타내는 홀수로 이루어진다. 따라서 음식은 보통 3줄이나 5줄로 차린다. 과일을 놓을 때도 홀수 개로 놓는다. 생선도 한 마리나 3마리를 놓는다. 나물도 3가지나 5가지를 놓는다.

술좌석에서 잔이 한 바퀴 도는 것을 한 순배(巡杯)라고 하는데 술이란 대개 석 잔은 훈훈하고, 다섯 잔은 기분 좋고, 일곱 잔은 흡족하고 아홉 잔은 지나치므로 7잔 이상은 절대로 권하여 돌리지 아니하였다. 이처럼 홀수 돌리기가 원칙이었다. 그러나 지나친 술잔 돌리기를 금하였다. 이는 술자리에 소외된 사람이 없도록 차례가 돌아가게 하면서도 술 잘 못 먹는 사람 또한 괴롭히지 않으려는 배려였던 것이다.

우리 조상들은 술좌석을 반드시 공개하였을 뿐만 아니라 그 아들이나 제자들을 동행하여 술심부름을 들게 함과 동시에 술 먹는 법도를 익히게 하였으니 술자리를 고상하게 승화시켜 일컬은바 풍류(風流)라고 하였다. 풍류란 덕풍의 유행이니 모든 사람이 그 덕성스러운 행실에 감동하여 본받는다는 이야기이다.

성종 5권, 1년(1470 경인 / 명 성화(成化) 6년) 5월 2일 기묘 3번째 기사에 보면 "태평관에 거둥하여 사신에게 연회를 베풀고 하사품을 내리다"에서 다음과 같은 내용으로 기술되어 있다.

임금이 태평관(太平館)에 거둥하여 익일연(翼日宴: 중국 사신이 우리나라에 도착한 다음날에 나라에서 사신에게 베풀던 연회)을 베풀었다. 임금이 술을 돌리고, 다음으로 청송 부원군(青松府院君) 심회(沈澮), 영성 부원군(寧城府院君) 최항(崔恒), 인산 부원군(仁山府院君) 홍윤성(洪允成), 영의정(領議政) 윤자운(尹子雲)이 술을 돌렸다. 중국 사신이 통사(通事)를 시켜 아뢰기를,

> 오늘 술을 돌린 것이 다섯 순배에 이르렀습니다. 청컨대 전하께서는 노재상(盧宰相) (노사신(盧思愼)이 이때 관반(館伴)이었다.)에게 명하여 술을 돌리게 한 뒤에 우리들이 잔을 돌리게 하소서.

하니 임금이 대답하기를,

> 명령대로 하겠으니, 청컨대 대인(大人)은 조용히 예(禮)가 이루어지기를 기다려서 파(罷)하소서.

하니 부사(副使)가 말하기를,

> 천자(天子)의 술은 아홉 순배이고, 제후(諸侯)의 술은 일곱 순배이며, 보통 예(禮)는 세 순배 또는 다섯 순배에 끝나는데, 이제 술이 다섯 순배에 이르렀으니 예도 다하였고, 또 우리의 주량이 얕아서 마실 수가 없습니다.

하니 임금이 곧 대선(大膳)을 올리도록 명하고, 중국 사신들이 각각 회배(回杯)를 올리고 파하였다. 이처럼 왕실에서 조차도 음주 잔의 홀수배를 지키고 있음을 알 수 있으며, 또한 홀수 중에 가장 큰 숫자가 9이므로 아홉 잔은 천자의 순배 숫자이므로 9월불가라는 주례를 따르는 것으로 보인다. 천자의 사신 자격으로 7잔 이상은 예법에 어긋남을 넌지시 알리고 있다.

지금까지 알려진 홀수배에 대한 이론은 다음과 같이 3가지로 정리할 수 있다. 첫째가 '주불쌍배(酒不雙杯) 또는 주불단배(酒不單杯)설'이며, 두 번째는 '여유잔설'이며, 세 번째는 '음양오행설'이다. 이들 이론을 정리하면 다음과 같다.

주불쌍배설의 원칙은 술잔은 짝을 맞춰 마시지 않는다는 것이다. 일무삼소(一無三小)하고, 오적칠과(五滴七過)하니, 구취(九醉)이니라는 이론도 여기에 해당된다. 십일광(十一狂)은 열 한 잔술부터 미치며 마신다는 뜻이다. 이는 주광이나 취생몽사의 단계이다. 기뻐서 한 잔, 외로워서 한 잔, 슬퍼서도 한 잔, 오랜만에 만난 벗과는 불가무일배(不可無一杯)다. 그 다음은 주불쌍배라고 하여 마시는 잔의 수가 짝 맞음을 더하여 석 잔은 삼소(三小)라고, 또 한 잔, 술은 다섯 잔이 적당하다고 하여 오선(五宣)을 찾고 칠가(七可)라고 일곱 잔을 채운 뒤 두 잔을 채우고 구월불가(九越不可)로 아홉 잔을 마시면 과음의 기준을 넘어 술맛을 모르게 된다.

주불쌍배를 주불단배(酒不單杯)라고도 한다. 한 잔 술이 없다는 뜻으로 이 경우의 단(單)은 한 잔이라는 뜻이 아니라 두 잔을 가르키는 의미이다. 왜냐하면 單이라는 글자에 입 口자가 두 개 들어 있으니 두 잔이라는 것이다. 박덕의 잔이 된다. 아직까지 우리는 술좌석에서 예부터 내려

오는 말을 많이 사용한다.

후래선배(後來先杯)라고 해서 술자리에서 뒤늦게 온 이에게 먼저 술을 권하고, 후래삼배(後來三杯)라고 술자리에 늦게 온 사람에게 석잔의 술을 권한다. 술을 건내고 받는 수작(酬酌), 술잔을 채워 돌리는 행배(行杯), 받은 술을 마시고 다시 채워서 되돌려주는 반배(返杯)라는 말에도 흔적이 남아 있다. 여기에서도 홀수배의 원칙이 시행되고 있음을 볼 수 있다.

즉, 한잔 술이란 있을 수가 없고, 석 잔은 좀 적은듯하고, 다섯 잔은 적당하며, 일곱 잔은 지나치고 아홉 잔에는 취한다. 그래서 1, 3, 5, 7, 9로 나가는 홀수배가 좋아 홀수 잔으로 술을 마신다고 한다. 9잔을 넘기지 말아야 한다는 신사협정이 숨어있다. 또한 구취는 구취(九醉)와 구취(口臭)와 동음이어로 후자의 구취는 입 냄새의 고약함을 의미하는 것이 되니 9잔 이상을 마시게 되면 구취가 난다는 시사적 의미까지 더한 것으로 볼 수 있다.

여유잔설은 주도에 1/3/5/7/9의 원칙이 있다. 술잔은 반드시 홀수라야지 짝이 차서는 안 된다는 원리이다. 이치는 지극히 간단하다. 달도 차면 기우는 법, 술잔 역시 수치가 꽉 차 버리면 기울게 마련이다. 곧 기울어 버릴 만월보다도 돋아나는 반달을 성스럽게 여기듯이 술잔에도 장차 메워질 여유를 두어야 하기 때문에 꽉 차 있는 짝수보다는 한 구석 비워있는 홀수를 택하는 것이라 한다.

그렇다고, 한잔 술이란 있을 수 없는 법. 그래서 술은 석 잔을 원칙으로 하되 다섯 잔까지는 허용되고, 일곱 잔을 넘을 수 없다. 이 얼마나 너그럽고 신축성 있는 원칙인가. 우선, 술잔의 크기는 정해져 있지 않으니 잔의 크기를 선택하는 권리는 물론 마시는 사람에게 맡겨진다. 또한, 일곱 잔을 넘을 수 없다는 것도 결국은 금지조항이 못 된다는 것이 이 원칙이 내포하는 관용의 미덕이다.

항상 여유있게 음주하면서 풍류를 즐기라는 의미이며, 술잔의 의미는 홀수배로 구성되어 있음을 볼 수 있다. 대포로 일곱 잔쯤 되면 제아무리 술에 장사라도 계수의 능력을 잃어버리기 마련이기 때문이다. 그 능력을 잃은 자에게는 백 잔을 마셨어도 일곱 잔밖에 안 마신 셈이 되기 때문에, 아무런 죄의식 없이 곤드레가 될 수 있다는 것을 이 원칙의 고안자는 계산에 넣고 있었을 것이다.

소주를 소주잔으로 따라보면 7잔이 나온다. 이 '7'이라는 숫자가 소수(1과 자신의 수 외에는 나뉘지 않는 수)라는 데 묘미가 있다. 보통 우리나라 사람은 술을 혼자 마시는 경우는 거의 없다. 이 경우를 조지훈은 주도유단에서 은주(隱酒)의 단계로 마실 줄도 알고 겁내지도 않고 취할 줄도 알지만 돈이 아쉬워서 혼자 숨어 마시는 사람으로 주급 6급으로 치부하고 있다. 2사람이 마시면 1잔이 남거나 부족하고, 3사람이 2잔씩 마시면 1잔이 남고, 4사람이 2잔씩 마시면 1잔이 부족하고, 5사람이 1잔씩 마시면 2잔 부족, 6사람이 1잔씩 마셔도 1잔이 남고... 그러니 병이 바닥쯤 되면 어쩔 수 없이 한 1병 더 시켜야 되는데... 그래서 그런지 술좌석에서 마지막엔 먹다 만 소주가 꼭 한 두병 쯤 있게 마련이다.

만일 지금보다 작은 사이즈가 나온다면 (4잔이나 5, 6잔) 인원과 잔수를 맞추기가 쉽게 되어 이런 전략이 통할 수가 없다. 이는 상술인지 주덕인지는 몰라도 술은 항상 여유롭게 마시라는 의미와 반잔은 주덕에 어긋나니 한 병 더 하는 상술까지도 더한 것으로 이해할 수 있다. 소주집에서 항상 듣는 말인즉 아줌마 여기 소주 한 병 더...

시인 김우영의 홀수배의 이론에 따르면 다음과 같다. "주우지교(酒友之交)는 담약수(淡若水)라" 담담하게 품위를 갖추고, 술의 긍지를 음미하며 자연과 인생을 1, 3, 5, 7과 같은 순배로 적당히 즐겨야 한다는 생각인데,

한 잔, 고배(呱杯: 口字가 하나)는 어린애 술이며 불가무인배이어서 안되고,

두 잔, 단배(單杯: 口字가 둘) 는 단순한 술꾼의 술이어서 안 되고, 즉 한 잔 술이 없다는 뜻에서 시사한 바처럼 이 경우의 단(單)은 한 잔이라는 뜻이 아니라 두 잔을 가르킨다는 의미이다. 입구(口)자가 두 개이니 쌍 잔을 의미한다. 두 잔은 박덕해서 술 인심을 무례케 한다.

석 잔, 가히 품배(品杯: 口字가 셋)이니, 역시 군자는 품위있는 술이 격에 맞으나 삼소(三小)이어서 아쉽고,

넉 잔은 四杯인데, 四가 죽을 死와 동음이어서 효배(囂杯: 口字가 넷)라고

하는데 이 경우는 술잔과 주객의 수에 적용되는 이중의 의미이기도 하다. 이는 입이 넷이라 요란하고 시끄러운 술이니 안 되고, 그래서 입이 셋이 모이는 자리가 가장 품위있게 마실 수 있는 자리를 의미하기도 하다.

일곱 번째 술은 행운의 술이니 좋고,
아홉 번째 술, 구월불가(九越不可)하여 많아 안 된다.

술자리에서 잔이 한 바퀴 도는 것을 한 순배(巡杯)라고 하는데, 홀수 돌리기가 원칙이었다. 그래서 1, 3, 5, 7, 9로 나가는 홀수배가 좋아 홀수 잔으로 술을 마시며, 막힘이 없어 여유로움이 있다는 것이다. 이 여유로움에서 풍류가 발산된다는 논리이다.

이목(李穆: 1471-1498)은 『다부 茶賦』에서 차의 잔 수의 효능에 대해 한 잔을 마시면 마른 창자에 눈 녹인 물을 부은 것 같고, 두 잔을 마시면 정신이 상쾌해져 신선이 될 것만 같으며, 석 잔을 마시면 병든 사람이 깨어나고 두통이 가셔지고, 넉 잔을 마시면 웅장한 기운이 일어나고 근심과 분노가 사라진다. 다섯 잔을 마시면 색마가 놀라 달아나고 몸 속 귀신의 눈과 귀가 멀며, 여섯 잔을 마시면 훨훨 하늘로 날아올라 노니는 듯하다고 노래한 바 있다.

한편 『소학 小學』 외편 선행(善行)편에 "溫公曰 先公爲群牧判官 客至 未嘗不置酒 或 三行 或 五行 不過七行이라고 하였는데, 즉 사마온공이 말하기를 선공(先公)께서 군목판관(軍牧判官)으로 계실 적에 손이 오면 일찍이 술을 대접하지 않은 적이 없었다. 어떤 때는 세 순배(巡杯), 어떤 때는 다섯 순배를 돌려 마셨으며, 일곱 순배를 넘지는 않았다. 신하로서 구월불가(九越不可)의 원칙을 지키고 있음을 알 수 있다.

한국의 주당이었던 빙허 현진건에게도 독특한 '음주철학'이 있었다. 한 술집에서는 무슨 일이 있어도 9잔까지만 마시는 술 철학이었다. 한 술집에서 9잔을 넘기는 경우는 절대로 없었다고 한다. 이는 술은 홀수로 마셔야 한다는 동양적 사고를 깨트리지 않으려는 주관이었던 같다. 또한 9잔은 황제의 술잔이기에 마땅히 지켜야 할 도리로 생각한 것이다.

빙허는 술이 세지 못한 사람과 함께 마실 때는 '3소5의(三少五宜)원칙'을 적용했다. 3잔은 적으니 5잔은 해야 마땅하다는 것이었다. 그러면서 술을 권했다. 하지만 그것으로 그치지 않았다. 어느 새 '7가(七可)'가 되었다. 7잔도 괜찮을 것이라며 술을 따라준 것이다. 그러다가 9잔이 되면 '9월불가(九越不可)'였다. 9잔을 넘으면 안 된다는 것이다. 그만 마시자며 자리를 털고 일어났다고 한다. 그것으로 끝이었을까. 그렇지 않았다.

다른 술집으로 옮겨서 처음부터 다시 시작하는 것이었다. 옮긴 술집에서도 '9월불가' 만큼은 철저하게 지켰다고 한다. 그런데 곤드레가 되도록 마시고 자리를 뜨려는데 한 잔 더 마시자하는 것은 "원 포 더 로드 One for the road" 귀거도중 안전을 위해서 한 잔 더 마시자는 술꾼들이고 보면 9월 불가는 물 건너간 꼴이 된다. 더 나아가서는 "포 더 나이트 캡 For the night cap"이라고 오늘 밤 숙면을 위해서 한 잔 더란다. 나이트 캡은 서양 사람들이 침상에 들 때 머리카락이 헝클어 지지 않도록 쓰는 모자를 말한다. 그것이 변해서 잠자리에 들 때 마시는 술의 뜻이 되기도 한다. 이제는 인사불성이 되어 마지막 술로 "페눌티모 Penultimo"란다. 페눌티모는 히브리 말로 마지막 바로 전의 한 잔의 뜻이다. 마지막 잔은 죽을 때 마시는 잔이니 끝에서 둘째 잔이라면 여유가 있어 운취는 있다.

어찌 되었건 계수가 안되니 군자가 음주하는데도 9월불가(九越不可)론을 지킨 것으로 보인다. 황제의 음주관을 넘볼 수 없어서일까?

프랑스인들은 음주시에도 고도의 품격을 지키는데, 식사전에 마시는 술을 'Apéritif'라고 하며, 소화를 위하여 식후에 마시는 술로 'Digestif'라고 하며 또는 'Pousse-caf'라고도 한다. 한편 식사가 끝나갈 무렵에 마시는 술을 'Soirée'라고 한다. 이도 또한 3번으로 나누어 마시는 음주풍습이 있음을 알 수 있다.

군자(君子)가

학문(學文)하는 여가(餘暇)에 술을 마심으로써
원만(圓滿)한 덕(德)을 성취(成就)하는 것이고,
먼 곳에서 벗이 왔을 때도

술이 아니고는 무엇으로 반길 수 있겠는가?

사람이
말로써 많은 뜻을 전(傳)하고
그 정(情)을
합(合)한다 하더라도
술만큼 같지 못하다.

잔(盞)을
한 번에 비우는 것을 명(明)이라 하고,
두 번에 비우는 것은 주(周)라 하고,
세 번에 비우는 것은 진(進)이라 한다.
세 번을 지나는 것을 지(遲)라 하고,
아홉 번이 지나도 잔(盞)을 비우지 못하면
술을 마신다고 하지 않는다.

술을
혼자 마시는 것을 소작(素酌)이라 한다.
둘이 마시는 것은 화작(化酌),
셋이 마시는 것은 한작(閒酌),
넷이 마시는 것은 안작(安酌),
다섯이 마시는 것은 수작(秀酌),
여섯이 마시는 것은 전작(全酌),
일곱이 마시는 것은 등작(登酌),
여덟이 마시는 것은 임작(臨酌),
아홉이 마시는 것은 연작(宴酌)이라 말한다.

마지막으로 음양오행 영향설이다. 동양권에서 홀수가 길한 숫자로 여겨져 왔기 때문이라는 설도 있다. 음양오행설에 따르면 우주의 모든 현상은 음과 양의 소멸과 성장으로 설명되는데, 양이 홀수이고 음이 짝수이다. 그래서 홀수는 길한 숫자이며 또한 불완전한 수이며 역동적이고 활동적인 숫자이다. 그래서 조상님들은 홀수가 겹치는 날을 양에 양을 더한 날, 양의 기운이 충만한 날로 설날(1월1일), 삼짇날(3월3일), 단오(5

월5일), 백중(7월7일), 중양절(9월9일)을 음력의 홀수가 겹치는 날로 정한 이유가 여기에 있다.

단, 10은 짝수이지만 길한 숫자로 친다. "10은 3과 7의 두 홀수가 합쳐진 것이고, 10, 30, 50하는 식으로 생각하면 홀수에 해당 한다"라고 말한다. 따라서 이러한 영향을 알게 모르게 받게 되어 홀수배를 선호하게 되었다고 한다. 조지훈의 주도유단에서도 폐주(廢酒) 즉, 술로 말미암아 다른 술 세상으로 떠나게 된 사람(涅槃酒)을 九단으로 인정하고 있는바처럼 9월불가론은 일반적 현상이었던 것같다.

남자가 삼세판이라느니, 술을 시킬려면 홀수로 시키는 것, 제사지낼 때 과일이나 음식을 홀수로 올리는 등... 홀수는 우리에게 양기를 불어 넣어 주는 수이기 때문이다. 경조사에 부조를 할 때에도 대체로 3만원, 5만원, 10만원으로 하는 것도 같은 이유라고 할 수 있다.

살아 있는 사람에게 절을 할 때에는 1번하지만, 죽은 사람에게 절을 할 때에는 항상 2번한다. 살아 있음은 양을 의미하고, 홀수인 1도 양을 의미하기 때문이다. 반대로 죽음은 음을 의미하고, 짝수인 2도 음을 의미하기 때문이다. 여자는 4번 절을 하는 집안도 있다. 이는 남자는 양이고, 여자는 음이기 때문에, 여자가 죽은 사람에게 절을 하면, 음과 음이 겹치기 때문에 4번이 된다. 하지만 절을 하는 횟수를 제외한, 제사는 지배하는 숫자는 다음과 같이 모두 양의 수이다.

나라에서 제사를 지낼 때 임시로 임명되는 제관을 헌관이라고 한다. 일반적으로는 제사를 지낼 때 제관을 대표해 잔을 드리는 사람을 말한다. 술잔을 올리는 순서에 따라 초헌관(初獻官)·아헌관(亞獻官)·종헌관(終獻官)으로 나뉘어지며 초헌관은 그 제사에서 대표격인 사람이 맡도록 되어 있다. 『주례』와 『가례』에 제사는 필히 삼헌(三獻)을 하도록 되어 있고, 반드시 고축(告祝)을 해 주제자(主祭者)와 제사를 받는 대상과 제사의 성격을 알리도록 되어 있다. 국가에서 행하는 제사에 왕이 친제(親祭)하는 경우에는 왕이 초헌관이 된다. 『국조오례의』에 의하면 왕이 친제하는 경우는 극소수로, 사직(社稷)·종묘(宗廟)·영녕전(永寧殿)·문소전(文昭殿)·선농단(先農壇)·문묘(文廟) 등으로 국한되어 있다. 부득이 왕이 친제하지 못하는 경우에는 왕세자나 대신 가운데서 섭사(攝祀)하도록 되어 있다.

또한, 왕이 주제자로 초헌관이 될 때는 아헌관과 종헌관은 정1품 이상이 하도록 규정되어 있다. 사직에서는 영상이 아헌을 하고 종묘에서는 종친 가운데서 대군이 아헌을 하도록 규정하고 있다. 이 가운데서도 왕명으로 지내는 제사에는 당상관인 정3품 이상이 제관이 되는 것을 원칙으로 하였고, 필요에 따라서는 정부의 대신을 파견해 치제(致祭)함을 원칙으로 삼았다.

지방에 있는 전대의 시조 묘나 공신 묘 등에 대해서는 정부가 향과 축문을 하사하고 나라에 끼친 공로의 경중에 따라 지방 수령이 헌관을 대행하게 하거나, 자손 가운데 벼슬이 있는 자를 지명해 치제하기도 하였다. 서원 · 정사 · 향교 · 강당 등에서는 나라의 지시에 따르지 않고 유림 자체에서 향사했으며 서원이나 향교의 임원들이 헌관이 되었다.

사가(私家)의 경우도 제사는 국가의 전사(典祀)의 예에 따라 시행되었는데, 문규(門規)에 따라 헌관의 선출 방법이 다르다. 선조 묘의 경우 종손의 초헌 원칙을 세우는 가문도 있고, 성족(姓族)에 따라서는 벼슬한 자를 우위로 보아 유관작자(有官爵者)가 초헌이 되는 경우도 있다. 그리고 종손과 유관작의 예를 모두 무시하고 '문장초헌(門長初獻)'이라 해서 그 문중에서 가장 항렬이 높거나 나이가 많은 사람으로 초헌을 삼는 경우도 있어 그 사례가 일정하지 않다.

다만, 어느 문중이나 제사를 막론하고 삼헌독축(三獻讀祝)이라 해서 초헌 · 아헌 · 종헌의 제관과 제사의 성격을 알리는 독축의 경우는 같다. 또한 사가의 기제사(忌祭祀)의 경우에는 제관이 부족해 삼헌독축이 불가능할 것을 고려, 예외 규정이 있다. 즉, 제관이 적어서 삼헌을 하지 못하면 축문도 읽지 못한다는 예를 만들어 이를 '단헌무축(單獻無祝)'이라 한다.

삼헌의 예는, 술을 한 잔만 마시려는 사람을 가리켜서 주불단배(酒不單杯)라 했듯이, 사람이 생존해 있을 때 술의 적량이 3배(杯)라고 생각된 데서 기인한다. 죽은 사람을 섬기기를 산 사람과 같이 한다는 뜻에서 삼헌의 예가 발생한 것이다. 혼백에게 3잔의 술을 올린다. 예로부터 술의 의미는 음식 이상의 것이었다. 결혼을 하거나 맹서를 할 때 술을 나누어 마시고, 아랫사람에게 술잔을 내려 노고를 치하하고, 윗분에게 예를 다하기 위해서는 술을 올렸다.

우리나라 속담에 '죽어 석잔 술이 살아 한잔 술만 못하다'는 말이 있다. 부모님이 살아계실 때 잘 모셔야한다는 의미인데, 이때 '죽어 석잔 술'이란 '제사 때 올리는 술 석잔'을 의미한다. 석 잔의 술을 올리는 의식을 각각 초헌(初獻), 아헌(亞獻), 종헌(終獻)이라 부른다.

동양에서 3은 인간의 숫자이다. 1은 하늘의 숫자이고, 2는 땅의 숫자이고, 3은 하늘과 땅의 기운이 만나서 만드는 인간의 숫자이다. 이의 형상이 하늘천(天) 하늘과 땅의 기운이 만나서 만드는 것은 인간만 아니라 지구상의 모든 것이다. 그래서 그것들의 구조와 생리는 3가지의 마디가 있다. 그것이 생물일 때는 그 마디가 뚜렷하다.

사람이나, 짐승 또는 곤충은 머리, 몸통, 다리 3부분으로 되어 있다. 머리는 두개부(cranium), 상악(maxilla), 하악(mandible) 세 부분으로 나뉘어 있고 몸통은 흉부(thorax), 복부(abdoman), 골반(pelvis) 3부분으로 나뉘어져 있다. 척추는 크게 경추(cervical vertebrae), 흉추(thoracic vertebrae), 요추(lumbar vertebrae)로 나뉘어 있다. 팔은 주관절과 완관절에 의해서 상완, 전완, 손 세 부분으로 나누어져 있고 다리는 슬 관절과 족관절에 의해 대퇴와 경골부, 발로 나뉘어 있다. 손가락 발가락 역시 3마디로 되어 있다.

인체를 세로로(상에서 하로) 나누었을 때 3부분으로 나누어지는 것이고 가로로(좌에서 우로) 나누었을 때는 2부분으로 나누어진다. 눈도 2개이고 콧구멍도 2개이고 귀도 2개이다. 입은 하나이나 좌우대칭으로 되어 있으니 2개라고 할 수 있고 목구멍의 생김새를 보면 목젖이 가운데 있어서 2개였던 흔적이 있음을 알 수 있다. 팔도 2개이고 다리도 2개이고 몸통도 대칭으로 되었으니 2개라고 할 수 있다. 우주의 만물은 횡으로 2와 종으로 3의 구조와 작용을 가지고 있고 주역의 괘상이 우주만물의 이치를 설명하는데 얼마나 적합하게 되어 있는지를 유추해 볼 수 있다.

옛날 사람들은 숫자를 가지고 미래를 점칠 정도로 수의 '개성'을 지나치게 존중했는데 이런 경향은 동서양 모두 공통적이다. 영어에 'There is one above(위에 1이 있다)'라는 말이 있는데, 이것은 모든 것 위에 신이 계신다는 뜻이다. 술은 신들의 음료이다.

왜 술을 마시느냐의 우문에 세르반테스는 돈키호테의 입을 빌려 현답을 다음과 같이 제시한다. "까닭이 있어 술을 마시고, 까닭이 없어도 마신다. 그래서 오늘도 마시고 있다. 합하면 홀수배인 석잔 술이 된다. 17세게 프랑스 어느 시골에서 재판소 서기를 하던 위크램이라는 주객도 그의 저서 『술의 예술 Art de Boire』에서 술꾼들이 술 마시는 핑계를 다음과 같이 분류하고 있음을 볼 수 있다. 첫째, 먼 곳에서 찾아온 귀한 손님 때문에, 둘째, 당장 목이 말라서, 셋째, 앞으로의 갈증을 대비해서, 넷째, 술이 좋아서, 다섯째, 그 밖의 여러 가지 이유라고 하였다. 홀수배인 다섯 잔까지의 술 마시는 핑계를 나열하고 있다.

우리의 음주습관을 일별해 따져 보면 중국, 일본과는 다르다. 이를테면 자배(自杯)의 형태이긴 한데, 이내 순배(巡杯)가 되고 만다. 한자리에 둘러앉아 술을 마실 때 한 순배(巡杯)를 round라고 한다. 결과적으로 잔을 돌리다보면 자의반 타의반으로 주량을 넘기기 일쑤고 이러한 음주 관행은 농경문화와 유목문화적 요소가 빚어낸 결과이다. 자기 잔으로 시작하는 것이 농경문화적 요소이다.

반면에 순배하는 것은 유목문화적 요소이다. 상고 역사를 따져보면 우리 문화에서는 유목성을 따지기란 어렵지 않다. 더불어 술자리가 1차에 끝나지 않고 2, 3차로 이어지는 것도 유목성, 곧 이동성과 관련이 있는 관습이다. 끊임없이 이동하며 마셔야 직성이 풀리기 때문에 술자리를 바꿀 수밖에 없는 것인데, 그것이 바로 유목문화의 이동성을 반영한 것이다. 덧붙이자면 폭탄주라는 것은 이러한 이동성이 제약을 받았을 때, 짧은 시간에 취하고자하는 비정상적인 술 마시기로 대체된 것이니, 폭탄주 본래 모습은 유목성도 아니요 농경성도 아닌 얼치기 풍습이다.

5.8 조지훈의 주도유단(酒道有段)

술을 마시면 누구나 다 기고만장(氣高萬丈)하여 영웅호걸이 되고 위인현사(偉人賢士)도 안중에 없는 법이다. 그래서 주정만 하면 다 주정이 되는 줄 안다. 그러나 그 사람의 주정을 보고 그 사람의 인품과 직업은 물론 그 사람의 주력(酒歷)과 주력(酒力)을 당장 알아낼 수 있다. 주정도 교양이다. 많이 안다고 해서 다 교양이 높은 것이 아니듯이 많이 마시고 많이 떠드는 것만으로 주격(酒格)은 높아지지 않는다. 주도에도 엄연히 단(段)이 있다는 말이다.

첫째 술을 마신 연륜이 문제요,
둘째 같이 술을 마신 친구가 문제요,
셋째는 마신 기회가 문제며,
넷째 술을 마신 동기,
다섯째 술버릇,

이런 것을 종합해 보면 그 단의 높이가 어떤 것인가를 알 수 있다. 음주에는 무릇 18의 계단이 있다.

1. 부주(不酒): 술을 아주 못 먹진 않으나 안 먹는 사람; 9급
2. 외주(畏酒): 술을 마시긴 마시나 술을 겁내는 사람; 8급
3. 민주(憫酒): 마실 줄도 알고 겁내지도 않으나 취하는 것을 민망하게 여기는 사람; 7급
4. 은주(隱酒): 마실 줄도 알고 겁내지도 않고 취할 줄도 알지만 돈이 아쉬워서 혼자 숨어 마시는 사람; 6급
5. 상주(商酒): 마실 줄 알고 좋아도 하면서 무슨 잇(利)속이 있을때만 술을 내는 사람; 5급
6. 색주(色酒): 성 생활을 위하여 술을 마시는 사람; 4급
7. 수주(睡酒): 잠이 안와서 술을 먹는 사람; 3급
8. 반주(飯酒): 밥맛을 돕기 위해서 마시는 사람; 2급
9. 학주(學酒): 술의 진경(眞境)을 배우는 사람(酒卒); 1급
10. 애주(愛酒): 술의 취미를 맛보는 사람주도(酒徒); 初단
11. 기주(嗜酒): 술의 진미에 반한 사람(酒客); 二단
12. 탐주(耽酒): 술의 진경(眞境)을 체득한 사람(酒豪); 三단

13. 폭주(暴酒): 주도(酒道)를 수련(修練)하는 사람(酒狂); 四단
14. 장주(長酒): 주도 삼매(三昧)에 든 사람(酒仙); 五단
15. 석주(惜酒): 술을 아끼고 인정을 아끼는 사람(酒賢); 六단
16. 낙주(樂酒): 마셔도 그만 안 마셔도 그만 술과 더불어 유유자적하는 사람(酒聖); 七단
17. 관주(觀酒): 술을 보고 즐거워 하되 이미 마실 수는 없는 사람(酒宗); 八단
18. 폐주(廢酒): 술로 말미암아 다른 술 세상으로 떠나게 된 사람(涅槃酒); 九단

부주, 외주, 민주, 은주는 술의 진경, 진미를 모르는 사람들이요,

상주, 색주, 수주, 반주는 목적을 위하여 마시는 술이니 술의 진체(眞諦)를 모르는 사람들이다.

학주의 자리에 이르러 비로소 주도 초급을 주고, 주졸(酒卒)이란 칭호를 줄 수 있다.

반주는 2급이요, 차례로 내려가서 부주가 9급이니 그 이하는 척주(斥酒), 반(反)주당들이다.

대주, 기주, 탐주, 폭주는 술의 진미, 진경을 통달한 사람이요,

장주, 석주, 낙주, 관주는 술의 진미를 체득하고 다시 한번 넘어서 임운목적(任運目適)하는 사람들이다.

애주의 자리에 이르러 비로소 주도의 초단을 주고, 주도(酒徒)란 칭호를 줄 수 있다.

기주가 2단이요, 차례로 올라가서 열반주가 9단으로 명인급이다.

그 이상은 이미 이승 사람이 아니니 단을 매길 수 없다.

그러나 주도의 단은 때와 곳에 따라, 그 질량의 조건에 따라 비약이 심하고 강등이 심하다. 다만 이 대강령만은 확고한 것이니 유단의 실력을 얻자면 수업료가 기백만금이 들 것이요, 수행연한(修行年限)이 또한 기십 년이 필요할 것이다.(단 천재는 차한에 부재(不在)이다.)

요즘 바둑열이 왕성하여 도처에 기원(棋院)이다. 주도열(酒道熱)은 그보담 훨씬 먼저인 태초 이래로 지금까지 쇠미(衰微)한 적이 없지만 난세(亂世)는 사도(斯道)마저 타락케 하여 질적 저하가 심하다. 내 비록 학주(學酒)의 소졸(小卒)이지만 아마투어 주원(酒院)의 사절(師節)쯤은 능히 감당할 수 있건만 20년 정진에 겨우 초급으로 이미 몸은 관주(觀酒)의 경(境)에 있으니 돌돌 인생사(人生事) 한(恨)도 많음이여!

술 이야기를 써서 생기는 고료는 술 마시기 위한 주전(酒錢)을 삼는 것이 제격이다. 글 쓰기보다는 술 마시는 것이 훨씬 쉽고 글 쓰는 재미보다도 술 마시는 재미가 더 깊은 것을 깨달은 사람은 글이고 무엇이고 만사휴의(萬事休矣)다.

술 좋아하는 사람 쳐놓고 악인이 없다는 것은 그만치 술꾼이란 만사에 악착같이 달라붙지 않고 흔들거리기 때문이요, 그 때문에 모든 일에 야무지지 못하다. 음주유단! 고단도 많지만 학주(學酒)의 경(境)이 최고경지라고 보는 나의 졸견(拙見)은 내가 아직 세속의 망념을 다 씻어 버리지 못한 탓이다. 주도의 정견에서 보면 공리론적(功利論的) 경향이라 하리라, 천하의 호주(好酒) 동호자(同好者) 제씨의 의견은 약하(若何)오.(출처; 1956. 3, 《신태양》)

5.9 송강 정철의 명정과 풍류세계

술 풍류를 거론하면서 송강을 거론치 않고 넘어갈 수 있을까? 조선시대 때의 대표적 주호라면 단연 송강 정철을 들지 않을 수 없다. 여기에서는 정철의 시가속에 담겨져 있는 술풍류를 그려보고, 진옥이라는 기생과의 살송곳 이야기도 풀어보고자 하였다. 또한 선조의 경고에 의해 계주문을 쓴 그의 이력을 살펴보고, 마지막으로 '일베일배 부일배'라는 장진주를 중국의 장진주와 대비시켰다.

5.9.1 정철의 풍류와 문학

고려시대 이규보처럼 조선시대 최대 주당으로 정송강을 빼놓을 수 없을 것이다. 그는 술이 처음이요 마지막이었다. 술에 취하여 늘상 문학작품을 창작하곤 하였다. 정철이 얼마나 술을 즐겨하고, 그 술이 문학적 역량을 발휘하게 하였는가는 『송강집 松江集』에 수록된 전편에서 '취 醉' 자가 가장 많이 나오는 것으로 보아도 알 수 있다. 『송강집』에 한시 568수가 수록되어 있다. 이 중 작품속이나 제목에서 사용된 "醉"자는 무려 66번이나 나온다.

그 중 대표적인 것을 보면 醉後一長歌 취한 후에 길게 노래나 하노라, 半白人間取得名 반평생을 취하여서 이름을 얻었나니, 醉後題詩掃壁塵 취한 후에 벽 먼지 쓸어내고 시를 쓰나니 등이다. 이처럼 술에 취하여 문학작품을 창작하던 정철의 모습을 묘사한 다음 글에서는 술과의 인연을 극명하게 보여준다.

> 술을 들다 반취할 때면 입으로는 읊고 손으로는 쓰는데 장시며 단가의 문체를 이루는 데에 나아갔다.(有詩持杯半醉 口詠手書 長詩短歌文就錯成; 송강집, 권6, 별집)

정철이 반취하여 시작하는 모습을 묘사한 것이다. 술에 취하여 홍취를 드러내는 모습은 이태백의 적선인과 흡사하다. 정철은 술로 인해 인생을 배우고, 술로 인해 정치생활을 마쳤고, 술로 인해 드디어 사망하였다. 선조실록에 그이 죽음에 대해 다음과 같이 기록되어있다.

> 정철이 강화에서 우거하다가 술에 병들어 죽었다(澈寓居江華 病酒卒)

정철은 평소에도 술을 매우 좋아하여 술잔을 잡으면 신선의 풍모가 있다는 평을 듣기도 하였다. 그러나 정철의 풍류에 대한 당시의 일반적인 평가는 부정적이었다. 어떤 경우는 옥사(獄事)를 판결할 때도 술을 마시고 들어와 실의(失儀)만 거듭하여 친우 성혼으로부터 술을 자제할 줄 모른다는 질책을 받기도 하였다. 또한 사헌부 사간원으로부터는 주색에 빠져 공사를 그르친다는 탄핵을 받았다. 정철의 음주에 대한 탄핵이 이어지자 선조는 정철의 술 마시는 행실을 잘 알고 있고, 정철 또한 자인하고 있으니 용서하자고 한다.

> 대개 그가 술을 마신다는 것은 유회를 풀 곳이 없어 그러함이니 가히 불상 하니 너무 나무라지 말지어다.(盖其飮 亦緣無遣懷 可哀也 不可嫉也)

하지만 술로 인한 실수가 끊이자 않자 결국 탄핵받아 창평으로 낙향한다. 이때 율곡 이이는 '조심하여 술을 끊으시오'라고 우정어린 충고를 하였지만 송강은 창평으로 낙향한 후에도 늘 술을 벗하였다. 이러한 사실을 두고 유성룡은 다음과 같이 기록하였다.

> 정철은 관직을 버리고 호남으로 돌아가서 떠돌이 선비들을 많이 모아 밤낮으로 술을 마시면서 시사(時事)를 조소하였다.(棄官歸湖南 多聚遊士之 輕浮好言論者 日夜飮酒 議嘲時事)

정철은 스스로 주병(酒病)으로 인하여 친한 사람들은 자신을 가엽게 여기고, 적들은 침을 뱉으니 부끄러워 죽을 지경이라고 토로하면서도 술을 절제하지 못한다. 정철은 자신이 술을 좋아하는 이유를 다음과 같이 이야기하였다.

> 내가 술을 좋아하는 부득이한 네 가지 이유는, 첫째 세상의 불평에서 온 것이고, 둘째는 흥(興)을 만나면 참을 수 없음이고, 셋째로는 손님을 접대하는 데는 대작하는데 있음이고, 넷째로는 사람이 권주하는 바람에 안 받을 수가 없는 데 있는 것이다.(某之嗜酒有四 不平一也 遇興二也 待客三也 難拒人勸四也)

이렇게 술로써 고뇌 속을 헤매면서 주옥같은 문학작품을 창작하였고, 술을 통해 멋과 흥을 느끼면서 풍류의 세계에 접어들게 된 것이다. 황진이는 당시의 대표적 인물들과 어울려 주연을 함께 하면서 인물평을 했는데, 서애 유성룡은 소인(小人)이고, 율곡 이이는 성인(聖人)이고, 송강 정철은 군자(君子)라고 하였다. 남언경시(南彦經詩)에는 천하풍류 정계함(天下風流鄭季涵)이라는 구절이 있으니, 가히 술을 통해 정철의 풍류적 진면목을 알 수 있게 한다.

정철의 풍류는 그의 문학을 통해서도 잘 드러난다. 대표적인 작품으로는 장진주사(將進酒辭)를 들 수 있다. 장진주사만으로 독립된 절에서 설명한 바가 있다. 내용은 인생은 허무한 것이니 후회하지 말고 죽기 전에 술을 무진장 먹어 그 허무함을 잊어버리자는 권주가(勸酒歌)이다. 전체적으로 암울한 분위기에 걸맞는 소재를 선택하여 삶의 허무함이라는 무거운 주제를 어두운 어조로 잘 묘사하였다.

5.9.2 취흥의 시가

송강은 유달리 술을 좋아하였고 이 취흥 때문에 신선의 세계를 마음대로 넘나들 수 있었고, 시가의 세계도 넓어졌다. 북두성을 기울여 창해수를 부어내는 선천적인 호기는 유교가 모든 제도를 지배하던 당시에도 그의 시가 세계를 신선의 세계로까지 이끌었다.

므사일 일우리라 십년지이 너랄조차
내한일 업시셔 외다마다 하나니
이제야 절교편(絶交篇)지어 전송호대 엇더리
일이나 일우려 하면 처엄의 사괴실가
보면 반기실새 나도조차 나니더니
진실로 외다옷 하시면 마라신달 엇디리
내말 고디드러 너업사면 못살려니
머흔일 구잔일 널로하야 다 닛거든
이제야 남괴려 하고 녯벗 말고 엇디리

이 노래들은 술을 지은 노래로써 남달리 술을 좋아하는 송강의 개성이 잘 나타나 있으며, 특히 술과 서로 문답하는 문답체의 노래에는 해학성이 엿보인다.

붕우대작
朋友對酌

재너머 성권농 집의 술닉닷 말 어제듯고
누은쇼 발로 박차 언치노하 지즐타고
아해야 네 권농 겨시냐 정좌수 왓다 하여라.

친구 성 권농 집에서 술이 익었으니 일차 오라는 기별을 받았다. 집에서 나설 때부터 홍겨워 서두르며 소를 박차 지긋이 눌러 타고 심장이 뛰도록 즐거워하는 모습하며 성 권농 집 앞에서 호방하게 “아이야 너희 주인장 계시냐 정 좌수 왔다 하여라” 하고 소리치는 모습 등이 너무도 생생하게 뛰 놀듯이 살아 있는 표현은 정철이 아니면 못하는 것이다.

이백의 술에 취해 사물이 흔들리고 인생사 다 그런거지 뭐, 왜 아웅다웅하면서 사는가? 식의 설명은 송강의 시에서는 모두 췌사(贅辭)일 뿐이다. 성 권농을 만나서 술 마시며 나눈 얘기는 모두 생략되어 있어도 우리는 다 알 수 있다. 얼마나 멋진 시이며 생동하는 순간의 포착인가.

공자의 인생 삼락중에 有朋 自遠方來 不亦樂乎가 있다. 벗이 스스로 먼 길에 찾아오니 또한 즐겁지 아니한가. 인생의 삼대 낙중에 하나라는 것이다. 붕우가 멀리서 찾아 오는 것 같이 반가운 일도 없다. 어찌 집에 담가 놓은 탁주가 빠질 손가? 송강은 술 한 탁배기 정도가 아니다. “첫잔 일세” 하면서 꽃을 한송이 꺽어 놓고 “두잔 일세” 하면서 두번째 꽃을 꺽어 놓고 서로 주거니 받거니 하면서 내기 하며 ‘무진 무진’ 마셨다는 것이다.

선우음 참노라 하니 자채옴의 코히새예
반교태 하다가 찬사랑 일홀세라
단술이 못내괸 젼의란 년대마암 마쟈.

인나니 가나니 갈와 한숨을 디디마소
취하니 씨니 갈와 선우음 웃디마소
비온날 니 찬 누역이 볏귀본 달 엇더리.

역시 술을 보고서 반가워하며 사실적 묘사와 함축미, 해학미가 잘 드러난 노래이다. 시가에서 취홍이 잘 나타난 부분은 『관동별곡』에서도 찾아 볼 수 있다.

명사길 니근말이 취선을 빗기시러 바다할 겻태두고 해당화로 드러가니
백구야 나디마라 네 벗인 줄 엇디아난.

명사십리 해당화 속으로 들어갈 때의 광경으로 자신을 취선에 비겼다. 술과 자연에 도취되어 비스듬히 말에 실려 비틀대면서 갈매기를 보고 벗을 하자고 말하지만 갈매기는 벗이 되어 주지 않는다.

> 뉴하주 가득부어 달다려 무론 말이 영웅은 어대가며 사선은 귀 뉘러니,
> 아모나 만나보아 녯긔별 뭇쟈하니 선산 동해예 갈길도 머도멀샤.

뉴하주를 가득 부어 마신 다음 흐뭇한 기분으로 영웅과 사선의 기별을 묻는 송강의 풍류적인 면모가 드러나 있다. 한시에서도 취흥은 많이 나타난다.

大岾逢崔希稷棄二首 대점봉최희직기이수

산촌에 술이 막 익었는데
천리 길에 친구가 왔도다.
촌심 얘기해도 다함이 없고
정원 나무엔 석양을 재촉한다.

오랜 병에 사귐을 폐하니
사립문에 눈 바람이 두들긴다.
산간에 좋은 일 생겼으니
해는 저물고 술은 항아리에 가득하네

눈바람이 쓸쓸히 날리는 산촌에서 병고에 시달리면 외로운 나날을 보내고 있을 때 모처럼 벗이 찾아와 술로서 회포를 푸는 정경이 따사롭기만 하다.

對月獨酌 대월독작

저녁 달이 술잔에 거꾸러지며
봄바람이 내 얼굴에 뜨도다
하늘과 땅 사이 한 외로운 칼을 차고
길게 휘바람 불며 다시 누에 오르도다.

교우만이 벗은 아니다. 송강에게는 모든 것이 다 벗이다. 칼을 차고 누에 올라 홀로 달과 마주하여 술잔을 기울이는 송강의 호기가 드러난 시다. 송강의 시세계와는 좀 거리가 있는 독특한 작품이다.

동강송주 東岡送酒

동강이 보내준 국화주를 보니
색깔은 가을 물결처럼 맑아서 멀리 빈 것 같네
새벽에 산을 대하여 한 잔을 드니
앉아있는 여윈 몸에 봄바람이 이네

새벽에 일어나서 설산을 대하고 맑은 술을 마시는 선비의 모습. 이 술은 단순한 취흥의 경지를 넘어서 냉엄과 지조를 지나 구도적인 자세로까지 승화하고 있다.

열운정 悅雲亭

사람들이 모두 이 정자에 오르더라도
구름은 즐기며 술은 즐기지 않네
좋아하고 싫어함이 다 다른데
술을 즐기는 자는 나와 주인뿐이네

사람들은 모두 열주를 못하고 열운을 하는데 시인만은 유독 열주를 한다. 이것은 열주를 통하여 열운을 할 수 있기 때문이다. 시인은 자연을 살피는 혜안이 있다.

대화만음 對話漫吟

꽃은 시들어도 붉은 작약이요
사람은 늙었어도 정돈녕이라네
꽃도 대하고 술도 대하니
의당 취하고 깨지 말아야지

지는 꽃과 늙어가는 인생을 대비시켜 자학적인 안타까움을 표현한 시로서 모든 무상함으로부터 벗어나기 위하여 술에나 취해 보자는 간절함이 보인다.

5.9.3 한잔 술에 인생을 마시는 장진주사(將進酒辭)

장진주사
將進酒辭

ᄒᆞᆫ 잔 먹새 그려 ᄯᅩ ᄒᆞᆫ 잔 먹새 그려
곳 것거 算(산) 노코 無盡無盡(무진무진) 먹새 그려
이몸 주근 후면 지게 우ᄒᆡ 거적 더퍼 주리혀 ᄆᆡ여가나
流蘇寶帳(유소보장)의 만인이 우러네나 어욱새 속새
덥가나무 白楊(백양)수페 가기곳 가면 느른 ᄒᆡ 흰 ᄃᆞᆯ
ᄀᆞᄂᆞᆫ 비 굴근 눈 쇼쇼리ᄇᆞ람 불 제 뉘 ᄒᆞᆫ 잔 먹쟈 ᄒᆞᆯ고
ᄒᆞ믈며 무덤 우ᄒᆡ 진나비 ᄑᆞ람불 제 뉘우ᄎᆞᆫ들 엇더리

한 잔 먹세그려, 또 한 잔 먹세그려
꽃 꺾어 셈하면서 무지무지 먹세그려
이 몸 죽은 후에 지게 위에 거적 덮어 졸라매어 지고 가나
화려한 꽃상여에 만인이 울며 가나
억세, 속세, 떡갈나무, 백양 속에 가기만 하면
누런 해, 흰 달, 가을 비, 굵은 눈, 쌀쌀한 바람 불 때
누가 한 잔 먹자 할꼬
하물며 무덤 위에 원숭이 휘파람 불 때 뉘우친들 무엇하리

이 작품은 애주가로 이름이 높고 호방한 성격의 소유자인 송강 정철이 성품이 잘 드러난 권주가(勸酒歌)이다. 대부분의 사설시조가 작자, 연대 미상인데 반해 이 노래는 지은이와 신원이 확실한 것이 특징이다. 본문 초장의 '無盡無盡(무진무진) 먹새 그려'에는 송강 정철의 호탕한 성격이 잘 드러나 있으며, 중장과 종장에서는 인간의 최대 약점인 죽음과 인생의 무상감을 강조하여 상대를 설득하려는 의도가 확연하다. 이백, 두보의 송주시(頌酒詩)와 시상이 비슷하고 더러는 구절을 인용한 것도 있으나,

순 우리말로 조금도 부자연스럽거나 서투른 점이 없어 나름대로의 독특한 경지를 개척한 걸작이라 하겠다.

『송강가사 松江歌辭』 및 『문청공유사 文清公遺詞』에 실려 전하며, 『청구영언』·『근화악부 槿花樂府』 등 각종 가집(歌集)에도 널리 수록되어 있다. 홍만종의 『순오지 旬五志』에는 이백(李白), 이하(李賀)의 명시인 『장진주 將進酒』를 본받았다고 하고 두보(杜甫)의 시에서도 뜻을 취하였다고 하였으나 거기에서 소재와 시상의 발판을 삼았을 뿐 전혀 독창적인 작품이다.

내용은 인생은 허무한 것이니 후회하지 말고 죽기 전에 술을 무진장 먹어 그 허무함을 잊어버리자는 권주가(勸酒歌)이다. 전체적으로 암울한 분위기에 걸맞는 소재를 선택하여 삶의 허무함이라는 무거운 주제를 어두운 어조로 잘 묘사하였다. 이백의 『장진주 將進酒』가 남성적인 호탕함을 보이는 데 비하여 여성적인 여린 감정을 기반으로 하고 있다. 그러나 거기에서 소재와 시상을 취하였을 뿐, 독창성과 개성이 뛰어난 작품이다.

『장진주사』는 내용의 측면에서 본다면 권주가(勸酒歌)로 분류된다. 전반부에서는 꽃을 꺾어서 술잔 수를 셈하는 낭만적인 태도를, 후반부에서는 무덤 주변의 삭막한 분위기를 표현하여 죽음이후의 삭막하고, 음울한 분위기가 대조적으로 제시되면서 인생무상의 인식을 보여주는 작품으로 죽음이나 무상감에 대한 불안과 두려움을 술을 마시며 해소하고자 하는 작가의 호방한 성품과 태도를 잘 보여 주고 있다. 이처럼 완연한 대조적 내용은 인생무상을 더욱 절감하게 한다. 인생이란 허무한 것이니 후회하지 말고 죽기 전에 술을 무진장 먹어 그 허무함을 잊어버리자는 것을 주된 내용으로 하고 있기 때문이다.

"이 몸이 죽은 후에는 지게 위에 거적을 덮어 꽁꽁 졸라 묶여 (무덤으로) 실려 가거나, 곱게 꾸민 상여를 타고 수많은 사람들이 울며 따라가거나," 마찬가지라, 죽으면 술 한 잔 먹자고 할 사람이 없을 것이니, 꽃 꺾어 술잔 수를 세어가며 무진장 먹자고 한다.

초장은 반복법을 주로 사용하고 중장은 대조법과 병치법의 교묘한 조화에 의하여 표현의 묘를 살렸다. 전체적으로 암울한 분위기에 걸맞는 소재를 선택해서 인생의 허무함이라는 무거운 주제를 절묘하게 표현하고 있다. 특히, 고사성어나 한문 조어를 피하고 우리말의 일상적 생활어를 시어로 선택함으로써 시대를 넘어서는 문학적 공감대를 형성한다.

장진주(將進酒)는 원래 전한시대에 군악으로 사용되었던 고취곡(鼓吹曲)이라고 부르는 단소요가로 징과 단소로 구성된 합주곡의 하나였다. 이러한 곡조가 연회에 사용되었고 곁들여 지는 노래 가사로 많은 시가 지어졌다. 이백도 이러한 곡에 시를 지었다. 이백의 이 시는 이러한 〈연회에 사용된 권주가로 알려진 대표적인 작품〉이 되었다

將進酒(장진주)

李白

君不見　그대는 보지 않았는가
黃河之水天上來　황하의 물이 하늘에서 내려와
奔流到海不復回　세차게 흘러 바다에 이르러 다시 돌아가지 못함을
君不見　그대는 보지 않았는가
高堂明鏡悲白髮　멋진 저택에서 거울에 비친 백발을 슬퍼하는 것을
朝如靑絲暮成雪　아침에 푸른실처럼 검던 머리 저녁에 흰눈처럼 되었네
人生得意須盡歡　인생의 뜻을 얻었으면 모름지기 즐기기를 다할지니
莫使金樽空對月　금 술동이를 부질없이 달빛아래 두지 말라
天生我在必有用　하늘이 반드시 쓸곳이 있어 나를 내었고
千金散盡還復來　천금의 돈도 다 쓰고나면 다시 돌아오게 마련이다
烹羊宰牛且爲樂　양을 삶고 소를 잡아 또한 즐겨보세
會須一飮三百杯　모름지기 한번 마시면 삼백잔은 마셔야지
岑夫子 丹丘生　잠선생이여, 단구선생이여
進酒君莫停　그대들은 술잔을 들어 멈추지 마시게나
與君歌一曲　그대들을 위해 노래를 한곡 부르리니
請君爲我傾耳聽　그대들은 나를 위해 귀를 기울여 들어주시게나
鐘鼓饌玉不足貴　좋은 음악도 좋은 음식도 다 하잘 것 없으니
但願長醉不用醒　다만 바라는 것은 길게 취해 깨지 않는 것이라네
古來聖賢皆寂寞　옛 성인이나 현인은 모두 잊혀지지만

惟有飮者留其名	오직 술마시는 자만이 그 이름을 남겼다네
陳王昔時宴平樂	옛날에 진왕은 평락관에서 잔치를 할 때
斗酒十千恣歡謔	한 말에 만냥하는 술도 실컷 마시며 즐겼다네
主人何爲言少錢	주인이 어찌 돈이 없다 하겠는가
經須沽取對君酌	당연히 술을 사서 그대들에게 권하겠네
五花馬	오색빛나는 말과
千金	천금이나 나가는 갖옷도
呼兒將出換美酒	아이불러 나가 술과 바꾸어 오게해
與爾同銷萬古愁	그대들고 더불어 만고의 시름을 녹여보리라

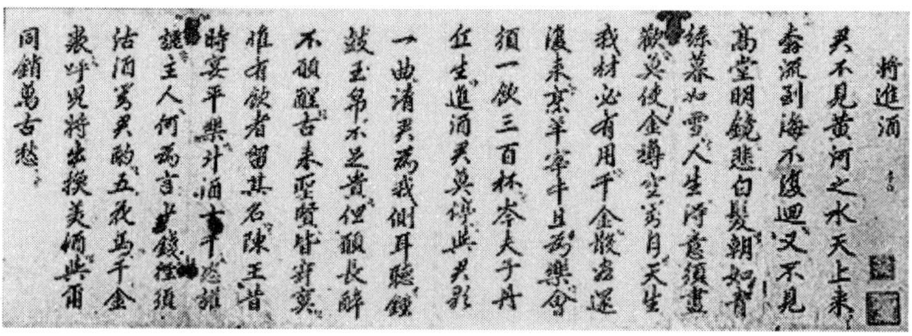

이백 장진주 행서

이백의 현존하는 1,000여 수의 작품은 제재나 시의 형태로 보아 중국 고전시의 거의 모든 분야에 걸쳐 있다. 그의 시의 내용을 제재에 따라 자리매김할 경우 가장 대표적인 위치를 차지하는 것은 여행·이별·음주·달빛·유선(遊仙) 등 소위 그의 세계관에서 유출되는 일련의 제재이다. 그것들은 소재로서 사용되는 경우, 주제로서 사용되는 경우, 혹은 어느 쪽이라고 확정하기 어려운 경우 등 다양하면서도 공통된 감각과 발상으로 그의 시의 특색을 더욱 증폭시켜주었다. 이 때문에 이백의 작품에는 각 제재의 기본적인 성격이 집약적·전형적으로 나타나 있는 것이 많다. 그것은 1,000여 년에 걸친 이백 시의 읽기 방식에서도 어느 정도 확실하게 나타난다.

'시사'(詩史)로 불리는 두보의 시집이 대체로 제작연대로 배열된 데 비해, 이백의 시집은 각 시대를 통해 오로지 제재로 구분된 '분류본'이 중심이었다. 물론 거기에는 작품의 제작연대가 불확실한 것이 많다는 외적 조건이 작용했으나 근본적으로 그의 시가 두보의 시와는 달리 개별 작품의 창작 상황을 사상(捨象)시킨 일반적인 상황을 노래했다는 것과 제작연대가 불확실하더라도 작품성이 그대로 유지되고 있다는 것 등이 내적 조건으로 작용했다.

시인 두보는 음중팔선가에서 이백을 두고 '말술에 백편의 시를 짓는다'고 표현했다. 자칭 취선옹(醉仙翁), 술에 취해 물에 비친 달을 따려다가 빠져 죽었다는 전설까지 나도는 걸 보면 이백은 역시 동서고금을 통틀어 첫손가락에 꼽히는 주당이다.

그의 시 역시 술을 빼고 이야기하기 어렵다. 술 권하는 노래 '장진주(將進酒)'에서 그는 '소를 잡고 양을 삶아 즐겁게 놀아보세, 우리 서로 만났으니 300잔은 마셔야지'라고 노래한다. 300잔, 그의 호방한 기개에 감동하면서도 의구심이 조금씩 고개를 드는 건 어쩔 수 없다. '100년 3만6000일 동안 하루에 300잔씩 마시리라'는 '양양가(襄陽歌)'에 이르면 이젠 의구심 차원이 아니라 도대체 진실이 무엇인가 하는 원초적인 궁금증이 밀려온다.

다음은 이하의 시 중에서 악부 형식의 술 권하는 노래인『장진주 將進酒』를 여기 소개한다.

將進酒(장진주)

李賀

琉璃鐘	유리잔
琥珀濃	호박빛 액체
小槽酒滴眞珠紅	작은 술통에 술방울 진주처럼 붉다
烹龍炮鳳玉脂泣	용을 삶고 봉황새 구우니, 옥같은 기름 눈물 흘린다
羅屛繡幕圍香風	비단 장막에 병풍치니, 향기로운 바람, 우리를 둘러싼다
吹龍笛	용의 피리를 불고
擊鼉鼓	악어의 가죽 북을 치니
皓齒歌	하얀 치아의 미인이 노래하고

細腰舞　　　　　　가는 허리 미인은 춤을 춘다
況是青春日將暮　하물며 이 청춘도 저물려하는데
桃花亂落如紅雨　복사꽃 붉은 비처럼 어지럽게 떨어지는구나
君終日酩酊醉　　권하노니, 종일토록 흠뻑 취하여 보자꾸나
酒不到劉伶墳上土 죽어 무덤 속 유령에게 술이 가지는 않으리라

이하는 중국 당나라 황실의 후손이자, 두보(杜甫)의 먼 친척이라고 전해지고 있다. 일곱 살 때 이미 문장을 지어 중국 당대의 문장가 한유(韓愈)을 경탄케 하였다고 할 정도로 타고난 천재 시인이다. 시풍이 낭만적이고 염정적 색채를 짙게 풍기며 기괴하고 환상적 분위기를 띠고 있으며, 시어 또한 파격인 데가 있어, 1200여년 전에 이미 현대 자유시의 형태를 취하고 있다. 27세 아까운 나이에 요절했다.

중국 하남성의 소지주 아들로 태어난 이하는 시문에 뛰어나 일찍부터 진사시(進士試)를 꿈꾸었으나, 그의 재주를 시기하는 사람이 있어 아깝게 탈락되었다. 유난히 눈썹이 짙었던 그는 24세 때 이미 백발(白髮)이 되었으며, 몸이 아주 여윈 데다 결핵을 앓고 있어 늘 골골대는 체질이었다.

한때 봉례랑(奉禮郞)이라는 낮은 직급의 벼슬을 한 적이 있었으나, 이하는 곧 벼슬자리를 그만둔 채 백수의 나날을 보냈다. 그 무렵, 비쩍 마른 몸으로 조랑말 하나를 얻어 타고 여기저기 유람을 다니는 것이 그의 유일한 취미 생활이었다. 집을 나설 때면 늘 허리에 어머니가 만들어준 비단 주머니를 차고 다녔는데, 조랑말 위에서 산천경개를 바라보고 시상이 떠오르면 얼른 종이에 기록하여 그 주머니에 넣었다고 한다. 하루 종일 조랑말을 타고 떠돌다가 저녁 무렵 집으로 돌아오면 이하가 허리에 찬 비단 주머니에는 시상을 적은 종이가 가득 들어 있곤 하였다. 어머니는 그것을 끌러보고 감탄하여 말하였다.

"아이고, 우리 장한 아들이 오늘도 수고 많았구나. 이게 대체 몇 장이야? 하루에 이렇게 수확이 많으니 정말 장한 일이로다."

어머니의 말을 들은 이하는 저절로 입이 벌어졌다. 그는 하루 일과 중 어머니로부터 칭찬을 듣는 것이 가장 즐거웠다. 그가 매일 조랑말을 타

고 나가 유람을 즐기며 비단 주머니 가득 시상을 적어오는 것도 어머니를 즐겁게 해드리기 위해서였다.

저녁을 먹고 나면 이하는 방에 들어앉아 지필묵을 펼쳤다. 그러면 여자 시종이 옆에 앉아 비단 주머니에서 시상이 적힌 종이 하나씩을 펼쳐 그에게 보여주었다. 그는 종이에 적힌 시상을 보고 일필휘지로 시를 써 내려갔다. 거의 다시 쓰는 법이 없이 단숨에 시 한편을 완성하였다고 한다. 이러한 천재 시신이 아깝게도 27세의 나이로 세상을 떠났다.

선조실록에 보면 송강은 강화에 우거하다가 술병으로 죽었다고 하였고, 송강 자신도 주중사객(舟中謝客)에서 반백 인간이 술에 취하고, 이름을 얻었다라고 고백하고 있다. 그의 풍류시인으로서의 면모를 보여 주는 이런 호일방분(豪逸放奔)한 성격이 그의 많은 작품 중에 잘 나타나 있다.

단지 시가를 짓고 술만 즐겨 마실 뿐만 아니라 정철의 다음 시조는 그가 거문고를 즐겨 탔다는 사실을 알려주며, 음악에 대한 그의 깊은 조예를 보여주고 있다.

> 거믄고 대현을 티니 마음이 다 눅디니
> 자현의 우조 올라 낙막됴 쇠온말이
> 섧기는 젼혀 아니 호되 이별 엇디 하리

특히 애주가였던 정철이기에 술이 주제가 되어 지어진 시조가 많은데 그 대부분이 오늘날까지 뛰어난 문학성을 인정받고 있다.

> 쉰 술 걸러 내여 밉도록 먹어보새
> 쓴나물 데워 내여 다도록 십어 보새
> 굽격지 보요박은 잣딩이 무되도록 단녀 보새

정철은 술을 마시고, 안주를 먹는 전혀 이질적인 두 행위를 동일한 표현 방법 '먹어보새 십어보새' 라는 표현을 사용하여 조화롭게 묘사함으로써 작품의 흥취를 고조시키고 있다. 그리고 '굽 달린 나막신에 촘촘히 박힌 쇠 징이 다 닳아지도록 놀아보자' 라는 표현에서 사용한 우리 말은 그가 아니고서는 어쩌면 사장되었을지도 모른다.

동인의 무리가 정철의 음주를 가지고 탄핵을 하였을 때 한동안 선조는 다음과 같은 말로 '정철의 음주는 과인도 일찍부터 알고 있고, 그도 또한 자인하는 바이다. 대개 그가 술을 마시는 이유는 유회(遺懷)를 풀 곳이 없기 때문이다' 라고 감싸기까지 했다. 나중에는 정철더러 '대신이 주색에 빠져 나랏일을 그르친다' 고 나무라기까지 했지만….

주색을 삼간 후에 일정백년 살쟈시면
서시들 관계하며 천일주들 마실소냐
아마도 참고 참다가 양실할가 하노라

송이(松伊)

친구 송강의 자질과 능력을 몹시 아끼고 사랑했던 율곡 이이는 '제발 술을 끊도록 하고 말을 함부로 하는 버릇을 없애라' 고 수 차례 권면을 하곤 했다. 그렇지만 송강의 눈에 비취는 현실과 이상의 괴리에서 오는 허탈감은 그를 술의 세계로 이끌었고 술을 마시고 취하여 세상과의 괴리를 잊고자 하였지만 아무리 술을 마셔도 현실에 대하여 근심하고 걱정하는 마음속의 어지러움은 어째 볼 도리가 없었던 것이다.

옛 선비들의 술 풍류가 어찌 송강뿐이겠는가. 칼과 거문고로 일세를 풍미한 백호 임제는 황진이 묘를 찾아가 '잔 잡아 권할 이 없으니 그를 슬퍼한다'고 읊었다. 주상 자리를 헌신짝처럼 버린 풍류호걸 양녕대군, 죽장(竹杖)에 삿갓 쓰고 방방곡곡을 떠돈 방랑시인 김삿갓, 판소리 풍류가객 신재효 등은 허명과 사익을 멀리 한 풍류객들이었다. 예술인들에게 술은 서정적 풍류생활의 동반자다. 도도해진 주흥(酒興)으로 주옥같은 작품들을 남겼다.

채근담에는 '꽃은 반만 피었을 때가 가장 아름답고 술은 적당히 취했을 때가 가장 아름답다'고 했다. '적당히'라는 양은 스스로를 통제할 수 있는 기분 좋은 상태다. 적당히 즐겁게 마시는 술은 생활의 윤활유 구실을 할 뿐 아니라 스트레스를 풀 수 있어 좋다. 윤선도는 술을 마시되 덕이 없으면 난(亂)하고, 주흥을 즐기되 예를 지키지 않으면 잡(雜)되기 쉬워 술을 마실 때에는 덕과 예를 갖춰야 한다고 강조했다.

동서고금에 수많은 술에 관한 시가가 있지만, 모두가 정철의 시 앞에 오면 넋두리나 푸념이 된다고 하니, 이태백의 『장진주』도 송강에 미치지 못한다고 한다. 송강 역시 이백처럼 시선이자 주선이였다. 그래서 송강은 술을 사랑한 한편 술로 인해 많은 고통을 받았고 종래 술병으로 인하여 58세의 나이로 강화에서 별세하셨다 한다. 그래서 술 권하는 장진수사도 있지만 한편 계주문(誡酒文)을 지어 술로 인해 받은 고통을 호소하고 있다.

5.9.4 술 국자로 북두칠성을 노래한 적선인으로서의 정철

관동별곡은 정철(鄭澈)이 1580년(선조 13)에 지은 가사인데, 강원도 관찰사의 직함을 받고 원주에 부임하여 내금강 · 외금강 · 해금강과 관동팔경을 두루 유람하는 가운데 뛰어난 경치와 그에 따른 감흥을 표현한 작품이며, 조선시대 가사 가운데서도 대표작이라고 할 수 있다. 『송강가사』와 『협률대성 協律大成』에 수록되어 있다.

295구의 기행 가사로서 운율은 주로 3 · 4조로 이루어져 있고, 용어는 비교적 순수한 우리말이 많으며, 한문어휘 또한 우리말화한 것들이 대부분이다. 이 작품은 정철이 관직생활에서 비교적 득의(得意)에 찼던 때인 45세에 지은 것이므로 전체적인 분위기가 웅장하고 명쾌하고, 대구법(對句法)의 묘를 살리면서 감탄사를 적절하게 첩용(疊用)하며, 생략법을 알맞게 구사하는 수법은 송강의 빼어난 문장의 경지를 보여 준다.

이 작품의 내용으로 볼 때, 작품 전체를 크게 4단(段)으로 나눌 수 있는데, 제1단은 강원도 관찰사로 제수된 감격과 임지로 부임하는 과정을 노래한 서곡(序曲)이고, 제2단은 내금강의 절경을 노래한 것이다. 제3단은 외금강과 해금강 및 관동팔경의 절경을 노래한 것이고, 제4단은 작자의 풍류를 꿈속에서 신선과 함께 노니는 것에 비유하여 작자의 풍류를 노래한 것이다. 이 작품의 사상적 배경은 도교 사상에 있다고 할 수 있지만, 연군지정과 애민 사상을 토로한 것을 볼 때 강호가도(江湖歌道)의 전형적인 모습을 찾을 수 있다.

『관동별곡』에서 마지막 장에서 적선적 그의 음주관을 엿볼 수 있다. '유하주(流霞酒) 가득부어'라는 가사가 나오는데 유하주는 신선들이 마신다는 술이다. 유하주를 가득 부어 마시고 달에게 말을 건네는 정철의 모습이 취선이다. 그리고 신선들에게 "잠깐만 가지 마오 이 술 한잔 먹어보아 북두성 기울려 창해수 부어내어……"라고 읊고 있다.

또한 술잔으로서 북두칠성의 이야기의 차용은 과히 압권이라고 할 수 있다. 적선인이 아니라면 술 국자로 북두성을 연상할 수 있을 것일까? 북두칠성을 술국자로 하여 푸른 동해의 물을 술로 삼아 부어내서 송강의 호방한 기상이 나타난 구절로 자신을 이백과 견주려는 의도로 썼다는 견해가 유력하다. 北븍斗두星셩 북두칠성의 원관념은 술국자로 국자같이 생긴 모습에서 유래한 것이다.

져근덧 가디 마오. 이 술 ᄒᆞᆫ 잔 머거 보오.
北븍斗두星셩 기우려 滄향海ᄒᆡ水슈 부어 내여,
저 먹고 날 머겨놀 서너 잔 거후로니,
和화風풍이 習습習습ᄒᆞ야 兩냥腋ᄋᆡᆨ을 추혀 드니,
九구萬만里리 長 空공애 져기면 ᄂᆞᆯ리로다.
이 술 가져다가 四ᄉᆞ海ᄒᆡ예 고로 ᄂᆞᆫ화,
億억萬만 蒼창生ᄉᆡᆼ을 다 醉취케 ᄆᆡᆼ근 後후의,
그제야 고텨 맛나 또 ᄒᆞᆫ 잔 ᄒᆞ쟛고야.
말 디쟈 鶴학을 ᄐᆞ고 九구空공의 올나가니,
空공中듕 玉옥簫쇼 소ᄅᆡ 어제런가 그제런가.
나도 ᄌᆞᆷ을 ᄭᆡ여 바다ᄒᆞᆯ 구버보니,
기 ᄅᆞᆯ 모ᄅᆞ거니 ᄀᆞ인들 엇디 알리.
明명月월이 千천山산萬만落낙의 아니 비쵠 ᄃᆡ 업다.

잠깐만 가지 마오 이 술 한잔 먹어보아
북두성 기울려 창해수 부어내어
저 먹고 날 먹여늘 서너잔 기울이니
화풍이 산들산들 양액을 추켜드니
구만리 장공에 웬만하면 날리로다
이 술 가져다가 사해에 고루 나눠
억조창생을 다 취케 만든 후에
그제야 다시 만나 또 한잔 하자꾸나

- 정철〈관동별곡〉 -

시조를 해석해 보면 이러하다. 소나무 밑 등치를 베고 누워서 풋잠이 얼핏 들었는데 꿈에 한 사람이 나에게 이르기를 "송강 그대를 내가 모르랴? 그대는 하늘나라의 참된 신선이라. 황정경이라는 도가의 경전 한 글자를 어찌 잘못 읽고 인간 세상에 내려와서 우리 신선의 무리를 따라 다니는가? 잠깐 동안 가지 말고 이 술 한 잔 먹어 보오" 하면서 국자처럼 생긴 북두칠성을 기울여 동해물 같은 술을 부어 내어 자기가 먼저 먹고 나에게도 먹이거늘 서너 잔을 기울이니 따뜻한 봄바람이 산들산들 불어 양쪽 겨드랑이를 추켜 올리니, 아득한 하늘도 웬만하면 날 것 같구나.

그래서 내가 말하기를 "이 신선주를 가져다가 온 세상에 골고루 나누어 온 백성을 다 취하게 만든 후에 그때에야 다시 만나 또 한 잔 하자꾸나." 하니 말이 끝나자마자 신선은 학을 타고 높은 하늘에 올라가니 공중의 옥피리 소리가 들리는데 어제던가 그제던가 어렴풋하네. 나도 잠을 깨어 바다를 굽어보니, 깊이를 모르는데 하물며 가장자리인들 어찌 알겠는가. 이때 밝은 달이 떠올라서 온 세상에 아니 비친 곳이 없다.

북두칠성을 연결하면 자루 달린 거대한 바가지 모양이 된다. 이 바가지를 술 바가지 삼고 저 푸른 바닷물을 술로 만들어 서너 잔 꿀꺽꿀꺽 마시고 나니 산들산들 불어오는 바람결에 양쪽 겨드랑이가 간지럽다. 추켜드니 문득 창공을 나는 학이 되는 느낌이다. 일컬어 취선! 이 좋은 기분을 혼자 만끽하기에는 너무 아깝다. 그리하여 그는 동서남북 온 세상 사람들에게 한 대포씩 퍼 먹여 다 취하게 만들고 싶다는 것이다.

이 호방한 주호의 도도한 주흥을 누가 막으랴. 비단자리 깔아놓고 금술동이 차려두니 신화란 신성한 이야기란 뜻이다. 신 혹은 신성을 가진 초인들이 등장하여 엮어가는 서사문학인데, 크게는 우주와 인류, 세계에서, 작게는 국가, 민족 내지 씨족과 마을의 성립과 원인을 설명하고 자연현상이나 사회현상의 기원과 질서를 해명하려는 보편적 지향성을 가진다.

5.9.5 정철의 계주문(戒酒文)

송강은 특히나 술을 좋아했다. 그는 술 때문에 세인들의 비난을 의식해서인지 42세 때에는 스스로 술을 경계하는 『계주문 戒酒文』을 짓기도 하였다. 송강의 막하에서 종사관(從士官)으로 지냈던 신흠(申欽)은 『송강집 松江集』 서(序)〉에서, “송강이 술잔을 잡고 술이 반쯤 취하면, 입으로 읊고 손으로 쓰면 장시(長詩) 단가(短歌)가 모여서 이루어졌다”고 하였다.

하지만 임금으로부터 절주를 권유받았고, 훗날 『계주문 戒酒文』까지 지어 절제하고자 했다. 그는 술을 즐긴 이유로 첫째, 불평(不平: 심적 불평 상태), 둘째, 우흥(遇興: 흥을 만남), 셋째, 대객(待客: 손님 접대), 넷째, 남이 권하는 것을 거절하기 어려움(難拒人勸) 때문이라고 말했다. 즉, 마음이 불평하여 마시는 것이 첫째이고, 흥취가 나서 마시는 것이 둘째이고, 손님을 대접하느라 마시는 것이 셋째이고, 남이 권하는 것을 거절하지 못하는 것이 넷째이라고 술을 거절하지 못하는 탓을 하고 있다.

마음이 불평스러우면 순리대로 풀어버리면 될 것이고, 흥취가 나면 시가(詩歌)나 읊조리면 될 것이고, 손님을 접대할 때는 정성으로만 하면 될 것이고, 남이 아무리 끈덕지게 권하더라도 내 뜻이 이미 굳게 서 있으면 남의 말에 흔들리지 않아야 할 것이다. 그런데 이 네 가지 좋은 방도를 버리고 한 가지 옳지 못한 데 빠져들어 끝내 혼미(昏迷)하여 일생을 그르치는 것은 무슨 이유인가?

내가 벼슬을 그만두고 물러나 쉬면서 다섯 번이나 임금님의 소명(召命)을 받았는데, 금년 봄에는 마지 못해 병을 무릅쓰고 조정에 달려가 소(疏)를 올려 사퇴하기를 청했다. 그러니 내 뜻이 정말 산수를 즐기는 데 있다면 의당 두문불출하여 자취를 감추고 언행을 삼가야 할 것이다. 그런데 동정(動靜)이 일정하지 못하고 언어가 늘 실수를 범하는 등 온갖 사망(邪妄)한 것들이 모두 이 술에서 나오곤 한다.

술이 한창 취할 때에는 마음 내키는 대로 속시원히 언행을 마구 했다가 술이 깬 뒤에는 다 잊어버리고 취했을 때의 일을 전혀 기억하지 못한다. 남이 혹 취했을 때의 일을 얘기해 주면 처음에는 그럴 리가 없다고 믿지 않다가 나중에 참으로 그런 일이 있었음을 알고 나면 부끄러운 생각에 꼭 죽고만 싶어진다. 그러나 오늘도 그런 실수를 저지르고 내일 또 그런 실수를 되풀이하여 허물과 후회가 산더미처럼 쌓이되 그 허물을 만회할 날이 없는지라, 나와 친한 사람은 나를 슬퍼해 주고 나와 사이가 좋지 않은 사람은 더럽다고 침을 뱉곤 한다. 그래서 천명을 더럽히고 인기(人紀: 사람이 지켜야 할 도리)를 모멸함으로써 명교(名教: 인륜을 밝히는 교훈)에 버림을 받은 것이 적지 않다.

참으로 잡아 간직하기 어려운 것이 마음이요, 잃어버리기 쉬운 것이 뜻이라, 이 마음과 이 뜻을 누가 주장하는고. 주인옹(主人翁: 마음)이여, 항상 스스로 경계하여 각성할지어다. 진실로 이 말과 같이 하지 못한다면 내가 어떻게 다시 이 강물을 보겠는가. 만력 5년(1577,선조 10) 4월 7일에 서호정사(西湖亭舍)에서 쓴다. 이 글은 『松江集』 권2 잡저에 수록되어 있는 글이다.

5.9.6 정송강여진옥상수답(鄭松江與眞玉相酬答)

1) 유배생활에서의 음주

정철은 1591년(선조 24년)에 세자 책봉(世子册封: 광해군) 문제를 건의한다. 그러나 56세 때 이산해의 계략에 빠져 혼자서 광해군의 세자 책봉을 건의하다 신성군을 염두에 두고 있던 선조의 노여움을 사서 파직되고 유배되었다. 처음에는 명천으로 정배되었다가, 곧이어 진주로 옮기라는 명이 내린 지 사흘 만에 북녘 땅 평안도 강계(江界)로 유배되었다.

임금은 임진왜란 피란길에 개성에서 군대와 백성을 위문했는데 그들은 입을 모아 정철의 석방을 요청했다. 소환된 정철은 임금을 의주까지 호종(扈從)했으며 체찰사(體察使: 지방에 군란이 있을 때 임금 대신으로 지방의 일반 군무를 총찰하는 임시 벼슬)에 임명되었다. 사람들이 고봉 기대승(高峰 奇大升, 1527~1572)에게 "세인(世人) 중 산수(山水)와 비길 만한 사람이 있는가?"라 물으면 "다만 정철이 그러하지"라고 대답했다.(문청공 정철 신도비 · 文清公鄭澈神道碑 참조)

정철은 속요(俗謠)를 잘 지었는데 '사미인곡(思美人曲)'과 '권주가'는 맑고도 장엄해서 들을 만하다. 혹자는 정도에서 벗어났다 해서 배척하지만 풍류와 시의 멋마저 덮어버릴 수는 없다. 이안눌(李安訥)이 강가에서 사미인곡 노랫소리를 듣고 읊었다. '누가 강가에서 사미인곡을 부르는가(江頭誰唱美人詞)/바로 외로운 배에 달 지는 때(正是孤舟月落時)/구슬피 임 그리는 끝없는 심사(心事)를(惆悵戀君無限意)/세상에 알아 줄 이 저 색시 뿐이네(世間惟有女娘知)'.

그를 파직시켜 유배 보내면서 이 때 선조는 정철을 향해 대신으로서 주색에 빠져 있으니, 나랏일을 그르칠 수밖에 없다는 말을 하며 안타까워 했다. 선조가 56세의 늙은 재상에게 이렇듯이 노골적으로 꾸중하고 있는 것을 보면, 정철은 술과 여자에 심하게 빠져 있었던 모양이다. 한때 이이도 그에게 제발 술을 끊도록 하고 말을 함부로 하는 버릇을 없애라고 충고했을 정도였다. 술을 무척이나 좋아 하였던 송강은 술을 마시고 취하면 그 취기를 바탕으로 어쩌면 그와 같은 빼어난 산문과 절편의 시를 뽑아낼 수 있었는지도 모르겠다.

유배지 강계에 우거해 있을 때 만난 아릿다운 여인이 바로 노재상의 말년을 쓸쓸하지 않게 위로해준 진옥이라는 미모의 재기 발랄한 기생이었다. 이 일화가 시조집 『권화악부 權花樂府』에 '정송강여진옥상수답(鄭松江與眞玉相酬答)'이란 기록에 남겨져 있다.

일세의 대문장가 정철이 강계 유배생활에서 스스로의 삶을 돌아보며 명리를 찾아 평생을 살아 왔는데, 시비만 가득했고, 백 가지 근심이 귀밑머리만 성글게 하였다고 자탄하고 있다. 이 때 그에게는 제대로 뜻을 펴지 못하고 외지로 유배당해 떠돌아야 하는 자신에게 닥친 불운과 그 적소의 울분과 실의를 달래기 위한 그 무엇이 필요했을 것이다.

> **머귀닙 디거야 알와다 가을힌줄을**
> **세우 청강이 서느럽다 밤긔운이야**
> **천리의 님 니별하고 잠 못 드러 하노라**

달이 밝고 오동잎 지는 소리가 스산한 밤, 귀뚜라미의 처량한 울음이 적객(謫客)의 가슴을 더욱 괴롭히는 소슬한 초가을 밤은 쉬이 잠들기 어려웠으리라. 가난에 찌들고 농사 일에 몸이 지친 범상한 농민들이야 달 밝은 밤이라고 무슨 정취를 찾으며, 귀뚜라미 소리에 자연의 신비를 어찌 거기서 들을 수 있으며, 밤하늘의 먼 울음을 남기며 날아가는 기러기를 보고 님 소식을 묻는 향수를 느낄 것인가?

내 마음 버혀 내여 별달을 맹글고져
구만리 당텬의 반드시 걸려이셔
고은 님 계신 고대 가 비최여나 보리라

임금과 위정자들과 백성들에 대한 세상사의 어지러움과 학문과 뜻으로 통하였던 이이, 성혼, 송익필 같은 친교를 나눈 동반자들과 사랑하는 부모형제와 처자의 안부, 시름을 잊고자 한잔 술을 찾아야 했고 그리움을 잊고자 또 한잔을 마셔야 했던 송강, 그는 그렇게 잠들지 못하는 긴 밤을 괴로워하면서 시를 썼다.

누은들 잠이오며 기다린들 님이오랴
이재 누으신들 어내 잠이 하마오리
찰하리 안즌 고대셔 긴밤이나 새오리라
청천의 발근 달은 임의 얼골 보련마는
나는 엇지하여 져 달과 갓치 못 가는고
님도 져 달 보고 날 생각 한는지

거처 주위에 가시 울타리까지 쳐지는 혹독한 귀양살이의 대부분을 송강은 독서와 사색으로 보냈다. 그런 중에서도 송강의 스캔들은 그치지 않았다. 이 당시에 송강과 진옥(眞玉: 홍성란, 선조 때 기생)의 사랑 이야기가 회자되고 있다. 진옥은 본래 이름 없던 강계의 기생이었다.

2) 적거(謫居)의 외로운 밤을 찾아 든 여인

그때 조용히 조심스럽게 문을 두드리는 소리가 들렸다. 송강은 누운 채로 대답했다. 문이 열리며 소리 없이 들어서는 여인, 그녀가 진옥이었다. 장옷으로 얼굴을 가린 여인의 방문에 놀란 것은 송강이었다. 더욱 놀란 것은 장옷을 벗고 보인 화용월태의 아름다움, 잘 손질해서 입은 모시옷의 우아함, 꼭 한 마리의 백학이었다. 침침한 불빛에 비친 얼굴은 담장(淡粧)이었다. 그러나 그 소박한 얼굴의 주인은 빙그레 미소를 머금고 아미를 숙여 깍듯이 예를 드린다. 송강은 말을 잃고 어안이 벙벙하여 앉아만 있다. 꿈에도 생각지 못하였던 일이 졸지에 일어난 것이다. 너무나 갑작스럽고 놀라운 미인의 방문이었다.

"죄송하옵니다. 버릇없는 당돌함을 용서해 주옵소서."
"아아니, 도대체 당신은 누구요? 그리고 어찌된 일이오?"
"예, 소첩은 진옥이라 하옵고, 기적에 몸담고 있사옵니다."
"그래? 그런데 이 밤중에 어인 일인고?"
"예, 벌써부터 대감의 명성을 들었사옵고, 더욱이 대감의 글을 흠모해 오는 천기이옵니다."
"그래 내 글을 읽었다니, 무엇을 읽었노?"
"제가 가야금을 타 올릴까요?"...... 정철의 노래를 가야금으로 타 올릴 것을 청한다.

居世不知世	세상에 살면서도 세상을 모르겠고,
戴天難見天	하늘 밑에 살면서도 하늘 보기 어렵구나.
知心惟白髮	내 마음 아는 것은 오직 백발 너뿐인데,
隨我又經年	나를 따라 또 한 해 세월을 넘는구나

놀랐다. 송강은 정말 놀랐다. 강계에 와서 고통스런 심정을 읊은 자신의 노래를 타고 있지 않은가! 송강은 진옥의 아름다움에 첫 번째로 놀랐고, 자신을 알고 있는 진옥에게 두 번째 놀랐다. 또 그는 자신의 처지를 이해하는 진옥에게 세 번째로 놀랐다. 정말 뜻밖의 일이었다.

그날부터 외롭고 쓸쓸하고 괴로웠던 송강의 적소생활은 달라졌다. 마음이 울적할 때면 진옥의 샘솟는 기지와 해학이 넘치는 이야기를 들으며 시름을 잊게 되었고 그녀의 가야금의 선율을 들으면 헝클어졌던 마음이 진무되고 우울함을 달랠 수 있었다. 송강 앞에 나타난 그녀는 단순한 기녀가 아니고 시와 가무에 능하고 지혜롭고 슬기롭고 아름다운 여인이었다. 송강은 이런 진옥을 사랑하지 않고 배길 수 없었다.

정철은 진옥의 비범함에 놀랐다. 그날부터 정철은 유배생활이 조금도 괴롭지 않았다. 오히려 진옥의 가야금과 얘기 속에 풀어가며 진옥에게 끌려들고 있는 자신을 발견했다. 그녀는 단순한 기녀가 아니었다. 지혜롭고 슬기로운 여인이었다. 어느 날, 두 사람이 술상을 마주하고 앉았다. 거나해진 송강이 입을 열었다.

"진옥아, 내가 한 수 읊을 테니, 너는 그 노래에 화답을 해야 한다."

"예, 부르시옵소서."

"할 수 있겠느냐? 지체해서는 안 되느니라."

"……."

진옥은 말없이 거문고의 줄을 고른다. 정철은 목청을 가다듬어 읊는다.

玉이 옥이라커늘 반옥(반玉)만 너겨떠니
이제야 보아하니 진옥(眞玉)일시 적실(的實)하다
내게 살송곳 잇던니 뚜러 볼가 하노라

정철(鄭澈) 근악槿樂) 391

정철의 노래가 끝나자 거문고에 손을 올린 채로 진옥이 지체 없이 받는다.

철(鐵)이 철(鐵)이라커늘 섭철(섭鐵)만 녀겨떠니
이제야 보아하니 정철(正鐵)일시 분명하다.
내게 골풀무 잇던니 뇌겨 볼가 하노라.

진옥(眞玉) 근악槿樂) 392

정철은 놀랐다. 정말 놀랐다. 진옥의 즉석에서의 화창은 자타가 조선 제일의 문인이라고 칭송하는 당대의 대문장가 정철을 완전히 탄복시키고도 남았다. 송강의 시조에 자자구구 대구 형식으로 서슴없이 불러대는 진옥, 그녀는 정녕 뛰어난 시인이었다.

두 사람의 은유적 표현 역시 뛰어난다. '반옥'은 진짜 옥이 아니라 사람이 만든 모조 옥(玉), '진옥(眞玉)'은 '참玉'을 뜻하면서, 기생 '진옥(眞

玉)의 이름'을 가리키는 것이며, '살송곳'은 '살(肉)송곳'으로 '남자의 성기(性器)'를 은유하고 있는데, 진옥은 쉽게 그 뜻을 알아낸 것이다. 알아냈을 뿐만 아니라 한 술 더 뜬다. '반옥'에 대해서 '섭철(鐵)', '진옥(眞玉)'에 대해서 '정철(正鐵)', '살송곳'에 대해서 '골풀무'의 대(對)는 놀라운 기지와 재치와 해학이다. '섭철(鐵)'은 잡것이 섞인 순수하지 못한 쇠요, '정철(正鐵)'은 잡것이 섞이지 않은 순수한 쇠를 뜻하면서, '송강 정철(鄭澈)의 이름'을 가리키는 것이며, '골풀무'는 '불을 피우는데 바람을 불어 넣는 풀무'인데 '남자를 녹여내는 여자의 성기'를 은유하고 있는 것이다. 이만하면 필설이 부끄러울 만치 문자 그대로 뛰어난 명기이다.

> 옥(玉)을 옥(玉)이라커든 형산백옥(荊山白玉)만 여겻더니
> 다시보니 자옥(紫玉)일시 적실(的實)하다
> 맛참이 활비비 잇더니 뚜러 볼가 하노라
>
> 옥이(玉伊) 병가(瓶歌) 545

> 철(鐵)을 철(鐵)이라커든 무쇠석철(錫鐵)만 여겻더니
> 다시보니 정철(鄭澈)일시 적실(的實)하다
> 맛참애 골풀모 잇더니 녹여 볼가 하노라
>
> 철이(鐵伊) 병가(瓶歌) 546

병가에는 각각 옥이(玉伊)와 철이(鐵伊)라는 이름으로 올려져 있는데 재미있는 것은 서로 반대의 위치에 서 있다는 것이다. 즉 옥이라는 이름의 여인이 자신을 옥이라고 하면서 종장에서는 남성의 성기를 은유하는 활비비로 뚫겠다는 엉뚱한 모순적인 표현을 하고 있다.

마찬가지로 철이라는 남자도 종장에서 여성의 성기를 은유하는 골풀모로 녹이겠다는 모순을 드러내고 있다. 그러나 이들이 어찌 이런 간단한 이치를 몰랐으랴. 우리는 여기서 두 가지 경우를 상정해 볼 수 있다.

그 첫째는 이들이 단순히 재미를 더 하기 위하여 서로 이름만을 남자와 여자로 바꾸었다는 것이다. 즉 옥이라는 사람은 실제로 남자인 정철이고, 철이라는 사람은 여자로 진옥을 말하는 것이다. 먼저 작자가 이름 그대로 철이(鐵伊)라고 보면 여기서 '철(鐵)'은 작자 자신의 이름과 일치하여

중의적으로 쓰였음을 알 수 있다. 곧 송강이 작자 자신을 스스로 '섭철'이 아닌 '정철'이라 하여 은근히 자신의 지조와 절개를 과시하면서, 누군가가 자신을 뜨거운 사랑으로 녹여 주기를 바라는 의도를 알 수 있다.

작자가 진옥(眞玉)이라 한다면, 먼저, 진옥이 정철을 만난 후 노재상과의 인연을 기리 살리고자 자신의 이름을 철이(鐵伊)라고 스스로 고쳤는데 작자가 다른 이름 철이(鐵伊)라고 보면 여기서 철(鐵)은 남성을 비유했다고 볼 수 있다. 곧 '섭철'은 행실이 좋지 못하여 평이 나쁜 남성을, '정철'은 행실이 돈독하고 인덕이 높은 남성을 지칭한 것이라 할 수 있다. 그래서 자신의 젊고, 아름답고, 뜨거운 가슴으로 인덕과 교양을 겸비한 이런 남성과 함께 사랑을 나누겠다는 심정을 헤아려 볼 수 있다.

그 두 번째는 좀 더 종교적이라고 할 수 있는 영역에서 이런 은유를 쓴 것이라고 볼 수 있다. 즉 남성의 성기는 비록 남성의 몸에 붙어 있지만 여성의 만족을 위하여 있는 것이므로 어떤 의미에서는 여성의 것일 수 있다는 것이다. 마찬가지로 여성의 그것도 남자를 만족시키기 위한 것이므로 비록 여성의 몸에 붙어 있지만 사용권자는 바로 남자라고 할 수 있다.

이런 의미로 보았을 때 옥이라는 여자는 남자 몸에 있는 여자의 것 활비비로 바로 여자인 옥이 자신이 가지고 있는 남자의 것인 골풀모를 뚫어보도록 하겠다는 소리를 하고 있는 것이다. 남자인 철이의 노래도 같은 이치로 살펴보면 이해가 될 수 있으리라. 반전의 묘미가 바로 이러 하건데 누가 이들의 시를 들어 추잡한 시정잡배의 오입질 노래라고 폄훼할 수 있을까…아니 누가 평소 흠모하던 노 정객이자 대 문장가인 송강을 향한 사랑스런 여자의 육체와 정신의 합일을 이루는 행위를 숭고하지 않다고 말하는가?

이날 밤에 송강과 진옥은 뜨겁게 뜨겁게 정염을 불태웠다. 송강의 살송곳이 진옥의 골풀무 속에서 완전히 녹아져 갔는지 아니면 송강의 살송곳이 견디어 냈는지는 모를 일이다. 그보다도 당시에 용광로가 없었기에 골풀무라는 표현을 썼을 뿐 실제로는 진옥의 젊고도 뜨거운 육체는 용광로보다 더 뜨겁게 활활 타올랐을 수도 있었을 것이지만 나이 쉰여섯이 되어 젊은 시절의 용력을 지니지 못할 수밖에 없는 노 재상 송강의 건강을 무엇보다 염려했던 진옥이 노 재상에게 여직 남아있는 태울 가슴이 마저 고스란히 타도록 부드럽게 골풀무의 불살을 조절했으리라.

송강과 진옥의 구애시(求愛詩)는 피장파장이요, 장군멍군이다. 신라시대 원효대사가 남긴 도끼와 도끼자루 이야기와 오십보백보가 아닌가? 얼마나 운치 있고 멋진 사랑의 유희인가 말이다. 송강이 자기의 남성 상징인 '살 송곳'을 들먹이자 진옥 역시 자신의 여성 상징인 '골풀무'를 내세운다. 이쯤 되면 두 남녀의 의기가 투합된 것이니 오직 등잔불 끌 일만 남았지 싶다. 이들 두 시조가 모두 외설(猥褻)이지만 문학적 구애(求愛)이기에 그렇게 남세스럽지 않아서 좋다.

송강이 선조 26년(1593) 12월 18일 강화의 우거에서 생을 마치는 운명의 자리에 소리 없이 흐느끼는 여인이 있었다. 진옥 그녀였다. 그 후 진옥은 강계를 떠났다. 그리고 그녀의 그 후 일을 아는 사람은 아무도 없었다. 혹시 아무도 모르게 대감이 묻힌 곳 가까운 데를 찾아 간 것이었을까?

적소의 생활 중에서 부인 유씨에게 보내는 서신에서도 송강은 진옥의 이야기를 있는 그대로 적어 보내기도 하였다. 정철이 높은 벼슬자리에 오르고 시와 문장에 뛰어난 정치가이자 문장가이면서도 당시의 남성위주의 성 풍속에서 주색을 매우 밝혔다고 비난을 받았지만 기생과의 주연자리에서 닥치는 대로 기생들을 건드리지 않았었고, 정철은 부인 유씨를 사랑하고 존경하여 여자문제에서는 의외로 담백했던 것으로 알려진다.

때때로 과음을 하여 몸을 가누지 못하게 되어 동석하였던 기생이 그를 방안으로 안아다 눕히는 일은 자주 있었던 사실이다. 정철이 유배생활 중에서도 부인 유씨에게 소상히 저간의 사정을 낱낱이 적어 보내는 것을 보면 소위 오늘날의 표현으로 매우 가정적이었던 것 같다.

물론 부인 유씨의 인품도 도드라지는 것은 일세를 풍미하는 정치가 남편이자 최고의 문장가로 세상에서 가장 이름을 떨치며 한량의 조건을 충분히 갖춘 남편에게 수 많은 여류 기생들이 그의 시와 노래에 대한 흠모의 정을 갖고 서로 가까이에 모시고자 했겠지만 정실부인에 대한 예의를 변함없이 지키는 남편에 대한 깊은 이해로 남편을 믿고 편하게 해 주었기에 남편이 여자 문제로 속 썩이게 하는 대신 소상히 정철 자신이 스스로 자기 주변의 여자 얘기를 숨김없이 의논하게 만든 것이었으리라.

부인의 서신 속에도 진옥에 대한 투기나 남편에 대한 불평보다는 남편의 적소 생활을 위로해 주는 진옥에 대한 고마움이 적혀 있음을 볼 수 있다. 불우한 남편의 생활 속에서 남편에게 위로를 주고, 남편의 마음을 어루만져 주는 여자라면 조금도 나무랄 것이 없다는 부인의 글을 받고 송강은 고마웠고 이런 내용을 진옥에게 사실대로 얘기했다.

진옥 역시 정철의 유씨 부인에 대한 깊은 애정과 신뢰와 또한 유씨 부인이 일개 기녀인 자신을 비하하는 대신, 자신에게 투기하지 않고 오히려 송강을 잘 보살펴주기를 부탁하는 너그러움에 감복하여 더욱 알뜰히 송강을 보살피려 노력하였다.

한 사람의 남자로서 부인과 자기에 대한 진실되고 솔직한 송강의 처신에 진옥은 더욱 깊은 애정과 존경심을 갖게 되었다. 이리하여 두 사람 사이에는 누구에게서도 발견할 수 없는 뜨거운 애정의 강물이 마음 밑바닥으로 끊임없이 교류되어 갔던 것이다.

5.10 삼혹호 이규보의 명정

이규보(李奎報, 1168-1241)는 고려시대의 문신·문인으로서 본관은 황려(黃驪: 驪興)이다. 자는 춘경(春卿)이며 호는 백운거사(白雲居士)·지헌(止軒)·삼혹호선생(三酷好先生)이고, 초명은 인저(仁氐)이다. 시호는 문순(文順)이다. 9세 때 이미 신동으로 알려졌으며 14세 때 성명재(誠明齋)의 하과(夏課)에서 시를 지어 기재(奇才)라 불렸다. 그는 특히 하루도 시를 쓰지 않고는 배겨내지 못했다. 시마(詩魔: 시의 대한 예술적 열정) 때문이었다. 그 시마로 인해 이규보의 문집 『동국이상국집』에는 2,000편이 넘는 시가 실려 있다.

그러나 이규보가 생전에 썼던 시는 이보다 훨씬 많았을 게 분명하다. 원고가 마음에 차지 않을 때마다 '아궁이에 넣어 태웠'기 때문이다. 이 시를 쓰면서도 그는 자작시 300여수는 불살랐다(시 원고를 불태우고 '焚藁;

焚三百餘首'라는 부제가 그것을 말해준다.).

호탕 활달한 시풍(詩風)은 당대를 풍미했으며, 특히 벼슬에 임명될 때마다 그 감상을 읊은 즉흥시는 유명하다. 몽골군의 침입을 진정표(陳情表)로써 격퇴한 명 문장가였다. 시·술·거문고를 즐겨 삼혹호선생이라 자칭했으며, 만년에 불교에 귀의했다. 초기에는 도연명(陶淵明)의 영향을 받았으니 점차 개성을 살려 독자적인 시격(詩格)을 이룩하였다.

당시 계관시인과도 같은 존재로 문학적 영예와 관료로서의 명예를 함께 누렸다. 권력에 아부한 지조 없는 문인이라는 비판이 있으나 대 몽골 항쟁에 강한 영도력이 필요하다는 판단으로 정권에 협조했다고 보는 시각도 있다. 그는 우리 민족에 대해 커다란 자부심을 갖고 외적의 침입에 대해 단호한 항거정신을 가졌다. 국란의 와중에 고통을 겪는 농민들의 삶에도 주목, 여러 편의 시를 남기기도 했다. 그의 문학은 자유분방하고 웅장한 것이 특징인데, 당시 이인로 계열의 문인들이 형식미에 치중한 것에 반해 기골(氣骨)·의격(意格)을 강조하고 신기(新奇)와 창의(創意)를 높이 샀다. 자기 삶의 경험에 입각해서 현실을 인식하고 시대적·민족적인 문제의식과 만나야 바람직한 문학이 이루어진다고 생각했다.

그는 천마산으로 들어가 스스로 백운거사(白雲居士)라고 일컬었고 여기서 『천마산기 天馬山記』를 비롯해 『백운거사어록 白雲居士語錄』 20권과 『백운거사전 白雲居士傳』 영웅서사시 『동명왕편 東明王篇』 3권을 지었다. 그 외 『동국이상국집 東國李相國集』 『백운소설 白雲小說』 『국선생전 麴先生傳』 등이 있으며, 작품으로 시(詩)에 『천마산시 天摩山詩』 『모중서회 慕中書懷』 『고시십팔운 古詩十八韻』 『초입한림시 初入翰林詩』 『공작 孔雀』 『재입옥당시 再入玉堂詩』 『초배정언시 初拜正言詩』 문(文)에 『모정기 茅亭記』 『대장경각판군신기고문 大藏經刻板君臣祈告文』 등이 있다.

시·금·주(詩琴酒)를 유별나게 좋아한다고 하여 삼혹호(三酷好) 선생이라고도 자칭했다. 또한 그는 술만큼 차를 즐겼다. 삼혹호에 차를 더하면 4혹호선생이라는 별호가 하나 더 첨가 할만하다. 그의 글에 여러 가지 술 이름[梨花酒, · 煮酒 · 白酒 · 方文酒 · 春酒 · 千日酒 · 花酒 · 綠波酒 · 波把酒 · 千金酒 · 椒花酒…]이 처음 보이고, 술을 주제로 한 글이 많아 가히 한국의 이태백이라고 할 수 있을 것이다. 시와 거문고, 술을 지나치게 좋아하여 삼혹호 선생이란 별명이 붙은 백운거사 이규보의 가락이 담긴 시에 술 이야기도 백미이다.

하늘이 나로 하여금
술을 마시지 않게 하려면
꽃과 버들이 피지 말도록 하여라
화유가 꽃다울 때 마시지 못하면
봄은 나를 버릴지언정
나는 못 버리겠네
술잔을 들고 봄을 완상할 때
봄은 더욱 좋다
봄 바람에 취하여 춤을 추리
꽃도 활짝 피우면
버들 또한 활짝 피우리
화유를 보고 노래할 젠
백 세밖에 살지 못하는
인생도 허무 하구나
그대여 천금은 이런 때
쓰지 않으면
오직 그 돈은
남이 쓸 것을 모르느냐

화유(꽃과 버들)에 인생의 무상함을 비유하며 어느 봄날 술을 노래한 한 주당의 문장이다.

해좌칠현(海左七賢)은 당시 무신정권에 의해 벼슬길에서 쫓겨나 강호에서 노닐던 이인로 · 임춘 · 오세지 · 이담지 · 황보항 · 조동 · 함순 등 7명의 문인을 가리킨다. 그들과 어울려 시와 술과 거문고를 벗삼아 풍류를 즐기노라 과거공부를 소홀히 한 나머지 3번이나 낙방하였다. 그런 다음 과거에 급제한 후에는 춘경이란 이름을 규보로 고쳤다. 그러나 과거에 급제는 했지만 워낙 술 마시고 풍류를 즐기기에 바빴던 탓인지 벼슬다운 벼슬을 못하고 미관말직으로 떠돌았다. 그는 10대 소년시절부터 술을 마시기 시작하여 평생토록 술을 사랑했지만 주색으로 몸을 상하는 일은 없었다. 그가 젊은 시절에 술을 두고 읊은 시이다.

> 술은 시가 되어 하늘을 뛰어다니고
> 이곳에는 미인의 영혼인 꽃도 있구나
> 오늘밤 술과 꽃이 있으니
> 참으로 귀인과 더불어 하늘로 오르는 듯하네

그의 자연관은 무위자연관이다. 즉 대자연속에서는 인간이나 만물이 한가지이고 생명도 인간이나 미물이나 다같이 소중한 것이라 강조하며 인위적인 노력을 부정하는 인식이었다. 자연은 우주 만유의 본체요 질서이며 자연과 자아를 합일시켜 외물에는 욕심을 내지 않는 것이 마땅하다고 여겼던 것이다. 그리고 민중(농민이나 노예)들은 자신과 동등한 인격체로 본 것이 아니라 상류층 존립의 기본 요건으로서 인식하였다. 그래서 이들의 지나친 수탈을 비난하였다고 볼 수 있다. 이규보의 시구를 읽노라면 옛사람들의 더위 넘기기가 어떠했는지를 짐작할 수 있다.

차(茶)를 더해 4혹호선생이라는 별호를 짓게 된 연유는 이러하다. 그의 대표적인 문집 『동국이상국집 東國李相國集』에는 많은 차에 관한 주옥같은 다시(茶詩)가 실려 있다. 그가 당시 교우관계를 맺었던 스님이나 선비들과 주고받은 시를 보면, 그 하나하나가 당시 고려인에게 있어서 다도 생활이 얼마나 풍미하고 있었는지를 잘 나타내 주며, 또한 참다운 다인(茶人)의 생활 모습을 밝혀주고 있다.

즉, 차를 사랑하고 차를 즐기는 다인의 모습이란 세속에 살면서도 세속에 물들지 않는 이른바 처렴상정(處染常淨)의 고고한 기품이 있는 생활이어야 한다. 그러므로 세속에 영합하거나 권세에 아부하는 소인배의 생활을 영위한다면 이는 참다운 다인이라 할 수 없다. 산중의 수도승과 같은 생활만이 다인의 생활인 것이 아니라, 세속에 살면서도 시류에 휩

싸이지 않는 선비정신이 곧 다인의 정신과 일치하는 것이라고 하겠다. 이규보의 차와 술에 대한 애착은 다음에서 잘 드러나고 있다.

"술의 덕(德)도 다함이 없는가 하면 차의 덕(德)도 극함이 없다. 내 능히 술 마시고 차 마시는데 이 두 가지 중 어느 것이 이기고 질까보냐." 라고 하여 차와 술을 똑같이 아끼는 듯이 보이나 "차 한 잔 마시고 한 마디씩 나누어 심오한 경지에 들어가면 그 즐거움이란 참으로 맑고 산뜻한 것이어서 굳이 술에 취할 필요가 없으리라." 라고 말함으로써 술보다 차를 그만큼 더 아끼고 높이 평가하고 있음을 보여준다.

한때 운봉(雲峰)에 사는 노규선사(老珪禪師)가 조아다(早芽茶)라는 차를 보내오자 이를 스스로 유차(孺茶)라고 이름하고, 시를 지었다. 특히 이 시는 이규보의 다인으로서의 높은 경지를 한 번에 알 수 있을 만큼 다시로서 백미(白眉)로 전해지고 있다.

인간이 온갖 맛을 일찍이 맛봄이 귀중하니
하늘은 사람을 위하여 절후를 바꾸네
봄에 자라고 가을에 성숙함이 당연한 이치이니
이에 어긋나면 기이한 일이건만
근래의 습속이 이 기이함을 즐기니
하늘도 인정의 즐겨함을 따르는구나
시냇가의 차잎을 이른 봄에 싹트게 하니
황금 같은 노란 움 눈속에 자라났네
남쪽 사람은 맹수도 두렵지 않아
험난함을 무릅쓰고 칡넝쿨 휘어잡고
간신히 채취하여 불에 말려 단차 만드니
남보다 앞서 임금님께 드리려 하네
선사는 어디에서 이처럼 귀한 것을 얻었는가
손에 닿자 향기가 코에 가득
활활 타오르는 화롯불에 손수 차를 달여
꽃무늬 자기에 따라 그윽한 색을 자랑하누나
입에 닿으니 달콤하고 부드러워
마치 어린아이의 젖 내음과 같구나
부귀한 가문에서도 찾아볼 수 없는데

우리 선사 어찌 이를 얻었는가 알 수 없네
남쪽의 아이들 선사의 처소를 알지 못하니
찾아가 맛보고 싶은들 어이 이룰 수 있는가
아마도 깊은 구중궁궐에서
높은 선사 예우하여 예물로 보냈음이라
차마 마시지 못하고 아끼고 간직하였다가
임금님의 그 봉물을 신하를 시켜 보내왔다네
세상살이를 모르는 쓸모없는 이 나그네가
더구나 좋은 혜산천의 물까지 감상하였네
평생의 불우함을 만년에 탄식했는데
일품을 감상하기는 오직 이뿐일세
귀중한 유차를 마시고 어이 사례가 없겠는가
공에게 맛있는 봄 술을 빚어놓고 권하오니
차들고 술 마시며 여생을 보내면서
오며가며 풍류놀이를 시작하여 보세

다음의 시는 이규보의 〈집에 있으나 마음은 출가했다는 백낙천의 시에 차운하다〉(次韻白樂天在家出家詩)라는 작품이다. 당나라의 시인인 백거이(白居易)(772~846)는 자가 낙천(樂天)이고 호는 향산거사(香山居士)인데 말년에는 불교에 깊이 침잠하였다. 그때의 생활을 노래한 시가 〈재가출가시(在家出家詩〉)이고, 이규보는 그의 이런 태도에 영향을 받아서 노년에는 불교를 더욱 신봉하였다. 이 시는 이규보의 이런 경향을 잘 보여준다.

端坐觀空萬慮澄　단정히 앉아 공을 관조하니 온 생각 맑아지고
老禪肌骨髮惟仍　기골은 늙은 선승인데 머리카락만은 그대로네
在家未盟先成佛　속세에 있어도 성불에 장애가 없는데
披?何須要作僧　무엇 때문에 가사 입고 스님노릇 하리오
自始腰拋丞相印　허리에 찼던 정승의 인수를 버렸을 때부터
廻看心有祖師燈　조사의 등불을 돌이켜 볼 마음이 있었네
箇中一段堪嘲事　그 중에 꼭 한 가지 비웃음을 받을 일은
妻置盃呼忽錯應　술상 차리고 부르는 아내의 목소리에 잘못 대답함이네

〈동국이상국집 후집 3권, 次韻白樂天在家出家詩〉

굳이 출가와 재가의 삶을 구별할 필요가 없다는 승려의 진술에는 승속의 차이를 넘어서는 자재(自在)함이 들어 있다. 마음으로 경계를 짓지 않고 번뇌가 일어나지 않으면 도인인데, 출가나 재가의 기준으로 도의 경지를 규정할 수 없다는 것이다. 이런 논리는 혜능이 『육조단경』에서 언급한 것처럼 출가·재가에 관계없이 청정한 마음이 곧 서방정토라는 주장과 같은 맥락이다. 이러한 생각은 어디에도 얽매이지 않는 자유로운 사고에서 나온 것이다.

이 시의 마지막 연에는 이규보의 낭만적이며 탈속적인 성향이 그대로 드러난다. 앞의 구에서 보여준 자재로운 정신적인 경지가 술로 인해 정점에 이른다. 그에게 음주하는 일은 자연스러운 일상이다. 성품의 요구에 따라 마시고 싶으면 마실 뿐이지 수행하는 거사라 해서 타인의 이목과 음주계에 자신을 묶어 두지 않는다.

따라서 이 시에서는 계율을 범한 음주가 오히려 시적 화자의 고차적인 정신세계를 드러내주는 행위로 승화되며, 이런 표현은 선적(禪的) 역설이 보여주는 극단적인 반전으로 독자들에게 시원한 배설의 쾌감을 전해준다. 술상을 차려놓고 부르는 아내의 목소리에 그간의 수행도 잊어버리고 본능적으로 반응하는 자신을 돌아보며 멋쩍게 웃는 시적 화자의 모습에는 선적인 자재함이 묻어 있다. 이런 시적 화자의 태도에는 시인 이규보의 풍류와 자재한 도인의 정신이 아로새겨져 있다.

동국여지승람(東國輿地勝覽, 卷 三十三)에 나오는 이야기가 전해지고 있다. 대학자요, 현 재상이었던 이규보(李奎報)가 적은 자기 꿈에 대한 기록이다. 이규보는 관직에 진출한 이후, 완산(현재의 전주)의 기록을 관장하는 직무를 수행하던 시절이 있었는데, 이규보는 평상시 성황당 같은 곳에 참배하는 경우가 없었다고 한다.

어느 날 밤, 꿈에 사당에 도착한 이규보는 절을 하며, 주변을 둘러보았는데, 마치 나라에서 국법을 집행하는 상황과 비슷하였다고 한다. 왕명을 기록하는 서기가 계단으로 올라오라는 행위를 하자, 대청 마루로 올라가 두 번 절을 하였는데, 왕은 모시로 짠 모자에 검은 무명으로 지은 옷을 입고 남쪽을 향해 앉았다가 일어나 답례하며, 이규보를 끌어 당겼다.

잠시 뒤에 왕실의 시중을 드는 듯한 자가 나와 술을 가져와 따랐는데, 술잔에 쟁반과 안주가 조촐하였고, 술을 나누는 동안 왕은 이규보에게 십이국사에 대해 물어왔고, 이규보가 그렇다고 대답하니, 왕은 자신의 슬하에 여러 자녀에게 책을 선사하려 하니, 몇 권을 달라고 요청하였다. 더불어, 이규보를 수행하는 수하들 중에 한 명을 지목하며, 쓸만한 인재이니 잘 키워보라고 권유하였다고 한다. 이규보는 자신의 운에 대해 왕에게 물었는데, 앞으로 귀한 인물이 될 것이라며, 혁대 두 개를 주었다.

꿈에서 깨어나니 온 몸이 땀으로 축축하였는데, 이규보는 꿈에서 언약한대로 십이국사를 새로 인쇄하여 아무개에게 전해주었고, 사당에 바치라 하였다. 그 이후 동료의 참소로 수년 간 어려운 삶을 영위하게 되었는데, 꿈에서 나타난 왕의 말과 다르다는 판단에 꿈을 믿지 않았으나, 재상의 자리에 오른 다음에야 꿈에 대한 믿음을 가지게 되었으니, 귀하게 되리라는 말이 현실에서 이루어진 경우이다.

1) 이규보의 『국선생전 麴先生傳』

국성(麴聖: 맑은 술, 술을 의인화한 호칭) 의 자(字)는 중지(中之: 곤드레)니, 관향(시조가 난 땅)은 주천(酒泉: 중국 춘추 전국 시대의 주나라에 있던 땅 이름) 고을 사람이다.(이는 고대 문학에서 흔히 볼 수 있는 형식으로서 이야기가 시작되기 앞 서, 인물에 대하여 종합적으로 제시하는 요약적 제시이다. 이러한 전기적(傳記的) 형식이 고대 소설에서는 상투적으로 사용되었다.) 어려서 서막(徐邈: 중국 진나라 사람, 술을 좋아하여 국법에서 금하는 밀주를 만들어 마셨다고 함)에게 사랑을 받아, 막(邈)이 이름과 자를 지어 주었다.(성을 서막이 지어주었다고 한 것은 태평광기(太平廣記)〉의 서막 설화 중 '淸酒爲聖人 濁酒爲賢人'에서 연유하였으며 자 중지는 '국순전'의 '以其聖人之德 時復中之'에서 인용한 것이다.) 그의 먼 조상은 본시 온(溫)이라는 고장의 사람으로 항상 힘써 농사를 지으면서 자급(自給)하면서 살고 있었는데(누룩은 따뜻한 온도에서 잘 뜨기 때문에, 온(따뜻할 온)이라는 고장에서 살았다는 말), 정(鄭)나라가 주(周)나라를 칠 때에 포로가 되어 본국으로 돌아가지 못하였으므로, 그 자손의 일파가 정나라에서 살게 되었다. 그의 증조(曾祖)는 역사에 이름이 나타나지 않았고, 조부 모(牟: 보리의 의인화)는 살림을 주천(酒泉)으로 옮겨, 이때부터 주천에서 살게 되었다. 아버지 차(䣯: 흰 술의 의인화)에 이르러서 비로소 벼슬길에 나아가 평원독우(平原督郵: 郵(우)를 '憂'로 바꾸면 '근심없이 하는 벼슬'이란 뜻이며, '청주 종사의' 靑州를 '淸酒'로 바꾸면, '술 마시는 것을 일삼아서 한다'의 뜻이 된다. 평원도 격현에 있으므로, '평원독우'란 격상(명치 위치)에 머물러 숨이 막히는 좋지 못한 술을 의미하며, 청주는 제군에 있으므로 '청주종사'는 제하(배꼽 밑)까지 시원하게 잘 넘어가는 술을 말한다)의 직을 역임하였고, 사농경(司農卿: 한나라 때 구경의 하나로 미곡과 전적을 관장하던 관저) 곡(穀)씨의 딸과 결혼하여 성(聖)을 낳았다.

성(聖)은 어렸을 때부터 도량이 넓고 침착하여, 아버지의 손님이 그 아비를 보러 왔다가도 성을 유심히 보고 그를 사랑하였다. 손님들이 말하기를 "이 아이의 도량이 출렁출렁 넘실넘실 만경(萬頃)의 물결과 같아서, 가라 앉히더라도 더 맑아지지 않으며, 뒤흔들어도 탁해지지 않으니 우리는 그대와 더불어 이야기하기보다는 성(聖)과 함께 기뻐함이 좋네."

성이 자라서, 중산에 사는 유영(위진 시대의 죽림칠현 중의 한 사람. '주덕송'을 지음), 심양에 사는 도잠(도연명의 본명)과 벗이 되었다. 이들은 서로 말하기를, "하루라도 이 친구를 만나지 못하면 심중에 물루(몸을 얽매는, 세상의 온갖 괴로움)가 생긴다." 라고 하며, 만날 때마다 해가 저물도록 같이 놀고, 서로 헤어질 때는 항상 섭섭해 하였고, 기쁨을 잊고 문득 마음에 취(醉)하고야 돌아왔다. 국가에서 조구연(糟丘椽)을 시켰으나, 미처 나아가지 못하였고, 또 나라에서 청주 종사로 불러, 공경들이 계속하여 그를 조정에 천거했다. 위에서 명하여 공거(公車)를 보내어 불러서 보고 목송(目送: 눈짓)하여 말하기를,

"저 군이 주천(酒泉)의 국생(麴生)인가. 짐(朕)이 그대의 향기로운 이름을 들은 지 오래다."

이보다 앞서 태사(太史)가 임금께 아뢰기를, "지금 주기성(酒旗星)이 크게 빛을 낸다 하더니." 이렇게 아뢰고 나서 얼마 안 되어 성(聖)이 이른지라, 임금이 또한 이로써 더욱 기특하게 여겼다. 임금은 즉시 곧 주객 낭중(主客郎中) 벼슬을 시키고, 이윽고 국자제주(國子祭酒)로 올려 예

의사(禮儀使)를 겸하게 되었다.

무릇 조회(朝會)의 잔치와 종조(宗朝)의 제사, 천식(薦食), 진작(進酌)의 예(禮)에 임금의 뜻에 맞지 않음이 없는지라. 이에 임금은 그의 그릇(기국)이 듬직하다 하여 승진시켜 승정원 재상으로 있게 하고(喉舌: 목구멍과 혀)의 직에 두고), 우례(優禮: 융숭한 대접)로 하여 매양 들어와 출입할 적에도 고자(轎子)를 탄 채로 전(殿: 대궐)에 오르라 명하며(술이 상에 차려져 황제의 연회에 올려짐을 은유적으로 표현), 이름을 부르지 않고 국선생(麴先生)이라 일컬었다. 임금의 마음이 불쾌함이 있어도 성(聖)이 들어와 뵈면 임금은 비로소 크게 웃으니 무릇 사랑받음이 모두 이와 같았다.

원래 성은 성질이 구수하고 아량이 있었다. 날이 갈수록 사람들과 친근해졌고 특히 임금과는 조금도 스스럼없이 가까워졌다. 자연 임금의 사랑을 받게 되어 항상 따라다니면서 잔치 자리에서 함께 놀았다. 성에게는 세 아들이 있었다. 혹(酷)과 폭과 역이다. 혹은 독한 술, 폭은 진한 술, 역은 쓴 술이다. 이들은 그 아비가 임금의 사랑을 받는 것을 믿고 방자하게 굴었다. 중서령 모영이 임금에게 글을 올려 탄핵했다. 모영은 곧 붓이다. 그 글은 이러했다.

"행신이 폐하의 사랑을 독차지하고 있는 것을 천하 사람들은 모두 병통으로 알고 있습니다. 이제 국성이 조그만 신임을 받고 조정에 쓰이고 있어 요행히 벼슬 계급이 3품(여기서는 술 중에서 3품 벼슬의 격에 올랐다는 뜻으로 쓴 것)에 올라서, 많은 도둑을 궁중으로 끌어들이고 사람들을 휘감아서 해치기를 일삼고 있사옵니다. 이것을 보고 모든 사람들이 분하게 여겨, 소리치고 반대하며 머리를 앓고 가슴 아파합니다. 이 자야말로 국가의 병통을 바로잡는 충신이 아니옵고, 실상 만백성에게 해독을 주는 도둑이옵니다. 더구나 성의 자식 셋은 제 아비가 폐하께 총애받는 것을 믿고, 제 마음대로 세상에 횡행하고 방자하게 굴어서 모든 사람들이 다 괴로워하고 있사옵니다. 바라옵건대 이들에게 모두 사형을 내리셔서 모든 사람들의 입을 막으시옵소서."

이에 성의 아들 셋은 즉시 독약을 마시고 자살했다. 성도 죄를 받아 서인으로 폐해졌다. 한편 치이자(말가죽으로 만든 주머니, 술을 넣는 데 쓴다. 모양이 올빼미 배처럼 생긴 데서 만들어진 말)도 성과 친하게 지냈다 해서 수레에서 떨어져 자살했다. 처음에 치이자는 우스갯소리를 잘해서 임금의 사랑을 받았다. 자연 국성과 친하게 되어, 임금이 출입할 때에는 항상 수레에 실려 다녔다. 어느 날 치이자는 몸이 곤해서 누워 있었다. 성은 희롱하여 물었다.

"자네는 배는 크지만 속이 텅 비었으니 그 속에 무엇이 있는가?" 치이자가 대답했다.

"자네들 수백 명은 넉넉히 용납할 수가 있지."

이들은 이렇게 항상 서로 우스갯소리를 하며 지냈다.

성이 이미 벼슬을 그만두자 제 고을과 격 마을 사이에는 도둑들이 떼지어 일어났다. 제는 배꼽, 격은 가슴을 뜻한다. 이에 임금은 이 고을의 도둑들을 토벌하라는 명을 내렸다. 하지만 적임자가 쉽게 물색되지 않았다. 하는 수 없이 다시 성을 기용해서 원수로 삼아 토벌하도록 했다. 성은 부하 군사를 몹시 엄하게 통솔했고, 또 모든 고생을 군사들과 같이했다. 수성(근심을 말함)에 물을 대어 한 번 싸움에 이를 함락시키고 나서 거기에 장락판(장락이란 길이 즐거워한다는 뜻)을 쌓고 회군하였다. 임금은 그 공로로 성을 상동후에 봉했다.

2년 뒤에 상소(上疏)하여 물러가기를 빌어 아뢰기를, "신은 본래 가난한 집 자식이옵니다. 어려서는 몸이 빈천해서 이곳저곳으로 남에게 팔려 다니는 신세였습니다. 그러다가 우연히 폐하를 뵙게 되자, 폐하께서는 마음을 놓으시고 신을 받아들이셔서 할 수 없는 몸을 건져 주시고 강호의 모든 사람들과 같이 용납해 주셨습니다. 하오나 신은 일을 크게 하시는 데 더함이 없었고, 국가의 체면을 조금도 더 빛나게 하지 못했습니다. 저번에 제 몸을 삼가지 못한 탓으로 시골로 물러나 편안히 있었사온데, 비록 엷은 이슬은 거의 다 말랐사오나 그래도 요행히 남은 이슬 방울이 있어, 감히 해와 달이 밝은 것을 기뻐하면서 다시금 찌꺼기와 티를 열어

젖힐 수가 있었나이다. 또한 물이 그릇에 차면 엎어진다는 것은 모든 물건의 올바른 이치옵니다. 이제 신은 몸이 마르고 소변이 통하지 않는 병으로 목숨이 경각에 달려 있사옵니다. 바라옵건대 폐하께서는 명령을 내리시와 신으로 하여금 물러가 여생을 보내게 해주옵소서."

그러나 임금은 이를 승낙하지 않고 중사를 보내어 송계, 창포 등의 약을 가지고 그 집에 가서 병을 돌봐주게 했다. 성은 여러 번 글을 올려 이를 사양했다. 임금은 부득이 이를 허락하여 마침내 고향으로 돌려 보냈다. 그는 천수를 다하고 조용히 세상을 떠났다.

그의 아우는 현(賢)이다. 현은 즉 탁주다. 그는 벼슬이 이천 석에 올랐다. 아들이 넷인데 익(색주), 두(중양주), 앙(막걸리), 람(과주)이다. 익은 색주, 두는 중양주, 양은 막걸리, 남은 과주다. 이들은 도화즙을 마셔 신선이 되는 법을 배웠다. 또 성의 조카들에 주미(골만지), 만(골만지), 염(신술)이 있었다. 이들은 모두 적을 평씨에게 소속시켰다.

사신(史臣)은 말한다. 국씨는 원래 대대로 내려오면서 농가 사람들이었다. 성이 유독 넉넉한 덕이 있고 맑은 재주가 있어서 당시 임금의 심복이 되어 국가의 정사에까지 참여하고, 임금의 마음을 깨우쳐주어, 태평스러운 푸짐한 공을 이루었으니 장한 일이다. 그러나 임금의 사랑이 극도에 달하자 마침내 국가의 기강을 어지럽히고 화가 그 아들에게까지 미쳤다. 하지만 이런 일은 실상 그에게는 유감이 될 것이 없다 하겠다. 그는 만절이 넉넉한 것을 알고 자기 스스로 물러나 천수를 다하였다. 주역에 '기미를 보아서 일을 해나간다.(見機而作 사태나 현상을 미리 짐작하여 파악한 뒤에 행동과 실천을 수행해 나간다.)'고 한 말이 있는데 성이야말로 거의 여기에 가깝다 하겠다.(동국이상국집(東國李相國集)에서)

이규보는 『국선생님』에서 국선생의 성격을 이야기하면서 술의 성격을 이야기하고 있다.

5.11 석만경의 괴벽스러운 음주법

동서고금을 막론하고 두주불사의 호주가가 많다. 중국 삼국시대 손권(孫權) 밑에 있던 정천(鄭泉)이란 이도 천하의 호주가였다. 그는 어찌나 술을 좋아했는지 죽을 때도 친구에게 이런 유언을 남겼다. "내가 죽거든 자네들은 내 시체를 질그릇 만드는 가마 옆에 묻어 주게, 백년 후에 백골이 삭아서 흙이 되면 누가 아는가? 그 흙을 파다가 술병을 만든다면 나의 소원이 이루어지겠네." 이쯤 되면 정천은 주신의 분신이라고 해도 과언이 아닐 것이다.

이백의 『山中對酌』은 술을 멀리하면 소인이요, 가까이 하면 군자라 일컬을 수 있으니 어찌 사내대장부가 술을 멀리하리요라는 암묵적인 지시를 내린 술꾼들의 주비주천가(酒飛酎天歌)라고 할 수 있을 것이다.

兩人對酌山花開	둘이 마시나니 산에는 꽃이 피네
一盃一盃復一盃	한 잔 한 잔 또 한 잔
我醉欲眠君且去	내 취해 잠이오니 그대 그만 돌아가오
明朝有意抱琴來	내일 아침 뜻이 있거든 거문고 안고 다시 오시게

'사위주호(死爲酒壺)', 곧 죽어서 술병이 되리라고 할 만큼 술을 좋아하는가 하면, 고래처럼 술을 많이 마신다고 하여 '경음(鯨飮)'이란 말도 있다. 이는 이백의 산중대작의 경지에 오른 주성을 일컬음일 것이다.

중국인은 만(滿)을 좋아하여, 술잔이 다 비기 전에 첨잔을 하며, 우리처럼 잔을 돌리는 습관은 없다. 술고래라는 뜻으로 하이량(海量: 좋은 의미의 술고래)과 지우꾸이(酒鬼: 나쁜 의미의 술고래)가 있다. 대개의 경우는 쒜이(隨)(자신의 능력에 따라)로 술을 마시지만 친한 친구 사이나 호기를 부릴 때는 깐(乾)을 요구하기도 한다. 중국인이 깐! 깐!을 외치며 술을 권해올 때는 한 번에 다 들이키는 건배의 의미로 중도에 내려놓으면 실례가 되며 술이 약한 사람의 경우 음주 전 양해를 구해놓는 것이 좋다. 중국인 집을 방문했을 때 일반적으로 차를 대접하나 만약 술을 대접하면 주객의 사이가 보통이 아님을 의미한다.

연령이 비교적 적은 젊은이들 사이에서는 주령(酒令: 일종의 가위 바위 보 놀이인데 질 경우에는 벌주를 마신다)을 하면서 흥을 돋구어 술을 마시기도 하는데 이 때문에 굉장히 소란스럽다. 술의 소비는 기후와 지역에 따라 차이가 있지만 북부지역에서는 도수가 높은 백주가, 남쪽에서는 황주가 많이 소비된다. 추운 동북지역 사람들은 '말술'로 통하기도 한다. 서민들이 많이 마시는 술은 이과두주(二鍋頭: 알코올 도수 65도)와 공부가주인데 이 술은 중국시장 점유율 1위와 가짜가 가장 많은 술 1위를 겸하고 있다.

중국의 백낙천은 자기 집을 '취호(醉戶)'라 했고, 도연명은 그가 자던 바위를 '취석(醉石)'이라 했으며, 사현은 한 섬의 술을 마셨기에 '취호(醉虎)'라고 했다. 또, 체옹이라는 사람은 한 섬의 술을 마시고 길가에 쓰러져 있어 '취룡(醉龍)'이라 했고, 이백은 취해서 글을 써도 착오가 없어 '취성(醉聖)'이라 했다. 우리의 김홍도는 한 끼 양식이 없는데도 그림으로 모은 돈 800냥을 술값으로 썼다 하며, 진나라 주의라는 사람은 두 섬의 술을 마시고 보니, 같이 마시던 친구는 갈비뼈가 썩어 죽어 있었다고 전해지고 있다.

북송(北宋)시대 심괄(沈括 1031~1095)은 광세(曠世)의 박학(博學)이요, 절세(絶世)의 천재이다. 그가 저술한 문헌으로 『몽계필담 夢溪筆談』이 있다. 심괄은 이 저서에 만족하지 못하고 그 보유편(補遺篇) 격으로 『보필담 補筆談』이 있는데, 여기에도 담지 못한 이야기는 『속필담 續筆談』이라는 이름으로 짧은 글로 엮어 놓은 문집이 있다.

여기에 일생이 소개된 사람 중 하나가 석만경(石曼卿)이라는 희대의 주당이 있는데, 그의 주법은 기상천외할 뿐만 아니라 괴이하기 짝이 없다. 명정의 길이 이 정도라야 주당의 반열에 오를 수 있을 것이다.

석만경은 언제나 폭음하기를 즐겼다. 그래서 포의(布衣)인 유잠(劉潛)이란 사람과는 친구가 되었다. 일찍이 석만경이 해주(海州)란 곳에서 통판(通判)을 하고 있었는데, 유잠이 그를 찾아왔다. 만경이 석언(石堰)이란 곳에서 그를 맞이하고는 유잠과 함께 고주망태가 되도록 퍼 마셨다. 그러다가 밤이 되도록 마시다가 한밤중이 되어 술이 바닥나려 하자 배에 실려 있는 한 말 남짓한 식초(醋)를 발견하고는 이내 그것을 가져다가 술에다가 부어 마셨다. 다음날이 되자 술과 식초까지 모조리 바닥이 났다. 이처럼 청·탁을 가리지 않는 이들 주량은 희대의 주당이라 일컬을 만하지 않은가.

주당인 석만경이 개발한 희대의 음주법은 또한 괴상하고 괴이스럽기가 그지없다. 그는 손님과 어울릴 때마다 통음을 하고는 머리를 산발하고, 신발을 벗어 놓고는 목가(木枷)를 뒤집어쓴 채 죄수처럼 목에 형틀을 걸고 술을 마셨다. 이것을 일러 '수음(囚飮)'이라 했다. 또 나뭇가지 위에서 마시기도 했는데 그것을 일러 '소음(巢飮)' 주법이다. 즉, 새처럼 둥지를 만들고 그 속에 들어앉아 술을 마셨던 것이다. 또한 풀뿌리로 자기 몸을 묶은 다음 술을 마실 때는 목을 길게 뺐다가 마시고 나서는 목을 움츠리는 주법도 개발했다. 이를 '별음(鱉飮)'이라고 한다. 이처럼 자라나 거북이 흉내를 내며 술을 마셨던 것이다. 또 어떤 때는 구석에 숨었다가 나와서 마시고는 다시 그 구석에 숨곤 했는데 이것은 '문슬암'이라 했다. 이처럼 기괴스럽기 그지없는 음주법을 개발하면서 석만경은 하루라도 취하지 않은 날이 없었다.

이밖에도 밤에 등불을 켜지 않고 더듬어가며 마시는 '귀음(鬼飮)', 즉, 방구석에 숨어 있다가 나와서 술을 마시고는 다시 재빨리 숨어버리는 묘한 짓을 하기도 했다. '술도깨비(?)' 흉내였다. 곡(哭)을 하며 마시는 '요음(了飮)', 한 잔 마시고 나무 위에 올라가 있다가 내려와 마시고 다시 올라가는 '학음(鶴飮)'을 하기도 있다. 한밤중에 술을 빈방에다 차려놓고 마시기도 했다. 이를 '도음(徒飮)'이라고 했다. 이처럼 집에서 혼자 마시는 독작 문화가 비상하게 발달하고 있음을 본다.

석만경의 이러한 희한한 술버릇은 마침내 황제의 귀에까지 들어가게 되었다. 인종(仁宗) 황제가 그의 재주를 몹시도 아껴서 일찍이 대신을 불러 말하기를 석만경에게 술을 끊도록 했다. 연년(延年)이 이 말을 듣고는 술을 마시지 않았는데 그러다가 결국 병을 얻어 죽고 말았다. 이러한 석만경의 명정행태는 서양의 것과 유사한 면이 많다.

노아가 포도주를 만들 포도나무를 심고 있을 때 사탄이 나타났다. 사탄은 자기도 달콤한 술 만드는데 일조하겠다며 양, 사자, 돼지, 원숭이를 죽여 그 피를 포도나무의 거름으로 뿌렸다. 그 이후로 사람들은 술을 마시면 처음에는 양처럼 순해지고, 좀 더 마시면 사자처럼 사나워지고, 더 마시면 돼지처럼 추악해지고, 마침내는 원숭이처럼 소란을 피우게 되었다고 한다. 그래서 400여년전 엘리자베스1세 시대의 문인 토머스 내시도 '주정뱅이'의 유형을 동물의 이미지를 끌어들여 규정하고 있다. 멍한 표정으로 병을 응시하는 유순한 '양 유형', 뜻 모를 말을 지껄이며 까불거리는 '원숭이 유형', 포효하는 '사자 유형', 일단 술만 취하면 음탕함 외에는 떠오르는 게 없는 난잡한 '염소 유형' 등으로 구분하고 있는 것은 일리가 있다.

6. 주당들의 알코올헌장 및 주국헌법

본 장에서는 그 동안 필자가 수집한 알코올 헌장 및 주국 헌법들에 대한 자료들을 소개하고자 하였다. 특히 인터넷상에 출처가 확실하지 않은 정보들도 수집대상으로 삼았기 때문에 인용출처가 없는 경우도 있다. 인터넷상에서 이미 널리 유포된 정보이기 때문에 자료로 여기에 게제하고자 하였다. 먼저 윤용근의 『술 共和國』을 읊어보는 것으로 시작하자.

술(酒) 共和國

윤용근

유리잔 가득히
호박빛 액체를 따르라.
진주같이 붉은 것 술통에서 철철철 넘쳐 흐르고
용을 삶고 봉황을 구우면 기름이 우는데
병풍치고 장막 드리우니 우리들 마실 자리.
용(龍)울음처럼 피리를 불고
악어가죽 북을 치자. 둥둥 두둥둥
계집은 흰 이빨 드러내어 노래하고
계집은 가는 허리 하늘하늘 춤을 추라.
봄도 어느덧 기울려 하느니

보라, 붉은 비처럼 붉은 빗방울처럼 지는 복사꽃
종일토록 마시고 마시고 취하자
유령(劉伶)에겐들 죽은 다음에야 누가 술을 권하리.
중국의 시인 이하(李賀)의 장진주(將進酒)이다.
술에 취하고 싶은 시(詩)이다.

6.1 酒민교육헌장

우리는 민족 酒흥의 역사적 사명을 띠고 이 땅에 태어났다.
조상의 빛난 얼을 오늘에 되살려,
안으로 음주 독립의 자세를 확립하고,
밖으로 인류 공멸에 이바지할 때다.
이에, 우리의 맛이갈 바를 밝혀 주사의 지표로 삼는다.

피폐한 마음과 맛이간 몸으로, 독주와 안주를 배우고 익히며,
타고난 저마다의 술버릇을 계발하고,
우리의 처지를 원샷의 발판으로 삼아,
2차의 힘과 개판의 정신을 기른다.
공익과 질서를 무시하며 알콜과 도수를 숭상하고,
두통과 숙취에 뿌리박은 상음상취(相飮相醉)의 전통을 이어받아,
명랑하고 알딸딸한 환각 정신을 북돋운다.

우리의 작당과 모의를 바탕으로 나라가 새되며,
나라의 새됨이 나의 술판의 근본임을 깨달아,
자유와 권리에 반하는 원샷의 의무를 다하며,
스스로 국가 패망에 참여하고 망가지는 酒민 정신을 드높인다.

反안주빨 정신에 투철한 애주 애술이 우리의 삶의 길이며,
밤무대 세계의 이상을 실현하는 기반이다.

길이 후손에 물려줄 망가진 술판 조국의 앞날을 내다보며,
신념과 긍지를 지닌 헤롱대는 국민으로서,
민족의 술기운을 모아 줄기찬 노력으로 새 주사(酒史)를 창조하자.

장난스런 문구이지만 심히 걱정되지 아니할 수가 없소...
연말연시, 위의 헌장이 실천되어서는 아니되오~~~
대한민국 위정자들, 그리고 leader들...
서민들 열받아서 술땡기는 껀수나 팍팍 만들어주고는
제풀에 술자리에서 곱씹을 안주꺼리가 되어주니 고맙긴 하오만
술 안마시고도 술 오른듯 흥겨워지는 사회가 되어야 하오~~~
(출처: Delicious-Life@ShangHai.China. Daily Life 2006/12/21 21:33)

술 공화국 다음으로 '酒민교육헌장'은 제격이다. 성선과 성악으로 가게 하기 위한 첫 걸음이 교육이니 '酒민교육헌장'은 환상적이다.

6.2 유럽 알코올 헌장

유럽 알코올 헌장은 세계보건기구 유럽지역 사무처가 주관하고 불란서 노동사회부가 주최하고 1995년 12월 12일부터 16일까지 불란서 파리에서 개최되었던 건강, 사회 그리고 알코올에 관한 유럽회의에서 채택되었다. 이 회의의 참가자는 371명이었는데, 이 가운데 WHO 유럽지역 회원국 49개국 가운데 46개국의 정부 대표 180명이 포함되어 있었다.

In furtherance of the European Alcohol Action Plan, the Paris Conference calls on all Member States to draw up comprehensive alcohol policies and implement programmes that give expression, as appropriate in their differing cultures and social, legal and economic environments, to the following ethical principles and goals, on the understanding that this document does not confer legal rights.

1) 윤리적 원리와 목표(Ethical principles and goals)

▶ 모든 사람은 음주로 인하여 일어나는 사고, 폭력 그리고 음주로 인하여 일어나는 기타 부정적 결과로부터 보호받는 가정생활, 지역사회 생활, 그리고 직장 생활을 영위할 권리를 가진다. All people have the right to a family, community and working life protected from accidents, violence and other negative consequences of alcohol consumption.

▶ 모든 사람은 음주로 인하여 일어나는 건강, 가정 그리고 사회 등에 미치는 결과에 대하여 생의 초기에서부터 유효하고 공평한 교육과 정보를 가질 권리를 가진다. All people have the right to valid impartial information and education, starting early in life, on the consequences of alcohol consumption on health, the family and society.

▶ 모든 청소년은 음주로 인하여 일어나는 부정적 결과들로부터 그리고 알코올이 섞인 음료의 접촉으로부터 보호되는 환경에서 성장할 수 있는 권리를 가진다. All children and adolescents have the right to grow up in an environment protected from the negative consequences of alcohol consumption and, tko the extent possible, from the promotion of alcoholic beverages.

▶ 위험하고 해로운 음주를 하는 국민이나 그들의 가족은 이를 적절하게 치료받고 돌봄을 받을 권리를 가진다. All people with hazardous or harmful alcohol consumption and members of their families have the right to accessible treatment and care.

▶ 음주를 원하지 않는 모든 사람들, 또는 건강이나 기타 이유로 음주를 할 수 없는 사람은 누구나 술을 마시라는 강권으로부터 보호받을 수 있고, 이들의 술을 안 마시려는 행동에 대하여 지지 받을 권리를 가진다. All people who do not wish to consume alcohol, or who cannot do so for health or other reasons, have the right to be safeguarded from pressures to drink and be supported in their non-drinking behavior.

2) 절주 행위를 위한 10대 전략(Ten strategies for alcohol action)

▶ 음주로 인하여 건강, 가정, 그리고 사회에 미치는 결과들과 해로움을 예방하거나 이를 최소화할 수 있는 효과적 대책에 대하여 사람들에게 알리라. 이를 위하여 어린 시절부터 시작되는 광범한 교육 프로그램

을 수립한다.

▶ 음주로 인하여 일어나는 사고와 폭력, 그리고 기타 모든 부정적 결과들로부터 보호되는 공공의 환경, 사적 환경, 그리고 작업 환경이 되도록 적극 장려한다.

▶ 음주 운전을 효과적으로 억제할 수 있는 법을 제정하여 지키게 한다.

▶ 사람들(특히 젊은이들)의 알코올의 이용 가능성을 통제하고 알코올 음료의 가격(예: 세금 부과)에 영향을 미쳐 건강을 증진한다.

▶ 몇몇 국가에서 이미 시행되고 있는 것과 같이 알코올 음료에 대한 직·간접 광고를 엄격하게 통제하고, 어떤 형태의 광고이든 젊은이들을 겨냥하는 음주 관련 광고(예: 알코올을 스포츠와 연계시키는 형태)는 전혀 할 수 없게 한다.

▶ 위험한 해로운 음주를 하는 사람이나 그들의 가족들은 훈련된 요원으로부터 효과적인 치료와 재활 서비스를 받을 수 있게 한다.

▶ 알코올 음료의 매매나 서비스에 종사하는 사람들간에 윤리적 법적 책임에 대한 의식을 조장하고, 생산품의 안전성을 엄격하게 통제하며, 불법적 생산이나 판매를 금지하는 적절한 대책을 시행한다.

▶ 여러 상이한 부문 즉 보건, 사회복지, 교육, 사법 등의 전문가를 훈련하고, 이와 병행하여 지역사회 개발 및 지도자를 강화하는 등을 통하여 알코올을 다루는 사회의 능력을 강화 한다.

▶ 건강한 생활양식을 장려하는 비정부조직 및 음주의 해를 예방하고 낮추려는 목표를 가진 자생 전문 운동 단체를 지원한다.

▶ 이 유럽 알코올 헌장을 고려하면서 각 회원국에 광범하게 기초를 둔 프로그램을 만든다. 이 경우 목표 집단을 명확하게 구체화하여야 하며, 결과를 나타낼 지표를 정해두어야 하고, 진행 상태를 모니터하며, 평가 결과에 기초하여 프로그램을 주기적으로 새롭게 한다.

6.3 국제 바 연맹(International Bar Federation)헌장

파리의 오페라극장 근처에는 '해리즈 뉴욕 바(Harry's New York Bar)'라는 술집이 있다. 지금의 주인인 앤디의 선대인 맥리혼이 1911년에 창업한 이래 지금까지 술집으로 대를 이어오고 있다. 이 술집은 프랑스 정부로부터 훈장을 받을 정도로 우수한 업체로 관광객이 빠뜨릴 수 없는 파리 지방의 명소가 되었다. 해리지 뉴욕 바는 IBF의 세계 본부로 주당들의 모임단체이다.

1920년대 '잃어버린 세대' 청년 문학가들의 본거지로 헤밍웨이, 거투르드 스타인, 피츠 제럴드, 존 오하라 등 크게 성공한 문호들이 이 바에 모여 문학과 자유를 논하고 인간의 존엄성을 토론하면서 술에 만취한 곳으로 자유를 마음껏 구가하였던 모임의 장소이기도 하다. 이 고색 찬란한 '해리즈 뉴욕 바'에는 주당의 헌장이 제정되어 있는데 전문과 본문으로 구성되어 있다. IBF의 헌장은 14개조로 되어있다. 주헌의 제목이 '무슨 걱정이냐?'이다. 주당들이 술자리의 운취를 한층 높이고 음주로 인한 사고의 폭을 높여 인생살이의 문학성을 찾고자 하는 의미로 볼 수 있겠다. 또한 동양적 음주 풍류놀이기도 하다.

전문: 걱정에는 두 가지가 있을 뿐. 당신이 성공할 것이냐, 성공하지 못할 것이냐가 그것이다. 성공한다면 걱정이 해결된다. 그러나 성공하지 못한다면 당신의 걱정은 두 가지가 있을 수 있다. 걱정이 유지될 것이냐, 또는 병이 들 것이냐다. 건강할 수 있다면 걱정할 것이 없다. 만일, 병이 들었다면 걱정할 것이 두 가지가 있다. 살게 될 것이냐, 죽게 될 것이냐다. 살게 되면 아무 걱정할 것이 없다. 당신이 죽는다면 또 다시 걱정거리는 두 가지밖에 없다. 천당이냐, 지옥이냐다. 지옥에 떨어진다면 그곳에 먼저 가 있을 옛 친구들과 악수하기에 바빠 걱정할 시간적 여유가 없을 것이다.

제1조 IBF는 주객들의 술 문화에 간여하는 성스러운 비밀 결사대이다.

제2조 회원들은 동료에게 술을 살 줄 알아야 한다. 지금 당장이 아니라도

언제든지 좋다. 친구 사이에는 10년 후에 얻어 마셔도 즐거웁다.

제3조 간밤에 꿈자리가 뒤숭숭 하다고 '바'에 나오지 않고 집에 머무는 사람은 즉각 제명한다.

제4조 이른 새벽부터 '바'에 나와 연습도 없이 우쿨렐레(Ukullele')를 연주 할 수 있는 사람은 종신회원의 자격이 있다.

제5조 성스러운 '바'에서 술에 취해 잠을 자는 회원은 10일 동안 회원자격을 정지한다.

제6조 '바'에서 손님과 싸우는 회원은 '바'앞의 정형외과가 밤에도 회원을 기다리고 있다는 사실을 명심해야 한다.

제7조 회원 여러분은 배설할 때에는 화장실의 변기 안에서만 해야 한다. 되도록이면 자가용 걸레라도 소지할 것.

제8조 술을 여섯잔 이상 마셨을 때는 친밀감의 표시일지라도 서로 등을 두드리는 것을 삼가라. IBF회원 중에는 틀니를 한 사람이 많으니까.

제9조 바에서 만취하여 환상의 동물이 보일 때는 옆 사람에게 발설하지 말라. 바는 동물원이 아니라는 것을 명심할 일이다.

제10조 옛 연인에의 추억 때문에 '바'에서 눈물 흘리는 회원은 술값을 부담해야 한다.

제11조 회원은 집 위에는 지붕밖에 없다는 사실을 명심해야 한다. 영어로 'on the house'는 술값을 부담한다는 뜻이다.(공짜로 술 마실 생각은 아예 하지 말라는 말이다 경고이다).

제12조 음주가 죄악이요, 백해무익하다고 생각하는 사람도 언제나 환영한다. 그러나 그런 신조를 가진 사람은 바에서 입을 열지 말 것이다.

제13조 바 앞에는 항상 당신 자리가 비기를 기다리고 있는 손님이 많다는 것을 명심하라.

제14조 이 헌장의 어느 한 조항이라도 위반하는 회원은 그 벌로써 그 날 그 '바'에 함께 어울린 회원 전원의 술값을 부담한다.

이 헌장은 주당들의 우정과 느긋함을 엿볼 수 있고, 보통 사람으로서는 흉내내기 어려운 낙천적이고, 낭만적인 분위기를 느낄 수 있다. 아련

한 추억의 잔상 때문에 멜랑콜리 하여도 안 되며, 혼자 취중 주사를 떨어도 주법이 어긋난다. 주법과 주도에 어긋나는 회원에게는 가벼운 압력을 가하고, 취중에 분위기를 깨거나 앉은 자리에서 주정을 하는 사람에게는 주당의 차원에서 해결하므로 극히 인간적이라 할 수 있겠다.

6.4 주당(酒黨) 창당 결의문

동서고금을 통하여 "술 좋아하는 자 중에는 악인이 없다"라는 말이 있다. 이에 천성이 착한 우리 '애주가'들이 집권한다면 나라꼴이 지금처럼 이렇게 부패하지는 않을 것이다. 이에 우리 애주가들도 은인자중 하고만 있을 수 없어 다음과 같이 (가칭) 주당(酒黨)을 창당하여 원내 제 1 당을 목표로 후보를 출마시킬 계획이니 애주가들의 많은 참여 바란다.

〈당원 자격〉

1. 주종불문: 술을 마실 때는 소주든 맥주든 양주든 일단 알코올이 들어 있는 것은 가리지 않고다 마시는 자
2. 거리불문: 술 마실 기회가 있으면 아무리 먼 곳이라도 사양 않고 가야한다, 심지어 지옥이라도.....
3. 생사불문: 과음으로 죽을지라도 술이 남아 있으면 끝까지 남기지 않고 다 마실 배짱있는자
4. 수량불문: 정치자금은 차떼기로 줘도 거절하나 술은 트럭으로 줘도 거절하지 않고 받아 다당원들에게 배분할 자

〈당원이 될 수 없는 자〉

1. 쿠테타형: 취하면 선배고 아배고 할배고 간에 서열 무시하고 시비거는 자
2. 청문회형: 취하면 횡설수설 내지는 기억을 저당 잡히는 자
3. 물고문형: 강제로 남들에게 술 퍼 먹이는 자
4. 백담사형: 취하면 행선지를 잃고 이리저리 방황하는 자

5. 이승연형: 취하면 아무데서나 벗어제끼는 자
6. 삼류극장형: 취하면 필림이 뚝 끊어지는 자
7. 무단발포형: 술집이건 전봇대건 방안이건 안 가리고 방뇨하는 자
8. 전직강조형: 취하면 울먹이는 목소리로 신세한탄 하는 자

〈창당 발기일〉

2004년 4월 1일(혹시 만우절로 착각 없기 바람)

〈장 소〉

청주郡 약주面 소주里 백알洞 소재 쌍로소주 무료시음장 앞 광장
* 인터넷 주소 *www.judang.co.rk

〈당 가〉

술잘 먹는 아들에게 술 못 먹게 하느라고
술독에다 가뒀다가 사흘 만에 꺼냈더니
안주를 주소~ 안주를 주소~~

이 세상에 술 없이는 무슨 재미로
해가 떠도 술~술~ 달이 떠도 술~술~
술 만세!!! 술 만세!!!
(곡이 끝날 때 까지 계속 반복한다)

〈당 간부는 다음과 같이 분류한다〉

공짜 술만 얻어먹고 다니는 당원: 공작
당원들에게 술 잘 사주는 당원: 후작
술 마시면 얼굴이 하얘지는 당원: 백작
홀짝홀짝 혼자 술을 즐기는 당원: 자작
어떤 술도 마다 않고 마시는 당원: 남작
(자신은 어디에 해당되는지 입당원서에 명기할 것)

2004년 2월 27일 전당대회 임시의장 임시당의장의 직인

6.5 음주에 관한 법률

법률제 정 2001.07.18
공 포 2001.09.01
시행처 山 주류청

제1장

제1조(첫잔 음용)

① 첫잔을 받을 시에는 지위고하, 남녀노소의 구분없이 두 손으로 공손히 받도록 한다.
② 첫잔을 받은 후 전완근을 이용, 45도로 손목을 꺾은 후 한 번에 털어 넣도록 한다(이하 '원샷')
③ '카~'하는 용트림과 함께 상대에게 행복한 미소를 지은 후 술잔을 탁자에 놓고 상대의 원샷 여부를 판단하도록 한다. 상대가 원샷을 시행했을 때 역배를 실시하여 상대에게 호감을 표시한다.
④ 첫잔을 원샷하지 않을 때는 인권보호법에 의거, 상대가 무시한 것으로 단정하고 냉면 그릇에 술을 부어 강제로 음용토록 한다.

제2조(술 따르기)

① 잔은 모자라거나 넘치지 않도록 따라야하며 특히 잔이 넘쳐 피 같은 술이 흘렀을 경우 취기가 오른 것으로 판단하고 귀가를 명할 수 있다.
② 통상 잔은 소주잔을 기준으로 4/5, 즉 두꺼비가 잠수할 정도의 적당량을 부어 원샷을 용이하게 하여 손맛을 느낄 수 있도록 하여야한다.

제3조(안주빨처리)

① 안주빨은 금쪽같은 음주자금을 소진하여 향후 2차 혹은 3차시 막대한 악영향을 미치므로 안주빨을 세우는 자에겐 즉시 귀가조치를 명

한 후 다음 날 대통령령이 정하는 데로 4대 일간지에 고시하여 만인이 따돌리도록 해야 한다.

② 다만 미모의 여성의 경우 술자리에서의 중요성을 감안하여 저렴하고 영양 많은 음식(뻥튀기, 새우깡 등)을 먹여 포만감을 통해 안주빨을 원천봉쇄할 수 있다.

제4조(경제적 음주법)

① 불황기의 경제적 부담을 고려하여 최소비용으로 최대효과를 내는 경제적인 음주방법을 숙지하여야 한다.

② 경제적인 음주방법에 관하여 필요한 사항은 대통령령으로 정한다.

※ **음주법 제4조(경제적 음주법)에 따른 음주법 시행령은 다음과 같다.**

1) 공복시 독주를 신속히 음용함으로서 장의 적응을 방해한다.
2) 음주전 각종 숙취해소 음료 또는 우유 등의 섭취를 엄금하고 이의 적발시 소주 한 병을 빨대로 마시게 하여 타의 모범을 보인다.
3) 적은 양의 알코올로 만취상태에 이르기 위해서는 줄담배를 태워 CO(일산화탄소) 흡입을 통한 뇌의 산소공급을 차단하고 알코올과의 시너지효과를 도모하여 조기에 취기가 돌도록 하여야 한다.
4) 음주 직전 땀을 흠뻑 흘릴 만큼의 과도한 유산소 운동을 하여 적당한 노곤함과 장운동의 활성화를 통해 알코올 흡수를 배가하여야 한다.
5) 안주는 되도록 섭취하지 않으며 특히 기름기나 단백질이 많은 영양식품은 피하도록 한다.
6) 가급적 상호간의 대화를 금하고 음주에만 몰두하여 단시간에 필림이 끊기도록 노력한다.
7) 적은 양이라도 알코올을 매일 식전 30분전에 꾸준히 장복하여 간의 회복을 막아 알코올 분해효소가 강화되는 것을 방지하여야 한다.
8) 가끔은 탄산음료나 이온음료를 알코올과 혼용하여 장의흡수를 돕는다.
9) 음주한 다음날 아침은 되도록 국물이 있는 것을 피하고 식사를 거

르거나 냉면, 쫄면, 떡볶이 등 자극성이 강한 식품이나 인공감미료가 듬뿍 담긴 컵라면, 비빔라면 등으로 해장하도록 한다. 식사 후 디저트로는 마늘과 생강을 생식하여 입안을 깨끗이 한다. 특히 음주 후 덜 익힌 컵라면을 6개월 이상 꾸준히 장기복용하면 눈 주위가 검어지면서 환경호르몬으로 인한 발기불능의 효과와 함께 소주 한잔에도 같은 양의 히로뽕을 투여한 만큼의 효력을 맛볼 수 있다. 단, 음주 도중 급사하거나 뇌사상태에 빠지는 경우도 있다.

10) 음주 후 오바이트가 쏠린다고 느낄 때 과감히 손으로 입을 막아 인내하여 술기운이 대뇌 피질 깊숙히 전이되도록 한다.

11) 야채류, 곡물 등 섬유질이 풍부한 식품 섭취를 엄격히 제한하여야 한다. 변비를 통해 각종 분비물의 체외 방출을 막는다. 숙변에 포함된 알코올 및 각종 독성이 체내에 퍼져 소화기관의 신진대사와 뇌의 활성화를 막아 알코올 분해를 현저히 저감하는 효과를 가져 온다.

제5조 (주사파의 분류)

다음 각호의 부류를 주사파로 분류하고 해당행위의 근절을 도모하여야 한다.

1. 평소엔 간디, 음주 후 터미네이터로 변신하는 자

이들은 평소엔 순한 양이나 음주시 시시각각으로 열혈 남아로 변신한다. 자동차 백밀러, 술집 형광등, 공중전화 유리창 등 기물파손과 대인폭행, 자해 등 인적피해를 병행하여 심각한 피해를 끼친다. 과감히 방치 후 도주함으로서 자신의 물질적 정신적 피해를 최소화하여야 한다. 통상 이런 자들은 다음날 중상을 입거나 경찰서 등지에서 발견된다.

2. 알코올 주입형 껄떡쇠

평소엔 '금욕주의'의 최고권위자 서경덕이나 알코올 섭취시 성욕이 증진되어 발정난 변강쇠 마냥 엽색행각이나 성희롱을 서슴지 않는다. 주로 평소 이성에게 따돌림을 받은 자에게서 주로 발견되며 손과 입술 등으로 상대의 몸을 공략하려는 야만적 공격성을 띈다. 이때 살며시 손을 들어 뺨을 때려주면 본래의 모습으로 변한다.

3. 몬주익의 영웅

술에 취하기만 하면 뛰는 자들이 있다. 통상 한 블럭 정도를 뛰지만 가끔씩 역전 마라톤을 하는 심각한 경우도 있다. 주위의 시선을 의식한 행동이므로 무시하면 다시 돌아오는 경우가 대부분이다.

4. 비극적 읍소

무엇이든 붙들고 운다. 통상 사람들을 붙들고 우는 경우가 많으며 증상이 심각한 경우는 버스 바퀴를 잡고 우는 경우도 있다. 즉각 귀가조치하고 다음날 갈구기를 통해 창피함을 유발하여야 한다.

5. 알콜성 수면부족

얼굴이 발그스레해짐과 동시에 쓰러진다. 당사자가 한정치산자로 변하기 때문에 비교적 피해가 적은 편이나 가끔 벌떡 일어나 술을 권하고 다시 자는 금치산자도 있다. 이때는 주방 아주머니에게 참기름 깔때기를 요청하여 잠자는 순간 깔때기를 이용, 해당인에게 술을 100cc정도 투여하면 효과가 있다.

6. 밴댕이 지향성 증후군

평소엔 원대한 마음을 품은 자가 술만 들어가면 밴댕이가 된다. 사소한 농담에 흥분을 하며 논쟁을 마다하지 않는다. 심지어 오바이트 시에 나온 김밥을 보고 자기 몰래 먹었다며 시비를 거는 경우도 있다.

제2장 응용

제6조(주의사항)

여성이 특히 주의해야할 술은 다음과 같다.

1. 매실주

상당히 달콤하며 5년 숙성을 통한 감칠맛이 뛰어나 알코올 특유의 역겨움이 없다. 알코올 도수가 통상 14도 안팎으로 인체흡수에 최적인 알코올 도수와 유사하여 급작스런 취기가 진행되는 관계로 여성을 준 식물인간으로 변화시킨다.

2. 와인

근사한 바의 분위기와 달콤한 와인의 유혹은 능히 열녀문을 무너뜨릴만한 힘을 가진다. 특히 분위기가 무르익은 후 즐기는 와인과 위스키의 폭탄주는 상황을 멜로영화에서 애로영화로 바꾸는 반전의 묘미를 꾀한다.

3. 술 먹기 게임에서의 벌주

게임을 통해 굳건한 정조의식을 웃음으로 무장해제 시킨 뒤 마시는 벌주는 향후 일어날 천벌에 대한 예고편이다. 특히 바캉스, MT 등 여행으로 풀어진 마음으로 인해 벌어지는 낯선 이들과의 술 먹기 게임은 되돌릴 수 없는 파국을 초래하기도 한다. 이에 대한 방지책으로 '흑기사 제도'가 있다.

4. 레몬소주

상큼한 레몬과 소주가 만나 수녀를 탕녀로 변하게 하는 심각한 흉기가 된다. 다만 널리 보급되어 있어 이미 만행이 공개되어 위험성이 덜하고 비타민C의 다량 함유로 줄담배를 피우는 골초에게 적당한 술이다.

제7조(무전취식)

다음 각호에 해당하는 자를 '빈대'라 하고 가택연금 10일을 명한다.

1. 계산시 신발끈을 매는 경우

심한경우 묶었던 신발끈을 푸는 경우도 있으며 심지어 워커를 신고 오는 뻔뻔스러운 자도 있다 술을 마실 경우에는 미리 회비를 받아 두어야한다.

2. 계산시 화장실에 가는 경우

생리현상이 계산시 집중되는 일이 연3회 이상 반복될 경우 화장실을 다녀올 때까지 계산을 미루거나 술집 사장님에게 화장실 다녀온 사람이 계산 할거라는 귀뜸을 하고 나간다.

3. 술 마시는 도중에 참여한 경우

술 마시는 도중에 참여하였다는 이유로 연 5회 이상 회비납부를 거부하며 안주빨을 세우는 자에게는 2차 계산을 명할 수 있다.

4. 무일푼이 고가의 술을 원하는 경우

지갑에 1000원 짜리 몇 장 들고 나이트가자며 분위기를 띄우는 경우에 지갑을 확인 후'쿠사리'를 주어 행위의 반복을 금하게 하거나 신용카드를 압류하여 계산에 이용한다.

제8조(술병의 용도)

술병은 알코올을 담는 용기로서 뿐 아니라 마이크, 종아리 미용 등 쓰임새가 많으며 때로는 자신을 보호하는 수단으로서도 요긴하다. 다만, 플라스틱 재질의 막걸리 통이나 1.8 *l* 들이 Pet 소주는 제외한다.

제9조(폐인의 조건)

다음 각호 중 두개 이상의 항목에 해당하는 자를 '폐인'이라 명하고 양지마을에 준하는 감호시설에 수감하여 사회로부터 격리토록 한다.

1. 깡소주를 즐기는 자

안주를 먹으면 혀끝으로 느껴지는 술의 참맛을 알 수 없으므로 소주병을 들고 나팔을 불어댄다.

2. 노가다식 음주법 소유자

노가다식 음주법은 두 가지 종류가 있는데 막걸리를 먹어야 일을 할 수 있는 경우와 요구르트, 초콜릿, 우유 등 각종 유제품만으로도 소주를 즐길 수 있는 경지에 오른 경우가 있다.

3. 혼자서 술 먹는 것을 선호하는 자

뭔가 사회에 불만이 많거나 사랑의 실패자에게서 흔히 관찰되며 폐인으로 가는 확실한 지름길이다.

4. **필림이 자주 끊기는 자**

필림이 끊기는 것에는 두 가지 경우가 있다. 과음으로 인해 완전히 끊기는 급성 과거 단절증의 경우 치유 가능(출처: 이재희(universezero@daum.net))

6.6 음주법

세종어제훈민정주
世宗御製訓民正酒

나랏 술이 듕귁 빼갈에 달아 도수와르 서르 사맛디 아니할세
이런 전차로 어린 백셩이 마시고져 홀배 이셔도 마참내
제 주량을 시러 펴디 못할 노미 하니라.
내 이랄 위하야 어엿비 너겨 새로 참나무통 맑은 소주랄 맹가노니
사람마다 해여 수비 마셔 날로 취하메 편안케 하고져 할 따라미니라.

제1장 총칙

제1조(목적)

이 법은 그릇된 음주문화로 인한 국민건강 및 환경상의 위해를 예방하고 음주 문화를 적정하게 관리・보전함으로서 모든 국민이 건강하고 쾌적한 음주활동을 영위할 수 있게 함을 목적으로 한다.

제2조(정의)

이 법에서 사용하는 용어의 정의는 다음과 같다.

1. '술'이라 함은 알콜을 함유한 액체 중 음용이 가능한 것을 말한다.
2. '안주빨'이라 함은 음주량에 비해 안주 섭취량이 과다한 자를 말한다.
3. '주사' 혹은 '주정'이라 함은 알콜 섭취시의 행위가 평상시 행동에 비해 극히 과격하거나 비도덕적이어서 상대의 피해를 주는 행위를 말하며 주사가 극히 심한 자들의 무리들을 '주사파'라 칭한다.
4. '먹튀'라 함은 술값을 내지 않으려 하거나 혹은 일신상의 이유로

소리없이 잠적하는 것을 말한다.

5. '첨잔'이라 함은 술잔에 술이 있음에도 또다시 술을 붓는 행위를 말하며 일본문화의 잔재로서 이를 행하는 자는 매국노에 갈음할 수가 있다.
6. '폭탄주'라 함은 이종(異種)의 술 2가지 이상 섞어 알콜 흡수량을 인위적으로 극한까지 끌어올린 술을 말하며, 일반적으로 맥주에 양주뇌관을 장착하여 폭파하지만 때에 따라서는 반대의 경우도 있다. 막걸리나 소주, 맥주나 소주 등 다양한 전술 핵들이 개발되어 소비자를 만족시키고 있다.
7. '해장'이라 함은 과도한 음주 후 속을 푸는 것을 말하며 '해장음식'으로는 라면, 콩나물국, 북어국, 선지국 등이 있으며 술로서 해장하는 희귀한 경우도 있다.
8. '와리깡'이라 함은 심야업소의 카드기 미설치로 인하여 주변 옷가게, 식당 등에서 카드를 긋고 술값을 지불하는 것을 말하며, 통상 10-20%정도의 프리미엄이 포함되며 '탈세 조장'의 효과가 있다.
9. '오바이트'라 함은 바둑대국 후 복기를 하는 것처럼 음주 전후에 먹은 내용물을 재확인 하는 작업을 말한다. 겔 상태로 많이 발견되며 재료여부에 따라 피자형과 빈대떡형이 있다.
10. '역배'라 함은 술이 남지 않았다는 표시로 술잔을 들어 머리에 부어 보이는 것을 말한다.
11. '쿠사리'라 함은 대외적으로 상대에게 쪽팔림을 주는 행위를 말한다.
12. '폭주족'(暴酒族)이라 함은 한 시간 당 2홉들이 소주 1과 1/2병 이상을 지속적으로 마시거나 음주시 마다 3차 이상의 과다한 폭음을 즐기는 자들을 말한다.

제2장 음주방식

제3조(첫잔 음용)

① 첫잔을 받을 시에는 지위고하, 남녀노소의 구분 없이 두 손으로 공

손히 받도록 한다.

② 첫잔을 받은 후 전완근을 이용, 45도로 손목을 꺾은 후 한번에 털어 넣도록 한다(이하 '원샷'으로 약칭함)

③ '카-'하는 용트림과 함께 상대에게 행복한 미소를 지은 후 술잔을 탁자에 놓고 상대의 원샷 여부를 판단하도록 한다.

④ 첫잔을 원샷하지 않을 때에는 인권보호법에 의거 상대가 무시한 것으로 단정하고 냉면 그릇에 술을 부어 강제로 음용토록 한다.

제4조(술 따르기)

① 잔은 모자라거나 넘치지 않도록 따라야 하며 특히 잔이 넘쳐 피같은 술이 흘렀을 경우 취기가 오른 것으로 판단하고 귀가를 명할 수 있다.

② 통상 잔은 소주잔을 기준으로 4/5, 즉 두꺼비가 잠수할 정도의 적당량을 부어 원샷을 용이하게 하여 손맛을 느낄 수 있도록 해야 한다.

제5조(안주빨 처리)

① 안주빨은 금쪽같은 음주자금을 소진하여 향후 2차 혹은 3차시 막대한 악영향을 미치므로 안주빨을 세우는 자에겐 즉시 귀가조치를 명한 후 다음 날 대통령이 정하는 대로 4대 일간지에 고시하여 만인이 따돌리도록 해야 한다.

② 다만 미모의 여성의 경우 술자리에서의 중요성을 감안하여 저렴하고 영양 많은 음식(뻥튀기, 새우깡 등)을 먹여 포만감을 통해 안주빨을 원천 봉쇄할 수 있다.

제6조(경제적 음주)

① 불황기의 경제적 부담을 고려하여 최소비용으로 최대효과를 내는 경제적인 음주방법을 숙지하여야 한다.

② 경제적인 음주방법에 관하여 필요한 사항은 대통령령으로 정한다.

* 음주법 시행령 제5조(경제적 음주법)법 제6조의 규정에 의한 음주법은 다음과 같다.

1. 공복시 독주를 신속히 음용함으로서 장의 적응을 방해한다.
2. 음주전 각종 숙취해소 음료 또는 우유 등의 섭취를 엄금하고 이의 적발시 소주 한 병을 빨대로 마시게 하여 타의 모범을 보인다.
3. 적은 양의 알콜로 만취상태에 이르기 위해서는 줄담배를 태워 CO(일산화탄소)흡입을 통한 뇌의 산소 공급을 차단하고
4. 음주직전 땀을 흠뻑 흘릴 만큼의 과도한 유산소 운동을 하여 적당한 노곤함과 장운동의 활성화를 통해 알콜 흡수를 배가하여야 한다.
5. 안주는 되도록 섭취하지 않으며 특히 기름기나 단백질이 많은 영양식품은 피하도록 한다.
6. 가급적 상호간의 대화를 금하고 음주에만 몰두하여 단시간에 필름이 끊기도록 한다.
7. 적은 양이라도 알콜을 매일 식전 30분 전에 꾸준히 장복하여 간의 회복을 막아 알콜 분해요소가 강화되는 것을 방지하여야 한다.
8. 가끔은 탄산음료나 이온음료를 알콜과 혼용하여 장의 흡수를 돕는다.
9. 음주한 다음날 아침은 되도록 국물이 있는 것을 피하고 식사를 거르거나 냉면, 쫄면, 떡볶이 등 자극성이 강한 식품이나 인공감미료가 듬뿍 담긴 컵라면, 비빔라면 등으로 해장하도록 한다. 식사 후 디저트로는 마늘과 생강을 생식하여 입안을 깨끗이 한다. 특히 음주후 덜 익힌 컵 라면을 6개월 이상 꾸준히 장기 복용하면 눈 주위가 검어지면서 환경호르몬으로 인한 발기불능의 효과와 함께 소주 한잔에도 같은 양의 히로뽕을 투여한 만큼의 효력을 맛볼 수 있다. 단, 음주 도중 급사하거나 뇌사상태에 빠지는 경우도 있다.
10. 음주후 오바이트가 쏠린다고 느낄 때 과감히 손으로 입을 막아 인내하여 술기운이 대뇌 피질 깊숙이 전이되도록 한다.
11. 야채류, 곡물 등 섬유질이 풍부한 식품 섭취를 엄격히 제한하여야 한다. 변비를 통해 각종 분비물의 체외 방출을 막는다. 숙변에 포

함된 알콜 및 각종 독성이 체내에 퍼져 소화기관의 신진대사와 뇌의 활성화를 막아 알콜분해를 현저히 저감하는 효과를 가져온다.

제7조(주사파의 분류)

다음 각 호의 부류를 주사파로 분류하고 해당행위의 근절을 도모하여야 한다.

1. **평소엔 간디, 음주 후 터미네이터로 변신하는 자**

이들은 평소엔 순한 양이나 음주시 시시각각으로 열혈남아로 변신한다. 자동차 백미러, 술집 형광등, 공중전화 유리창 등 기물파손과 대인폭행, 자해 등 인적피해를 병행하여 심각한 피해를 끼친다. 과감히 방치 후 도주함으로서 자신의 물질적 정신적 피해를 최소화하여야 한다. 통상 이런 자들은 다음날 중상을 입거나 경찰서 등지에서 발견된다.

2. **알콜주입형 껄떡쇠**

평소엔 '금욕주의'의 최고 권위자 서경덕이나 알콜 섭취시 성욕이 증진되어 발정난 변강쇠 마냥 엽색행각이나 성희롱을 서슴치 않는다. 주로 평소 이성에게 따돌림을 받은 자에게서 주로 발견되며 손과 입술 등으로 상대의 몸을 공략하려는 야만적 공격성을 띈다. 이 때 살며시 손을 들어 뺨을 때려주면 본래의 모습으로 변한다.

3. **몬주익의 영웅형**

술에 취하기만 하면 뛰는 자들이 있다. 통상 한 블럭 정도를 뛰지만 가끔씩 역전 마라톤을 하는 심각한 경우도 있다. 주위의 시선을 의식한 행동이므로 무시하면 다시 돌아오는 경우가 대부분이다.

4. **비극적 흡수형**

무엇이든 붙들고 운다. 통상 사람들을 붙들고 우는 경우가 많으며 중상이 심각한 경우는 버스 바퀴를 잡고 우는 경우도 있다. 즉각 귀가조치하고 다음날 갈구기를 통해 창피함을 유발하여야 한다.

5. 알콜성 수면부족형

알콜이 발그레해 짐과 동시에 쓸어진다. 당사자가 한정치산자로 변하기 때문에 비교적 피해가 적은 편이나 가끔 벌떡 일어나 술을 권하고 다시 자는 금치산자도 있다. 이때는 주방 아주머니에게 참기름 깔때기를 요청하여 잠자는 순간 깔때기를 이용 해당인에게 술을 100cc정도 투여하면 효과가 있다.

6. 밴댕이 지향성 증후군

평소엔 원대한 마음을 품은 자가 술만 들어가면 밴댕이가 된다. 사소한 농담에 홍분을 하며 논쟁을 마다하지 않는다. 심지어 오바이트 시에 나온 김밥을 보고 자기 몰래 먹었다며 시비를 거는 경우도 있다.

제3장 응용

제8조(주의사항)

여성이 특히 주의해야할 술은 다음과 같다.

1. 매실주

상당히 달콤하며 5년 숙성을 통한 감칠맛이 뛰어나 알코올 특유의 역겨움이 없다. 알코올 도수가 통상 14도 안팎으로 인체흡수에 최적인 알코올 도수와 유사하여 급작스런 취기가 진행되는 관계로 여성을 준 식물인간으로 변화시킨다.

2. 와인

근사한 바의 분위기와 달콤한 와인의 유혹은 능히 열녀문을 무너뜨릴만한 힘을 가진다. 특히 분위기가 무르익은 후 즐기는 와인과 위스키의 폭탄주는 상황을 멜로영화에서 애로영화로 바꾸는 묘미를 꾀한다.

3. 술 먹기 게임에서의 벌주

게임을 통해 굳건한 정조의식을 웃음으로 무장해재 시킨 뒤 마시는 벌주는 향후 일어날 천벌에 대한 예고편이다. 특히 바캉스, MT 등 여행으로 풀어진 마음으로 인해 벌어지는 낯선 이들과의 술 먹기 게임은 되돌릴 수 없는 파국을 초래하기도 한다. 이에 대한 방지책으로 '흑기사 제도'가 있다.

4. 레몬소주

상큼한 레몬과 소주가 만나 수녀를 탕녀로 변하게 하는 심각한 흉기가 된다. 다만 널리 보급되어 이미 만행이 공개되어 위험성이 덜하고 비타민 C의 다량 함유로 줄담배를 피우는 골초에게 적당한 술이다.

제9조(무전취식)

다음 각 호에 해당하는 자를 '빈대'라 하고 가택연금 10일을 명한다.

1. 계산시 신발 끈을 매는 경우

심한 경우 묶었던 신발 끈을 푸는 경우도 있으며, 심지어 워커를 신고 오는 뻔뻔스러운 자도 있다. 술을 마실 경우에는 미리 회비를 받아 두어야한다.

2. 계산시 화장실에 가는 경우

생리현상이 계산시 집중되는 일이 년 3회 이상 반복될 경우 화장실을 다녀올 때가지 계산을 미루거나 술집 사장님에게 화장실 다녀온 사람이 계산 할거라는 귀뜸을 하고 나간다.

3. 술 마시는 도중에 참여한 경우

술 마시는 도중에 참여하였다는 이유로 년 5회 이상 회비납부를 거부하며 안주빨을 세우는 자에게는 2차 계산을 명할 수 있다.

4. 무일푼이 고가의 술을 원하는 경우

지갑에 1000원 짜리 몇 장 들고 나이트 가자며 분위기를 띄우는 경우에 지갑을 확인 후 '쿠사리'를 주어 행위의 반복을 금하게 하거나 신용카드를 압류하여 계산에 이용한다.

제10조(술병의 용도)

술병은 알콜을 담는 용기로서 뿐만 아니라 마이크, 종아리 미용 등 쓰임새가 많으며, 때로는 자신을 보호하는 수단으로서도 요긴하다. 다만, 플라스틱 재질의 막걸리 통이나 1.8L들이 Pet 소주는 제외한다.

제11조(폐인의 조건)

다음 각 호 중 두 개 이상의 항목에 해당하는 자를 '폐인'이라 명하고 양지마을에 준하는 감호시설에 수감하여 사회로부터 격리토록 한다.

1. 깡 소주를 즐기는 자

안주를 먹으면 혀 끝으로 느껴지는 술의 참 맛을 알 수 없으므로 소주병을 들고 나팔을 불어댄다.

2. 노가다식 음주법 소유자

노가다식 음주법은 두 가지 종류가 있는데 막걸리를 먹어야 일을 할 수 있는 경우와 요구르트, 초콜릿, 우유 등 각종 유제품만으로도 소주를 즐길 수 있는 경지에 오른 경우가 있다

3. 혼자서 술 먹는 것을 선호하는 자

뭔가 사회에 불만이 많거나 사랑의 실패자에게서 흔히 관찰되며 폐인으로 가는 확실한 지름길이다.

4. 필름이 자주 끊기는 자

필름이 끊기는 것에는 두 가지 경우가 있다. 과음으로 인해 완전히 끊기는 급성 과거단절증의 경우 치유 가능하나 술을 먹기만 하면 순간순간 끊기는 만성의 경우에는 현대의학의 영역 밖이다.

제12조(폭탄의 관리)

가급적 폭탄들과의 술자리는 피해야 하며 불가피한 경우 다음 각 호에 유의하도록 해야 한다.

1. 폭탄과의 술자리에서는 가급적 폭음을 삼간다. 술 먹고 싶은 심정이야 이해하지만 과도한 폭음 후 깨어나 보면 인생이 달라지는 경우가 생길 수 있다. 폭탄에게 술을 먹여 안심시킨 뒤 틈을 보아 조용히 '먹튀'를 도모하여야 한다.
2. 나이트 등에서는 부킹시 공주와 폭탄이 혼재하여 폭탄과의 한잔 술이 불가피할 경우. 이 경우 부킹법 제7조 제4항(나이트 부킹의 원리)에 따라야 한다. 부킹법 제7조 제4항 (나이트 부킹의 원리)
3. 폭탄은 대접해 주어라. 공주 옆에 붙은 폭탄은 불안전성이 높아 특정 온도이상 열을 받으면 폭발한다. 즐거운 농담에도 폭탄은 과잉 반응하여 공주와 함께 산화하므로 폭탄 테이블은 아예 피하고 폭탄과 공주가 함께 있을 때는 공주만 데리고 조용히 2차를 도모하여야 한다. 특히 폭탄에게 폭탄주를 돌리면 다음날 후회할 일이 생길 수도 있다.

제4장 부칙

제1조(시행일) 이 법은 공포 후 3개월이 경과한 날부터 시행한다.
제2조(경과조치) 이 법 시행 당시 '알콜중독자'는 이 법의 열람을 금한다.
제3조(벌칙에 관한 경과조치) 이 법 시행전의 행위에 대한 벌칙의 적용에 있어서는 종전의 사회적 통념에 의한다.
제4조(다른 법령과의 관계) 이 법 시행당시 다른 법령에서 종전의 규정을 이용한 경우 이 법 중 그에 해당하는 규정이 있는 때에는 해당 규정을 인용한 것으로 본다.

6.7 주국헌법(酒國憲法)

余가 一般麴民의 飮福을 增進하고 麴價의 隆昌를 圖하며 世界平和를 永遠 維持하기 爲하야 玆에 酒國憲法을 發布하노라

酒降生 一千九百二十九年二月一日
大酒國賤者 御 諸
麴務各大臣 署 名

一. 이 憲法에 違反하는 者는 一年間禁酒國에 流配함.
一. 이 憲法은 發布日부터 施行함.

第一條
酒國은 一般麯民으로 永遠維持함.

第二條
酒國은 領土는 全世界로 하되 米國과 가튼 禁酒國은 特別食民地로 함.

第三條
酒國은 天子, 大將이 無함(醉中無大子, 酒無大將이라는 由來語에 依하야)

第四條
心身에 故障이 잇는 者, 未成年男女, 基督敎信者는 酒國에 入籍을 不許함.

第五條
酒國의 國都는 鐵甕城으로 定함.

第六條
三盃以上을 먹을 資格이 있는 者로 酒國에 稅金(酒代)을 納入한 者는 누구나 酒權者가 됨.

第七條
酒國에 入籍한 者는 그 程度如何를 따라서 酒天子, 酒大統領, 酒大將, 酒검知, 모주兵丁, 알코올博士, 酒太白 等 榮位, 雅號를 與함.

第八條
酒國의 爵位는 空, 厚, 百, 自, 濫五 等으로 하야 술잔을 잘 비도록 먹는 사람은 空酌, 큰 잔으로 두둑히 먹는 사람은 厚酌, 百盃를 能히 먹는 사람은 百酌, 자기 손으로 부어 먹는 사람은 自酌, 함부로 부어 먹는 사람을 濫酌이라 稱함.

第九條
麯民은 蒸瓶(술병)의 義務가 有함.

第十條

麴民은 남의 술을 먹고 반듯이 報償할 義務가 有함.

第十一條

술의 盃數는 酒不護盃의 原則에 依하야 반듯이 寄數로 하되 一不若, 三小, 五宜, 七可, 九足으로 하고 此以上은 麴民의 體質, 金力, 嗜好에 依하야 自由放任함.

第十二條

飮酒의 適宜한 時期는 左如히 定함.

一. 千里他鄕逢友時
二. 斜風細雨夕陽天
三. 旅館寒燈無聊時
四. 月白雪百夜
五. 花開葉落時
六. 憂露悲哀時
七. 痛快興奮時
(但, 飯酒及解酲은 隨時實行함)

第十三條

사람이 술을 먹되 술이 사람을 먹지 안케할 事.

第十四條

수염이 많은 사람은 잔을 畢한 때마다 반듯이 手巾으로 口頭大淸潔할 事.

第十五條

愛人이 있는 사람은 酒後에 반듯이 양치를 잘하고 「키스」할 事.

第十六條

술을 붓지 않는 사람은 不傾罪에 處함.

第十七條

술을 혼자 密賣飮한 者는 無期로 共同酒會에 參加를 不許함. 但 改悛의

事가 잇는 때에는 酌量減輕함을 得함.

第十八條

술을 먹은 뒤에 言爭, 決鬪를 하야 酒國의 公安을 妨害하거나 拒逆을 하야 公衆衛生을 妨害케하는 者는 卽時 酒會席에서 退場을 命함.

第十九條

酒會에 遲參한 者는 後來者 三盃란 慣習法에 依하야 處罰함. 但, 特殊地方에 施行하는 所謂谷山사돈목이法은 너무 苛酷함으로 本法發布日로부터 廢止함(谷山에서는 後來者에게 座客마다三盃식을 주는 일이 있다).

第二十條

酒後에 노래나 춤 其他작란을 잘하는 者는 大盃를 賞與함.

第二十一條

左記에 害黨하는 者는 酒國의 十不出로 認함.

一. 술잘안먹고 안주만 먹는 者
二. 남의 술에 제 生色내는 者
三. 술잔잡고 잔소리만 하는 者
四. 술먹다가 딴座席에 가는 者
五. 술먹고 따를 줄몰으는 者
六. 喪家집 술먹고 노래하는 者
七. 잔치집 술먹고 우는 者
八. 남의 술만먹고 제술안내는 者
九. 남의 酒席에 제친구 다리고 가는 者
十. 宴會酒席에서 祝辭 오래하는 者

第二十二條

麴民黨員의 步法은 之字 或은 玄字式으로 하야도 無妨하되 公衆交通을 妨害치 말사.

第二十三條

酒國麯民의 帽子는 左傾하야도 特別히 取締치 안이함.

第二十四條
酒國麯民의 顔面은 赤化하여도 取締치 안이함.

第二十五條
麯民黨員은 少하야도 懷中에 一金五十錢也를 準備함이 加함.(小便濫方의 科料處罰을 當하기가 쉬우닛가)

第二十六條
酒國麯民은 敎養의 必要上長進酒, 飮中八仙歌, 酒德頌 等을 一日一回식 朗讀할事.

第二十七條
酒者는 伐性之狂藥也라는녯 解釋을 곳치여서 酒者는 伐性之狂하니 藥也라해하되 此를 不準하는 者는 斯門亂賊으로 認함.

第二十八條
酒國의 政黨은 麯民黨麯水黨以外에 他黨의 設置를 不許함.

第二十九條
本法은 麯民黨員의 多數決議가안이면 變更함을 不得함.
(법률조항이기 때문에 원문에 있는 그대로 띄어쓰기, 한자, 맞춤법은 인용하였음)

이 주국헌법은 청오(靑吾) 차상찬(車相瓚)이 『別乾坤』 19호(1929)에 발표한 내용이다. 아마도 우리나라에서 '술과 관련된 법'으로는 효시일 것이다. 유사작품들은 모두 이를 흉내 낸 것에 불과하다. 주국헌법의 저자를 찾지 못하고 10여 년간 인용만 하다가 최근에 이의 저자를 찾아내었다. 그가 바로 청오이다.

이상은 헌법 전문으로부터 시작하여 총 29조로 된 매우 구체적으로 만들어진 주국헌법이다. 주국의 영토와 조직과 지위의 명칭, 주국의 麯民이 될 수 없는 자의 명시(심신의 고장이 있는 자, 미성년자, 기독교인 등)와 酒國 입적의 불허, 國都의 지정(鐵甕城), 국민의 의무사항과 음주의 양을 체질과 금력과 기호에 따라 선택할 수 있게 하였으며, 음주의 적절한 시기를 7가지로 분류하고, 음주의 예의와 금지사항 등을 구체적으로 적시하고 처벌의 양도 정했다.

제21조에서 음주 행태의 꼴불견을 적시하여 十不出로 정하였으며 주국의 정당은 麴民黨, 麴水黨, 이외 타당은 불허한다고 했다. 끝으로 부칙에 해당하는 제29조에는 본 법은 麴民黨員의 다수의 결의가 아니면 변경함을 부득함이라 하여 이 법의 개정을 어렵게 하고 있다.

청오의 호담장쾌하고 해학적인 글 중에는 일상생활에서 많은 사람이 꺼리고 싫어하고 놀림감이 되는 술과 대머리, 뚱뚱보란 소재를 다루어, 긍정적으로 받아드리는 심정적인 태도를 기발하고 유머러스하게 표현하였는데, 그 대표적인 작품이 '酒國憲法'(別乾坤. 19호. 1929)과 '대머리(禿頭) 철학강좌'(第一線 2권 6호. 1932)와 '뚱뚱보 철학(別乾坤. 8권 10호. 1933)이다. 청오 자신이 술 잘하고, 대머리이고, 뚱뚱보였기 때문에 절실하고 실감나는 글이 되었을 것이다.

6.8 주자십류와 불문십조

주자십회(朱子十悔)에 보면 술 취해서 망언한 것은, 술 깨고 난 후에 후회한다(醉中妄言, 醒後悔)라고 경고하고 있다. 또한 손님을 잘 대접하지 않으면, 손님이 떠난 후에 후회한다(不接賓客, 去後悔)라고도 하였다. 이를 빗대어 후학들은 주자십류와 불문십조를 다음과 같이 주문하고 있다.

대개
한잔 술에 붉어져서 마음껏 소리를 지르면 주졸(酒卒)의 경지라.
한 됫박 술에 희노애락을 흩뿌리면 주생(酒生)의 경지라.
한말 술에 호연지기 풍운을 일으키면 주장(酒將)의 경지라.
한 수레의 술을 끌고 가지는 못해도 마시고는 가면 주걸(酒傑)의 경지라.
한잔 술과 백 잔의 술이 시종여일하면 주호(酒豪)의 경지라.

한잔 술에 백가지 풍류가 품어 나오면 주후(酒侯)의 경지라.
한잔 술에 오상고절한 선비의 기개가 만방에 떨치면 주군(酒君)의 경지라.
백수레에 향주를 담아 사방에 인의(仁義)를 천명하면 주왕(酒王)의 경지라.
우주가 곧 술이요 만물은 곧 안주로다 하면 주신(酒神)의 경지라.
석잔 술에 옥같은 시어를 뱉어내고 주변에 신묘한 기운이 맴돌며 십장생(十長生: 십장생이 십일장생으로 변형되었다는 소문도 들리는데, 추가된 것이 '생삼겹'이라는 바. 21세기 퓨전시대상을 반영한 그 무엇이 있어요)이 너울너울 춤추는 계제가 곧 주선(酒仙)의 경지로다.

또한 일찍이 주자께서 가로사대 주도(酒道) 입문자들에게 이르시기를 '불문십조(不問十條)야 말로 금도(襟度)니라' 하셨는데 그 내용은 다음과 같다.

제1조 청탁불문(淸濁不問): 술은 모름지기 청주와 탁주를 가리지 말라.
제2조 노소불문(老少不問): 주석에선 연령을 초월한 동지애가 있어야 한다.
제3조 원근불문(遠近不問): 벗이 청하면 천리 밖에 있어도 요령소리 힘차게 가라.
제4조 생사불문(生死不問): 주량을 저울질 하지말라. 주석에서 인생을 하직하면 주귀(酒鬼)로서 거듭날지어다.
제5조 지위불문(地位不問): 주석에서 신분의 고하를 명시하는 것은 십류(十類)밖 처사다.
제6조 종족불문(宗族不問): 주석에서 종중과 문중 파벌을 논치말라. 모두가 사해동포로다 인류애로 뭉쳐라.
제7조 은원불문(恩怨不問): 주석에서 사소한 은혜와 전비(前非)를 논하지 말라.
제8조 시간불문(時間不問): 주석에 계절과 주야가 따로 없다. 벗이 청하면 새벽 네시건 엄동설한에 벌판이건 못갈 이유가 없다.
제9조 사상불문(思想不問): 주석에서 흰 고양이가 먼저냐 흑 고양이가 먼저냐로 언쟁치 말라 다만 경청하면 되는 것이다.
제10조 윤회불문(輪廻不問): 덧없는 인생이라고 이승과 저승을 논하지 말라. 무상한 천애(天涯)에 천변만화의 신묘함이 있느니라.

6.9 천자의 주법

주(舟)나라 문왕(文王)이 술을 좋아하여 궁중에 오천 명의 술꾼들이 북적거렸다. 나라 안 각지의 제후들은 문왕의 방탕을 보고는 내심 쾌재를 부르면서 호시탐탐 왕위를 노렸다. 그래서 근심에 쌓인 문왕의 태자는 궁리 끝에 심산유곡에 은거하고 있는 주자(酒子)를 갖은 예우 끝에 초빙하여 왔다.

문왕의 주법은 본래 호기방장한 기풍을 숭상하여 고급한 술을 대량으로 마시면서 주량의 세고 약함을 즐겼는데, 식객 오천이 두주불사의 기인들로서 문왕의 총애를 취하기 위하여 각종 이술과 방외의 주법을 배합하여 하루하루를 영위하는 그야말로 희대의 구경거리였다.

문왕은 태자가 천거하였다는 주자에게

"그대의 명성은 익히 들어온 바이나, 주법은 광대무변하고 심원하여 실로 세상의 실리와 추측으로는 판단키 어렵도다. 그대는 짐에게 어떤 신묘함을 보여줄 수 있는가?"

주자 가로사대

"저는 열 걸음마다 술 한 동이씩을 비우면서 천리를 가도 쓰러지지 않습니다."

"천하무적이로군"

문왕은 경탄하면서 주자를 쉬게 하고는 오천의 식객 중에서 가장 주량이 센 다섯 명을 뽑아 주자와 겨루도록 하였다. 시합에 들어가기 전 주자는 문왕에게 다음과 같이 제안하였다.

"제게 주법이 세 가지가 있는데 대왕께서 원하시는 대로 쓰겠습니다. 먼저 이것을 설명 드리고 시합에 임하도록 하겠습니다."

"과인이 알고 있는 주법과 견주어 볼 것인즉, 어서 아뢰어라."

“첫째 천자의 주법이 있고, 둘째 제후의 주법이 있으며, 셋째 서인의 주법이 있아옵니다.”

“천자의 주법은 무엇인가?”

“천자의 주법은 북극의 빙하로 술병을 삼고, 서역의 사막을 탁자로 삼아 남국의 청해(青海)를 쏟아 부어 춘하추동의 사시로 덮어 술을 담그는데, 음과 양의 대 기운으로 숙성하여 마침내 뚜껑을 열면 그 향기만으로도 모든 제후가 무릎을 꿇고 천하가 항복하는데, 이 술을 한 모금 마시면 천지가 합일되어 그 위용과 정기가 세상을 포용하고 어진 이들이 심산에서 출세하고 오곡백과가 번창하며 무릇 백성은 치세를 피부로 느끼지 못하는바, 이것이 바로 천자의 주법입니다.”

크게 놀란 문왕이

“제후의 주법은 무엇인가?”

“제후의 주법은 지혜 있고 용기 있는 선비로 하여금 항아리를 만들고, 어질고 착한 백성으로 탁자를 삼으며, 호걸스러운 무리로 술잔을 빚습니다. 이 주법을 이루면 주위에 맞설 자가 없고, 한 모금 마실 때마다 천하의 영욕과 율법이 보입니다. 하늘로는 해와 달과 별을(三光) 본받아 천리를 따르고, 땅으로는 군왕과 어버이와 스승을(三尊) 따르고, 아래로는 사방을 편하게 하는 것입니다. 이 주법을 펼치면 우뢰와 번개가 치는 듯하여 군웅들이 항복하고 명령을 듣지 않는 자가 없습니다.”

문왕은 탄식을 하면서

“그러면 서인의 주법은 무엇인가?”

“서인의 주법은 풀어헤친 머리에 일어선 구레나룻, 숙인 갓에 풀어진 옷자락, 눈을 부릅뜨고 고함을 지르면서 군왕 앞에서 주정하고 토하며 갖은 아양과 남을 헐뜯기를 좋아하니, 위로는 겨우 목이나 축이고 아래로는 오장육부를 피폐하게 할뿐입니다. 이것이 서인의 주법인데 돼지의 섭생과 같습니다. 이제 대왕께서 서인의 주법을 좋아하시니 저는 대왕을 위하여 부끄러히 여기는 바입니다."

문왕은 그로부터 석 달 동안 술을 마시지 않았으며, 오천의 주객은 모두가 고향으로 돌아가 괭이와 낫을 들었다 한다. 후세에 사람들은 이 신묘한 주자의 문답을 『설주경 說酒經』이라 부르다가 『주경』으로 통칭하였다는 것이다. 주도가 이처럼 사람따라 다름은 품격이 있음이고, 체면이 있음이다. 돼지는 돼지처럼 마셔야 하며, 왕은 왕처럼 마셔야 국가의 기강이 바로 선다는 의미일 것이다.

6.10 군자와 소인의 주작문화

멀고 먼 옛날 천지의 시초에는 음식과 약만 있었고 술은 아직 없었다. 술은 신들의 세계에서만 사용되었다. 그리하여 인간의 세계에는 실질(實質)은 있었으나, 문화가 없었고 생활은 야(野)하며 단조로웠다. 후에 성인이 나서 인간생활을 널리 살펴보고 먹고사는 일이 뭇 짐승과 크게 다르지 않다고 하여 이를 가엾게 여겨 술을 만들어 내놓았고 그 마시는 법을 일일이 정하였다.

대저 성인(聖人)이 술을 마시는 법(法)을 만들 때 천지자연의 법칙에 준거(準據)하여 만든 까닭에 군자가 이 법도에 따라 술을 마심으로써 덕을 크게 성취할 수 있다.

혹자(或者)는 말하기를 "술은 인간에 이롭지 않다. 정신을 흐리게 하고 몸을 상하게 한다..."고. 그러나 그것은 그렇지 않다. 술을 마심으로써 정신이 혼미해지는 것은 그 속에 맑음이 있는 것이고, 몸이 피곤해지는 것은 그 속에 굳건함이 있는 것이다.

술에는 대체로 세 가지 큰 덕이 있다. 그 하나는 '일으키는 것'이고, 둘은 '새롭게 하는 것'이고, 셋은 '통하게 하는 것'이다. 그런 까닭에 군자가 널리 학문을 깨쳤어도 주도를 통하여서만 문화와 큰 덕을 비로소 완성할 수 있다. 술의 자유자재함과 그 격식은 성인의 도덕이 넓음과 엄격함에 비교될 수 있다. 예로부터 많은 사람이 천지의 본질을 체득하였어도 그것의 활용이치를 깨우치지 못하는 것은 술의 도리를 얻지 못한 까닭이다. 군자의 학문이 뿌리를 얻는 것이라면 주도는 가지를 얻는 것이 된다.

뿌리만 있고 가지가 없다면 어떻게 열매를 맺을 수 있겠는가? 그런 까닭에 모든 성인이 술을 즐겨하였으며, 술에서 천지의 대용(大用)을 살펴볼 수 있었다. 공자(孔子)도 말하기를 "술 마시고 취하지 않았을 때와 같이 행동하기 어렵다." 하였으며, 『시경 詩經』에도 술 마시는 법도를 얘기하였다. 『史記』에 이르기를 郊天禮廟 非酒不享君臣朋友 非酒不義 鬪爭相和 非酒不勸. 酒有成敗而不可泛飮之라 하였다. 즉, 하늘에 제사지내고 사당에 제례 올리는 것도 술이 아니면 흠향하지 않고, 임금과 신하, 친구와 친구 사이에도 술 없이는 의리가 두터워지지 않는다. 또 다툰 후에 서로 화해하는 것도 술이 아니면 권할 수가 없다. 그러므로 술에는 성취함과 실패함이 있어 결코 함부로 마셔서는 안 된다고 경고하고 있다.

술 마시는 일은 지극히 어려우나 차차 익혀나가면 마침내 성취를 볼 수 있을 것이다. 무릇, 주법의 광대함은 일언(一言)으로 다 말할 수 없으나 대체로 취한 마음을 잘 다스리는 것을 으뜸으로 삼고 그 법도를 다음으로 여긴다. 취한 마음에서 도인의 정을 알 수 있으며, 그 법도에서 군자의 아름다움을 볼 수 있는 것이다. 그러므로 학인(學人)이 처음으로 주법을 배울 때는 반드시 그 마음이 일어나는 것을 경계하고 오만한 마음을 갖지 말아야 한다.

술을 마심에 있어 처음부터 선한 마음을 갖지 않으면 온갖 마심(魔心)이 일어난다. 그렇게 되면 술에서 마음을 상(傷)하게 되고 큰 덕을 잃게 되는 것이다. 속인(俗人)의 마음에 일어나는 취마(醉魔)에는 세 가지가 있는데 첫째는 '화나는 것'이요, 둘째는 '슬퍼지는 것'이요, 셋째는 '생각에 조리가 없어지는 것'이다.

7. 주당들의 주령놀이 보감

주령(酒令)은 여럿이 모여 술을 마실 때에 서로 음주를 권하고 홍취를 돋우어 주는 유희를 의미한다. 상령(觴令), 굉령(觥令) 및 영장(令章)이 모두 주령을 달리 부르는 말이다. 후한시대의 인물 가규(賈逵)의 저작에 시(詩) · 송(頌) · 뇌(誄) · 서(書)및 연주(聯珠)와 함께 또한 주령이 하나의 편명으로 들어있어 주령은 늦어도 한 대에서는 이미 음주를 위한 유희의 하나로 정착된 것으로 추측된다. 수 · 당 시대에 와서는 그것이 세간에 두루 유행하였다. 원굉도(袁宏道)의 『상정 觴政』이 그 대표적인 것이라고 할 수 있다.

중국의 주령(酒令)은 서주(西周)시대에 비롯된 것으로 보이는데, 그 당시의 주령은 주홍(酒興)을 일으키게 하는 것이 아니라, 주례(酒禮)를 보조하는 것으로서 사람들에게 술을 덜 먹도록 권하는 기능을 한 것으로 보인다. 술은 즐거움을 배가시켜 주기도 하고 동시에 슬픔을 줄이는 대표적 음료이다. 고대 중국에서, 사람들은 명절이나 경축일이 되면 친구들과 함께 술을 들며 즐거움을 나눈다. 맛있는 안주를 먹으면서 인생의 즐거움을 맛보고, 여러 가지 놀이를 하거나 정을 이야기하기도 한다. 어느 시기부터인가 주령(酒令)은 사람들에게 술을 권하거나, 술내기를 하거나, 심지어는 강제로 술을 마시게 하는 수단이 되었는데, 주령으로 인한 폐해 또한 적지 않았다.

주령은 술자리에서 동석한 사람끼리 법칙을 정해 술을 마시는 유희이다. 이것의 중요한 의도는 바로 오락을 즐기면서 주흥을 돕는 것인데, 이것은 우의를 다지고, 지력(智力)을 배양시키고, 즐거움을 증가시키고, 정서를 조절하는데 도움을 준다. 한편 투아(投壺), 시매(猜枚: 술자리에서 하는 놀이로 안주로 나오는 견과류의 씨나 바둑돌 등을 손에 쥐고 알아맞히는 놀이), 시권(猜拳: 한 사람이 숫자를 말하면서 손가락을 내밀면 두 사람의 손가락 숫자를 합하여 말한 숫자와 같으면 말한 쪽이 이기는 놀이, 즉 우리나라의 묵찌빠 놀이와 비슷하다), 주사위 던지기, 골패놀이 등 일반인들이 즐기던 투박하고 토속적인 놀이와 달리 문인학사의 주령(酒令)은 고상하고 멋스러움을 지닌다. 문사들이 하는 주령은 언어를 이용한 주령이었다.

7.1 시(時)·서(序)·수(數)·령(令)의 고대의 주령(酒令)

고대 중국사회에서 술은 예(禮)와 밀접한 관계를 가진 "예를 이루는 음료"였기 때문에, "술이 없으면 예를 이룰 수 없다"라거나 "모든 예의는 음주(飮酒)에서 비롯된다"라고 하였다. 특히 서주시대에는 음주 예의에 대한 규정이 매우 엄격하고 구체적이었다. 이러한 예의는 "시(時)·서(序)·수(數)·령(令)"이라는 4글자로 개괄할 수 있다.

이른바 "시(時)"라는 것은 어떤 때에 음주할 수 있는가를 말하는 것으로서, 천자(天子)나 제후(諸侯)의 대관식, 성혼식, 과거급제, 제사 또는 그 밖의 중대한 의식 등에서만 비로소 음주가 가능하였다. "서(序)"는 음주의 순서를 말하는데, 반드시 천(天)·지(地)·귀(鬼)·신(神)을 먼저 높이고, 그런 다음 장(長), 유(幼), 존(尊), 비(卑)의 순서에 따라야 함을 뜻한다.

"수(數)"는 음주의 회수와 양(量)을 말하는데, 아무리 많아도 3잔을 넘어서는 안되며, 이미 3잔을 마셨다면 물러나야 함을 뜻한다. 삼배계주의 령도 이에서 연원한다.

"령(令)"이란, 음주 시에는 반드시 주관(酒官)의 호령에 따라야 함을 말한다.

이러한 "시(時)・서(序)・수(數)・령(令)"을 어기는 것은 예(禮)를 어기는 것이 된다. 주연(酒宴)에서는 이러한 예법을 지키기 위하여, 전문적으로 음주 예의를 감독하는 '주관(酒官)'・'주감(酒監)'・'주사(酒史)' 등이 배치되었다. 주관의 직무는, 술을 내린 "주령(酒令)", 즉 주례의 집행을 보조하고 사람들에게 술을 적게 마시도록 권하는 것이다.

그러나 시대의 변천에 따라 춘추 이후 예악(禮樂)이 무너지자, 제왕들 사이에 음주나 애주(愛酒)를 귀히 여기는 풍조가 성행하게 되었다. 이에 따라, 절대 다수의 주관들이 행하는 주령은 희극적 성격으로 변화되었는데, 처음에는 주연에 흥을 돋구는 일을 도와 사람들로 하여금 술을 많이 마시도록 권하는 일을 하게 되었다. 이후 그들은 사람들에게 술을 많이 마시게 하는 각종 수단과 방법을 사용하게 되었으며, 이는 지금 말하는 "주령(酒令)"의 진정한 의미이기도 하다.

이러한 주령의 실시와 운용은 옛사람들의 주례(酒禮)에 대한 변혁이자 발전이었으며, 중국인들의 접대문화가 구체적으로 반영된 것이었다. 중국의 주령은 이미 2,000 여년의 역사를 가지고 있다. 세월에 따라 주령의 형태도 끊임없이 변화하였으며, 그 유형과 내용도 점차 풍부해졌다. 처음에는 활쏘기, 시가(詩歌), 투호(投壺) 등에서 출발하였다가, 결국에는 가무(歌舞), 미어(謎語), 대련(對聯), 소화(笑話), 서명(書名), 인명(人名), 유희(遊戲), 시권(猜拳: 손에 쥔 물체의 수량이나 색깔 등을 알아 맞추는 것), 바둑, 주사위 등등이 모두 주령으로 발전하게 되었다. 당대(唐代) 이후에는, 이러한 주령을 기록하고 소개한 많은 전적들까지 나왔다. 예컨대, 주경(酒經), 주이아(酒爾雅), 주율(酒律), 취향율령(醉鄕律令), 가빈심령(嘉賓心令), 소주령(小酒令), 문자령(文字令), 음중팔선령(飮中八仙令) 등등이 있다.

옛사람들이 행하였던 주령에는 많은 규칙이 있었는데, 간단히 말하면 일단 주연이 열리면 사람들은 먼저 덕망이 있거나 신분이 높은 사람, 말을 잘 하거나 주량이 큰 사람을 추천하여 '영관(令官)'의 임무를 맡게 하고, 상정(觴政)을 주관하게 한다. 영관은 먼저 영주(令酒)를 한잔 마시고, '주령의 개시'를 알리며, 모두에게 지켜야 할 규칙을 설명해준다. 첫 번째 규칙은, 조직 제도와 상벌 제도에 관한 규칙이고, 두 번째 규칙은 주령의 기술에 관한 규칙, 즉 주령의 형식과 내용 등에 관한 것이다. 이어 곧바로 주령을 시작하는데, 수행하지 못하거나 주령과 다르게 행한 사람, 또는 규칙을 어긴 사람은 술을 마시거나 벌주를 받게 된다. 주령의 형식이나 내용 등은 일반적으로 주연에 참석한 사람들의 신분, 문화 수준, 취향 등에 따라 결정된다. 중국 고대에서 자주 사용되었던 주령은 대개 율령, 유희령, 도박령, 문자령, 가무령 등으로 분류된다.

7.2 벌주놀이: 원굉도의 상정(觴政)에서의 주령놀이

7.2.1 『상정 觴政』의 저술동기

『상정 觴政』은 원굉도(袁宏道)가 유랑에서 6년간의 은거를 끝내고 북경에서 3번째 벼슬을 하던 시기에 지은 술에 관한 글이다. 원굉도는 만력 34년에 공안현(公安縣) 유랑에서 6년간의 은거생활을 끝내고 북경에서 補禮部儀制司主事로 임명되었다. 이 시기는 萬曆帝인 神宗이 국고의 재정을 확충하기 위해 지방으로 稅監을 내려 보내 鑛稅를 수탈하던 때다. 그렇지만 補禮部儀制司主事란 직책은 禮部의 일을 돕는 보잘 것 없고 한가한 곳이었다. 그래서 그는 한가한 시간을 이용하여 은거기간에 쓴 시문을 정리하던 시기에 『상정』을 창작한 것으로 보여 진다.

그런데 『상정 觴政』의 열 번째 글 장고(掌故) 속에 『금병매 金甁梅』와 『수호전 水滸傳』을 '甲令의 逸典'이라고 언급하고 있어 『상정』의 창작 시기는 『금병매』의 창작시기와 맞물려 있다. 『상정』의 창작 시기는 대체로 만력 34년(1606년)으로 보지만, 상정에 부가된 '주평(酒評)'에서 정미년(1607년) 여름에 월장원(月張園)의 술자리에서 생긴 일을 기술하고 있기에 상정의 창작시기를 혼란스럽게 만들고 있다.

음주고사가 많았던 시대를 분석해 보면 두 가지의 공통점을 발견할 수 있다. 첫째는 정치사회가 혼란한 때이고, 둘째는 경제적인 풍요로 인하여 소비향락이 발달한 때이다. 예컨대 주은 말기의 '주지육림'과 위진의 '죽림칠현'의 고사 등이 혼란한 시대를 대표한 것이라면 당 이후 도시경제의 발달과 주점, 주루의 성행, 양조기술의 발달로 인해 상층 소비계층이 평안한 생활을 유지하면서 화려하고 사치스러운 물질적인 소비와 오락을 향유하던 것은 경제적인 풍요와 관련이 있다. 바로 이러한 시기에 원굉도는 『상정』을 저술하였다.

명나라 말기의 특수한 상황이 원굉도의 저술이 나올 수밖에 없었던 요인이겠지만, 술을 마시지 못한 원굉도가 『상정』을 저술한 데에는 자아개성을 추구하던 명말기 문사들의 생활풍기와 운치를 쫓던 작가의 개인적인 취향 또한 구체적인 동기가 되었을 것으로 본다.

원 · 명시기에 술에 대한 증류기술의 보급이 확대됨에 따라 전국 각지의 양조규모가 크게 발전하여 미주(美酒)의 원룡과 술의 생산량이 크게 증가하였다. 또한 명대엔 전국 각지에 도요지가 있고, 경덕진(景德鎭) 등의 자기는 세계적으로 유명하여 따라서 술그릇 등이 세련되고 화려했다.

『상정』은 음주에 관한 전문적인 저술로 주연의 격식, 음주가의 자질, 음주의 때와 장소, 상황, 주령 등 16가지 항목에 걸쳐 서술하였다. 하지만 원굉도는 전혀 술을 마시지 못한 문인이었다. 『상정』의 자의(字意)는 술자리(觴)에서의 규칙(政)으로 주령(酒令)의 의미이다. 제목으로 쓰일 때는 단순한 '벌주놀이'의 의미보다 음주 자리의 전반적인 격식과 음주 도구, 환경 등을 포함한다. 그는 짧은 서문에 술자리의 분위기를 좋아한 자신의 기호, 『상정』을 짓게 된 동기, 올바른 술자리를 만들어 갈 묘책 등을 모두 기술하였다.

7.2.2 『觴政』을 통해 본 袁宏道의 음주관

명 중후기는 경제적인 발달과 함께 사회기풍이 퇴폐적인 향락문화가 일반화된 것은 이미 알고 있는 사실이다. 그는 산수를 좋아하고 해학을 좋아하였다. 술을 마실 수 없었지만 다른 사람이 술 마시는 것을 아주 좋아했다. 나는 술을 한 방울도 마시지 못했지만 술집에서 술 익는 소리만 들으면 문득 가슴이 뛰었다라고 하고 있다.

더구나 기이한 행적이 더욱 인정받아 고상한 충격으로 평가되던 사회에서 원굉도의 생활태도는 유불도의 근신하는 방식을 취하였다. 그래서 원굉도는 3번이나 관직을 오갔지만 완전한 도가도 불가도 되지 못하고 항상 유가의 끈을 잡고 있었던 것이다. 그는 술자리의 분위기를 즐겼지만 술을 못한 관계로 객관적인 시각으로 음주자리를 살펴볼 수 있었을 것이고, 자신이 동경하는 이상적인 음주문화를 그려봤을 것이다.

그는 짧은 서문에 술자리의 분위기를 좋아한 자신의 기호(嗜好), 『상정』을 짓게 된 동기, 올바른 술자리를 만들어 갈 묘책, 『상정』이라 이름 붙인 이유 등을 모두 기술하였다.

> 1) 나는 술 한 잔도 마시지 못하나 술 익는 소리만 들으면 문득 생기가 돈다. 우연히 술친구를 만나면 술 마시는 흥취에 젖어 일어서질 못하고 밤을 샐 때까지 끝내지 않는다. 그래서 서로 절친한 친구가 아니라면 내가 술을 마시지 못한다는 사실을 알지 못한다. 2) 모임의 구성원 중 근래 술을 많이 마시는 무리가 있는데 술 마시는 태도를 배우지 못해 아주 개차반이라고 느꼈다. 3) 술자리를 관리하며 주법을 다스리지 못한 것도 현령의 책임이다. 4) 지금 옛날의 법령 중 간단하면서 올바른 것만을 골라 새로운 조항을 첨가하여《觴政: 본래 주령으로, 술과 관련된 각종 규칙·지식과 사례를 가리킨다.》이라 이름 붙였다. 5) 무릇 술을 마시는 사람이라면 각자 한 권을 구하는 것이 술자리의 첫 번째 규칙이다. 楚人 袁宏道가 쓰다.

1)은 술을 마시지도 못하면서 밤을 샐 정도로 술자리와 그 분위기를 좋아한 원굉도의 기호를 말해준다. 그는 오현(吳縣)의 현령시기에 고향의 친구에게 보낸 편지에서도 "술을 마시지도 못하지만 주사(酒邪)만 있고, ……술은 만나면 야밤까지 계속되니, 더욱 잘못돼 갑니다."고 하였다. 처음 만난 사람은 술을 못하는 지도 눈치 채지 못할 정도였으니, 술을 정말 좋아하면서도 취하지 않은 채 술자리를 냉정하게 관찰하고 평가할 수 있었을 것이다. 바로 이것이 『상정』을 쓸 수 있었던 바탕이 되었던 것이다.

2)는 『상정』을 짓게 된 직접적인 동기다. ③과 ⑤는 술자리를 바로 잡는 원굉도식의 묘책을 제시한 것이다. 원굉도는 먼저 술자리를 주관하는 명부(明府)가 자신의 책임을 다하고, 술꾼이 술에 관련된 책을 숙지한다

면 올바른 술자리를 유지할 수 있다고 봤다. 음주문화를 바로 잡는데, 술꾼과 술자리를 주관하는 명부를 중시한 점은 타당하다고 하겠다. 그리고 이것은 원굉도식이 아니라 명대에 널리 퍼진 문사의 음주관행에 맞춘 방식이라고 해야 할 것이다.

3)은 『상정』은 단순한 주령의 의미보다는 바로 명부나 주법을 중시한 의미가 있다. 또한 서문에서 "지금 옛날의 법령 중 간단하면서 올바른 것만을 골라 새로운 조항을 첨가하였다"고 했는데, 원굉도 이전에 이미 술에 관한 여러 문장, 예를 들어 갈홍(葛洪)의 『酒誡』 · 왕적(王績)의 『醉鄕記』 · 황보송(皇甫松)의 『醉鄕日月』 · 宋 萍의 『酒譜』 · 주굉(朱肱)의 『酒經』 등이 있었다. 원굉도는 이중 황보송의 『醉鄕日月』을 많이 참고하였다. 원무애(袁無涯)에게 보내는 편지에 "『상정』 1편은 당인이 쓴 것이 이전부터 있어 이것을 대략 증감했을 뿐이니"라고 한 것에서 알 수 있거니와, 서로 대조하면 상당부분 내용이 같음을 알 수 있다.

여기에서는 『상정』이 좋은 음주습관, 술 마시기에 적당한 때와 장소, 주흥을 끝까지 유지하는 방안을 강구하기 위한 것이라 여기고, 대체로 1) 운치 있는 술자리, 2) 음주가의 자질, 3) 절제와 제재 방법 등으로 나누어 황보송의 『日月醉鄕』과 비교하여 서술하겠다.

1) 운치 있는 술자리

명 말시기는 독특한 문화조류로 '취(趣)'는 명사가 갖추어야 하는 조건으로 당연시하였다. 그래서 타인을 평가할 때 때때로 '취'의 유무로써 판단하기도 했다. 이러한 결과로 인해 퇴폐적인 방향으로 나아가는 경우도 있었지만 원굉도는 운치가 스며 나오는 좋은 때와 장소를 택해서 술자리를 만들고, 또 그곳에서 주흥을 돕기 위해 갖가지 방법을 강구하였다. 특히 『상정』은 술에 관한 다른 서적보다 운치 있는 모습에 대해 자세하게 서술한 것이 특징이다. 〈四之宜〉 · 〈五之遇〉 · 〈六之候〉의 내용은 약간 중복되는 느낌이 없지 않으나 그만큼 醉 · 飮 · 觀이라는 자의에 무게를 두었던 것 같다.

또한 이 세 가지 중에서 醉에 관한 〈四之宜〉를 맨 앞에 둔 것도 의미가 있다. 원굉도는 즐기고 심취하기에 어울리고 적당한 것이 있는 것처럼, 술자리 역시 적합한 상황과 장소가 있음을 말하기 위해 장황한 서두를 붙였다. 『상정』 〈四之宜〉 부분과 『醉鄕日月』의 첫머리 〈飮論〉을 비교해 보면 다음과 같다.

> 꽃에 심취하기에는 낮이 알맞으니, 그 꽃의 광채에 매료될 수 있다. 눈에 취하기에는 밤이 적당하니, 그 고결함에 녹아들 수 있다. 득의함을 만끽하려면 노래를 해야 하니 조화로움을 이끌어낼 수 있다. 이별에 빠져들기엔 바리를 두드려야 하니 그 정신을 비장하게 할 수 있다. ……누각을 만끽하려면 여름이어야 하니 맑은 바람을 취할 수 있다. 물에 심취하기엔 가을이 적당하니 그 상쾌함에 노닐 수 있다.(醉花宜晝, 襲其光也. 醉雪宜夜, 消其潔也. 醉得意宜唱, 導其和也. 醉將離宜擊鉢, 壯其神也.……醉樓宜暑, 資其淸也. 醉水宜秋, 泛其爽也. 《觴政》〈四之宜〉)

> 꽃에 심취하기에는 낮이 알맞으니, 그 꽃의 광채에 매료될 수 있다. 눈에 취하기에는 밤이 적당하니, 그 고결함에 녹아들 수 있다. 득의함을 만끽하려면 아름다운 노래가 적당하니 조화로움을 이끌어낼 수 있다. 이별에 빠져들기엔 개구리처럼 울어대는 것이 마땅하니, 정신이 더욱 비장해질 수 있다. ……누각을 만끽하려면 여름이어야 하니 맑은 바람을 취할 수 있다. 물에 심취하기엔 가을이 적당하니 그 상쾌함에 노닐 수 있다.(醉花宜晝, 襲其光也; 醉雪宜夜, 消其潔也; 醉得意宜唱, 導其和也; 醉將離宜鳴蛙, 壯其神也.……醉樓宜暑, 資其淸也. 醉水宜秋, 泛其爽. 《醉鄕日月》〈飮論〉)

『醉鄕日月』은 이것으로 끝이지만 원굉도의 『상정』에서는 운치 있는 모습을 바로 뒤에 덧붙인다.

> 달에 취하기에는 누대가 좋고, 여름을 만끽하기에는 배를 타고 떠다니며 즐기는 것이 좋고, 산에 취하기에는 그윽하고 조용한 것이 좋고, 미인에 빠져들기에는 희미한 홍조가 좋고…… (醉月宜樓, 醉暑宜舟, 醉山宜幽, 醉佳人宜微酡,……)

원굉도는 이처럼 각 상황에 어울리는 적당한 상황이 있다고 했지만 더운 여름은 술 마시기에 가장 적합하지 않은 조건으로 꼽았다. 하지만 원굉도는 누구나 기피하는 더운 여름철에 운치를 즐기며 술 마실 수 있는 방법을 이미 터득하고 있었다. 앞의 두 구절은 『醉鄕日月』의 "醉樓宜暑, 資其淸也. 醉水宜秋, 泛其爽也"는 내용을 보충하여 누대와 배의 용도를 다양하게 운용하며 즐길 수 있음을 밝힌 것이다. 뒤의 두 구절은 원굉도의 고아한 운치가 돋보이는데, 여기서 친구를 좋아하고 술자리의 담론을 좋아하지만 원굉도의 본성이 시끄러운 것보다는 조용하고 차분한 것에 가깝다는 것을 느끼게 된다. 원굉도는 '가기가 즐거워하며 특별히 재촉하거나' '음악은 낯선데 가기가 교만 떠는 것'을 술 마시기에 부적합한 것으로 여겼던 점에서 더욱 그렇다.

원굉도는 술 마실 때 너무 엄숙하고 경직된 분위기를 싫어한 듯하다. 그는 술자리가 흐트러지지 않으면서 술 마시는 운취가 자연스럽게 솟아나는 것을 좋아하였다. 그래서 서늘한 달밤이나 꽃피고 술 익을 때, '우연히 술 마시고 싶은 생각이 들 때', '술을 많이 마시지 않았지만 홍이 나서 미친 것처럼 될 때', '처음에는 우울하다가도 나중에 홍이 한껏 고조되어 이야기를 나누면 재치를 드러내게 될 때'도 술 마시기에 적당하다고 하였다. 이것은 진정한 술꾼만이 느끼는 홍취로, 원굉도가 주홍을 중시했음을 알 수가 있다. 또 〈六之候〉에서는 '술잔을 들면 노래하는 것', '酒令을 행하지 못하면 부끄러워하는 것', '술 마시면서 요리에 신경 쓰지 않는 것' 등을 주홍을 깨지 않는 방법으로 제시하며, 술자리를 즐길 줄 알면 그것으로 족하다고 하였다. 때문에 원굉도는 〈十四之飮儲〉에서 최상급의 술그릇과 안주 등을 언급하고서는 바로 뒤에 이렇게 말한다.

> 이상의 조항 중 앞의 두 항목은 명목상 갖추었을 뿐이다. 시골의 가난한 선비가 어찌 이러한 것들을 갖추고 술을 먹겠는가? 벼슬아치가 옹기에다가 채소 안주로 술을 먹는다고 어찌 고아한 운치를 잃겠는가?(以上二款, 聊具色目. 下邑貧士, 安從辦此. 政使瓦盆蔬具, 亦何損其高致也.)

그러나 술자리의 홍취를 그대로 유지하기가 쉽지만은 않다. 술을 대상으로 하기 때문에 적게 마시면 홍이 나지 않고 절제하지 못하면 술자리를 망치게 되는 것이 술자리의 상례다. 이전엔 주령이 술을 전제하기 위한 용도였다고 하지만 지금에 와서는 술을 권하는 용도로 바뀌었으니, 적당량의 음주와 술자리의 흥취를 그대로 유지하기가 쉽지 않았을 것이다. 이처럼 술자리의 문란함을 주시하고서 『상정』을 저술했지만, 역시 술자리의 운치를 중시하였다. 이에 비해 황보송의 『醉鄕日月』은 운치를 다룬 부분이 약간 부족한데, 정작 명대에 나온 오빈(吳彬)의 '酒政六則'은 함께 술 마실 사람(飮人), 술 마실 장소(飮地), 술 마실 때(飮候), 술 마실 때의 정취(飮趣), 술 마실 때 금해야 할 것(飮禁), 음주가 한창 무르익었을 때 해야 할 것(飮闌) 등에 대해 간략히 두 글자씩 언급하였다. 이 너무 간략하기는 하나 원굉도와 같은 명말 문인의 운치가 느껴진다.

2) 음주가의 자질

술자리에서 비슷한 수준의 사람을 만나는 것은 아주 중요하다. 특히 술자리에서 행해지는 주령 가운데 아령(雅令)인 문자령(文字令)을 행할 수 있는 비슷한 수준의 학식을 갖춰야 술자리의 흥이 계속해서 이어질 수 있기 때문이다. 황보송은 『선도 選徒』에서 주령을 잘 이해하고 민첩하게 행할 수 있는 자에 초점을 맞춰 서술했지만 그는 "술 마실 때 술꾼을 선택하는 것이 근간이 된다"고 하여 술꾼의 선택을 가장 중요하게 여겼다. 하지만 황보송은 술꾼의 자질을 구체적으로 언급하지는 않았다.

원굉도는 함께 술 마실 때 '억지로 즐거운 것처럼 안색을 꾸미거나', '신발에 닿을 정도로 굽신거리고 아첨하며 왔다 갔다 하며', '다른 바램이 있는 것'처럼 행동하는 사람들은 함께 술 마시기에 맞지 않다고 보았다. 그래서 원굉도는 함께 술 마시는 사람의 성품과 재기, 홍취에 대해 구체적으로 언급을 하였다.

〈二之徒〉에서는 주령을 잘 이행하는 자는 물론이거니와 "글이 간절하나 아첨하지 않는 자, 성격이 부드럽지만 복종적이지 않은 자, 고상한 해학을 잘하는 자, 시제(詩題)를 이해하고 시를 지을 수 있는 자, 술잔을 이기지 못하지만 밤늦도록 흥이 솟아나는 자" 등을 제기했다. 이는 곧 술 마시는 동안 서로 의기투합하여 스스럼없이 속내를 드러내고 담론하며 즐길 수 있어야 하기 때문이다. 그래서 그는 '새로운 친구와 마칠 때는 고상하며 진솔해야 하고' '알지 못하는 술꾼과 섞이면 즉시 물러나야 한다'(飮新知宜閒雅眞率, 飮雜揉客宜浚巡却退)고 했던 것이다.

또한 원굉도는 술꾼의 자질 중 하나로 적어도 술에 대한 상식이나 학식을 갖춰야 할 것을 언급하였다. 그는 술꾼이 읽어야 하는 필독서로 『酒經·內傳·外傳·逸傳』으로 나누었다. 袁宏道는 『六經·論語·孟子』에서 언급한 음주와 관련된 법규를 주경에, 술에 관련한 『酒經·酒譜·醉鄕日月』 등을 內典에, 『莊子·離騷·史記·漢書·世說新語·顔氏家訓』·陶淵明·李白·杜甫·白居易·蘇軾·陸游 등의 문집을 外典에, 柳永·辛棄疾 등의 詞, 董解元 王實甫·馬致遠·高明의 雜劇, 『水滸傳』·『金甁梅』의 소설 등을 逸典으로 분류하였다. 그리고 나서 다음과 같이 언급하였다.

> **만약 이러한 전적에 익숙치 않아 술에 관한 전고(典故)를 이해하지 못하고서 오로지 체면과 술만을 위하여 마시는 사람이라면 진정한 술꾼이 아니다.(不熟此典者, 保面甕腸, 非飮徒也. 〈十之掌故〉)**

이는 술자리라고 마냥 술만 들이킬 것이 아니라 술자리의 대화에 낄 수 있는 자질을 갖춰야 한다는 주장인 것이다. 그런데 원굉도가 《六經》·《論語》·《孟子》 등의 술에 관한 문구를 주경으로 분류한 것이 이채를 띤다. 예로부터 유가에서는 인간의 도의에 어긋날 것을 염려하여 술을 절제할 것을 권고하였고, 오히려 현실과 괴리된 도가나 은일자(隱逸者)들이 음주를 주창한 것을 생각해 볼 때, 원굉도가 이렇게 분류한 의도가 어디에 있는 지 자못 의심이 간다.

또한 〈八之祭〉에서도 음주할 때 신에게 제사 지내는 주신을 공자로 모시고 주성이라고 하고, 그 밑에 四配·十哲·문인들·술을 만든 창시자 등을 제사 지낸다고 하였다. 원굉도가 『상정』에서 공자와 《六經》을 술과 관련지어 언급한 것에 대해 동동(凍楝)은 유가의 성조(聖祖)와 유가 경전의 지위를 추락시킨 원굉도의 도전을 드러낸 것이라고 하였다.

그는 또한 술꾼이 따라야 하는 전형을 제시했는데, 이전의 재상이나 문사들을 飮國者·飮達者·飮豪者·飮儁者·飮文者·飮儒者·飮排者·飮辯者·飮肆者·禪飮者·仙飮者·玄飮者·飮適·飮憤·飮駃·飮矜·飮怒·

飮悲 등등으로 열거하였다. 그리고 나서 그는 "이상의 여러 공들은 모두 술에 있어서 파가 다른 것이 아니고, 흥이 기탁하였기에 이전 사람이 술을 마실 때의 상황과 풍격을 찬양하였는데, 한 가지를 보면 열을 알 수 있다. 이들은 모두 환락의 자리에 있어서 후인들이 존경하는 대가이고, 술을 좋아하고 마시는 자가 따라야 하는 표준이다."고 하였다. 이로써 원굉도가 추구하는 술꾼의 자질과 그가 바라는 전형이 어디에 있는 지 대략 짐작할 수 있다.

3) 절제와 제재의 방법

원굉도는 즐겁기 위해 술을 마시지만, 문사로서의 운치와 흥을 특히 중시하였다. 때문에 주흥을 깨지 않기 위해 술자리에서 조심해야 하는 태도도 언급하고 있다.

> 술을 마시면서 즐거울 때는 절제가 있어야 하고, 피곤할 때는 조용히 쉬어야 하고, 싫증날 때는 해학으로 흥을 돋구는 것이 마땅하고, 너무 예의를 차릴 때는 소탈한 것이 필요하고, 술자리가 어지러울 때는 주법이 필요하고, 새로운 친구와 마실 때는 고상하며 진솔해야 하고, 알지 못하는 술꾼과 섞이면 즉시 물러나야 한다.(飮喜宜節, 飮勞宜靜, 飮倦宜詼, 飮禮法宜瀟灑, 飮亂宜繩約, 飮新知宜閑雅眞率, 飮雜揉客宜逡巡却退.)

술자리를 문란하게 하는 자에게 제재를 가하는 것도 이런 까닭이었다. 이것은 『상정』을 짓게 된 동기와 직결되는 것이고, 제목을 『상정』으로 붙인 이유이기도 하다. 그래서 『상정』을 자세히 검토하면 〈五之遇〉에서 술 마시기 적당할 때와 부적당할 때를 5가지와 10가지, 〈六之候〉에서 술 마시기 즐거운 상황과 즐겁지 못한 상황을 13가지와 16가지 등 부적당한 상황을 더 많이 언급한 것으로 봐서, 원굉도가 주법에 맞게 삼가 조심하며 주흥을 그대로 유지하려는데 중점을 두고 있음을 알 수 있다.

이전의 술자리는 주연의 흥취를 즐기기 위해 주령, 청권(猜拳), 각종 오락 등을 하였다. 주령을 행할 때는 많은 규칙을 정했는데, 주연을 시작한 후에 먼저 덕망이나 신분이 높거나 언변이 좋거나 주량이 큰 사람을 추천받아 '令官'으로 뽑고는 그에게 '상정'을 주재하게 된다. 영관은 먼저 영주(令酒) 한잔을 마시고 취임했음을 알린 후에는 곧 명령을 내려, 주령을 행할 때 손님과 주인이 모두 반드시 따라야 하는 규칙을 제기한다. 첫째는 조직제도와 상벌제도에 관한 규칙이다. 둘째는 주령·유희의 기교에 관한 규칙으로 곧 주령의 형식과 내용이다. 이어서 곧 주령을 내려 한사람 한사람씩 주령을 행하는데, 만약 누구든 주령을 행하지 않거나 주령을 행하지만 요구에 불응하거나 규칙을 위반했으면 술을 마셔야 하는 벌을 받는다. 주령은 대체로 율령·유희령·승부령·문자령·가무령 등으로 나누는데, 술자리의 형벌을 정하는 것이 율령이다.

형벌에 관해서 황보송(皇甫松)의 『日月醉鄕』은 거발(拒潑), 파석(逃席) 항목에서 술을 몰래 쏟아버리거나, 아무도 몰래 자리를 뜨는 경우에 대해 술주정에 포함되는 경우라고만 밝히고 있다. 이는 『日月醉鄕』이 명부·율록사·굉록사(觥錄事) 등의 항목에서 주령을 행하기 위한 역할이나 방식에 대해서는 자세하게 서술한 것을 미루어 본다면 『日月醉鄕』이 술자리의 멋과 고아한 음주방식을 염두에 두고 서술했겠지만 주령의 방식을 소개한 일면이 있음을 알 수 있다. 이것에 비해 원굉도는 『상정』의 서문에서도 밝힌 것처럼 교양 없이 술 마시는 나쁜 버릇을 묵과하지 않았다. 원굉도는 앞에서 언급한 부적합한 상황을 연출하는 교만한 자나 아첨하는 자 등에게 가할 벌칙을 제시했다.

태도가 교만한 자는 묵형(墨刑)에 처한다. 아첨하는 태도를 취하는 자는 비형(鼻刑)에 처한다. 교만한 태도로 다른 사람을 부르는 자는 궁형(宮刑)에 처한다. 빈질거리며 튀려고 하는 자는 계형(械刑)에 처한다. 무거운 물건을 짊어진 것처럼 침묵하는 자는 귀신형(鬼薪刑)에 처한다. 주령을 방해하고 즉시 응하지 않는 자는 판결하여 처리한다. 기세가 맹렬하고 거친 자는 죄인관을 쓴다. 예절이 단정하지 못하고 실수를 하는 자는 艾韠(고대 상징성을 가진 형별의 하나, 범인의 의복 중 허벅지를 가리는 부분을 베어 궁형을 대체하는 처벌)의 형벌을 준다. 술자리가 끝나지도 않았는데 자리를 뜨려고 하는 자에게 죄수복과 신발을 신긴다.

동시에 좌중을 욕하는 술꾼에게는 세 가지 형벌에 처한다. 첫째가 청성(靑城)을 쌓는 부역의 성단형(城旦刑: 秦漢 때 형벌 중의 하나. 刑期가 4년으로 주로 築城 등의 부역에 종사한다)이다. 둘째, 쌀을 찧는 舂刑이다. 셋째, 沙門島(山東 蓬萊縣 서북쪽 바다 가운데 있다. 宋元 시기에 범죄자를 유배하던 곳이다)로 귀양 가는 것이다. 이외에 만약 술주정에 의탁하여 다른 사람을 학대하는 것으로 자신의 능력을 보이려고 벼슬아치를 학대하는 것을 대단하다고 여기고, 또 다른 동료를 협박하여 따라하게 하는 자는 사형이다.

실제로 이렇게 살벌한 벌칙을 당한다면 아무도 술자리에 나서려 하지 않을 것이다. 술자리에서 부과되는 '형벌'들을 모두 과장된 것으로 상징적인 의미를 부여하는 것이었다.

그런데 원굉도가 제시한 형벌을 보면 주연자리에서 좌중을 욕하거나 협박하는 사람을 가장 나쁘게 보았다. 좌중을 욕하는 자에게 3가지 형벌을 제시했고, 특히 벼슬아치를 학대하거나 동료를 협박하는 자에겐 사형이라는 극형을 내린 점에서 원굉도는 동료를 위협하는 형질을 가장 나쁘게 보았던 것이다. 그러나 원굉도는 이러한 형벌을 실제로는 어떻게 처리하는 지에 대해서는 제시하지 않았다. 아마도 술자리에서는 벌주나 퇴장 등의 제재를 가했을 것이다.

참고로 청대 장조삼(張潮參)의 《酒律》에서는 笞·杖·徒·流·罰 등 다섯 가지 형벌을 정했는데, 좌중에게 욕하는 자는 "곤장 100대를 치고, 삼천리 밖으로 유배 보낸다"고 했다. 물론 술자리에서의 '유형 流刑'은 동료들과의 자리에서 3척쯤 떨어진 곳에서 서 있어야 하고, 주령을 실행하면 자기 자리로 돌아갈 수 있었으며, 술 세잔으로 벌을 대신할 수도 있었다. 그러나 사형에 처해진 사람은 벌주 몇 잔으로 용서하지 않았을 것이다. 그는 〈六之候〉의 끝부분에서 "나머지 술 먹는 즐거운 장소의 '해마'를 관례에 따라 꾸짖고 쫓아내야 한다. 이른바 '해마'는 언어가 천박하고, 행동거지가 거칠고 경솔한 부류다."고 했다. 원굉도의 경우 천박한 언어를 사용하거나 거칠고 경솔한 사람을 쫓아내야 한다고 할 정도이니, 좌중을 욕하고 협박하는 사람은 당연히 주연에서 쫓겨났을 것이다. 이상의 것을 재정리해 보면 다음과 같다.

7.2.3 상정에서의 벌주령

1) 술자리 격식으로서의 이(吏)

대저 술을 마시는 데는 한 사람을 명부(明府; 수령으로 주석의 어른을 말함)로 삼아 술잔 조절을 맡게 하되, 술이 약하게 진행되면 이는 광관(曠官; 직무를 태만히 하는 것)으로 냉(冷)이라 이르고, 술이 거세게 진행되면 이는 가정(苛政; 가혹한 정치)으로 열(熱)이라 이른다. 또 한 사람을 녹사(錄事)로 삼아 좌객(座客)들을 규찰(糾察)하게 하되, 모름지기 음재(飮材)가 있는 이를 택해야 한다. 음재에는 세 가지 조건이 있으니, 말을 잘하는 것과, 음률을 아는 것과, 주량이 큰 것을 말한다.

2) 술꾼의 자질로서 도(徒)

주도(酒徒)를 선택하는 데 12가지가 있다. 즉 말을 잘하면서도 아첨하지 않는 자, 기백이 약한 듯하면서도 쉽게 쏠리지 않는 자, 눈짓으로 하는 주령(酒令)을 보고도 되풀이가 필요하지 않는 자, 주령이 시행되면 온 좌중에서 호응하고 나서는 자, 주령을 들으면 즉시 이해하여 재차 문의하지 않는 자, 고상한 해학을 잘하는 자, 좋지 않은 술잔[曲爵]을 차지하고도 아무 말이 없는 자, 술을 받게 되어서 술의 좋고 나쁨을 논하지 않는 자, 술을 들면서 거동에 실수가 없는 자, 아예 만취가 되었을지언정 술잔을 둘러엎지 않는 자, 제목에 따라 시를 지을 수 있는 자, 술을 이기지 못하면서도 홍취가 밤새도록 발발하는 자이다.

3) 술자리에서의 행동거지로서의 용(容)

기뻐서 마실 때에는 절제가 있어야 하고, 피로해서 마실 때에는 조용해야 하고, 점잖은 자리에서 마실 때에는 소쇄(瀟灑)한 풍도가 있어야 하고, 난잡한 자리에서 마실 때에는 규약이 있어야 하고, 새로 만난 사람과 마실 때에는 한아(閒雅) 및 진솔해야 하고, 잡객들과 마실 때에는 꽁무니를 빼야 한다.

4) 심취하기 적당한 때와 장소로서 의(宜)

대저 술에 취하는 데는 각기 적절함이 있다. 즉 꽃에서 취할 때에는 대낮을 이용하여 해의 광명을 받아야 하고, 눈[雪]에서 취할 때에는 밤을 이용하여 눈의 청결을 만끽해야 하고, 득의에 의해 마실 때에는 노래를 불러서 그 화락(和樂)을 유도해야 하고, 이별에 의해 마실 때에는 바리때[鉢]를 두들겨서 그 신기(神氣)를 장쾌하게 해야 하고, 문인과 취할 때에는 절조와 문장을 신중하게 하여 그의 수모를 받지 않도록 해야 하고, 준인(俊人)과 취할 때에는 술잔의 기치(旗幟)를 더하여 그 열협(烈俠)을 도와야 하고, 누각에서 취할 때에는 여름철을 이용하여 그 시원함을 의뢰해야 하고, 물에서 취할 때에는 가을철을 이용하여 그 상쾌함을 돋워야 한다. 일설에는 이렇게 되어 있다.

달에서 취할 때에는 누각이 적절하고, 여름철에 취할 때에는 배[舟]가 적절하고, 산에서 취할 때에는 그윽한 곳이 적절하고, 가인과 취할 때에는 얼근하게 마시는 것이 적절하고, 문인과 취할 때에는 기발한 말솜씨에 까다로운 주법이 없어야 하고, 호객(豪客)과 취할 적에는 술잔을 휘두르면서 호탕한 노래를 불러야 하고, 지음(知音)과 취할 때에는 오희(吳姬: 미인의 대명사로 쓰인 말)의 맑은 목소리에 단판(檀板: 악기 이름)을 쳐야 한다.

5) 술 마시기에 적당한 때와 부적당한 때로서의 우(遇)

마시는 데 5가지의 합(合)과 10가지의 괴(乖)가 있다. 시원한 달이 뜨고 좋은 바람이 불고 유쾌한 비가 오고, 시기에 맞는 눈이 내리는 때가 첫째의 합이요, 꽃이 피고 술이 익는 때가 둘째의 합이요, 우연한 계제에 술을 마시고 싶어하는 것이 셋째의 합이요, 조금 마시고도 미친 흥이 도도한 것이 넷째의 합이요, 처음에는 울적하다가 다음에는 화창하여 담론이 금시에 민첩해지는 것이 다섯째의 합이다. 한편 괴의 경우는 이러하다.

날씨가 찌는 듯하고 바람이 조열(燥烈)한 때가 첫째의 괴요, 신정(神情)이 삭막한 때가 둘째의 괴요, 특별한 자리에서 주량이 걸맞지 않는 것이 셋째의 괴요, 주객이 서로 견제하는 것이 넷째의 괴요, 초초(草草: 분주한 모양)히 수응(酬應)하여 마치 시간 여유가 없는 듯하는 것이 다섯째의 괴요, 억지로 기쁜 표정을 짓고 있는 것이 여섯째의 괴요, 신을 신은 채 자리를 옮겨가면서 귀엣말을 주고받는 것이 일곱째의 괴요, 약속에 의해 야외에 나갔을 때 날씨가 몹시 흐리거나 폭우가 쏟아지는 것이 여덟째의 괴요, 길이 먼데도 날이 어두워져서야 돌아가기를 생각하는 것이 아홉째의 괴요, 손이 훌륭하면서도 다른 약속이 있거나 기생이 즐거워하면서도 다른 급한 일이 있거나 술이 진하면서도 변하였거나 적(炙: 어육, 채소 따위를 양념하여 꼬챙이에 꿰어 굽거나 번철에 지진 음식)이 아름다우면서도 식은 것이 열째의 괴이다.

6) 술 마시기에 즐거운 상황과 그렇지 못한 상황으로서의 후(候)

즐거운 것에 13후(候)가 있으니, 그 시기를 얻은 것이 첫째요, 주객이 오랜만에 만난 것이 둘째요, 술이 진하고 주인이 단엄(端嚴)한 것이 셋째요, 술잔을 들기 전에는 노래를 부르지 않는 것이 넷째요, 능력이 없는 자에게는 벌칙이 있는 것이 다섯째요, 막 마시려면서 안주를 거듭 들지 않는 것이 여섯째요, 주석에서 우왕좌왕하지 않는 것이 일곱째요, 녹사(錄事)의 거동이 씩씩하고 주법이 엄격한 것이 여덟째요, 명부(明府)가 사사로운 청탁을 받아들이지 않는 것이 아홉째요, 자기의 책임을 남에게 떠맡기지 않기로 하는 것이 열째요, 남의 책임을 자기가 대신하지 않기로 하는 것이 열한째요, 주력(酒力)을 믿지 않는 것이 열둘째요, 가녀(歌女)와 주노(酒奴)가 사람의 뜻을 미리 알아서 거행하는 것이 열셋째이다.

반면에 즐겁지 못한 것에 16후가 있으니, 주인이 인색한 것이 첫째요, 손이 주인을 무시하는 것이 둘째요, 좌석의 포진(鋪陣)이 난잡하여 정연하지 못한 것이 셋째요, 실내가 어둡고 등불이 희미한 것이 넷째요, 풍악이 원활하지 못하고 기생이 교만한 것이 다섯째요, 나라의 정사를 의논하는 것이 여섯째요, 교대해가면서 해학하는 것이 일곱째요, 자리에서 어지러이 일어나는 것이 여덟째요, 귀엣말로 소곤거리는 것이 아홉째요, 규칙을 무시하는 것이 열째요, 취중에 마구 지껄이는 것이 열한째요, 앉은 걸음으로 왔다갔다하는 것이 열두째요, 평두(平頭: 두건(頭巾) 이름) 차림으로 술을 훔쳐 마시거나 술에 취해 나자빠지는 것이 열셋째요, 손의 하인이 어리석고 불측한 것이 열넷째요, 깊은 밤중에 주석에서 도망치는 것이 열다섯째요, 광화(狂花; 소위 음류로서 눈을 흘기는 행위)와 병엽(病葉; 눈을 조이는 행위)이 열 여섯째인데, 소위 음류(飮流)로서 눈을 흘기는 것이 광화이고 눈을 조는 것이 병엽이다. 기타 주석에서의 해마(害馬)는 으레 내쫓아야 하는데, 해마란 언사(言辭)가 저속하고 거동이 점잖지 못한 따위이다.

7) 주량을 겨루는 모습으로서의 전(戰)

양으로 마시는 자는 큰 잔으로써 겨루고, 기(氣)로 마시는 자는 육박(六博)과 주사위로써 겨루고, 취(趣)로 마시는 자는 이야기로써 겨루고, 재(才)로 마시는 자는 시부(詩賦)와 악부(樂府)로써 겨루고, 신(神)으로 마시는 자는 그림으로써 겨루어야 하는데, 이것을 주전(酒戰)이라 한다. 그러나 경(經)에는 이렇게 되어 있다.

> "백번 싸워서 백번 이기는 것이 도리어 싸우지 않아서 누(累)가 없는 것만 같지 못하다."

8) 음종(飮宗)에 대한 열거로서 제(祭)

대저 술을 마시는 데 반드시 그 시조에게 제(祭)하는 것은 예이다. 지금 선보(宣父; 공자)를 주성(酒聖)으로 높여 제하는 것은, 선보가 술을 한량없이 마셔도 혼란한 경지에는 이르지 않았다 하여 음계(飮界)의 시조로 삼은 때문이니, 선보는 바로 음계의 종주이다. 여기에 사배(四配)로는 완사종(阮嗣宗; 사종은 진(晉) 나라 완적(阮籍)), 도팽택(陶彭澤; 진 나라 팽택령(彭澤令)) 도잠(陶潛), 왕무공(王無功; 무공은 당(唐) 나라 왕적(王績)의 자), 소요부(邵堯夫; 요부는 송나라 소옹(邵雍))를 모시고, 십철(十哲)로는 정문연(鄭文淵; 문연은 삼국 시대 오(吳)나라 정천(鄭泉)), 서경산(徐景山; 경산은 삼국 시대 위(魏)나라 서막(徐邈)), 혜숙야(숙야; 진(晉) 나라 혜강), 유백륜(劉伯倫; 백륜은 진 나라 유령(劉伶)), 상자기(向子期; 자기는 진 나라 상수(向秀)), 완중용(阮仲容; 중용은 진 나라 완함(阮咸)), 사유여(謝幼輿; 유여는 진 나라 사곤(謝鯤)), 맹

만년(孟萬年; 만년은 진 나라 맹가(孟嘉)), 주백인(周伯仁; 백인은 진 나라 주의), 완선자(阮宣子; 선자는 진 나라 완수(阮修))를 모시고, 산거원(山巨源; 거원은 진 나라 산도(山濤)), 호모언국(胡母彦國; 언국은 진 나라 호모보지(胡母輔之)), 필무세(畢茂世; 무세는 진 나라 필탁(畢卓)), 장계응(張季鷹; 계응은 진 나라 장한(張翰)), 하차도(何次道; 차도는 진 나라 하충(何充)), 이원충(李元忠; 북제(北齊) 때 사람), 하지장(賀知章; 당(唐) 나라 때 사람), 이태백 이하는 양무에 모셔야 한다. 그리고 의적(儀狄), 두강(杜康), 유백타(劉白墮; 진(晉) 나라 때 사람), 초혁(焦革)의 무리는 다 술 빚는 법으로 이름을 얻었을 뿐, 음도(飮徒)와는 관계가 없으므로 아직 곁채에 제하여 양객(釀客; 술을 잘 빚는 사람)들을 정표(旌表)하는 것이 마치 교궁(校宮)에 토주(土主)를 제하고 사찰에 가람신(伽藍神; 절을 수호하는 신)을 제하는 것과 같다.

9) 술에 관한 전형(典型)으로서의 전형(典刑)

조참(曹參; 한(漢) 나라 때 사람), 장완(蔣琬; 촉한(蜀漢) 때 사람)은 국(國)으로, 육가(陸賈 한 나라 때 사람), 진준(陳遵; 후한(後漢) 때 사람)은 달(達)로, 장사량(張師亮; 사량은 송나라 장제현(張齊賢)), 구평중(寇平仲; 평중은 송나라 구준(寇準))은 호(豪)로, 왕원달(王元達; 원달은 진(晉) 나라 왕탐), 하승유(何承裕; 송나라 때 사람)는 준(儁)으로, 채중랑(蔡中郞; 후한 때 좌중랑장(左中郞將) 채옹(蔡邕))은 문(文)으로, 정강성(鄭康成; 강성은 후한 때 정현(鄭玄))은 유(儒)로, 순우곤은 해학으로, 광야군(廣野君)은 변재(辯才)로, 공북해(孔北海; 후한 때 북해 태수(北海太守) 공융(孔融)을 말함)는 사기(肆氣)로, 취전(醉顚) 법상(法常)은 선(禪)으로, 공원(孔元; ≪열선전(列仙傳)≫에 보이는 공원방(孔元方)을 말한 듯함), 장지화(張志和; 당 나라 때 사람)는 선(仙)으로, 양자운(揚子雲; 자운은 한 나라 양웅(揚雄)), 관공명(管公明; 공명은 삼국 시대 위(魏) 나라 관노(管輅))은 현(玄)으로, 백향산(白香山; 향산은 당 나라 백거이(白居易)의 자호(自號))은 자적(自適)으로, 소자미(蘇子美; 자미는 송 나라 소순흠(蘇舜欽))는 분기(憤氣)로, 진훤(陳暄; 진(陳) 나라 때 사람)은 우직(愚直)으로, 안광록(顔光祿; 남조(南朝) 시대 송 나라 금자광록대부(金紫光祿大夫) 안연지(顔延之))은 긍기(矜氣)로, 형경(荊卿; 전국 시대 제(齊) 나라 사람 형가(荊軻)를 말함)), 관부(灌

夫; 한 나라 때 사람)는 노기(怒氣)로, 신릉(信陵; 전국 시대 위(魏) 나라 공자무기(公子無忌)의 봉호)), 동아(東阿)는 비감(悲感)으로 마시었다. 이상 제공(諸公)이 다 음류(飮流)는 아니나, 그 홍(興)에 따라 감회를 표현하였으므로 줄곧 추앙을 받아왔으니, 그 유(類)를 미루어본다면 모두 다 주석(酒席)의 고수(高手)요 음류의 표본이다.

10) 술의 경전과 문장인 장고(掌故)

대저 『육경 六經』과 『논어』·『맹자』등에 보이는 음법(飮法)이다. 주경(酒經)이 될 수 있고, 이하로는 당 나라 여양왕(汝陽王) 진(璡)의 『감로경 甘露經』과 『주보 酒譜』, 왕적(王績)의 『주경 酒經』, 유현(劉炫)의 『주효경 酒孝經』과 『정원음략 貞元飮略』, 두자야(竇子野)의 『주보 酒譜』, 주익중(朱翼中)의 『북산주경 北山酒經』, 이보적(李保績)의 『주경 酒經』, 호씨(胡氏)의 『취향소략 醉鄕小略』, 황보송(皇甫松)의 『취향일월 醉鄕日月』, 후백(侯白)의 『주율 酒律』 등 모든 음류(飮流)가 지은 기전(記傳), 부송(賦誦)이 내전(內典)이 될 수 있고, 『장자 莊子』 이소경(離騷經), 한사(漢史), 남북사(南北史)와 고금의 일사(逸史), 세설(世說), 『안씨가훈 顔氏家訓』과 도정절(陶靖節; 정절은 진(晉) 나라 도잠(陶潛), 이두(李杜), 백향산(白香山), 소옥국(蘇玉局; 송 나라 때 옥국관(玉局觀)의 제거(提擧)였던 소식(蘇軾)을 말함), 육방옹(陸放翁; 방옹은 송 나라 육유(陸游)의 호) 등의 문집이 외전(外典)이 될 수 있다. 그리고 시여(詩餘; 장단구(長短句)로 된 詩體의 이름)로는 유사인(柳舍人; 당 나라 때 중서 사인(中書舍人)이었던 유공권(柳公權)을 말함), 신가헌(辛稼軒; 가헌은 송 나라 신기질(辛棄疾)의 호) 등의 것이 있고, 악부(樂府)로는 동해원(董解元; 금 장제(金章帝) 때 사람으로 이름과 출신지는 전해지지 않음), 왕실보(王實甫; 원(元) 나라 때 사람), 마동리(馬東籬; 동리는 원 나라 마치원(馬致遠)의 호), 고칙성(高則誠; 칙성은 명(明) 나라 고명(高明)의 자) 등의 것이 있고, 전기(傳奇)로는 『수호전 水滸傳』, 『금병매 金甁梅』 등이 일전(逸典)이 될 수 있으니, 이를 익히지 못한 자는 보면옹장(保面甕腸; 식견이 좁은 것)에 지나지 않을 뿐 음도(飮徒)가 될 수 없다.

11) 술자리의 벌칙으로서의 형서(刑書)

기색(氣色)이 교만한 자는 묵형(墨刑; 옛날 피부에 먹물로 자자(刺字)하던 형벌. 여기서는 형벌에 대해 그 비례만을 열거한 것)에, 기색이 아첨스런 자는 의형(옛날 코를 베던 형벌)에, 남의 눈치만 살피는 자는 궁형(宮刑; 옛날 불알을 까던 형벌)에, 말 속에 기교(機巧)가 숨은 자는 질곡형(桎梏刑; 사지를 구속시키는 형벌)에, 생각이 깊어서 비밀스런 자는 귀신형(鬼薪刑; 옛날 종묘(宗廟)에서 쓰는 땔나무를 담당하게 하던 형벌로 형기(刑期)는 3년임)에, 명령을 거부하는 자는 체임(遞任; 벼슬을 갈아 치우는 것)에, 경솔히 출두(出頭)하는 자는 소영형(베로 끈을 한 흉관(凶冠)의 꾸밈새로 옛날 죄인에게 착용시켰음)에, 의례(儀禮)를 실수한 자는 애필형(艾畢刑; 옛날 궁형 대신 창백색(蒼白色)의 옷을 입히던 형벌)에, 놀이가 끝나지도 않아서 떠나기를 청하는 자는 비리형(非履刑; 옛날 월형: 발뒤꿈치를 베던 형벌) 대신 짚신을 신게 하던 형벌에, 좌객(座客)을 통틀어서 질욕(叱辱)한 자는 성단형(城旦刑; 옛날 매일 일찍 일어나서 성을 쌓게 하던 형벌로 형기는 4년임)이나 용형(옛날 쌀을 찧게 하던 여인의 형벌로 형기는 4년임)에, 사문도(沙門島; 지금 산동성(山東省) 봉래현(蓬萊縣) 서북쪽 해중(海中)에 있는 섬으로 송나라 때 죄인들을 유배시키던 곳)의 무리가 망령되어 주광(酒狂)을 가탁해서 설사(雪使; 한(漢) 나라 소무(蘇武)가 흉노(匈奴)에게 사신으로 갔을 때 흉노가 설교속에 연금시켜 놓았으므로 그를 가리키는 말)인 체 으스대거나 그 일당을 몰아다가 이를 본받게 하는 자는 대벽형 사형에 해당된다.

12) 술의 등급으로서의 품제(品第)

대저 맑은 빛깔에 맛이 시원한 술은 성인(聖人)이고, 황금 같은 빛깔에 맛이 진한 술은 현인(賢人)이고, 검은 빛깔에 맛이 시큼한 술은 우인(愚人)이며, 유양(찹쌀로 빚은 것)으로서 사람을 취하게 하는 술은 군자(君子)이고, 납양(臘釀; 동지 뒤 셋째 술일(戌日)에 빚은 것)으로서 사람을 취하게 하는 술은 중인(中人)이고, 주점에서 구입한 것으로서 사람을 취하게 하는 소주는 소인(小人)이다.

13) 술그릇으로서의 배표(杯杓)

옛날의 옥배(玉杯)나 옛날의 요기(窯器)가 최상품이고, 서각(犀角; 물소뿔)이나 마노(馬瑙; 마노는 동서양에서 예부터 애용되어 이것으로 만들어진 고대 장신구가 세계 도처에서 발견되고 있다. 마노라는 이름은 출토되는 원석의 형태가 말의 뇌수 즉 마노를 닮은 데서 유래되었다고 한다. 외관이 말의 머리와 닮았다고 해서 한자로는 마노라고 했는데 이 보석을 소유하는 사람은 활력과 승리를 보장받게 되며 또한 부를 축적하게 해준다고 한다.)로 된 것이 다음이고, 근대에서 가장 좋은 자기가 그 다음이고, 황백금으로 된 파라(叵羅; 술잔 이름)가 하품이고, 소라모양[螺形]에 밑이 뾰족하고 몇 군데 굽이가 진 것이 최하품이다.

14) 술 안주로서의 음저(飮儲)

술 마실 때의 요리를 안주[飮儲]라 하는데, 첫째는 청품(淸品)으로 선합(鮮蛤; 날참 조개의 고기), 조감(살 조개의 고기로 요리한 것), 주해(酒蟹; 게로 요리한 것)의 유이고, 둘째는 이품(異品)으로 웅백(熊白; 곰 등 부위의 기름으로 맛이 매우 좋음), 서시유(西施乳; 복어의 이명으로 봄철에 맛이 매우 좋음)의 유이고, 셋째는 이품(膩品)으로 염소와 양이나 거위고기 구이의 유이고, 넷째는 과품(果品)으로 송자(松子), 행인(杏仁)의 유이고, 다섯째는 소품(蔬品)으로 날죽순[鮮筍], 이른 부추의 유이다.

15) 술자리의 장식으로서 음식(飮飾)

술자리의 장식으로서 음식(飮飾)은 비자나무[榧子]로 된 궤(几), 환한 창문, 제 때에 핀 꽃과 아름다운 나무, 겨울철의 장막[幕], 여름철의 녹음, 수놓은 치마, 덩굴로 된 자리를 일컫는다.

16) 술자리의 홍을 돕는 놀이기구로서의 환구(歡具)

술자리의 홍을 돕는 놀이기구로서의 환구(歡具)는 다음과 같다. 바둑판과 크고 작은 병, 굉주(觥籌; 술잔의 수를 세는 산가지)와 주사위, 옛적의 솥과 곤산현(崑山縣)의 지패(紙牌; 놀이에 쓰이는 패 이름), 예쁜 동녀와 시사(侍

史; 측근에서 문서를 맡은 사람), 자고침(鷓鴣沈; 반점(斑點)이 있는 가장 좋은 침향(沈香), 다구(茶具)와 오(吳) 나라 때의 종이와 송(宋) 나라 때의 벼루와 아름다운 먹[墨]이다.

석공(石公)은 술잔만 보아도 대뜸 취하곤 하는데, 어찌 일개 백의(白衣; 술을 못한다는 비유)로써 취향(醉鄕)의 영수가 되려 하겠는가. 그러나 갑옷을 입고 무기를 들어 싸우는 데는 용장이 아니면 무용을 발휘할 수 없지만, 용장을 거느리는 대장은 그렇지 않다. 즉 유후(留侯; 한(漢) 나라 장량(張良)의 봉호)는 그 얼굴이 여인과 같다 해서 만인적(萬人敵)의 대장이 아니라 하지 못할 것이다. 따라서 석공은 음략(飮略)에 정통하고 주해(酒解)에 심오하므로 조구(糟丘)의 패왕(覇王) 자리를 여러 동지 모두가 석공을 추대하지 않을 수 없을 것이다.

이상의 것을 요약하면 다음과 같다. 明 말 시기의 사회는 도시의 발달과 정치의 혼란으로 인해 향락적이고 퇴폐적인 방향으로 흐르고 사회 관념도 자아개성을 존중하고 신기(新奇)를 추구하게 되었다. 이러한 사회기풍에 만명(晩明)의 문사들도 영향을 받지 않을 수 없어 행락종욕(行樂縱慾)에 빠지는 경우가 비일비재하였다. 이런 가운데 음주기녀에 심취한 부류가 있었는가 하면, 자연에 심취한 부류 등 다양한 형태로 자신을 즐기는 방식이 나타났다. 원굉도의 『상정』은 바로 이러한 풍기에 편성하여, 술자리의 멋과 즐거움을 자오(自娛)의 성격으로 서술한 소품문이다. 원굉도의 『상정』을 보면 몇 가지 특징을 발견하게 된다.

첫째, 『상정』은 이전의 술에 관한 전적 중 당대 황보송의 《醉鄕日月》을 거의 모방한 점이다. 이 두 책은 술자리의 운치에 초점을 맞추어 저술한 것이다. 그렇지만 《醉鄕日月》은 술자리를 주재하는 주영 등에 대해 자세하게 언급하고 있는 것으로 보아 운치 있는 음주방식과 체계를 소개하는데 중점을 둔 것 같고, 명대 원굉도의 『상정』은 이런 체계 위에서 운취를 추구하고, 주홍을 유지하는데 중점을 둔 것 같다.

둘째, 홀로 독작하며 개인적인 비애나 근심을 풀어내는 작자의 개인적인 고민의 흔적이 없다. 『상정』은 다분히 당시 사회의 음주문화 개선에 기초한 것이지만 운치를 추구하고 스스로 즐긴(自娛) 재미위주의 창작태도를 지니는데, 명말 소품문체의 밝은 정조와도 관련이 있다. 그래서 『상정』이 만명 소품문의 특징을 다분히 지닌다고 보는 것이다. 이러한 정조와 필치는 한정된 독자층의 구미에 맞는 것이기도 했다. 이점은 명대에 이미 독서계층의 확대로 말미암아 명말 소품문이 소설이나 희곡에는 미치지 못했지만 어느 정도 독자층을 확보한 것으로 파악된다. 그래서 그들의 요구에 부응하여 신기하고, 재미위주의 이러한 책들이 간행되었던 것이다. 이로써 보면 명 소품문은 관념의 변화, 경제의 향상, 출판문화의 발달로 인해 독자층의 수요나 요구가 어느 정도 반영된 현상으로 파악해도 무리가 없을 듯하다. 본문에서 원굉도의 음주관을 살펴봤지만 위의 두 가지 특징으로 보더라도 사실은 원굉도의 음주관이라기보다는 당시 문사의 음주관이라고 해도 무방할 것이다.

7.3 신라인들의 여유로운 주령놀이

1) 주사위놀이의 기원과 성격

인류 역사에 언제 주사위가 처음 등장했는지는 확실하지 않지만 이집트에서는 이미 기원전 10세기 이전에 상아나 동물의 뼈로 된 주사위가 있었다. 기원전 49년에 율리우스 카이사르가 "주사위는 던져졌다"라고 선언하고 루비콘 강을 건너 로마로 진격했다는 이야기는 유명하다.

주사위는 발굽이 있는 동물의 관절 뼈(거의 정사면체 모양이다)로부터 발전한 것으로 추정된다. 상아, 뼈, 나무, 금속, 돌 등이 주사위의 재료로 많이 이용되어왔지만, 요즘은 전세계적으로 플라스틱제가 일반적으로 쓰인다.

헤로도토스는 주사위놀이의 기원에 대해 리디아인들이 견딜 수 없는 기근이 찾아왔을 때에 기분을 달랠 목적으로 다른 놀이들과 더불어 고안했다고 기록했다. 반면에 게르만인들은 그들의 신 우탄이 주사위를 창조하였다고 믿었고, 기독교인들은 중세의 문학작품에 종종 표현되어 있듯이 인간을 타락시키기 위한 사탄의 발명품이라고 간주했다. 서유럽지역에 주사위놀이가 본격적으로 등장한 것은 로마시대였다. 황제들 가운데에는 클라우디우스처럼 주사위놀이를 즐긴 놀이광도 적지 않았으나, 이 놀이를 광적으로 탐닉한 집단은 게르만인이었다. 타키투스는 『게르마니아』에서 다음과 같이 기록했다.

> 그들은 이상하게도 주사위놀이를 진지한 사업처럼 아주 멀쩡한 정신으로 한다. 아주 열정적으로 그 놀이를 한다. 다 잃고 나서 주사위를 맨 마지막으로 던질 때에는 자기 개인의 자유와 삶을 이 놀이에 다 건다. 그래서 지게 되면 자진해서 종노릇을 한다. 진 사람이 이긴 사람보다 젊고 힘이 강하더라도 묶여서 팔리게 된다. 이렇게 그들은 이상한 면에서 고집이 세다. 그들 자신은 이것을 약속을 지키는 것이라고 한다. 이런 방식으로 노예가 된 치욕에서 벗어나게 하고자 이긴 사람은 이들을 즐겨 다시 판다.

이 글에서 타키투스는 다소 비아냥거리는 투로 게르만인들이 주사위놀이로 단지 여가를 즐기는 것에 만족하지 않고 돈이나 재물을 걸고 도박을 즐겼으며, 심지어 그들 자신의 자유까지 걸고 도박을 계속하다가 결국 상대방의 노예가 되어 매매되기도 하였다고 적고 있다. 게르만인들의 이와 같이 열광적인 태도로 인해 이 놀이는 "게르만인들의 놀이"라는 별칭도 갖게 되었다.

게르만의 신화에서 기원한 신들이 주사위놀이로 세계의 운명을 정했다는 전승이나 원시공동체에서 주사위를 종교행위의 일부로 사용하던 관습으로 인해 게르만인들에게 주사위놀이는 신의 판단을 확인하는 주술적인 의미가 부여되었다. 한 예로 1020년 스웨덴과 노르웨이가 두 나라의 국경 사이에 위치한 영토의 소유권문제로 전쟁 직전의 상황에 처하였던 적이 있었다. 노르웨이의 뚱보왕 올라프와 동일한 이름의 스웨덴왕 올라프는 그 위기를 타개하기 위한 해결책으로 주사위를 던져 나타난 신의 뜻에 따르기로 합의하였고, 결국 그 지역은 노르웨이에 속하게 되었다. 이러한 관습에서 유래하여 중세말기 도시에서 형량 혹은 보상금을 결정할 때에도 주사위가 던져졌다.

도시에서는 마술사나 광대같이 의심스러운 외부인들이 특별한 기회에 들어와 사람들의 주목을 끌고 돈을 벌어가는 경우가 종종 있었다. 도시 정부는 한편으로 도시민이 속임수나 사기에 미혹되어 손해를 당하는 일이 없도록 보호하였고, 다른 한편으로 정당한 절차를 거쳐 도시에 찾아온 외부인도 공정하게 대우해야만 했다. 이런 배경에서 15세기 뤼네부르크에서는 방문한 외부인이 도시에서 구타를 당하고 돈을 강탈당한 후 적법한 항의를 하는 경우에 그에게 세 개의 주사위를 주고 눈이 나온 숫자만큼의 동전을 주어 배상하였다.

주사위놀이는 중세시대에 귀족은 물론이고 농민, 여자, 교회의 성직자, 수도원의 수사들에 이르기까지 거의 모든 사회계층에 퍼졌다. 귀족과 기사들은 품위를 손상시킬 수도 있는 이 놀이를 상당한 돈을 걸고 즐겼다. 심지어 십자군원정 중에도 지나친 놀이는 문제가 되었다. 헨리 2세는 전투에 미칠 부정적인 영향을 우려하여 1188년 십자군원정에 참여한 자들에게 주사위놀이를 삼가도록 지시했고, 사자왕 리차드도 1190년 주사위놀이를 군대에서 금지시켰다. 이러한 법령들은 이후에도 반복되었는데 프리드리히 2세는 1232년 주사위놀이를 금했고, 루드비히 9세는 1255년 놀이행위뿐만 아니라 주사위를 생산하는 것마저도 금지시켰다. 이러한 사례들은 역으로 기사들 사이에 이 놀이가 꾸준히 행해졌음을 추정하게 한다.

여성들도 주사위놀이에서 예외가 아니었다. 11세기 후반에 쓰여진 『루오들립 Ruodlieb』은 젊은 기사인 루오들립의 미덕과 행운을 그린 글인데, 루오들립의 조카가 한 여성과 서로의 반지를 걸고 주사위놀이를 하는 상황이 묘사되어 있다. 일부 여성들이 남성들과 마주앉아 도박을 즐긴 사례가 그림 자료나 다른 사료들에 남아있다. 카이저스베르크의 가일러는 윤리적인 이유에서 여성들이 남성들과 함께 하는 주사위놀이를 중단하라고 호소하였다.

성직자들의 일상에서도 주사위놀이가 일정 부분을 차지했다. 비교적 널리 알려져 있는 일화는 성자 베른하르트(St. Bernhard)에 관한 것이다. 이 성자는 길에서 우연히 한 남자를 만났는데 그가 주사위놀이를 하자고 집요하게 요구하여 놀이를 하게 되었다. 그는 놀이에 자신의 영혼을 걸었고, 반면에 자신이 이길 경우에는 성자의 말(馬)을 달라고 요구하였다.

아마도 성자가 가는 길을 저지하고자 했던 것 같다. 그 남자가 먼저 3개의 주사위를 동시에 던졌는데 모두 6의 눈이 나와 도합 18이 되었다. 다음은 성자의 차례였다. 현실적으로 거의 승산이 없는 상황이었지만 기적이 일어났다. 베른하르트는 도합 19가 나온 것이다. 두 개의 주사위는 6의 눈이 나왔고, 나머지 하나의 주사위는 쪼개져 한 쪽은 6을 다른 반쪽은 1을 가리켰다. 입에서 입으로 민간에 퍼진 이러한 이야기들은 성자가 행한 기적에 초점이 맞추어져 있지만, 다른 한편 성자조차도 간혹 주사위놀이를 즐겼음을 반증한다.

고위성직자들도 주사위를 던지며 놀았다. 10세기 초의 문헌인 『성 갈렌의 몰락』에는 마인츠의 대주교와 콘스탄츠의 주교가 함께 주사위놀이를 하였다고 기록하였고, 963년에 신성로마제국의 황제 오토 1세가 교황 요한 12세를 폐위시켰던 이유 중의 하나로 교황이 주사위놀이를 즐겼던 사실을 들고 있다. 라우터베르크 수도원의 13세기 초 연대기는 수석사제 숙소의 뜰에서 성직자들이 주사위놀이를 즐겼으며, 편력하며 돌아다니는 학생들과 수도승들이 교회에 숨어들어 주사위놀이를 하며 제단과 삼위일체를 모독하는 행위를 벌인 일을 기록하였다.

풍자문학 작품인 『악마의 함정』에서도 수도원장과 수도승들이 과음한 채 주사위놀이 하는 것을 고발하고 있다. 1379년 프라하에서는 밤에 한 성직자가 종종 나체로 뛰어다닌 일이 보고 되었는데, 그 이유가 도박장에서 겉옷을 포함하여 모든 것을 다 잃어버렸기 때문이라고 밝히고 있다. 성직자들의 도박은 과음행위와 더불어 되풀이되어 비난거리가 되었지만 결코 근절되지 않았다. 후에는 적어도 미사가 열리는 날에 한해서만은 성직자들이 주사위놀이를 삼가도록 요청하기에 이르렀다. 1310년 트리어에서 열린 종교회의에서는 성직자들이 순수하게 놀이를 즐기는 것은 허락하되 돈을 걸고 하는 것만은 결코 용납하지 않는다고 선포하였다.(주사위는 던져졌다. 주사위놀이를 통해 본 중세 서양인들의 일상1/ 박홍식)

동양에서 주사위가 역사 시대 이전부터 쓰였다는 사실은 고대 묘의 발굴을 통해 증명되었고, 따라서 주사위의 기원은 아시아인 것으로 추정된다. 베다의 일종인 리그베다에서 주사위 놀이는 인도의 놀이 가운데 하나로 언급되었다.

중국 한(漢)나라에서는 18면체의 동(銅)이나 나무로 만든 주사위가 있었는데 주연(酒宴)에서 술을 마시는 순서를 결정하는 주령(酒令)이라는 놀이에 사용했다. 주사위놀이에 대한 가장 오래된 기술은 고대 인도의 『마하바라타 Mahabarata』와 『자타카 Jataka』이다. (마하바라타는 인도 고대의 산스크리트 대서사시로서, '바라타족(族)의 전쟁을 읊은 대사시(大史詩)'란 뜻으로 오랜 세월에 걸쳐 구전되어 오는 사이에 정리·수정·증보를 거쳐 4세기경에 지금의 형태를 갖추게 된 것으로 여겨진다. 18편 10만송(頌)의 시구(詩句)와 부록《하리바니사 Harivanisa》 1편 10만 6000송으로 구성되었다.) (『자타카』는 本生이라 번역하며, 부처님의 전생이야기를 모은 책인데, 현재 남전대장경 속에 547개의 이야기로 수록돼 있다. 내용은 부처님이 깨달음을 얻기 전, 과거세의 수행자 시절이었을 때, 어떤 선행과 공덕을 쌓아 부처가 되었는가를 말해주는 인연설화이다. 『자타카』의 소재로는 주로 고대 인도 민중들 사이에 널리 전해지고 있던 설화나 우화가 중심이 되었고, 현재의 모습으로 만들어진 것은 5세기 경으로 추정되고 있다.)

현재 유럽에서의 대표적인 주사위놀이는 50종류 이상이 있다. 한국의 주사위는 삼국통일 전후에 조성되기 시작한 신라시대의 안압지(雁鴨池)에서 발견되었다. 고려시대에 이미 주사위놀이가 있었다고 하며 조선시대 초기에는 부녀자들이 주사위를 던져 숫자 맞히기 등의 놀이를 하였다. 또한 상류층에서는 쌍륙(雙六)이나 종경도(從卿圖) 같은 놀이를 주사위로 즐겼다. 이 주사위에는 〈문(文)·덕(德)·훈(勳)·무(武)·연(軟)〉 등이 기재되어 있는가 하면 주연에 쓰였던 12면주사위에는 중인타비(衆人打鼻)·자음자창(自飮自唱)·일곡월경(一曲月鏡) 등 벌칙들이 쓰여 있는 것도 있다.

2) 신라인의 주령놀이 목제주령구(木製酒令具)

경주박물관 안압지관에는 '목제주령구(木製酒令具)'라는 재미있는 주사위 장난감이 전시되어 있다. 안압지 임해전 유적을 발굴하는 작업에서 목제주령구가 출토된 것은 1975년 6월 19일의 일이다. 목제주령구는 경주 안압지를 발굴하던 중 연못 바닥의 갯벌 속에서 발견된 나무로 만든 높이 4.8cm의 작은 14개의 면에 여러 가지 벌칙을 적어놓은 주사위이다. 이 주사위에는 6개의 사각면과 8개의 삼각면으로 구성되었다. 보통의 6면체 주사위가 아니라, 정4각형과 변형된 6각형으로 구성된 14면체 주사위다. 14면으로 된 특이한 주사위는 수목(數目)이 아니라 면마다 낱낱 독특한 문구가 새겨져 있다.

모양은 cuboctahedron이라고 불리는 준 정다면체의 하나와 비슷하게 생겼다. 이것을 기하학적인 cuboctahedron으로 볼 경우 삼각형인 면이 나올 확률이 사각형인 면이 나올 확률보다 상당히 낮기 때문에 주사위로서 좋은 모양은 아니다. 그러나 실제 만들어진 모습을 보면 알 수 있듯이 '삼각형' 인 면을 더 넓게 만들어(따라서 삼각형이 아니고 정확히는 육각형임) 두 종류의 면이 나올 확률이 비슷하게 만들어져 있는 것 같다는 것이다. 그 확률들을 수학적으로 계산하기는 어렵고 실제로 던져 보아야 할 텐 그 결과는 아직 실험결과가 나오지 않았다고 한다.

이 14면체 주사위를 가지고 놀았던 사람은 신라인들이다. 안압지 누각에서 술판을 벌이다 어느 호기로운 취객의 힘센 손놀림에 연못으로 잘못 굴러 떨어져 수장되어 버린 것으로 보인다. 그런데 흠집이 있는 그 주사위는 보존 처리 과정에서 실수로 불타버렸다. 다행히 모형도가 남아 있어 전시해 두고 있지만, 이 주사위를 굴리면서 놀았을 신라인들을 상상하니 오늘날의 풍류가 없는 난잡한 음주풍을 생각하면 술 풍류의 그리움이 앞선다. 짓궂기는 요즘 사람들 못지않은데, 훨씬 여유있고 운치있다. 재수없이 세잔을 거푸 마시면 어떻게 될지, 콧잔등이 무사할지 두렵기는 하지만 술판에서 한번 굴려보고 싶다, 술 취한 신라인처럼….

여러 명이 모여 군음하면서 놀 때 벌칙을 주는 벌칙놀이(觴政)로 주사위를 던져 나오면 그 내용에 따라 벌칙을 받으면서 벌주를 마시는 놀이다. 중심에 놓이는 2개의 문구를 먼저 세우고, 나머지 12개의 문구를 다시 6개씩 나누어 새기되 나머지 12개의 문구는 문자의 하단이 모두 중심에 놓이는 2개의 문구를 바탕으로 삼아 그것을 딛고 서도록 새겼다. 따라서 구심을 향하여 모여드는 형세가 아니라 원심을 향하여 방사형으로 흩어져 나가는 형세를 보인다. 먼저 4각형인 여섯 면의 벌칙내용은 다음과 같다.

1) 금성작무(禁聲作舞)는 가락소리를 울리지 않고 춤추기로서 처벌을

가중시키는 조항이다. 2) 중인타비(衆人打鼻)는 모든 사람이 가득 한잔을 마시기로, 즉 술자리를 시작할 때 모두 한 잔씩을 마심으로서 시작을 알리는 의식으로 볼 수 있다. 타비는 술잔을 술독에 완전히 담갔다가 건져 올리는 방식의 만배(滿杯)을 비유하는 것이다. 3) 음진대소(飮盡大笑)는 술을 다 마시고 크게 웃기, 4) 삼잔일거(三盞一去)는 석 잔에서 한 잔 덜기로 벌주로부터 한 잔을 감면해 주는 것이다. 5) 유범공과(有犯空過)는 어김이 있어도 그냥 봐주기로 위반에 상응하는 처벌 내용을 완전히 면제해 주는 조항이다. 6) 자창자음(自唱自飮)는 스스로 노래 부르고 스스로 마시기인데 풍악이 바야흐로 울리는 가운데 벌주를 마시되 여기에 또한 가무가 따라서 제격을 이룬다. 그러나 처벌을 가중할 대에는 이러한 송주의 격식을 생략할 수 있는 것이다. 노래를 아주 못하거나 주량이 아주 적은 데다가 이미 몇잔을 걸친 사람이 자탄자음에 걸리면 가혹한 처지에 놓이게 된다 등이 기록되어 있으며, 6각형인 여덟 면의 벌칙내용은 다음과 같다.

7) 곡비즉진(曲臂則盡)는 팔을 굽히면 곧 끝까지 다 마시기, 8) 농면공과(弄面孔過)는 얼굴 간질이기로 스스로 낯이 간지러울 만큼 부끄러운 이야기를 하거나 추저분한 짓거리를 벌여서 좌중을 한번 크게 웃기라고 요구하는 조항이라고 할 수 있다. 벌주를 마시지 않는 대신에 추태를 무릅써야 하는 벌칙이다. 9) 임의청가(任意請歌)는 누구에게나 마음대로 노래시키기, 10) 월경일곡(月鏡一曲) 이란 월경 한 곡조 부르기, 11) 공영시과(空詠詩過)는 시 한수 읊기로 임의로 시구를 하나 읊고서 임의의 문자에 잔을 날려서 그 위치에 앉은 사람으로 하여금 술을 마시게 한다. 그러나 시구를 읊지 못하면 오히려 몸소 마셔야 하는 벌칙이다. 12) 양

잔즉방(兩盞則放)은 술 두 잔 내놓기로 벌주를 여러잔을 마셔야 할 처지로부터 한꺼번에 두 잔을 덜어낸다는 벌주를 감면해 주는 조항이다. 13) 추물막방(醜物莫放)은 남은 술 버리지 않기로 술잔에 술을 조금씩 남겨서 덜 마시는 행위를 방지케 하는 주령, 14) 자창괴래만(自唱怪來晩)은 스스로 『괴래만』을 부르기 등이다. 또는 늦게 술자리에 온 사람을 벌주로 먹이는 벌칙일 수도 있다.

8. 음다흥 음주망의 세계

음다홍 음주망(飮茶興 飮酒亡)이란 차를 (즐겨) 마시는 백성은 흥하고, 술을 (즐겨) 마시는 백성은 망한다는 뜻이다. 조선조 후기 강진에서의 유배생활 중에 차를 즐기기 시작해 스스로 호를 '다산(茶山)'이라 칭하고 차와 관련된 많은 명시를 남겼으며, '다신계(茶信契)'를 조직하기도 했던 정약용(丁若鏞)의 이 말에는 차란 단순한 기호음료를 넘어, 마시는 사람의 정신을 맑게 해주고, 나아가 그 나라 문화수준의 향상에 기여한다는 의미심장한 뜻이 담겨 있다.

중국 당나라의 향공진사(饗孔進士)의 왕부(王敷)가 남긴 『다주론 茶酒論』이 있는데 그 줄거리는 다음과 같다. "차(茶)가 백초(百草)의 우두머리라고 나서자 술(酒)이 말하기를, 술은 인의예지의 덕이 있기에 자신이 이 세상에서 가장 존귀하다고 주장했다. 차와 술이 서로 자기자랑을 계속하자 제3자인 물(水)이 나선다. 인생은 당(糖) · 물(水) · 불(火) · 바람(風)으로 성립되는 것, 차나 술도 물이 없이는 본색을 드러낼 수 없다고 말한 물은 스스로 겸손하여 성서러운 공덕을 내세우지 않으면서 둘 사이를 화해 시켰다." 이와 반대로 일본 오스사(乙津寺)의 란슈구(蘭叔) 선사가 지은 『주다론』도 망우군(忘憂君: 술의 이칭) 으로 의인화 한 술(酒)과 척번자(滌煩子: 번민을 없앤다)로 이름한 차가 서로 우열을 다투는데 한인(閑

人)이 중재자로 나타나 술 덕이나 차 덕은 같다며 화해시키는 내용이 전해지고 있다.

음다와 음주의 선후를 가린 것은 술꾼도 찻꾼도 그 몫이 아닐 것이다. 먹고 마신 것이라면 그 선후가 있겠지만, 둘다 마시는 급에 속하는 것이라 그 선후를 가린들 무엇하리. 중국과 일본이 내가 최고라는 술과 차의 다툼을 제3자가 화해시키는 것이라면, 설총은 '다주우열론'이 아닌 아름다운 차와 술이라는 『다주동위론 茶酒同位論』을 펼쳐내고 있다. 이제 차와 술에 관련된 일화를 소개하여 그 우위를 정하는 일은 무의미하며, 또한 그럴만한 이유가 없음을 밝혀보고자 한다.

옛날 죽어 가는 아버지를 위한 처방이 하루에 세 사람의 간을 얻어 누룩에 버물러 두었다가 그 즙, 즉 술을 먹이라는 것이었다. 효심이 깊은 이 사람은 활을 메고 산 속의 오솔길에서 숨어 기다렸다. 첫 번째 사람은 소복(素服)의 청상과부였고, 두 번째 사람은 사냥꾼이었으나, 세 번째 사람이 영 나타나지 않고 해는 기울자 저자의 거리로 내려왔다. 처음 만난 것이 미친개였지만, 급한 김에 시위를 당겨 아버지께 약, 즉 술을 해 드렸다.

인도 향지국(香至國)의 왕자 달마(達磨)는 중국 소림굴(小林窟)에서 9년 면벽 후 선조(禪祖)가 된다. 신광(神光)이 찾아와 제자 되길 청하나 거절하자, 밤사이 허리까지 눈이 차도록 움직이지 않으며 왼팔을 잘라 바쳤다. 드디어 입실을 허락 받았는데 이 이가 선종(禪宗)의 2조가 된 혜가(慧可)이다. 달마(達磨)가 정진 중 가장 참기 어려운 것은 수마(睡魔)였다. 잠을 쫓기 위해 눈까풀을 떼어 뜰에 던졌는데 그 곳에서 나무가 자랐다. 이것이 차나무였다.

이상은 술과 차의 전설이다. 하느님은 물을 만드셨고 사람은 술을 만들었다고 한다. 차도 마찬가지다. 차와 술은 가장 문화적인 물이며, 물의 정수(精髓)이고, 사람의 물이다. 술에는 청상과부의 애잔한 슬픔도, 사냥꾼의 혈기 방장함도 미친개의 광기도 함께 있다. 차에는 눈까풀을 잘라 낸, 벽을 뚫을 것 같은 달마의 안광이, 팔을 자르는 정진의 아픔이 있다. 술에는 화기애애한 즐거움과 방만함, 시끌덤벙한 소란과 이완, 그리고 흐려지는 눈이 있지만, 차에는 조용함과 정진을 위한 자기 성찰의 긴장이 있고, 오관을 통해 내밀하게 퍼지는 즐거움과 맑아지는 눈이 있다. 차와 술은 인간의 영원한 사랑의 물이면서도 상반성의 물이다. 어떤 중국인은 "대호차당(大好茶黨)은 술에 옴쭉도 못하고, 대주호(大酒豪)는 차를 좋아하지 않는다."고 하였다. 하지만 꼭 그런 것만은 아닌 것 같다. 차와 술과의 관계를 밝히고, 또한 숙취의 효과가 있는가를 살펴보고자 한다.

8.1 숙취를 해독하는 차

차에는 주독을 없애주고 술을 깨게 하는 성분이 있다. 주당에게 차는 하늘이 준 선물이나 다름없다. 과음한 뒤 오는 숙취는 체내의 알코올이 완전 분해되지 않아 대뇌가 마비되는 현상이다. 인체가 감내할 수 있는 소량의 알코올은 간장이 분해시켜 숙취가 없지만, 간장이 소화해 낼 수 없는 알코올은 완전히 분해되지 않아 유해물질인 '아세트알데히드(acetaldehyde)'의 양이 증가된다. 혈액 중에 포도당이나 비타민 C가 충분히 있으면 '아세트알데히드'의 분해 능력이 높아지게 되는데, 차 잎에 들어 있는 카페인과 비타민 C가 포도당을 증가시키는 상승작용을 해 차를 마시면 숙취를 방지할 수 있다. 여기다 이뇨작용이 빠른 차가 체내에 퍼져 있는 알코올을 빨리 씻어내는 역할을 한다. 즉 술을 빨리 깨기 위해 링겔주사를 맞는 이치와 같다.

녹차 성분에는 콩나물에 많이 함유되어 있는 아스파라긴산이 200mg 이상 함유되어 숙취제거에 탁월한 효과가 있다고 한다. 아스파라긴산 이외에도 알라닌이나 비타민 C가 많아 차는 술을 깨우고 술 머리가 아프지 않게 하는 명약으로 자리잡고 있다. 차에 들어 있는 카페인은 대뇌 활동을 활발하게 하여 체내의 여러 기능을 원활하게 해준다. 커피에도 카페인이 들어있지만, 커피 한 잔에는 차보다 훨씬 많은 카페인이 함유되어 있어 중독성이 있다. 또한 찻잎에는 커피에는 없는 데오피린과 카테킨, 데아닌이라는 성분이 들어 있어 카페인과 결합하여 카페인을 불용성 성분으로 만들거나 그 활성을 억제하기 때문에 커피에서 보이는 부작용이 나타나지 않는다.

술이란 개인의 주량에 따라 다르겠으나 많이 마시면 반응이 일어나 다음날 숙취가 일어나는 것은 아세트알데히드라는 성분에 의한 것으로 알코올이 체내에 들어가면 간장에서 완전히 분해되어 최종적으로 물과 이산화탄소로 되지만 지나치게 많이 마시게 되면 분해 중간 단계물질인 아세트알데히드 성분이 축척되어 숙취라는 독특한 현상이 일어나는 것이다. 이러한 숙취 제거에 대해 차가 매우 효과적이라는 것은 옛날부터 민간요법의 하나로 전해져 내려왔는데 일본 시즈오카 약학대학의 하야시 에이이치 교수 등은 알코올을 먹인 쥐의 행동에 대한 차잎 추출액의 영향을 알아보고자 했다.

200g의 숫쥐를 이용해서 차잎 3g을 200ml의 열탕으로 3분간 추출한 뒤 여과하였고 알코올을 15% 희석하여 알코올 단독으로 0.5mg를 투여했을 때와 알코올과 함께 물이나 차 잎 추출액을 투여한 뒤 시간의 경과에 따라 쥐의 운동량을 조사하였는데 15%의 알코올만 투여한 쥐는 완전한 마비 증세를 나타내었고 차 잎을 함께 투여한 쥐는 빠른 시간 내에 홍분이 일어나 마비 작용에 대한 저항 작용을 나타내었다고 한다.

차 잎 성분이 신경의 마비 상태를 개선하여 활발한 운동이 일어나도록 하는 것은 숙취의 원인이 되는 아세트알데히드에 대해 차잎 중의 카페인이 AMP의 활성을 높여 혈액 중의 포도당을 증가시켜 간장의 알데히드 분해 효소의 활성을 높임으로서 혈액 중의 아세트알데히드가 빨리 분해 되기 때문이라고 하야시 에이이치 교수 등은 주장하고 있다. 차를 마시면 술을 빨리 깨게 할 뿐 아라 술을 마신 후에 나타나는 증상들인 주독(酒毒)을 제거하는 작용을 한다는 것을 밝혀낸 것이다.

초의선사가 쓴 『동다송』 5절에 차가 술을 깨게 하고 잠을 없게 함은 주나라 성인이 증명한다 했다. 취음선생(醉吟先生)이라는 별명을 가진 당나라 문인 백낙천(白樂天, 722-846)도 술 때문에 목이 말라 봄 차를 마신다고 노래하고 있다. 『동국이상국집 東國李相國集』을 쓴 이규보는 우리나라 역대 다인들 중에 술을 가장 좋아한 선비다. 취하고 싶으면 술 마시고 깨고 싶으면 차 마셨던 술과 차의 달인이었다.

그가 쓴 50여 편이 다시에서 "차를 대하여 술을 찾음이 미치광이 같으나 스님에게 봄 술 빚으라 권함이 어찌 잘못이겠나. 만취 후에야 비로소 차의 참맛을 알기 때문이라" 했다. 이규보는 또한 "하늘과 땅을 베고 덮고, 강하를 술독을 삼아 천일동안 계속 마시어 취해서 태평시대 보리라"라는 싯구처럼 평생을 술독을 안고 살면서 74세까지 수를 누린 것도 차가 술을 해독시킨 덕이다. 다음은 주다에 관련된 이규보의 『방엄사 訪嚴師』라는 시이다.

내 지금 산사를 찾은 것은
술을 마시고자 한 뜻은 아니온데
올 때마다 술자리를 베푸니
얼굴 두꺼운들 어찌 부끄럽지 않으리.
스님의 인격이 높은 것은
오직 향기로운 차 마시기 때문이라.
장차 몽정의 좋은 찻잎을 따서
혜산의 물로 차를 달이니
차 한 잔에 이야기 한마디
점점 현묘한 경지에 들어가니
그 즐거움이 진실로 청아 담백하여
어찌 술에 혼취할 수 있을까.
(중략)

서포 김만중(西浦 金萬重)이 쓴 한글 소설 『구운몽 九雲夢』에 주인공인 양랑이 술에 취해 있을 때 왕후가 궁녀를 시켜 차를 양랑에게 마시게 하라는 장면이 나온다. 숙취 제거제로 차가 등장하는 소설이다. 고전에는 차의 치료증상에 대한 언급도 있다. 차의 효능에 대한 기록에서 술을 깨게 한다는 의미의 '성주(醒酒)'라고 기록한 책들은 『광아 廣雅』, 『채다록 蔡茶錄』, 『본초강목습유 本草綱目拾遺』 및 『구강일지』 등의 책들이고, 또한 『동의보감』에는 '성주영불취(醒酒令不醉: 술에서 깨고 취하지 않는 방법)'라 하여 음주 후에 소금으로 이를 닦고 더운물로 양치하면 세 번을 넘지 않아 곧 술에서 깬다고 소개하고 있다.

술을 먹은 다음에 속을 풀어 준다는 의미의 '해주(解酒)'라는 기록은 『인제직지방』 등의 책에 기록되어 있다. 술에 대해서 속을 풀고 빨리 깨게 한다는 의미의 '해성(解醒)'이라고 기록한 책으로 『속다경 續茶經』이 있다. 또한 술을 마셨을 때에 숙취로 인해 나타나는 '주독(酒毒)'을 없앤다고 기록한 책들은 『본초도해 本草圖解』와 『약재학 藥材學』들이 있으며, 『식물본초회찬 食物本草會纂』이라는 책에는 "술 취한 다음에는 몇 잔의 차가 가장 좋다(醉飽後飮數杯最宜)."라고 기록되어 있다. '술과 음식의 독을 풀어준다'라고 기록한 책들도 있는데 『인제직지방』과 『본초강목 本草綱目』에서는 兼解酒食之毒 使人神思闿爽 不昏不睡 此茶之攻也라고 하여 술과 음식으로 인한 독을 풀어주는 효능을 설명하고 있다.

예전에는 문인들은 차와 술을 좋아하였으므로 중국 당송시대의 시중에 차의 술 깨는 효능에 대해 노래한 것들이 많다. 예를 들어 백거이(白居易)의 『소원외기신촉차 嘯員外寄新蜀茶』에는 "사발에 가득 찬 차는 우유와 같아 차를 마시는 마음 즐거운데, 하물며 봄이 깊은데 술에 취한 사람은 어떠하랴"라고 하였고, 서현(徐鉉)이라는 시인은 『화문하은시랑신차 和門下殷侍郎新茶』에서 "차를 마셔 갈증을 풀고 남은 술기운을 없애니, 정신이 맑아 밤에 잠이 잘 드는구나"라고 노래하였다. 고려 말, 집안에 매란송죽을 심고 사슴과 학을 벗하며, 손 오면 술자리 찻 자리에 시 읊으며 살다 간 이상국((李相國)이나, 물맛의 감별에 뛰어났던 이행(李行)도 있다.

이제는 '다주론(茶酒論)'과 '주다론(酒茶論)'을 대비시키면서 차와 술의 우위다툼을 옛 문헌에서 찾아보고, 이들 간의 관계를 우열관계로 보지 않고 '다주동위(茶酒同位)'로 보는 관점들에 대해 살펴보고자 한다.

8.2 왕부의 다주론(茶酒論)

중국 감숙성 돈황의 천불동 석실에서 신라의 혜초 스님이 남긴 『왕오천축국전』을 비롯한 5천 5백점의 고문서가 발굴됐다. 그 중에 파리의 국립도서관에 소장되어 있는 당나라 헌종 때 왕부(王敷 766-835)라는 사람이 지은 『다주론 茶酒論』이 있다. 이 『다주론』은 중국에서 차가 가장 성행했던 당나라 시기에 저술한 책이다. 차 마시기가 유행하자 차만큼 막강한 세력을 지녔던 술이 뒤질세라 서로 우열을 다투는 것으로 그 시대 상황을 잘 표현했다.

『다주론』에서는 술이 자신의 우월성을 이렇게 자랑한다. "임금과 신하가 화합하는 것도 나의 공로와 인덕에 의한 것이다. 술은 귀인, 고관들이 마시는 것이며 차를 마시면서는 노래가 나오지 않고 춤도 나오지 않는다. 옛사람들은 나를 칭찬하여 말하기를 술 한 잔은 건강의 근원이고, 기분 전환의 약이며 인물을 만든다고도 하였다." 차와 술이 서로 자기의 공덕을 자랑하며 다투자, 제 3자인 물이 등장하여 차나 술은 물 없이는 본색을 형용할 수 없는 것이니 스스로 겸손하여 공덕을 다툴 것이 아니라 화합하라는 내용이다.

茶: 차는 백초의 우두머리로서 만목(萬木) 중의 정화(精華)이다. 이것을 귀하게 여기어 따서 약으로 하며, 중하게 여기어 싹을 따서 명초(茗草)라 부르고 차 만들기라고 이름한다. 다섯 제후의 저택에 바쳐지고, 제왕의 집에도 진상되고, 때때로 진상되는 것은 온 세상의 영화로움과 명예로 찬양되므로 자연히 존귀한 것이니 어찌 자랑삼지 않을 손가.

酒: 가소로운 말이로군. 예로부터 지금까지 차는 천하고 술이 귀하다네. 술이 있으면 인의예지(仁義禮智)의 덕이 있기에 존귀한 것이니 어찌 다른 것과 애써 비교하겠는가.

茶: 나는 귀족 제왕들과 함께 한 평생 영예를 누리는 존귀한 신분, 명승의 설법에 힘을 더해주고, 부처님께 공물로도 쓰이지 않는가. 나를 마시고 마음이 흔들린 예가 없다. 술, 너 주정뱅이는 주먹을 휘두르고 행패를 부려 가정을 파괴하고 사음을 돋우는 대악인이다･･･ ･･･라고. 술 또한 할 말이 없으랴.

酒: 군신이 화합하는 것도 나의 덕이요, 귀인 고관이 마시는 것이며,

술 한 잔은 건강의 근원이고 기분을 전환하며, 인물을 만들고 예의를 가르치며 또 궁중의 음악은 술에서 생긴 것이다. 차, 당신은 다섯 잔에 삼문(三文)의 값싼 것, 윗병을 일으키기도 하고 아무리 마셔도 관현의 가락과는 무관해 노래와 춤도 나오지 않으며· · · · · · ·.

茶: "나는 스님들의 설법에 힘을 더해주고 부처님께 바치는 제물로 쓰이는 몸이다. 술, 너는 뭐냐? 가정을 파괴하고, 사악함과 음란함을 돋우는 요인이 아니냐?"

酒: "한 동이에 엽전 세 푼이니 귀하다 할 수는 없으나, 나는 귀인 고관들이 마시는 것이다. 너, 차로서는 노래가 나오지 않고, 춤도 나오지 않지 않느냐?"

茶: "내가 시장에 나가면 사람들이 다투어 사들이니 돈이 산더미처럼 쌓인다. 네가 거리에 나가보아라. 혀가 꼬부라져서 귀찮고 성가시게 구는 사람들이 지천이다."

酒: "옛사람이 나를 칭찬하여 말하기를 '술 한 잔은 건강의 근원이고, 기분전환의 명약이고, 인물을 만드는 도구'라 하였다. 술은 예의를 지배하는 기준이며, 황제의 음악도 술에서 생겨났다. 차, 너는 아무리 마셔도 가야금의 가락과 관계가 없지 않는가?"

茶: "남자 나이 14, 15세면 술자리에 가까이 가지 말라 하였다. 차를 마시고 행패 부리는 사람을 본 적이 있는가? 오죽하면 향불을 피우고 금주를 빌기도 하는가?"

이렇게 차와 술이 서로 그 기능이 뛰어나다고 티격태격 말씨름을 하고 있는데, 물이 점잖게 나와 차와 술 둘을 싸잡아 이렇게 나무란다.

물: “왜들 그렇게 핏대를 올리고 싸우고 있나? 차, 내가 없으면 자네의 형태가 있을 수 있는가? 그리고 술, 내가 없으면 자네 모습도 존재할 수 없다. 쌀과 누룩만 먹으면 바로 배가 아파지고, 찻잎을 그대로 먹으면 목을 해친다. 내가 없으면 자네들은 아무것도 아니야! 그러니 지금부터는 사이좋게 지내도록 하라.”

물: 인생은 땅, 물, 불, 바람으로 성립된다오. 차나 술도 물이 없이는 본색을 드러낼 수 없는 것이지만, 스스로 겸손하여 그 성스러운 공덕을 내세우지 않을 뿐이지요. 그대들은 서로의 공덕을 다툴 것이 아니라, 앞으로 화합하면 술집도 부자가 되고, 찻집도 가난하지는 않을 것이라오.

술은 하향적 음료이다. 술은 그 탄생부터 자연발효라는 신비스러움을 함축하고 있고, 또 생산력이 빈약하던 시절 먹을거리로서의 소용을 희생시키고 갈무리한 곡식의 진액이기 때문에 제사 때 신에게 바치는 귀한 음료였다. 또 제사가 끝난 뒤 음복에 참여하는 자들도 지배층이었기 때문에 상당 기간 술은 상류층만이 그 기묘한 맛을 즐길 수 있었다.

이에 비해 차는 상향적 음료다. 차는 물맛이 나빠 각종 신미음료를 개발해 마시던 중국의 화북지방 사람들이 우연히 찻잎을 끓여 마심으로써 대중의 일상적 음료로 정착된 것이다. 그러다 차가 중국 각지로 널리 보급되고, 또 전한 말기의 전설적 의사 화타가 “차를 오랫동안 마시면 사고가 깊어지고, 졸음을 쫓고, 몸이 가벼워지며, 눈이 밝아진다”고 그 효능을 밝히면서 문인, 화가, 선승들이 즐겨 마시는 음료로 자리잡은 것이다.

이렇게 보면 ‘위에서 내려오던’ 술과 ‘밑에서 올라가던’ 차가 대중적으로 만난 시기가 당나라 즈음인 것 같다. 어찌됐거나 예전에는 술집, 찻집이 대개 분화되어 있었으나, 요즘은 카페라는 이름하에 차와 술이 자연스럽게 공존해 ‘술꾼’ ‘차꾼’의 충돌을 덜어준다. 모두가 생명의 근원, 대지의 젖줄, 고요와 평안의 상징인 물의 중재 덕택이리라.

차가 백초의 우두머리라고 나서자 술은 인의예지(仁義禮智)의 덕이 있기에

자신이 이 세상에서 가장 존귀하다고 주장했다. 차와 술이 서로 자기 자랑을 계속하자 제 3자인 물이 나선다. 인생은 땅, 물, 불, 바람으로 성립되는 것. 차나 술도 물이 없이는 본색을 드러낼 수 없다고 말한 물은 스스로 겸손하여 성스러운 공덕을 내세우지 않으면서 둘 사이를 화해시킨다.

호가 옥천자(玉川子)인 노동(盧仝)은 당나라 때의 시인이다. 그는 빈곤하여 끼니를 잇지 못했지만 책은 쌓여 있었고, 헌집에서 책만 본다는 청절이 조정에 알려져 조정의 부름을 받았으나 출사치 않았다. 왕의 총애를 받아 후에 왕과 함께 지내던 그의 시에 유명한 다가(茶歌)인 『칠완다가 七碗茶歌』가 있는데 차의 효능이 사람을 신선으로까지 만든다고 했다. 원제목은 『주필사맹간의기신다 走筆謝孟諫議寄新茶』로 맹간의(孟諫議)가 보내준 햇 차를 받고 사례한 시이다.

… 첫잔을 마시니 목구멍과 입술이 촉촉해지고, 두 잔을 마시니 외롭고 울적함이 없어지네, 석 잔을 마시니 가슴이 열려 오천권의 문자로 가득하고, 넉 잔을 마시니 가벼운 땀이 나고 평소에 불평스럽던 일들이 모두 땀구멍으로 흩어져 나가네, 다섯 잔을 마시니 살과 뼈가 맑아지고, 여섯 잔을 마시니 신선과 통하게 되네, 일곱 잔을 마시려고 하니 양 겨드랑이에서 청풍이 솔솔 이는 듯하구나, 봉래산이라는 곳은 어디에 있는고? 옥천자는 이청풍을 타고 돌아가고자 하노라.

차 마시는 사람들은 노동의 이 칠완다를 즐겨 이야기한다. 유각양액습습생청풍(唯覺兩腋習習生淸風)! 일곱째 잔은 아직 마시지도 않았는데 양 겨드랑이에서 청풍이 솔솔 이는 듯한 느낌을 어찌 지나칠 수 있겠는가?

또한 한재의 『다부 茶賦』가 언제 쓰여진 글인지는 분명치 않으나, 연보에 의하면 성종 25년(1494년 3월), 정조사(正朝使)였던 김수손(金首孫)의 수행원으로 명나라(燕京)에 갔다가 돌아온 뒤(24세 때)로 보는 게 지배적이다.

여기에서 시금치 차의 일곱째 주발은 반도 마시기 전에 울창한 봉래산을 넘어 차의 다섯 가지 보람(五功)과 여섯 가지 은덕(六德)이 넘쳐흐른다고 『다부』에서 읊고 있다.

먼저 오공은 첫째, 목마름을 적시고, 둘째, 울화를 풀어주고, 셋째, 서로 정(情) 나누기를 돕고, 넷째, 뱃속의 세 가지 독벌레(三蟲)를 때려잡고, 다섯째, 새벽까지 깨지 않는 술독(酒毒)을 씻어 준다라고 하였다. 이 오공 중 마지막 덕은 차가 술의 독을 씻어 준다라고 읊고 있음을 알 수 있다. 이 다섯 가지 보람을 알고 난 뒤에 또 차의 여섯 가지 은덕을 알았다(吾然後之茶之又有六德也)고 하였다. 차가 지녀야 할 여섯 가지 덕목을 모두 갖춘 이른바 '덕차(德茶)'를 뜻한다.

육덕의 철학적 근간은 요순(堯舜)의 수덕(壽德)을 비롯하여 유부(兪附)와 편작(扁鵲)의 인덕(仁德), 백이(伯夷)와 양진(楊震)의 청덕(淸德), 이로(二老)와 사호(四皓)의 검덕(儉德), 황제(皇帝)와 노자(老子)의 선덕(善德), 마지막 주공단(周公旦)과 공자(孔子)의 예덕(禮德)까지 열두 현인이 뒷받침한다. 숫자놀이 같지만 7주발의 차에 5가지 보람을 더하면 12, 이를 2로 나누면 6덕이 된다. 열두 현인들이 부르는 육덕 차노래, 다도의 극치가 아닐 수 없다.

이 육덕을 요약하면 인수지덕(仁壽之德), 제중지덕(濟衆之德), 청담지덕(淸澹之德), 일락지덕(逸樂之德), 선령지덕(仙靈之德), 예양지덕(禮讓之德)이라 할 수 있겠다. 차 일곱 잔에 신선이 된 노동의 모습이 눈에 선하다. 과연 어떤 차를 선물 받았기에 이토록 화려한 노래로 답했을까.

이는 구도(求道)의 역정을 은유적으로 표현한 것이라 해도 좋을 듯하다. 옥천자의 『다가』는 한재의 『다부』에 비해 사실적이다. 이에 비해 한재의 『다부』는 호방한 필치에다 드높은 정신세계가 한결 돋보인다.

여기서는 유교사상과 신선사상이 번갈아 구사되고 있다. 특히 노장의 청허지도(淸虛之道) 내지 신선사상이 밑바탕에 깊숙이 깔려 있다. 이것은 『다부』에서 뿐만 아니라 차에 관한 대부분의 글에서 나타나는 공통적인 특색이기도 하다. 도선가적(道仙家的) 의식이나 신선사상이 아닌, 유가 사상만으로는 이러한 의경(意境)에 나아갈 수 없다고 본다. 위에서 여섯째와 일곱째 주발을 읊은 대목은 신선의 경지 바로 그것이다. 차의 공효(功效) 가운데 색마(色魔)와 식탐(食貪)을 없애준다고 한 것도 주목된다. 한재는 일곱 주발의 차를 마시는 사이에 한껏 고조되어 내달리는 정신세계를 간주곡 삼아 다음과 같이 읊기도 하였다.

- 이내 마음, 공자가 부귀를 뜬구름 같이 보았던 것처럼 뜻을 높이 세우고, 맹자가 호연(浩然)하게 기를 길렀던 것과 같도다.
- 내 기운, 태산에 올라 천하를 작게 여겼던 것과 같으니 아마도 이러한 경지는 하늘과 땅으로도 형용할 수 없으리라.
- 이내 몸, 구름 치마에 깃털 저고리 입고 흰 난새를 월궁(月宮)으로 채찍질하여 가는 것 같도다.
- 내 영혼은 소보(巢父)와 허유(許由)를 전구(前驅) 삼고 백이와 숙제를 종복(從僕) 삼아 현허(玄虛)에서 상제(上帝)에게 읍(揖)하는 것과 같구나.

위에 나오는 '심(心)'·'기(氣)'·'신(身)'·'신(神)'은 한 단계씩 차례로 밟아 올라가는 수양의 계제(階梯)를 말한 것은 아니다. 다만, 이를 통해 그의 차 생활이 궁극적으로 '구도(求道)'를 지향하고 있음을 짐작하겠다.

차의 공과 덕이 이러하기 때문에 옥천자가 일찍이 시로써 읊었고, 육자(陸子)가 일생토록 즐겨하여 『다경』을 찬술하였으며, 당나라 때 시인 매성유(梅聖兪)는 차를 통해 인생이 무엇인지를 깨달았고, 조업 역시 차를 통해 무아지경에 몰입하였다고 한재는 말한다. 여기에 덧붙여 역대 문인·예인(藝人)들 가운데 차를 특별히 좋아했던 사람으로 백낙천(白樂天)과 소동파(蘇東坡)의 차 생활을 '정심기(靜心機)', '각수신(却睡神)'으로 함축하여 읊으면서 마무리 짓고 있다. 이와 같이 차의 공과 덕이 뚜렷하고 보면, 다음으로는 차의 중요성을 강하게 외칠 법도 하다.

그러기에 한재는 다음과 같이 말한다. 오해(五害)를 쓸어 없애고 팔진(八眞)으로 힘차게 나아가니 이것은 조물자(造物者)가 대개 은총 내림이 있어 나와 옛사람이 함께 즐기는 것이라네. 어찌 의적(儀狄)의 광약(狂藥: 술)이 오장육부를 찢고 창자를 문드러지게 하여 천하의 사람들이 덕을 잃고 생명을 재촉하도록 하는 것과 같은 날에 말할 수 있겠는가.

후대 사람이 옛 사람과 차를 통해 정신적으로 교감할 수 있는 것을 조물주가 내린 은총이라고까지 말한 한재는 차와 술을 같은 반열에 놓고 운위(云謂)하는 것을 정면으로 비판하였다. 역대 선인들 가운데 당나라 때 왕부(王敷)가 『주다론 酒茶論』을 지어 차와 술의 화해를 논하고, 송나라 때 사람 오숙이 『다부』와 함께 『주부 酒賦』를 지어 주덕(酒德)까지도 칭송했는데 아마도 이를 겨냥한 말일 것이다. 한재에게 있어서의 술이란 한갓 '덕손명촉(德損命促)'하는 것일 뿐이요, 그밖에 아무런 의미도 찾을 수 없었던 것이다.

8.3 오심지다(吾心之茶)의 다의식

『다부』에서 사상적으로 가장 중요한 대목은 말미의 '희이가왈(喜而歌曰)'로 시작되는 부분이다. 총 106자에 달하는 이 대목은 사실상 『다부』의 결론인 셈이다. 그는 첫머리에서 "양생(養生)에 뜻을 둘진대 너(茶)를 버리고 무엇을 구하랴. 나는 너를 지니고 다니면서 마시고 너는 나를 좇아 놀아, 화조월석(花朝月夕)에 즐겨서 싫어함이 없도다"고 하였다. 언뜻 보면 한재가 '양생'을 강조하는 것처럼 이해할 수도 있다.

그러나 정작 중요한 것은 바로 그 다음 대목이다. 곁에 천군(天君: 心)이 있어 두려워하면서 다음과 같이 경계하였다. "삶은 죽음의 근본이요, 죽음은 삶의 뿌리라네. 안[心]만 다스리면 밖[身]이 시든다고 혜강이 양생론을 저술하여 어려운 경지를 실천하였다지만[蹈艱], 어찌 빈 배를 지자(智者)의 물에 띄우고 좋은 곡식을 인자(仁者)의 산에 심는 것만 하겠는가. 정신이 기운[氣]을 움직여 묘경(妙境)에 들어가면, 즐거움은 꾀하지 않아도 저절로 이르게 된다. 이 역시 내 마음의 차이니 어찌 꼭 저것(茶)에서만 구하리요"라고 하였다.

차의 효능은 시인묵객의 사랑을 받으면서 문학적 향기를 더한다. 송조(宋朝) 8대 황제로서 시문과 서화 등 예술에 조예가 깊었던 풍류천자 휘종(徽宗)은 『대관다론 大觀茶論』에서 "차는 가슴을 후련하게 씻어주고 맑고 아늑한 기운을 가져다준다. 범인이나 아이는 잘 느낄 수 없다. 그 상쾌함, 높고 조용한 운치는 소란한 가운데에서는 즐기기 어렵다"고 했다. 또 시성(詩聖) 이태백의 달 예찬, 주성(酒聖) 류백륜의 주덕송(酒德頌)에 비견되는 노동(盧同)의 『칠완다가』를 음미해 볼만하다.

문인들에 의한 차의 예찬은 이후 더욱 화려해져서 초의선사의 『동다송』에 이르러서는 다분히 설화적으로 비약하는 일면을 보여 준다. 노동이 그냥 남긴 일곱째 잔은 우리의 다산이 비우고 있다.

서학파동으로 인해 강진 땅에 유배당한 그는 차를 벗 삼아 외로움을 이겨내고 있었다. 하루는 차를 마시려 했으나 호(壺)가 비어 있었다. 그는 얼른 붓을 들어 차를 보내줄 수 있는 이웃 절(白蓮社)의 혜장선사에게 소(疏)를 올렸다. 소란 임금님께 올리는 글을 일컫는 말이다. 장난끼가 섞여 있지만 당시 다산에겐 혜장선사가 차의 임금님이었다. 그것이 유명한 '걸명소(乞茗疏: 차를 구걸하는 글)'이다.

다산은 백련사 혜장선사께 차를 구하는 '걸명소(乞茗疏)'에 병든 큰 누에처럼 노동의 칠완다를 들이킨다네'라는 절구를 썼다. 몸이 쇠약해져 차를 약으로 마시려하나 차가 없어 일곱째 잔을 생각만으로 마시고 있으니 차 좀 보내달라는 내용이다.

『다부』의 일곱 번째 단락은 저 유명한 옥천자(玉川子) 노동의 『칠완다가 七碗茶歌』와 노래 형식과 비슷하다. 그로부터 영향을 받은 만큼 '제2의 칠완다가'라고 할 만하다. 이 대목에서는 낮은 단계로부터 가장 높은 단계에 이르기까지 잔을 더해감에 따라 점점 성숙, 고조되는 차생활의 높고 깊은 경지를 읊었다.

8.4 란슈구의 주다론(酒茶論)

차와 커피는 지구촌을 대표하는 동격의 음료여서 자주 비교되지만 술과의 비교도 필요하다고 본다. 인정을 나누는 자리에 차 못지않게 자주 오르내리는 것이 술이기 때문이다. 차와 술은 동격은 아니지만, 우리 생활에서 빼 놓을 수 없는 대표적인 음료이다. 이들은 취하는 방법에 따라 상호 보완이 되기도 하고 서로 상반되는 작용을 하기도 한다. 상식적으로도 자극성 강한 음료는 그만큼 조심해야 한다. 조심하지 않으면 술은 마실수록 취하여 정신을 흐트러지게 된다. 반면 차는 조심하지 않아도 마실수록 정신이 맑아지고 옷깃을 단정히 여미게 한다. 술은 흥을 돋구지만 차는 마음을 가라앉혀 준다.

주다론은 차보다 술을 우위에 두는 관점이다. 일본의 란슈구선사(蘭淑禪師)가 저술한 『주다론 酒茶論』(1576)은 2천여 자로 구성된 장문이다. 일본의 『주다론』은 중국의 『다주론』과는 달리 술을 앞세우는 『주다론』으로 인식한 점이 색다르다. 이 『주다론』에서는 '망우군'(忘憂君: 술을 마시면 근심을 잊는다)과 '척번자'(滌煩子; 차는 번민을 없앤다)로 이름지어 서로의 우열을 다투게 하는데 어떤 한인(閑人)이 중재자로 나타나서 '술의 덕'이나 '차의 덕'은 같다면서 화해시키는 내용이다. 이 『주다론』은 가마꾸라 막부의 삼대장군 사네또모가 술을 끊고 차로써 알코올 중독을 고치도록 하기위해 쓰여진 글이라는 이야기가 전해지고 있다. 망우군과 척번자로 의인화하여 상호간의 장점을 논한다는 발상은 중국의 그것과는 맛이 색다르다.

역사를 보아도 다인(茶人)치고 술 사양하는 사람 드물고, 술꾼치고 차 싫어하는 경우 역시 찾아보기 힘들다. 나라를 중흥시키는 꿈에 술을 얻은 은(殷)나라 고종(高宗)은 술이 맑은 것을 성(聖)스럽다 하고, 흐린 것을 어질다(賢) 하였으니, 성현(聖賢)의 근원이 곧 술에 있는 셈이다. 주다론(酒茶論)에 보면 술(酒)과 차(茶)가 서로 높은 자리에 앉으려고 말싸움하는 대목이 나온다. 술은 근심을 잊게 한다하여 '망우군(忘憂君)'이고, 차는 번민을 없애준다 하여 '척번자(滌煩子)'라 이름하고 이들의 갈등구조를 다음과 같이 의인화 시키고 있다.

척번자: 대저 하늘과 땅 사이에 있는 것은 사람 · 금수 · 산천 · 초목이지요. 그 중 제일 귀한 것이 사람입니다. 차(茶)라는 글자를 분석해보면 풀 초(艸)와 나무 목(木) 사이에 사람 인(人)이 있어 자연과 더불어 사는 것을 뜻합니다. 술이라는 글자는 물 수(氵)변에 새 유(酉)이니, 술에 취하면 사

람에 미치지 못하는 금수(禽獸)가 된다는 것을 뜻하지 않습니까.

망우군: 하나만 알고 둘은 모르시는구료. 사람에게는 귀천이 있고, 위계도 있는 법인데, 사람이 풀과 나무 사이에 있다면 어찌 귀공자라 하리이까. 꿩이나 토끼를 잡는 사냥꾼이거나 꼴군·나뭇군에 불과하겠지요. 특히 다인들은 꽃을 보면서 차 마시기를 즐기는 데, 이는 욕정 가득한 살풍경 아닙니까. 당(唐)나라 이백(李白)과 두보(杜甫)는 천하가 인정하는 명사입니다. 늘 물가의 새를 사랑한 두 분은 개원(開元: 洛陽)에서 만나 두 마리 새라 불리었는데 그 날개가 천하를 가렸습니다.

척번자: 나는 금수에 대하여 이야기하는 것을 즐기지 않지만 그대가 그렇게 말하니 한마디 하지요. 덩어리 차 문양에는 봉황도 있고 용도 있습니다. 또 차를 달일 때는 기린 숯을 쓰는 데 이것들은 모두 금수의 우두머리들이지요. 이들에게 둘러싸인 차 앞에서 물가의 새는 어디로 날개를 펼칠런지요. 다구(茶具)를 논해도 주기(酒器)와는 가치를 비교할 수 없을 만큼 보배로운 것이 많습니다.

망우군: 아아, 미천한 그대여, 풍류란 마음이 너그럽고 온화한 것인 것을 어찌 값으로 논한단 말이오. 술잔에도 금잔·은잔이 있고 약옥선(藥玉船)도 있소이다 그려. 그러나 주선(酒仙)들은 금잔 은잔보다 계절에 맞는 술을 더 즐겼지요. 봄에는 오얏동산(桃李園)에서 복숭아 술 기울이며 달에 취했고, 여름이면 댓잎술(竹葉酒)로 더위를 잊었습니다.

척번자: 그렇다면 그대의 술은 갈대처럼 변하는 여심과 같구료. 차에도 백미(百味)가 있으나 계절 따위에는 구애되지 않습니다. 차에 아홉 가지 어려움이 있으니 이 아홉 가지를 제대로 다스리지 못하는 데서 빚어지는 백미이지요. 무릇 다도는 백미를 즐김에 있는 것이 아니라 심신수련을 통해 아홉 가지 어려움을 극복하여 한 가지 맛을 얻는 데 있는 것입니다. 육우는 다경에 이르기를 정행검덕(精行儉德)이라, 했습니다. 정성

스럽게 행하고 검소하게 덕을 쌓으라는 뜻입니다. 인생 교훈이 차에 있는 것입니다…

아침에 시작한 두 사람의 논쟁은 석양까지 이어졌다. 그 때 한 선인(仙人)이 다가와 둘에게 다음과 같이 이야기한다.

> 지금은 천하에 근심이 없고 나라에는 현묘한 도가 있으니 좋은 세월입니다. 이러한 때에 두 사람의 논쟁은 아무 일 없는데 일을 만드는 것과 같습니다. 허공을 입 삼고 수미를 혀 삼아 아승기겁 논한다 하여도 술의 덕을 다 말할 수 없고 차의 공을 다 노래할 수 없을 겁니다. 나는 술도 잘 마시고 차도 좋아 합니다.

이는 술도 이롭게만 마시면 천하에 다시없는 보약이요 인생의 반려라는 이야기가 된다. 그러나 정도를 지나쳤을 때 나타나는 술의 폐해는 엄청나다. 『분별선악소기경 分別善惡所起經』에 술 마시고 취하기를 즐길 때 나타나는 서른 여섯가지 허물이 열거되어 있다. 내용은 다음과 같다.

1) 부모(父母) 인군(仁君)을 공경하지 않게 되어 위아래가 없어지고, 2) 말하는데 잘못이 많아진다. 3) 두 번 말하기와 잔소리가 늘고, 4) 평소에 감추고 숨겼던 사사로운 일도 불쑥 화제를 삼는다. 5) 하늘을 꾸짖거나 사당에 오줌 누는 일도 서슴치 않으며, 6) 길 가운데 눕거나 소지품을 잃기도 하고, 7) 몸은 반듯하게 가누지 못한다. 8) 비틀거리다가 구덩이에 떨어지기도 하고, 9) 넘어져 다치기도 한다. 10) 사고파는 일이 잘못되어 법에 걸리고, 11) 할 일을 잊을 정도니 생활도 근심하지 않아, 12) 가난을 불러들인다. 13) 처자가 굶는 것을 두렵게 여기지 않고, 14) 법을 겁내지 않게 되며, 15) 부끄러움이 없어져 심하면 옷도 벗은 벌거숭이로 다닌다. 16) 남의 부녀자 앞에서 어지러운 말로 희롱하기를 예사로 여기며, 17) 툭하면 옆 사람과 다투려 하고, 18) 고함을 쳐서 이웃을 놀라게 하고, 19) 벌레나 짐승 죽이기를 즐긴다. 20) 순간적으로 흥분하여 집안 세간을 부수기도 하고, 21) 집안사람들과 사사건건 충돌하며, 22) 나쁜 벗이 늘어나고, 23) 어진 벗은 멀어 진다. 24) 취했다 깨어나니

몸이 질병에 걸린 것 같고, 25) 잘 토하니 그 더러운 것을 모두 싫어하게 되고, 26) 머리가 멍청해져서 위기도 분간하지 못하게 된다. 27) 책을 멀리하게 되고, 28) 음란하여져서 가리는 게 없어지고, 29) 미친 듯한 모습이 되어 사람들을 놀라 달아나게 하고, 30) 쓰러지면 죽은 듯하여 아무 것도 모른다. 31) 이윽고 병이 들면 얼굴이 붓고 누렇게 되고, 32) 모든 주위로부터 미움을 받게 된다. 33) 피를 나눈 친지까지 멀어지는데, 34) 스스로는 세상이 발아래 놓인 듯 거만이 극에 달하니, 35) 죽은 뒤 지옥에 가서 뜨거운 쇳물 마시는 형벌을 받게 된다. 36) 윤회 법칙에 의해 환생하면 어리석어 아는 것이 없는 사람이 된다. 주변에 어리석은 사람은 모두 전생(前生), 즉 옛 세상에서 술을 지나치게 즐긴 사람들이니 현명한 자는 마땅히 술을 삼갈지어다. 술이 지닌 백독지약 성분은 없고 오직 백독지독만을 열거하고 있음을 볼 수 있다.

임어당(林語堂)의 그의 『생활의 발견』에서 인간 문화와 그 행복이라는 견해에서 술과 차만큼 더 중요한 발명은 인류 역사상에 일찍이 없었다고 피력하고 있다. 란슈꾸(蘭叔)가 주다론(酒茶論)의 말미에서 결론을 내렸듯이 허공을 입으로 삼고 수미(須彌: 지상에서 가장 높은 산)를 혀로 삼아 아승기겁(阿僧祇劫: 끝없는 시간) 논한다 해도 그 덕을 다 말할 수 없다.

후대 사람이 옛 사람과 차를 통해 정신적으로 교감(交感)할 수 있는 것을 조물주가 내린 은총이라고까지 말한 한재는 차와 술을 같은 반열에 놓고 운위(云謂)하는 것을 정면으로 비판하였다. 역대 선인들 가운데 당나라 때 왕부(王敷)가 『주다론』을 지어 차와 술의 화해를 논하고, 송나라 때 사람 오숙이 『다부』와 함께 『주부』를 지어 주덕까지도 칭송했는데 아마도 이를 겨냥한 말일 것이다. 한재에게 있어서의 술이란 한갓 '덕손명촉(德損命促)'하는 것일 뿐이요, 그밖에 아무런 의미도 찾을 수 없었던 것이다.

8.5 설총의 다주동위론(茶酒同位論)

차와 술은 불가분의 관계에 있다. 차가 먼저냐 술이 먼저냐. 차와 술 어느 쪽이 더 인간에게 이로움을 주는 마실거리인지 예로부터 동양 삼국의 석학들이 술과 차를 의인화해 쓴 설화들이 전해져 오고 있다. 김부식이 지은 『삼국사기 三國史記』 '열전편'의 『화왕계설화 花王戒說話』는 원효와 요석공주의 아들 설총(薛聰)의 작품이다.

설총은 삼국을 통일시킨 법민왕의 아들 신문왕(神文王 681-692)의 자문역을 맡았을 때 꽃을 의인화해 군왕으로서 지켜야 할 계율을 설명하는 대목에서 차와 술로 정신을 맑혀 올바른 정사를 돌보라고 충언하고 있다. 설총은 배부른 떡이나 맛있는 고기보다 술과 차는 적당히 마시면 오히려 정신을 맑히는 약으로 두 가지를 동격화 시키고 있다.

설총은 해동의 석가로 숭앙받는 원효대사와 신라왕실이 애지중지하는 요석공주 사이에서 태어났다. 당시로서도 남다른 혈통을 지니게 된 설총은 차(茶)에 관해서도 일가를 이루게 된다. 어릴 때는 거침이 없다는 아버지의 '무애다풍(無碍茶風)'을 익혔으며, 자라면서는 어머니 쪽으로부터 신라 왕실의 화려한 다도(茶道)에 접할 수 있었기 때문이다.

설총은 신문왕(681~692)의 권고로 『화왕계설화 花王戒說話』를 저술하였다. 꽃을 의인화해 군왕이 지켜야 할 계율(戒律)을 전하고 있는 이 설화는 그 자체로도 훌륭한 문학이지만 다인(茶人)들에게는 우리나라 최초의 차와 술에 관한 기록으로도 받아들어지고 있다.

설총은 이 설화에서 왕을 꽃 중의 꽃인 모란꽃으로, 충신은 할미꽃, 간신은 장미꽃으로 비유하면서 할미꽃으로 하여금 모란꽃에게 여쭙게 한다. 비록 기름진 쌀과 고기로 창자를 채우더라도 아름다운 차와 술로써 정신을 맑게 해야 하옵니다. 즉 설총은 차와 술로써 정신을 깨끗하게 해야… 장유화상이라 하여 현재까지 엄연히 존재하고 있다."(膏粱以充腸 茶酒以淸神 …)

이는 임금이 지켜야 할 계율을 지은 『화왕계 花王戒』의 한 구절이다.

머리를 맑고 차분하게 하는 차, 생각을 흐리고 기분을 드솟게 하는 술, 이렇듯 성질이 사뭇 다른 두 마실 거리가 정신을 밝히는 음식물로 짝을 이루어 흥미롭다. 내 가까이 늘 차와 술이 있었기에 더 관심이 간다. 두 마실 거리(차와 술)가 어우러진 글은 「화왕계」 뿐 아니다. 고려나 조선시대에 남겨진 글에서도 쉽게 만날 수 있다. 신라 화랑들의 차 유적지로 알려진 강릉 한송정에서 고려인 김극기는 이렇게 읊었다.

여기가 네 신선이 유람하던 곳
지금도 남은 자취 참으로 기이하여라
주대(酒臺)는 기울어 풀 속에 묻혔고
다조(茶糟)는 나딩굴어 이끼 끼었구나

또한, 술꾼으로 이름난 이규보가 노규선사에게 보낸 시 중에는 이런 구절도 있다.

스님께 봄 술 빚기 원하니 어찌 잘못이리요
차의 참맛 알기 위해 먼저 술에 취해야 한다오.

그럼에도 차와 술이 서로 흔쾌히 넘나들기가 그리 쉽지 않은가 보다. 대체로 술에 전 사람들이 차를 너무 가벼이 여기는 것 같았지만, 차에 치우친 이들도 술의 진가를 잘 알지 못하는 것 같다.

『화왕계』에는 왕이 차와 약으로 정신을 맑게 하고 기운을 내야 간신들을 물리치고 좋은 정치를 할 수 있다는 내용을 담고 있었는데 이는 신라 때 화랑들 사이에서 차 생활이 성행하게 하였으며 이는 삼국을 통일하는데 큰 영향을 끼쳤음을 알 수 있다. 줄거리는 이렇다.

화왕(花王)께서 처음 이 세상에 나왔을 때, 향기로운 동산에 심고, 푸른 휘장으로 둘러싸 보호하였는데, 삼춘가절(三春佳節)을 맞아 예쁜 꽃을 피우니, 온갖 꽃보다 빼어나게 아름다웠다. 멀고 가까운 곳에서 여러 꽃들이 다투어 화왕을 뵈러 왔다. 깊고 그윽한 골짜기의 맑은 정기를 타고난 탐스러운 꽃들이 다투어 모여 왔다. 문득 한 가인(佳人)이 앞으로 나왔다. 붉은 얼굴에 옥 같은 이와 신선하고 탐스러운 감색 나들이옷을 입고 아장거리는 무희(舞姬)처럼 얌전하게 화왕에게 아뢰었다.

> 이 몸은 백설의 모래사장을 밟고, 거울같이 맑은 바다를 바라보며 자라났습니다. 봄비가 내릴 때는 목욕하여 몸의 먼지를 씻었고, 상쾌하고 맑은 바람 속에 유유자적하면서 지냈습니다. 이름은 장미라 합니다. 임금님의 높으신 덕을 듣고, 꽃다운 침소에 그윽한 향기를 더하여 모시고자 찾아왔습니다. 임금님께서 이 몸을 받아 주실는지요?

이 때 베옷을 입고, 허리에는 가죽띠를 두르고, 손에는 지팡이, 머리는 흰 백발을 한 장부 하나가 둔중한 걸음으로 나와 공손히 허리를 굽히며 말했다.

> 이 몸은 서울 밖 한길 옆에 사는 백두옹(白頭翁)입니다. 아래로는 창망한 들판을 내려다보고, 위로는 우뚝 솟은 산 경치에 의지하고 있습니다. 가만히 보옵건대, 좌우에서 보살피는 신하는 고량(膏梁)과 향기로운 차와 술로 수라상을 받들어 임금님의 식성을 흡족하게 하고, 정신을 맑게 해드리고 있사옵니다. 또, 고리짝에 저장해 둔 양약으로 임금님의 원기를 돕고, 금석의 극약으로써 임금님의 몸에 있는 독(毒)을 제거해 줄 것입니다. 그래서 이르기를 '비록 사마(絲麻)가 있어도 군자 된 자는 관괴라고 해서 버리는 일이 없고, 부족에 대비하지 않음이 없다.'고 하였습니다. 임금님께서도 이러한 뜻을 가지고 계신지 모르겠습니다.

한 신하가 화왕께 아뢰기를

"두 사람이 왔는데, 임금님께서는 누구를 취하고 누구를 버리시겠습니까?"

화왕께서는 이렇게 대답하였다.

“장부의 말도 도리가 있기는 하나, 그러나 가인을 얻기 어려우니 이를 어찌할꼬?”

그러자 장부가 앞으로 나와 말하였다.

“제가 온 것은 임금님의 총명이 모든 사리를 잘 판단한다고 들었기 때문입니다. 그러나 지금 뵈오니 그렇지 않으십니다. 무릇 임금된 자로서 간사하고 아첨하는 자를 가까이 하지 않고, 정직한 자를 멀리 하지 않는 이는 드뭅니다. 그래서 맹자(孟子)는 불우한 가운데 일생을 마쳤고, 풍당(馮唐)은 낭관(廊官)으로 파묻혀 머리가 백발이 되었습니다. 예로부터 이러하오니 저인들 어찌하겠습니까?”

화왕은 마침내 다음의 말을 되풀이하였다.

“내가 잘못했다. 잘못했다.”

고 하였다. 이에 왕이 심각한 표정을 지으며 이르기를,

“그대의 우언(寓言)에 정말 깊은 의미가 있으니 글로 써서 왕자의 계감(戒鑑)을 삼게 하기 바라오.”

하고, 총을 발탁하여 높은 관직에 임명하였다.

신라인들이 차를 마시는데 어떠한 예법을 지켰다는 기록은 없다. 다만, 차는 군자의 기질과 덕을 지니고 있다 했고 맑은 인격과 고매한 학덕, 예(藝)를 골고루 갖춘 사람을 ‘다인’이라고 칭하는 풍습이 있었다고 전해진다. 차는 정신을 맑게 할 뿐만 아니라 명상에 적합하므로 수도하는 승려, 수련하는 화랑(花郎과 낭도(郎徒)가 애음하였으며 또한 야외 중심의 음다풍(飮茶風)이 성행하였다. 당시 신라인들이 자주 마시던 차를 『삼국유사』에는 말차(沫茶)라고 기록하고 있다. 학자들은 잎차와 말차가 함께

있었으나 말차가 더 성행하였을 것이라고 보고 있다. 이처럼 중국과 일본이 내가 최고라는 술과 차의 다툼을 제3자가 화해시키는 것이라면, 설총은 '다주우열론'이 아닌 아름다운 차와 술이라는 '다주동위론(茶酒同位論)'을 펼쳐내고 있다.

8.6 육우의 다경

세계 최초로 차의 이론을 학문적인 체계로 정립하여 다서(茶書)를 남김으로써, 중국에서 '다선(茶仙)' 혹은 '다성(茶聖)'이라 불리워지는 당대(唐代)의 육우(陸羽)는 자신의 저서인 『다경 茶經』에서 음차(飮茶)의 '건강효능'과 '과학적 음차방법'에 대해 상세히 소개하고 있다. 『다경』의 '일지원(一之源)' 에서는 차가 사람의 건강에 어떠한 영향을 미치고 있는지에 대해 다음과 같은 몇 가지를 지적하여 상세히 서술하고 있다.

> 차(茶)의 쓰임은 그 맛이 찬(寒)데 이르니(卽, 茶는 性에 속하니) 품성이 우량하고 '검덕'을 갖춘 자가 마시기에 가장 적합하다. 만약, 신체에 열이 나고 갈증이 나거나 가슴이 답답하고, 두통이 있으며 눈이 침침하고, 사지가 아프고 무기력하거나 관절이 펴지지 않을 때, 차 네다섯 잔만 마셔도 그 효과가 결코 제호(醍西胡)나 감로(甘露)만 못하지는 않을 것이다.

육우는 또 『다경』의 '칠지사(七之事)' 중에서 각종의 경전을 근거하고 인용하여 차가 해독, 치병(治病), 성주(醒酒, 숙취제거), 홍분, 해갈의 공능과 효력을 갖추고 있음을 설명했다. 그 밖에도 당대(唐代)의 유정량(劉貞亮)같은 이는 음다(飮茶)의 장점을 '십덕(十德)'으로 간략하게 함축하여 개괄하였는데, 그 내용을 보면 다음과 같다.

> 以茶散郁氣/ 차로써 우울함을 흩어지게 하고,
> 以茶驅睡氣/ 차로써 졸음을 쫓고,
> 以茶養生氣/ 차로써 생기를 기르고,
> 以茶除病氣/ 차로써 병의 기운 제거하고,
> 以茶利禮仁/ 차로써 예와 인을 이롭게 하고

以茶表敬意/ 차로써 경의를 표하고,
以茶嘗滋味/ 차로써 맛을 음미하고
以茶養身體/ 차로써 신체를 기르고,
以茶可行道/ 차로써 가히 도를 행하고,
以茶可雅志/ 차로써 가히 뜻을 우아하게 한다.

이상의 음다의 십덕은 음다의 건강과 수신의 도에 대하여 가장 잘 묘사한 것이라 하겠다. 또한 송대 오숙(吳淑)의 『다부 茶賦』에도 차의 공능과 효능에 대한 내용을 다음과 같이 기록되어 있다.

대저 그것은 번뇌를 씻고 갈증을 해소하며, 범골(凡骨)을 선골(仙骨)로 바꾸어 몸을 가볍게 하니, 차의 이로움이여, 그 공능이 마치 신과 같구나.

이와같이 옛날 사람들은 차의 공능과 효능의 과학적인 이치를 이해하지 못하고, 차를 신선이 내린 선약과도 같다고 확신했던 것이다. 건강과 차의 효능에 대해 명대의 고원경(顧元慶)이 저술한 『다보 茶譜』에는 더욱 더 전면적으로 서술하여 놓았는데 다음과 같다.

사람이 진짜 차를 마시면 능히 갈증이 그치고, 식사를 소화하고, 담(痰)을 제거 하며, 잠을 적게 자고, 수도(水道: 이뇨작용)에 이롭고, 눈이 밝아지며, 생각에 이롭고, 잡념을 제거하고, 기름기를 제거하니 사람은 본래 차가 없어서는 불가하노라.

이 밖에도 명대(明代)의 이시진(李時珍)의 『본초강목 本草綱目』에서는 역대 차의 의약지식에 대해 전면적으로 총결하여 차의 약리(藥理) 공능과 효능을 변증적으로 논술하였는데 다음과 같다.

차는 쓰고 찬 것으로 열(熱)을 내리는 데는 최고이다. 화기(火氣)는 백병의 근원이니 화기를 내리면 곧 위(上)가 맑아진다. 따뜻한 것을 마시면 곧 한기(寒氣)로 인해 화기는 내리고, 뜨거운 것을 마시면 곧 차는 화기를 빌어 상승하여 흩어지게 하며, 또한 술과 음식의 독을 해독하는 작용까지도 겸하게 되니, 사람으로 하여금 기분이 상쾌하게 하며, 혼수(昏睡)하지 않게 하니 이것이 바로 차의 공능이다.

뿐만 아니라, 이시진은 『본초강목 本草綱目』에서 차를 마시는 대상에 따라 주의해야 할 점도 잊지 않고 다음과 같이 지적하고 있다.

> 만약에 기(氣)가 허(虛)하고 차(寒)며 혈압이 약한 사람이 이미 차를 마신지가 오래면, 비위(脾胃)에 오한(惡寒)이 나며, 원기(元氣)는 자신도 모르는 사이에 손상된다.

청대에도 이와 유사한 주장이 있었다. 황궁수의 저작인 『본초구진 本草求眞』에도 차의 약리적 효능과 동시에 차를 오용함에서 오는 부작용 등도 덧붙여 상세하게 설명한 다음과 같은 기록을 남기고 있다.

> 차는 천지로부터 지극히 맑은 기운을 부여받은 것으로, 봄 이슬을 얻어 배양되니, 생기가 충족되어, 미세한 찌꺼기에도 영향을 받지 않으며, 맛이 감미롭고 기운이 차(寒)다. 고로 폐(肺)에 들어가 담(痰)을 맑게 하고, 화(火)를 이롭게 하며, 심장에 들어가서는 열을 맑게 하여 독성을 해독한다. 이로써 몸에 노폐물을 능히 제거하고, 화상(火傷)을 능히 해독하며, 무릇 모든 식체 불화(食滯不化: 체하여 소화가 불량함.)와 머리가 맑지 않고, 가래가 삭지 않으며, 대·소변이 불편하고, 소갈(消渴)이 그치지 않으며, 피(血)를 토하거나 혈변(血便) 등에 차를 복용하면 모두 유효하다. 단, 뜨겁게 복용해야 곧 마땅하다. 차게 해서 복용하면 담(痰)이 생겨나고, 많이 복용하면 수면이 적고, 오래 복용하면 몸이 마르고, 빈속에 차를 마시면 신장으로 들어가 화를 삭히며, 다시 비위(脾胃)로 들어가 한기가 생겨나니, 결코 복용에 적당치가 못하다.

전남 순천의 선암사에 차 명인으로 지허스님이 계신다. 우리 자생차를 지키기에 평생을 바치신 그 분의 족적은 이미 출간된 『지허스님의 茶』라는 책을 통해 우리 자생차와 일본차의 비교를 극명하게 제시하였으며, 우리 차 문화의 정체성을 찾고 있다. 스님은 선암사의 선맥(禪脈)과 다맥(茶脈)의 요람인 칠전선원의 15대 원장 선곡스님의 말씀을 빌어 "차나무를 보살피고 정성을 다해 차를 만들면 차는 반드시 차 마시는 사람에게 아홉 가지 덕을 베풀어 은혜를 갚는다"라고 하였다. 그 은혜인즉은 다음과 같다.

이뇌(利腦): 정신을 맑게 하여 지혜를 얻도록 이익을 준다.
명이(明耳): 귀를 밝게 하여 모든 소리를 다 듣게한다.
소화조장(消化助長): 소화를 도와 위장을 든든히 하여 건강하게 한다.
명안(明眼): 눈을 밝게하여 모든 것을 다 볼 수 있게 한다.
성주(醒酒): 술을 깨게한다.
지갈(止渴): 갈증을 그치게 한다.
해로(解勞): 피곤한 몸을 풀어 몸을 가볍게 해준다.
소면(小眠): 잠을 줄여 정신을 총명하게 한다.
방한작서(防寒斫暑): 추위를 막아주고 더위를 쫓아준다.

이는 불보살이 수행으로 얻게 되는 여섯 가지 신통(神通)과 같다고 하셨다. 육신통(六神通)이란 다음과 같다.

첫째, 천안통(天眼通): 우주의 모든 것을 볼 수 있는 지혜의 눈
둘째, 천이통(天耳通): 우주의 모든 소리를 다 듣는 귀
셋째, 신족통(神足通): 우주의 어디든지 다 갈 수 있는 건강한 행동능력
넷째, 타심통(他心通): 정신이 맑아서 나의 마음을 보듯 다른 사람을 보아 아는 것
다섯째, 숙명통(宿命通): 모든 물질은 성(成), 주(住), 괴(壞), 공(空)하고 모든 생물은 생사의 윤회를 벗어 날 수 없다는 것을 항상 아는 것
여섯째, 누진통(漏盡通): 완전한 지혜를 얻어 대해탈의 경지에서 불멸의 자유자재를 소요하는 것

그리고 차의 주성분인 카페인은 약간 쓴 맛인데 커피나 그 밖의 음료에 들어 있는 수용성 카페인과 달리 독이 없는 지용성이라서 우리의 중추신경을 자극해 머리를 맑게 하며, 감정을 예민하게 함으로써 기억력 판단력, 지구력을 길러주고 혈관을 확장시켜 운동 능력을 증가시킨다. 차나무는 양지 중에서도 그늘에서만 자라기를 좋아하고 찻잎은 겨울의 눈보라를 이겨내는 상록수이기에 봄에 난 새싹으로 차를 만들었더라도 약성이 냉할 수밖에 없다. 『본초강목』에 "차는 음(陰) 중의 양(陽)에 속해 미한(微汗)의 품성을 지녔다"고 기록돼 있다. 그러므로 차는 반드시 뜨거운 솥에서 여러 번 오래오래 섞는 것은 열을 가해 음한을 다스려 평온(平溫)하게 하려는 처방이다.

차는 뜨겁게 마실수록 좋다. 녹차처럼 찐 차를 만들거나 부실하게 제다

작업을 하면 뜨거운 물을 부었을 때 타닌이 우러나와 쓰고 떫어지기에 70-80도로 찻물을 식혀 미지근할 때 차를 넣어야 한다. 더욱이 여름이라고 차를 차게 해 마신다든가 차를 냉장고에 보관하면 차의 음한을 더욱 강하게 해 기운을 강하(降下) 시킬 뿐 아니라 위를 차게 해 위병을 유발하고 호흡기 질환을 일으켜 폐를 쇠약하게 한다. 또 책에서는 공복에 차를 마실 경우에는 속이 Tm릴 수 있으니 한두 잔만 마셔야 한다고 알려준다.

그런데 '취성당팔경(醉醒堂八景)'은 대주(對酒) · 권주(勸酒) · 음주(飮酒) · 취주(醉酒) · 시주(詩酒) · 가주(歌酒) · 면주(眠酒) · 성주(醒酒) 등을 제목으로 취성당을 시주자오(詩酒自娛)에 부쳐 표현한 작품인데 음다는 빠져있다.

8.7 다산의 다신계(茶信契)

…신유년(1801) 겨울 강진에 유배되어 동문 밖 술집에 붙어살았다. 을축년(1805) 겨울(혜장의 배려로) 보은산방으로 옮겼으며 병인년(1806) 가을에는 읍내 이학래의 집으로 옮겼다가 무진년(1808) 봄 다산초당으로 옮겼으니 읍내에서 8년, 다산에서 10년을 살았다.

이태순(李泰淳)의 상소로 다산은 순조 18년 9월 18일로 자유를 찾고 복권이 되었다. 39세에 죄인이 되어 경상도로 갔다가 다시 강진으로 와서 18년. 57세에야 다시 이름 두 자를 말할 수 있게 된다. 살펴보면 이상하다싶을 정도로 정약용에게는 18이라는 숫자가 여러 번 따라다닌다. 위에 적힌 것 외에, 다산초당에서의 제자도 18명이었고 그가 사면된 해도 1818년이었다. 정약용의 강진생활이 마무리되는 때에 제자들은 다신계(茶信契)를 만들었는데 그 전문이 재미있다.

강진 유배 때 다산으로부터 가르침을 받은 18명의 제자가 있었다. 다산초당으로 옮겨 살 때부터 떠날 때까지 11년 동안 수학을 한 사람들이다. 1818년 8월 스승이 유배에서 풀려 고향으로 가게 되자, 18명의 제자들은 서로 잊는다면 금수(禽獸)와 같은 것이라며 전문 8조로 된 다신계(茶信契)를 만들어 신의를 다짐한다.

1818년 8월 그믐날 의논하다. 귀한 사람들은 신의가 있다. 모여서 서로 즐기다가 흩어진 뒤에 쉽게 잊는다면 금수와 무엇이 다를까보냐. 우리들 열여덟 사람은 1808년 봄부터 오늘에 이르기까지 형제처럼 모여 살면서 글을 읽었다. 이제 스승께서는 북녘으로 돌아가시고 우리들은 별처럼 흩어질 터이니, 이것으로 서로를 잊고 생각지 않는 이별을 삼는다면 어찌 방정맞지 않을 손가. 지난 해 봄 우리들은 이 일을 미리 염려하고 계(契)를 세워서 돈을 모았다. 사람마다 한 냥을 낸 것이 이자가 생겨서 지금은 35냥이 되었다.

보암 서촌의 밭은 스승께서 손수 일구시던 밭이다. 북녘으로 가시기에 방매하려 하나 팔지 못하고 있다. 이에 우리들은 35냥의 돈을 여행 장비에 넣어드렸고, 스승께서는 서촌의 밭을 다신계 일에 쓰도록 미루어 둠으로써 우리의 믿음을 지속하는 밑천으로 삼게 하셨다…

밭이라 했지만 보암 서촌의 땅은 논·밭 보다 차나무가 많이 심어져 있었던 것으로 보인다. 따라서 뒤의 절목(節目)에서는 차를 어떻게 만들고 나누라는 내용이 대부분이다. 하긴 그래서 다신계라 이름하였을 것이다. 다신계에는 모두 18명의 제자 이름이 적혀있는데, 그러나 초의(草衣)라는 이름은 기입되어 있지 않다. 다른 기록에 초의는 1815년쯤 해남을 떠나 전국을 돌아다니다가 3년 후 불국사에서 득도하였다 하였고, 다시 돌아다니기를 계속하다 1921년 전후 대흥사에 돌아온 것으로 보인다. 다신계에는 강진에서 가깝게 지낸 모든 이의 이름이 들어있다. 혜장의 제자들까지 거명하고 있는데 초의만 없는 것은 필시 여행 중이었던 때문인 것 같다. 다신계 후미의 약조(約條)는 다산의 글이다.

처음 이곳에 왔을 때 주민들은 나를 두려워하여 문을 찢고 담을 허물면서 감시하기를 게을리하지 않았다. 뒤에 닥칠 환난을 우려하여 더 그랬을 것이다. 이런 때 나를 도와준 사람은 윤씨, 손씨, 황씨 등 네 사람이었다. 다산(茶山)에서의 여러 사람들은 이러한 두려움이 가라앉은 후에 알게 된 사람들이다. 읍 사람들을 어찌 잊을손가, 이제 다신계 법을 세우면서, 후일 증거를 삼기 위하여 읍 사람 여섯을 계원으로 적으니 모두 다신계 일에 호응하여 같은 마음으로 이를 관리하기를 바란다라는 소망을 기술하고 있다.

그들은 해어질 때를 대비해 2년 전부터 1냥씩 내어 모은 35냥을 스승의 행장속에 넣어드리고, 스승은 서촌의 밭 몇 구역을 그들이 신의를 삼을 '다신계' 자본이 되게 한다. 만든 계의 규약에는 전토(田土)의 크기와 가격, 관리 방법을 꼼꼼히 기록하고 헤어진 후에 할 일도 조목조목 기록한다. 그 중 몇 가지를 요약해 보면 다음과 같다.

매년 청명 한식 날, 계원들은 다산에 모여 출제된 운에 따라 시를 지어 다산의 큰 아들에게 보낸다. 곡우에 어린 차를 따서 덖어 한 근을 만들고, 입하 전 늦은 차를 따서 떡차 2근을 만들어 시찰과 함께 유산(酉山: 다산의 큰아들 학연(學淵)이다)에게 보낸다. 국화가 필 무렵, 다산에 모여 출제된 운에 따라 시를 지어 유산에게 보낸다. 백로(白露)에는 비자(榧子) 5되와 무명을 유산에게 보낸다. 차밭을 돌보고, 차를 따는 부역을 하되 참여하지 못하는 사람들은 귤동 어린이를 고용하여 대신 참여시킨다. 스승이 안 계신 동암(東庵)의 이엉을 매년 새로 얹는 규약도 있다.

계원이 모이는 날 생선 값은 계돈에서 가감하고, 먹을 쌀은 각자 가져온다거나 차 부역과 이엉 이는 것에 참여 못하는 사람은 다른 방법으로 반드시 참여하게 했다. 스승이 안 계신 계가 지속되게 하기 위해서는 엄정한 규약이 필요했을 것이다. 3근 밖에 안 되는 차지만 정성껏 따고 덖어 인편에 스승께 보내고, 스승이 안 계신 동암을 해마다 이엉을 다시 얹는 것에서 제자들의 스승에 대한 정을 느낄 수 있다. 스승이 안 계시지만 1년에 두 차례씩 만나 스승의 가르침을 지속하고, 또 그 뜻을 기리고자 하는 마음도 엿 볼 수 있다.

다산은 여기 덧붙이기를 '매년 청명 · 한식에 모든 계원이 다산 초당에 모여 계사(契事)를 치루는데, 이 때는 반드시 운(韻)을 내서 시(詩)를 짓고 연명으로 글을 써서 유산에게 보내도록 한다. 곡우 때 딴 어린 차는 덖어서 엽차(葉茶)를 만들고, 입하 때 딴 늦은 차로는 병차(餠茶)를 만들어 여기 시와 서찰을 동봉해서 보내라'고 하였고 '가을 국화가 피는 시절에도 초당에 모여 시를 지어 보내라'고 했다. 그리고 '만약 봄에 차 따는 노역에 빠지는 계원이 있다면, 돈 5전을 내서 마을 아이에게 대신 일을 시키도록 하라'고 하였다.

그리고 다산은 정든 다산초당과 강진을 떠났다. 떠나면서 다산이 강진에 남긴 훈도는 차를 마시면 흥하고 술을 가까이 하면 망한다는 음다흥·음주망(飮茶興·飮酒亡)이었다. 제자들은 스승이 남긴 자상한 훈도를 잊지 않았다. 그러나 다신계가 언제까지 지켜졌는지는 알려지지 않고 있다.

사면과 복권으로 귀양에서 풀려난 다산 정약용은 다시 승지(承旨)에 올랐으나, 기해사옥 때 배교(背敎)한 것을 스스로 뉘우치고 물러나, 고향으로 돌아가 다시 저술에만 전념했다. 흠흠신서와 상서고훈 등을 마저 지어 6경 4서와 1표 2서를 완결지었다. 그는 1836년 75세를 일기로 큰 인생을 마감했다.

다산은 술을 즐겼는데 술이 화기와 원기를 돕는 것으로 보았다. 술을 보약으로 본 그는 아들에게도 술을 마시되 곤드레가 되도록 취하지는 말도록 당부하였다. 이러한 그의 자세가 모진 고난에도 불구하고 비교적 장수하게 만들었는지 모른다. 정약용은 다신계(茶信契)를 조직할 정도로 차를 즐겼으며, 유배생활을 하면서 호박을 즐겨 먹었다한다.

우리나라 최초로 다신계(多信契)를 제자들과 만들어 다신계 절목(節目)을 만들어 세계적으로도 유례를 볼 수 없는 독창적인 차 문화를 펼쳐나간다. 그의 다시(茶詩)는 다산을 낙원으로 여겼음을 보여준다.

> 산골 물 차가운 소리 대발에 감싸이고
> 봄기미는 뜨락의 매화가지에 감도네.
> 아름다운 가락이 이 속에 있으련만 달랠 곳 없어
> 여러번 일어나 어정거리다 마네.
> 산의 정자엔 도시 쌓아둔 책은 없고
> 오직 이 화경과 수경뿐이라네.
> 새 비가 내린 굴 숲은 자못 아름답구나.
> 바위 샘물을 손수 떠서 찻 병을 씻네.
> 약절구질 잦아지니 번거로운 곰팡이는 없건만
> 드물게 달이는 차 풍로엔 먼지만 있네.

초당 앞 마당의 평평한 바윗돌은 다산이 솔방울을 지펴 찻물을 끓이던 부엌인 다조, 초당 왼편 뒤쪽의 가뭄에도 마르지 않은 맑은 샘물은 다산이 찻물로 쓰던 약천, 뜰 오른쪽의 아담한 연못과 연못 가운데에 있는 아주 작은 섬으로 이루어진 연지석가산(蓮池石假山)은 초당으로 이주 후 다산 선생이 탐진강가에서 직접 돌을 주워다 축대 쌓고 못을 파고 꽃나무도 줄지어 심고 대나무로 홈통을 만들어 산에서 흐르는 물이 연못으로 들어가게 해놓았다. 또 초당 뒤쪽의 바위벽에는 선생이 해배를 앞두고 발자취를 남기는 뜻에서 새긴 '정석(丁石)'이란 글씨가 있는데, 사람들은 이 네 가지를 일컬어 '다산4경'이라 한다. 다산초당은 사적 제107호로 지정되어 있다.

다산은 1818년 57세로 강진에서 유배가 풀려나 고향 마재로 돌아가 1836년 75세를 일기로 세상을 하직하였다. 다산의 독백서를 보면 고향에 가서도 다산에서의 추억을 잊지 못함을 알 수 있다. 다산의 18년 동안의 고독한 강진 유배생활에서 말없이 따뜻한 위로를 해주던 친구는 그윽한 차 향기, 그리고 더불어 다도를 즐기며 말동무가 되어 주던 혜장과 초의 두 선사였다. 하지만 다산이 언제부터 처음 차를 마셨는가에 대해서는 연구자에 따라 유배전의 음다설과 유배후의 음다설로 나눠진다. 주의할 것은 단순히 차를 마신 것과 음미하면서 다도를 즐기며 차를 생활화한 것은 구별해야 할 필요가 있다고 생각된다.

● 유배 전의 음다설(飮茶說)

차 연구가인 김명배 선생은 『다도학논고 茶道學論攷』에서 이전의 일반설이었던 유배후의 음다설에 대해 다산의 차에 관한 시문의 역사적 시기를 증거로 제시하며 유배전부터 다산은 차를 마셨다고 주장한다. 관직생활을 하기 전 아버지의 부임지를 따라 생활하며 그곳에서 읊은 『등성주암 登聖住菴』(18세) 『하일지정절구 夏日池亭絶句』(19세)의 다시(茶時)와 성균관 유생시절 차가 들어 있는 식당 차림표로 볼 때 유배 전부터 다산은 차를 마셨다고 주장한다.

● 유배 후의 음다설(飮茶說)

다산은 강진에서의 귀양살이 기간 중 혜장선사(惠藏禪師 兒菴 1772-1811)로부터 차를 배워 즐겨 마셨다고 한다. 이는 이을호 교수를 비롯한 학계의 일반적인 주장이다. 그는 다산이 신유사옥에 연루되어 강진으로 유배(1801)되어 오기 전에 차와의 인연을 찾아볼 수 있는 문헌은 없고 오히려 유배 후 백련사의 선승 혜장선사를 만나 비로소 차와의 인연을 맺게 되었다고 말한다.

다산이 강진으로 유배를 와서 동문 밖 주막집에 거주한지 5년째 되는 을축(乙丑 1805)년 가을에 인근 백련사(만덕사)에 소풍을 나갔다가 다산 만나기를 갈구하던 혜장선사와 해후를 하면서부터 본격적인 차 생활을 시작하며 그에게 명다(茗茶)를 부탁하는 『기증혜장상인걸명 寄贈惠藏上人乞茗』이라는 시를 보내기까지 한다.

그는 오랫동안의 유배생활과 학문연구로 인해 쇠약해지고 병든 몸을 치료하기 위한 약으로도 차를 즐겨 마셨으며, 혜장이 소개해준 다선(茶仙) 초의선사와의 만남은 사제지간으로 발전한다. 다산은 귀양에서 풀려 한강변 고향집으로 온 후에도 초의나 강진 다신계의 선비들이 보내주는 차로써 계속해서 차를 마셨고 경기학인를 비롯한 막역한 벗들과 차와 시로써 교유하였다. 그는 생애를 마감할 즈음에도 다종(茶鍾 찻잔)을 곁에 두고 지낸다고 할 정도로 차를 사랑하였다.

8.8 다산의 걸명소(乞茗疏)

다산은 그의 나이 44살인 1805년 겨울에는 혜장의 주선으로 읍 뒷산 우두봉(牛頭峰) 아래에 있는 보은산방(寶恩山房 高聲寺)에 방 하나를 얻어 거처로 정하는데, 이 때 다산은 백련사의 승려 혜장선사에게 차를 얻고자 다음의 『걸명소 乞茗疏』를 썼다. 두 사람은 이미 그 해 봄(가을) 백련사에서 만나 주역에 관해 많은 얘기를 나누었고 혜장은 다산에게 차를 가르쳐 주며 백년지기처럼 지내고 있었다. 다산은 혜장의 성품이 의외로 급하고 거칠 것이 없는 것을 보고 노자의 가르침 중 '부드럽기를 어린 아이 같이 하라'를 인용하여 아암이란 아호를 지어 주었다고 한다.

아무튼 혜장과 다산의 만남으로 혜장은 역(易)에 관심이 깊던 터에 제대로 된 스승을 만난 셈이고, 다산은 혜장으로 인해 차와 불교에 심취하게 되는데 특히 차에 대해서는 혜장을 임금처럼 모셨다고 전하여진다. 보은산방으로 거처를 옮긴 다산은 차가 떨어지면 혜장이 심부름이나 하라고 붙혀 준 색성이라는 제자에게 그 유명한 『걸명소 乞茗疏』를 지어 혜장에게 보낸 편지이다. 『걸명소』의 내용은 다음과 같다.

> 나는 요즘 차만 탐식하는 사람이 되어 겸하여 약으로 마신다네. 책으로 육우의 다경 세 편을 완전히 통달하고, 병든 숫누에(다산)는 노동(盧仝)의 칠완다(七碗茶)를 들이킨다네. 비록 기력이 쇠약하고 정기가 부족하여도 기모민(당나라인)의 말을 잊지 않으나 막힌 것을 삭이고 헌 데를 다 낫게 하니 이찬황(본명 이덕유로 당나라인, 787-849)의 차 마시는 버릇이 생겼네. 아! 아침 햇살이 피어날 때, 뜬구름이 희게 날 때, 낮잠에서 각 깨어났을 때, 명월이 시냇물에 드리워져 헝클어져 있을 때에 끓는 찻물은 가는 구슬과 눈(雪)처럼 날아오르며, 자순차의 향기를 드날리네. 생기있는 불과 좋은 샘물로 들에서 차를 달이니 흰 토끼의 맛이 난다네. 꽃자기에 붉은 옥같은 다당의 화려함은 비록 노공(文彦博)에게 양보하여도 돌솥에 푸른 연기로 소박한 것은 한비자에 가깝다네. 옛 사람들은 끓는 물방울을 보고 게눈이니 물고기 눈이니 하며 무척이나 좋아했고 궁중에서 쓴 용단 봉단은 이미 다 없어 졌다네. 산에 땔나무 하러 못 가는 걱정(자신이 병중임을 지칭)이 있어 차를 얻고자 하는 뜻을 전하네. 듣건대 고해를 건너는 데는 보시를 가장 중히 여긴다는데, 이름난 산의 고액(膏液)이며 풀 중의 영약으로 으뜸인 차는 그 제일이 아니겠는가. 목마르게 바라는 뜻을 헤아려 빛과 같은 은혜를 아끼지 말기 바라네.

다산의 장난으로 보낸 글이지만 글 내용이 너무나 정성스럽고 간절하며 혜장을 차의 임금으로 추켜세워서라도 차를 한 줌 뺏어 먹겠다는 다산의 정다운 공갈도 장난이 아니다. 혜장에게서 이미 육우의 다경(茶經) 3편을 빌려 읽고 꽃 청자 홍옥다완을 쓰던 당의 시인 노동과 그의 칠완다가(七碗茶歌)를 알고 있었고 또 당의 재상을 지낸 한림학사 이덕유(李德裕)의 차 마시는 버릇까지 익숙해 있었으니... 걸명소를 받아 본 혜장은 도저히 그냥 있을 수 없어 부처님께 올리고자 간직해 두었던 비상차를 보내 주었다고 한다.

8.9 다선일미(茶禪一味) 또는 선다일여(禪茶一如)

차 마시는 예 다사(茶事)는 선원의 일상생활의 규범을 정한 '청규'(清規: 청정한 규칙이라는 뜻으로 총림에서 수행하는 스님들의 생활규칙을 말한다. 청규는 대해(大海)와 같이 청정한 무리, 즉 출가 수행하는 스님들을 뜻하는 '청정대해중(清淨大海衆)'의 첫 글자인 '청'과 수행자가 지켜야 할 규칙인 '규구준승(規矩準繩)'의 '규'를 합친 말이다)가 말해 주듯이 애초에 선사(禪寺)에서 의례화된 것이다. 인도에서 발원한 선은 중국에 전해지면서 차와 인연을 맺었다.

차의 산지인 남방의 사찰에는 거의 차밭이 딸려 있었다. 명산에 명찰이 있듯이 좋은 절에는 명승이 자리하는 법, 큰 스님은 으레 뛰어난 다인이요 이의 놀이를 즐긴 풍류객이다. 그리고 사찰에서는 차를 거둬드리면 상품은 불전에 올리고 중품은 귀빈에게, 그리고 하품은 자신들이 즐겼다고 한다. 옛날 선종의 수행에는 반드시 차가 따랐다. 선종은 중국 재래의 도가의 신선사상, 특히 노자와 장자의 '무위자연'의 영향을 받아 차 문화에 크게 영향을 미쳤다.

'홀로 마시는 차는 자기의 본성과 통한다.' 차를 음미 하는 것은 마음을 맑게 하는 수행이며, 감로의 차는 불교의 해탈 · 열반 · 상징이다. 우리말에 '다반사' 또는 '항다반사(恒茶飯事)'라는 말이 있다. 이 말은 우리가 차를 마시거나 밥을 먹는 것처럼 흔히 있는 일, 예사로운 일을 의미한다.

불교는 어떤 절대자나 유일신을 인정하지 않는다. 따라서 자신을 구제할 주체도 자기 자신일 뿐이다. 우주와 인생의 진리를 스스로 깨우쳐 부처가 됨으로써 고통과 번뇌의 바다를 건널 수 있다고 본다. 여기에서 가장 중요한 것은 물론 자신의 마음을 잘 알고 다스리는 일일 것이다. 마음을 바로 알기 위해서는 우선 마음을 맑고 고요하게 하는 것이 순서일 것이다. 맑고 고요한 호수 위에, 하늘을 나는 흰 구름이 그대로 비치고 호숫가의 나무와 꽃이 굴절없이 비치듯, 우리의 마음이 맑고 고요해져야 우리 마음의 참모습과 모든 존재의 실상이 있는 그대로 비칠 것이다. 불교에서의 선(禪)은 바로 마음을 맑고 고요하게 하는 수행법에 다름 아니다.

불교에서는 차 마시는 것 또한 우리의 마음을 맑고 고요하게 하는 수행으로 인식해 왔다. 그리하여 '다선일미(茶禪一味)'라든가 '선다일여(禪茶一如)'라는 말도 나타나게 된다. 불가에서는 다례를 봉행할 때에 흔히 다게(茶偈)를 읊었는데, 지금도 새벽 예불을 올릴 때에 부처님 전에 차나 청수를 올리고 "제가 이제 맑고 깨끗한 물로 감로의 차를 만들어, 삼보님 전에 받들어 올리나니, 원하옵건대 자비로이 받아 주소서"라고 다게를 송한다. 감로(amrta)란 원래 '불사(不死)'의 뜻으로 천인들이 먹는 달콤한 '천주(天酒)'라고 한다. 천인들이 이 감로를 먹으면 수명이 길고 몸은 편안해지며 힘은 세어지고 몸은 빛나게 된다. 그래서 이 감로는 '불사약(不死藥)'이라고도 불리운다. 여기에서 연유하여 중생의 모든 고통을 씻어주는 부처님의 가르침을 감로법이라고 부른다. 따라서 이 감로의 차는 불교의 궁극적인 목표인 해탈과 열반을 상징한다고도 할 수 있는 것이다. 구한말의 이낭산(李郞山)은 마치 위의 다게에 대해 응답이라도 하듯 "차의 첫 향기에 노불은 잔잔히 미소 짓고, 종소리 울린 후 청산은 묵묵히 귀 기울이네"라는 다시를 남기고 있다.

주관과 객관이 끊어진 무분별지의 경지에서 춘설차를 음미하는 것은 그대로 선(禪)의 경지라 해도 좋을 것이다. 완당(阮堂) 선생의 다음 게송도 다선일여의 세계를 잘 드러내 주고 있다. "조용히 앉은 자리, 차는 반쯤 비웠는데 향기는 처음 그대로, 마음이 미묘하게 움직일 때, 물은 흐르고 꽃은 피어나네.(靜坐處茶半香初 妙用時水流花開)"

혼자서 마시는 차는 본래의 자기와 통하고 우주와 통한다. 그래서 '다신전(茶神傳)'에서는 여럿이 마시는 차는 소란스러워 아취가 줄어든다고 하면서, 차는 혼자 마실 때 신령스럽다고 하였을 것이다. 하지만 이러한 경지에까지 가기 위해서는 우선 차를 느끼고 즐기는 일이 필요할 것이다.

향기(香)와 빛깔(色)과 맛(味)은 차의 세 가지 특성으로서 흔히 차의 삼요소라고 불리운다. 코로는 차의 은은한 향기, 아가의 살갗에서 나는 것 같은 향기를 맡으면서, 그 향을 천천히 그리고 깊숙이 들이킨다. 눈으로는 차의 빛깔을 바라본다. 녹색 또는 다갈색의 찻물을 바라보면서 우리의 눈과 마음은 편안하게 될 것이다. 혀로는 차의 고유한 맛을 느낀다. 차에는 다섯 가지 맛이 있다. 단맛, 쓴 맛, 떫은 맛, 고소한(짠) 맛, 신맛이 그것이다. 이 다섯 가지 맛이 조화와 균형을 이루어 어느 한 맛도 넘치거나 모자라지 않아야 훌륭한 맛이다. 그리고 귀로는 찻물 끓는 소리라든가 다관에서 물 따르는 소리를 듣는다. 이러한 소리는 숲속의 바람소리 또는 시냇물 소리와 같은 자연의 소리를 닮아 귀를 편안하게 하고 마음을 부드럽게 할 것이다. 손으로는 도자기 잔의 촉감과 따뜻함을 느끼며 즐긴다. 또한 차는 우리의 의식을 맑게 해주는 효능이 있음을 기억한다.

이렇게 볼 때 결국 차는 눈, 귀, 코, 혀, 몸, 뜻의 육근(六根)을 편안하게 하고 청정하게 하는 작용이 있음을 알 수 있다. 그리하여 차 속에서 우리는 자연을 만나기도 하고 자신과 대면하기도 하는 것이다. 화(和), 경(敬), 청(淸), 적(寂)은 흔히 차 마시는 일의 '사규(四規)'로서 제시되고 있거니와, 차를 마실 때는 항상 화합의 마음, 공경의 마음, 맑은 마음, 고요한 마음을 유지하도록 주의해야 한다. 이러한 공부가 성숙되면 다선일여의 경지도 그리 멀지는 않을 것이다.

특히 불가에서는 예로부터 '다선일여(茶禪一如)'라는 인식이 전해진다. 다도는 곧 선(禪)과 같다는 뜻으로, 한 잔의 차를 마시며 몸과 마음을 수행하는 것이다. 차를 마시는 것뿐 아니라, 물과 다구를 갖추고 차를 끓이는 과정, 그리고 차를 천천히 음미하며 마시는 과정 등이 모두 '차 마시는 명상'의 중요한 부분을 이룬다. 초의선사(艸衣禪師)는 "물과 찻감이 완전할 지라도 그 중정(中正)의 도를 얻지 못하면 안된다"고 했다. 중정의 도란 차의 신기로운 기운과 물의 성질이 어울려 가장 원만히 배합된 상태를 말한다.

틱낫한 스님은 "차 한 잔을 마시는 동안 우리는 차를 마시는 그 행위

속에 완전히 존재해야 한다"고 말한다. 차를 마시는 일에 완전 몰입할 경우 비로소 차 마시는 일이 큰 즐거움으로 다가온다는 것이다. 일찍이 임어당(林語堂)은 "차의 성질 중에는 우리들을 한가하고 고요한 인생의 명상으로 이끄는 힘이 있다"고 했으며, 그래서 술은 차 대신이 되지만, 차는 술 대신이 안 된다. 차는 은자에 비할 수 있고 술은 기사(騎士)에 비할 수 있다. 술은 좋은 친구를 위하여 있고, 차는 조용한 유덕자를 위하여 있다. 술자리에는 풍미와 매력이 있는 벗이 따르지 않으면 안 된다. 차를 마시는 것은 속세의 소란스러움을 잊기 위함이다. 차는 좋은 옷 입고 음식 먹는 사람을 위한 물건이 아니기 때문이다. 육우는 "울분을 삭이는 데는 술을 마시고, 정신의 어둠을 씻는 데는 차를 마신다"고 했다.

차는 혼자 마시면 탈속하고(一人神), 두 사람이면 한적하여 좋고(二人勝), 서너 명이면 즐기고(三四人趣), 대여섯 명이면 들뜨고(五六人泛), 일고여덟 명이면 베풀고(七八人施), 그것을 넘으면 또한 잡스럽다(雜)고 한다. 육우는 마시는 것의 깊은 의미를 강조하면서 차의 공덕을 읊고 있다. 채양(蔡襄)의 『다록 茶錄』에 의하면 "혼자서 차를 마시면 '이속(離俗)'이라 일컫고 둘이서 마시면 '한적(閑寂)'이라고 일컬으며, 셋이나 넷이서 마시면 '유쾌(愉快)'라고 일컫고 다섯이나 여섯이서 마시면 '저속(低俗)'이라고 일컬으며, 일곱이나 여덟이서 마시면 비꼬아서 '박애(博愛)'라고 일컫는다. 허차서의 『다소』에 의하면 "첫 번째 돌린 잔은 용모가 아름답고 몸매가 가냘프기가 열세살 남짓하다. 두 번째 돌린 잔은 열여섯살 난 벽옥 아가씨이고, 세 번째 돌린 잔부터는 푸른 잎이 그늘을 이룬다"라고 하였다. 맛과 향 그리고 색을 차의 3기(奇)라고도 하며, 거기에 기(氣)를 더해 차의 4기라고도 칭한다. 범중엄의 『투차가』에서는 "차 맛을 겨루니 미주(美酒)를 가벼히 여기고, 차향을 겨루니 난초를 멀리한다"라고 하였다.

만약에 갈증이 나면 물을 마시고
번민하거나 노여움을 덮어버리려면 술을 마시고
혼미하여 졸음을 흩어지게 하려면 차를 마신다.
머리가 아프거나 눈이 껄끄럽고 팔다리가 번거롭거나

마디마디가 잘 펴지지 않을 때 네댓 번만 마시면
제호(醍醐)나 감로도 저울대와 겨룰 만한 효능이 있다.

오관(五官)은 외계를 지각하는 창(窓)이요, 정신을 미란케 하고 우울증 · 불안감을 만들고 재촉하는 것 역시 시각 · 청각 · 후각 · 미각 · 촉각의 5가지 감각이다. 마음을 달래는 것은 곧 오관을 다스리는 것과 통한다. 아름다운 풍광이나 훌륭한 서화를 보아 눈을 즐겁게 하거나 마사지 · 지압 같은 촉압(觸壓) 자극으로 마음의 근육을 이완시키는 것이 그것이다. 다도와 명상음악 또한 같은 이치로 마음의 평화를 가져다준다. 중국차는 그 수가 800종 또는 1천 종 이상이라고 일컬어진다. 그러나 그 숫자에 놀랄만한 일은 아니다. 맥주의 나라 독일에서는 맥주가 3천 종이나 되는데, 통제의 악수(惡手) 히틀러조차 절반밖에 줄이지 못했다고 한다. 지금은 아마도 3천 종을 훨씬 넘을 것이다.

임어당은 그의 저서 『생활의 발견』 '차와 교우'편에서 다도의 기술을 다음과 같이 기술하고 있다. 첫째, 차라는 물건은 몹시 향취가 오예되기 쉬운 물건이기 때문에 될 수 있는 한 언제든지 청결하게 취급하여 술, 향, 기타 냄새나는 물건 또는 그러한 물건들을 다룬 사람으로부터 멀리 떼놓지 않으면 안 된다. 둘째, 차는 한냉 건조한 장소에다 저장해 둘 것. 장마철에는 그때그때의 소용으로 특별히 조그마한 항아리에다 적당히 갈라서 넣어둘 것, 그때 쓸 항아리는 백랍제가 제일 좋다. 일단 항아리에다 저장해 둔 것은 필요한 경우 이외에는 뚜껑을 떼지 말 것. 항아리에 넣어 둔 차에 곰팡이가 피었을 경우에는 차잎이 누렇게 피거나 퇴색하는 것을 방지하기 위하여 약한 불에다 쪼일 것. 셋째, 차를 달이는 기술의 절반은 청수한 양질의 물을 구하는데 있다. 산에서 나는 샘물이 가장 좋고, 강물이 두 번째, 우물물은 세 번째, 용두에서 나오는 물도 제방에 고인물이라면 본래 산간에서 나온 물인지라 무방하다. 넷째, 진기한 찻잔을 감상하는 데에는 온정(穩靜)한 벗들과 자리를 같이 할 것. 그것도 그 수가 너무 많아서는 안된다. 다섯째, 보통 쓰는 차의 적당한 빛깔은 연한 황금빛이며, 모든 암홍색의 차는 우유나 레몬, 박하, 기타 차의 쓴맛을 죽일 수 있는 것들을 넣어서 마실 것. 여섯째, 최상의 차에는 '후미(後味)'라는 것이 있다. 그것은 마신 뒤 30초쯤 지나서 화학적 요소가 침샘에 작용하는 시간을 지났을 때 느끼는 맛이다. 일곱째, 차는 신선한 것을 넣어서 곧 마실 것. 맛좋은 차를 마시고 싶거든 한 번 따른 후 남은 것을 오랫동안 찻병안에 정체시켜 두지 않도록 유의해야 한다. 여덟째, 차는 이제 막 길어온 물로 달일 것. 아홉째, 혼합물은 일체 금물. 단 어떤 종류의 외국 향료를 소량으로 넣기를 좋아하는 사람에 대하여서는 기호의 차이를 인정해 주어도 좋다. 열째, 최상의 차에 바랄 수 있는 향기는 '어린애의 살결'에서 풍기는 것과 같은 델리키트한 것이어야 한다.

이와 관련하여 차에 관한 훌륭한 평론서인 허차서(許次紓)의 『다소 茶疏』에서 사물을 즐기기에 적당한 때와 환경을 규정하는 중국의 습관에 관하여 다음과 같이 말하고 있다.

차를 마시기에 알맞은 때

마음과 손이 한가할 때
시를 읽고 지쳤을 때
마음이 어수선할 때
노래를 들을 때
노래가 파하고 가락이 끝났을 때
문을 닫고 바깥일을 피할 때
북 치고 거문고를 타며 그림을 볼 때
밝은 창가 깨끗한 책상을 마주할 때
마음 맞은 벗이나 섬려한 애첩이 옆에 있을 때
벗을 방문하고 돌아왔을 때
하늘이 맑고 바람이 고요할 때
가벼운 소나기가 내리는 날,
조그마한 나무 다리아래의 곱게 색칠한 배 안에 앉아 있을 때
높다란 참대 발 속에 있을 때
여름날 꽃을 눈 아래 굽어보는 누각 위에 앉아 있을 때
조그마한 서재에서 향을 피우면서,
연회가 끝나고 손님이 흩어진 뒤.
아이들이 서당에 간 뒤.
외로이 떨어져 있는 한적한 절에 있을 때

유명한 샘과 기이한 바위 가까이에 있을 때

몸과 마음이 한가롭고 고요할 때
졸음이 오고 정신이 혼탁할 때
여행을 오랜 동안 떠났다가 집에 돌아올 때
청산의 옥수를 길어 왔을 때
연못가의 수양버들이 봄비에 젖을 때
목욕을 하고 옷을 갈아입었을 때
고서를 뒤적이고 고화를 감상할 때
오월의 신록 속에 뻐꾸기 울음소리 들릴 때
시를 생각하고 시를 쓸 때
난초와 수석을 어루만질 때
차 꽃이 피었을 때
소나기가 개이고 무지개가 걸렸을 때
섬돌 밑에서 귀뚜리가 울고 낙엽이 지는 때
연못을 만들고 정자를 지었을 때
아름다운 벗이 찾아 왔을 때
명상에서 깨어났을 때
훌륭한 차와 마음에 드는 다기를 얻었을 때
가을밤 기러기 울음과 낙엽이 떨어질 때
산사에 가서 스님을 만났을 때
뒤란 대숲에 싸락눈이 내일 때
살구꽃 핀 마을에 갔을 때
연하장을 보내고 연하장이 왔을 때
과음한 뒷날 몸과 마음이 어지러울 때
천년노송에서 청학이 푸득일 때
목동들이 풀피리 소리가 들릴 때
삶이 시들하고 인생이 서글퍼 질 때
석류꽃이 피고 보름달이 뜰 때
가족들이 모여서 정담을 나눌 때

『다소』는 육우의 다풍을 기리며 "차란 소박한 심성을 지닌 서로 탈속한 이야기들을 한가롭게 나누며 즐길 수 있는 벗과 더불어 마시는 것이 제일 좋다"고 말하였다. 한편 차를 마셔서는 안될 때를 다음과 같이 알리고 있다.

차를 마셔서는 안 될 때

일을 하면서
연극을 감상할 때
편지를 읽으면서
호우나 눈이 내릴 때
손님 수가 많은 주연의 자리
서류를 보면서
바쁜 날
대체로 전항에 열거한 것과 반대되는 일들.

이래서 차는 '다선일여'가 아니라 '다인일여' '인단일여' 즉 차 마시는 자체가 인생사이고 인생사가 차 마시는 일과 같다고 할 수 있지 않을까?